Sprache und Sprechen
Band **49**

Stimme – Medien – Sprechkunst

Herausgegeben

von

Kati Hannken-Illjes, Katja Franz, Eva Maria Gauß,
Friederike Könitz und Silke Marx

Schneider Verlag Hohengehren GmbH

Sprache und Sprechen

Beiträge zur Sprechwissenschaft und Sprecherziehung

Herausgegeben im Namen der
Deutschen Gesellschaft für Sprechwissenschaft
und Sprecherziehung e. V. (DGSS)
Prof. Dr. Ines Bose
Prof. Dr. Norbert Gutenberg
Prof. Dr. Bernd Schwandt
Die Reihe wurde 1968 von Prof. Dr. W.L. Höffe und Prof. Dr. H. Geißner
begründet.

Umschlaggestaltung: Verlag

Gedruckt auf umweltfreundlichem Papier (chlor- und säurefrei hergestellt).

Bibliografische Information der Deutschen Nationalbibliothek

Die Deutsche Nationalbibliothek verzeichnet diese Publikation in der
Deutschen Nationalbibliografie; detaillierte bibliografische Daten sind im
Internet über ›http://dnb.d-nb.de‹ abrufbar.

ISBN 978-3-8340-1728-4

Schneider Verlag Hohengehren,
Wilhelmstr. 13, 73666 Baltmannsweiler

Homepage: www.paedagogik.de

© Schneider Verlag Hohengehren, 73666 Baltmannsweiler 2017
Printed in Germany – Druck: Paul Schürrle, Stuttgart

INHALTSVERZEICHNIS

KATI HANNKEN-ILLJES

Vorwort

Der vorliegende Band ist das schriftliche Produkt der Tagung Medien-Stimme-Sprechkunst der AG Sprechwissenschaft der Universität Marburg in Zusammenarbeit mit der Deutschen Gesellschaft für Sprechwissenschaft und Sprecherziehung. Im Oktober 2015 stand für drei Tagen die Stimme in Zentrum der Diskussion an der Lahn. Damit schloss die Marburger Tagung dort theoretisch an, wo die Bochumer Workshop-Tagung unter Leitung von Annette Mönnich und Christoph Hilger 2014 praktisch und aufführend endete: mit neuen Formen der Aufführung von Texten, der künstlerischen Vermittlung von Wissen und einem starken Fokus auf die Stimme.

Die Stimme (und „Stimmlichkeit") ist neben der Mündlichkeit der zentrale Gegenstand der Sprechwissenschaft, ist sie doch das Medium jeder mündlichen Äußerung. Die Stimme war und ist aber auch ein Gegenstand eigenen Rechts in der Sprechwissenschaft, allerdings hier vor allem in klinischen und stimmbildnerischen Zusammenhängen. Die theoretische Auseinandersetzung mit der Stimme als Medium haben in den letzten Jahren vor allem in anderen Disziplinen begonnen: in der Literaturwissenschaft, der Theaterwissenschaft, der Medienwissenschaft und der Kommunikationswissenschaft. Hier fehlt in der Sprechwissenschaft eine stärkere interdisziplinäre Auseinandersetzung, die wir mit dieser Tagung und diesem Band befördern wollen. So widmet sich dieser Band der Stimme in ganz verschiedenen Feldern: Stimme in der Sprechkunst, Stimme im Schauspiel, Stimme im Hörbuch, Stimme in der Schule, Stimme im Radio, Stimme im Film, Stimme in der Rhetorik.

Die Tagung bot Raum für verschiedenste Ansätze zur Auseinandersetzung mit der Stimme. Eine Frage, die implizit oder explizit, eine Reihe von Beiträgen bestimmte, war, in welchem Verhältnis Stimme und Vortrag, Stimme und Text stehen: kann die Stimme isoliert betrachtet werden? Verengt der Blick auf die Stimme als Medium und Material nicht den Blick auf viele Formen (sprech)künstlerischer Praxis? Oder bildet dies eine wichtige neue Perspektive, mit der sich die Sprechwissenschaft theoretisch, methodisch und praktisch auseinandersetzen sollte?

Neben diesen theoretischen Fragen wurden auch methodische Fragen, teils kontrovers, diskutiert. Wie kann Stimme beschrieben, wie Stimmwirkung erforscht werden? Welchen Status hat die Probenprozessbeobachtung im Theater, welche Art von Wissen kann hier generiert werden? Was kann künstlerische Forschung in diesem Kontext – der Stimme in der Kunst – und wer weiß dadurch was?

Zugleich sind in diesem Band auch die Schwerpunktsetzungen der Tagung zu sehen:

Die **Arbeit mit Stimme und Text im Theater** und damit die Frage, wie die Sprecherziehung in den Schauspielschulen auf unterschiedliche Stimm- und Sprechpraktiken reagieren kann und muss. Die Tagung bot hier mit einem Panel Möglichkeiten zum Austausch und zu Diskussionen zu der Frage, ob und wie auf Theaterformen, die die Stimme als Material, und damit teilweise vom Text getrennt betrachten, aus sprecherzieherischer Sicht reagiert werden kann.

Das **Hörbuch als Aufführungsform literarischer Texte** hat in den letzten Jahren zunehmend Aufmerksamkeit erfahren und ist ein kleines, interdisziplinäres Forschungsgebiet geworden, in dem Literaturwissenschaft, Theaterwissenschaft, Medienwissenschaft, Linguistik, Buchwissenschaft und Sprechwissenschaft fruchtbar zusammenarbeiten. Zunehmend rückt hier in den Fokus, wie die Stimme und der Sprechausdruck im Hörbuch beschrieben wird, werden kann und werden sollte.

Die **Stimme in Radio und Film** bildet einen dritten Schwerpunkt, der auf der Tagung mit Vorträgen zur Synchronisation, Audiodeskription und einem eigenen Panel zur Radioästhetik vertreten war.

Ein weiterer starker, praktisch orientierter Strang auf der Tagung war das Panel zur **Lehrer/inn/enstimme**. Durch die praktische Orientierung findet das Panel in diesem Band einen geringeren Niederschlag, ist für die Sprechwissenschaft und die Lehrer/inn/bildung aber von großer Relevanz. Die Stimme ist eines der wichtigsten Mittel der Lehrerin/ des Lehrers. Neben Fragen der Gesundhaltung der Stimme, sollte hier auch stärker betrachtet werden, welche rhetorische Dimension die Stimme für den Unterricht und für die Beziehungsgestaltung von Lehrer/in und Schüler/in hat.

Im Namen der Herausgeberinnen danke ich ganz herzlich allen Autor/inn/en des Bandes und Referent/inn/en der Tagung: sie sind die Tagung. Danken möchte ich auch den Studentinnen, die uns sehr tatkräftig unterstützt haben. Besonderer Dank geht an Anna Lena Groetelaer, die bei der Manuskripterstellung maßgeblich war.

Marburg, Frühjahr 2017   Kati Hannken-Illjes

REINHART MEYER-KALKUS

Die Vortragsstimme in literarischer Vortragskunst – am Beispiel von Ingeborg Bachmanns Lesungen

1 Literarische Vortragskunst als Gegenstand der deutschen Sprechwissenschaft und in theaterwissenschaftlichen Performance-Theorien

'Dichtungssprechen', 'interpretierendes Textsprechen' oder 'nachgestaltendes Sprechen' - das waren die Bezeichnungen, mit denen deutsche Sprecherzieher und Sprechwissenschaftler der 1950er und 1960er Jahre (wie Richard Wittsack, Christian Winkler, Irmgard Weithase und Fritz Lockemann) das weite Feld literarischer Vortragskunst von der Dichterlesung über Rezitationen professioneller Sprecher und Deutschlehrer bis hin zur medial vermittelten Sprechkunst auf Tonträgern und im Radio bezeichneten. Wie diese Begriffe schon signalisieren, legten sie dabei Prämissen einer Hermeneutik der Einfühlung und der Ausdruckspsychologie zugrunde, denen wir heute skeptisch gegenüberstehen. Der Reproduktionsvorgang des Vortrags sollte aus dem Nacherleben des dichterischen Produktionsvorgangs abgeleitet werden, die Einfühlung in den Autor somit Voraussetzung jedes angemessenen Vortrags sein, über alle Zeiten und Kulturen hinweg.

Gegenüber solchen ahistorischen Verstehens- und Einfühlungslehren hat es an Kritik schon in den 1960er Jahren nicht gemangelt.[1] Hellmut Geißner etwa berief sich auf die überlieferungsgeschichtlich reflektierte Hermeneutik Hans Georg Gadamers und die semiotische Kommunikationstheorie und entwickelte eigene 'sprechwissenschaftliche Vorüberlegungen zu einer Theorie der ästhetischen Kommunikation' (Geißner 1969, S. 29-47) -, einer der letzten theoretisch anspruchsvollen Konzeptualisierungsversuche der Vortragskunst aus der Schule der deutschen Sprecherziehung bzw. Sprechwissenschaft. Betrachte man Sprechakte unter dem Aspekt der Kommunikation, so komme das Zusammenspiel zwischen "einem Kommunikator (Autor oder Reproduzent)", einem "Kommunikat (einem Werk), das kommuniziert wird" und "einem oder mehreren Kommunikanten" in den Blick. Diese letzteren, die Kommunikanten, seien "an der Konstitution des Kommunikatssinns beteiligt" (Geißner 1969, S. 32).

---

[1] Kritisch dazu: Geißner 1968, S. 13-30, bes. S. 19f.

Dieser Ansatz beim Zuhörer bietet den Vorteil, nicht nur die wirkungsästheti-
schen Aspekte, sondern auch den jeweiligen historischen und gesellschaftlichen
Erwartungshorizont literarischer Vortragskunst zu thematisieren. Mit der Rolle
des Zuhörers treten die kontextuelle Abhängigkeit jedes Sprechakts und dessen
Adressaten ins Blickfeld. Ein Horizont von Erwartungen, Konventionen und
sozialen Praktiken bildet das Kraftfeld, in dem jeder Vortrag steht und den jeder
Vortragende berücksichtigen muß[2], will er Erfolg haben. Natürlich ist dieser
Horizont des Rezitators in der Regel verschieden von dem des Autors des Textes, H. Geißner sprach zu Recht von einer unaufhebbaren "historischen Differenz" zwischen der Produktion von literarischen Texten und den späteren Formen ihrer Vergegenwärtigung durch Vorlesen, Rezitieren oder Deklamieren -,
womit er den in der älteren deutschen Sprecherziehung so beliebten Einfühlungslehren eine kategorische Absage erteilte (Geißner 1969, S. 32).

Allerdings manoeuvrierte sich H. Geißner selber in theoretische Schwierigkeiten,
indem er Einfluß und Prägekraft der Zuhörer auf den Vortrag zu hoch veran-
schlagte. Denn so unzweifelhaft jeder Vortrag auf die Erwartungen der Zuhörer
abgestellt sein muß, so unzweifelhaft ist doch auch, daß die Zuhörer bei schriftgebundener Vortragsmündlichkeit einen ungleich geringeren Einfluß auf die
Darbietung haben als bei Gespräch und Diskussion.[3] Der Sozialpsychologe Erving Goffmann hat auf der Notwendigkeit einer grundsätzlichen Unterscheidung
zwischen Zuhörer und Publikum insistiert. Bei längeren monologischen Vorträgen würden Zuhörer zum Publikum. Während sie als Gesprächspartner potentiell
das Recht haben, jederzeit das Wort zu ergreifen, gilt dies nicht fürs Publikum,
das vielmehr eine Art von Stillhalteabkommen mit dem Vortragenden eingeht
und sich der eigenen Meinungsäußerungen enthält. Wie E. Goffman sagt, kann
sich ein Publikum sehr wohl vorstellen, wie eine Antwort aussehen könnte, äußert diese aber nicht. "Es bietet eine Bühne, doch besetzt es sie (abgesehen von
der Fragerunde) selten selbst" (Goffman 2005, S. 52).

Diese für die literarische Vortragskunst relevante Differenzierung zwischen
Zuhörer und Publikum hat eine besondere Bedeutung für medial vermittelte
Kommunikationsakte, bei denen - anders als bei einer Face-to-face-Performance-
Produktion und Rezeption räumlich und zeitlich voneinander getrennt sind, weil
die Produktion der Rezeption vorgängig ist. In welcher Weise sind die Zuhörer
bzw. das Publikum am 'Kommunikatssinns' etwa einer Lesung von Thomas
Manns 'Joseph'-Roman durch Gert Westphal in Radio Bremen im Jahr 1963

---

[2] Ich folge in diesem Artikel den Regeln der alten Rechtschreibung.
[3] Vgl. Gottfried Meinhold hat von anderen Prämissen aus die kommunikationstheoreti-
sche Grundlegung der Vortragslehren kritisiert, vgl. Meinhold 1997, S. 152-160; auch
Bacon 1980, S. 1-9.

beteiligt?[4] G. Westphals Lesung war im Vorhinein geplant und wurde aufgezeichnet, sie konnte durch Rückmeldungen des Publikums nicht mehr verändert werden, auch wenn sich ihr Sinn nachträglich in den Ohren und Köpfen der einzelnen Zuhörer jeweils unterschiedlich konstituierte. Zwischen solcher nachträglichen "Konstitution des Kommunikatssinns", den Funktionen des Publikums als Adressat eines Vortrags und schließlich den Zuhörern bzw. dem Publikum als gleichzeitigen Mitagenten müßte strikt unterschieden werden.

In jüngeren performance-theoretischen Ansätzen der deutschen Theaterwissenschaften wird die Rolle der Zuschauer/Zuhörer vor allem im Sinne von Mitagenten gedeutet. Man verabsolutiert den Augenblick der Aufführung als Feedback-Schleife zwischen Bühne und Publikum in "leiblicher Ko-Präsenz der Akteure" unter Ausblendung der zugrunde liegenden Textvorlagen und unterstellt, daß die Zuschauer an der "Aushandlung" des Ereignisses zusammen mit den Akteuren beteiligt sind.[5] Für Performances außerhalb traditioneller Theatersäle mag dies in Einzelfällen gelten, gewiß aber nicht für die textgebundene Vortragsmündlichkeit literarischer Vortragskunst, bei der das Vorgetragene und die Weise seines Vortrags nicht verhandelbar sind -, sofern die Aufführung nicht gestört wird. Mit dem, aus dem Angelsächsischen übernommenen Begriff des 'Aushandelns' wird den Zuhörern/Zuschauern eine partizipative 'Agency' suggeriert, die ihnen selbst im zeitgenössischen Theater nur in Ausnahmefällen zugestanden wird.

Die neueren Performance-Theorien stehen den literarischen Vortragskünsten letztlich verständnislos gegenüber, weil sie so etwas wie textgebundene Vortragsmündlichkeit aus ihrem Begriff der Aufführung ausblenden. Eine solche Orientierung sei Sache des traditionellen Sprechtheaters gewesen, das zeitgenös-

---

[4] Wenn Geißner die ästhetische Kommunikation von der rhetorischen Kommunikation mit ihren verschiedenen Sprechhandlungen wie "Gespräch, Debatte, Vortrag, Rede, Predigt, Schilderung usw." abgrenzt, so tut er dies konsequenterweise nicht aus dem Horizont des Vortragskünstlers und der Vortragsstimme, allerdings inkonsequenterweise auch nicht aus dem Horizont der Zuhörer, sondern aus dem Gesichtspunkt des vorgetragenen Textes: Es handele sich immer dann um ästhetische Kommunikation, wenn es dabei "um Kommunikate" in solchen Kommunikationsprozessen gehe, "die aufgrund besonderer Funktionen und Strukturen eine besondere Art sinnlicher Vergegenwärtigung in besonderen 'kommunikativen Handlungsspielen' beanspruchen", wofür man abkürzend den Begriff 'ästhetisch' verwenden könne. Hier verstrickt sich Geißner vollends in Ungereimtheiten, denn natürlich können auch bestimmte Kommunikate zum Gegenstand der Vortragskunst werden, die keineswegs "eine besondere Art sinnlicher Vergegenwärtigung beanspruchen" - wie etwa historische und essayistische Texte, wie Briefe (etwa der Briefwechsel Friedrichs II. mit Voltaire), pragmatische und wissenschaftliche Texte. Weder aus dem Horizont der Zuhörer noch aus dem Horizont der vorgetragenen Texte lassen sich die Besonderheiten der Vortragskunst allein bestimmen. Symptomatischerweise blendet Geißner die Vortragsstimme als wichtigsten Parameter der Vortragskunst aus (Geißner 1969, S. 35).
[5] E. Fischer-Lichte spricht von "Wechselwirkung" und "Aushandlungsprozessen" zwischen Akteuren und Zuschauern bei der Aufführung, vgl. Fischer-Lichte 2004, S. 61.

sische postdramatische Theater habe sie aufgekündigt. Doch entsteht mit solchem Hyper-Avantgardismus ein theoretisches Dilemma: Wenn die Stimme nur noch als 'Lautlichkeit' auf einer Ebene mit Musik und Geräusch thematisiert wird, kommt ein Vortrag nur noch unter dem Aspekt der Materialität der Stimme, als Schrei, Seufzer, Atem, Gelächter oder Stöhnen ins Blick- bzw. Hörfeld.[6] Mit einer solchen Verdrängung der sprachlichen Bindung von Stimmen wird aber die Rhetorizität von Vortrags- und Sprechkunst ausgeblendet, das heißt wie Art und Weise, wie Performer mit unterschiedlichen Sprech- und Vortragsweisen, mit sprachlichen Idiomen, Dialekten und akustischen Masken spielen, um ihre Textvorlagen zu vermitteln. Wie kann man die Vortragskunst von Thomas Mann oder von dessen Interpreten Gert Westphal angemessen beschreiben, wenn man keine Begriffe von Parodie, Ironie und Understatement als Ausdrucksmitteln der gesprochenen Sprache hat? und keine analytischen Mittel, um zu bestimmen, wie direkte, indirekte und erlebte Rede oder die unterschiedlichen Instanzen von Erzähler und Figur stimmlich differenziert werden? Auch dann, wenn sie ihre "Eigenwirklichkeit" zur Geltung bringen, müssen sich Stimmen an der Rhetorik der gesprochenen Sprache abarbeiten.

Gewiß war es ein Fortschritt, als man die Stimme unter dem Aspekt von Körperlichkeit und Verkörperung thematisierte und damit Phänomene unwillkürlicher Körperreaktionen, der psychophysischen Befindlichkeit und des Senso-Motorischen als Faktoren ästhetischer Kommunikation erschloß. Doch dürfen über diesen körperlichen Resonanzphänomenen die sprachlich-rhetorischen Aspekte nicht übersehen werden. Die Stimme ist gewiß körperlich, aber auch versprachlicht, so daß die Körperlichkeit nicht von der Semantik des Vorgetragenen, die Performance nicht vom Textbezug zu trennen ist. Pointiert formuliert: erst im Lichte sprachlicher Bedeutungen erhalten Töne und Farben von Stimmen ihre spezifische Bedeutsamkeit.[7]

2 Literarische Vortragskunst als Performance: Kunstfertigkeit, Verständnisschlüssel und Interperformativität

Wenn man literarische Vortragskunst als Performance thematisiert, kommen - gegenüber den älteren kommunikationstheoretisch-semiotischen Ansätzen - die Institutionen und sozialen Situationen in den Blick, in denen etwas dargeboten

---

[6] Vgl. Fischer-Lichte 2004, S. 219-227; Kolesch 2005, S. 317. Nach Doris Kolesch soll die "verstärkte Ausstellung der Eigenwirklichkeit von Stimmen ... die klanglich-musikalische Dimension des Sprechens ebenso wie die körperlich-sinnliche Verfaßtheit und Wirksamkeit von Stimmen in den Vordergrund" rücken, während "der auf Sinn und Repräsentation von Wirklichkeit zentrierte Einsatz von Stimmen ... dekonstruiert" wird (Kolesch 2005, S. 318f.).

[7] Ich nehme hier einen Gedanken von Martin Heidegger auf, vgl. Heidegger 1960, S. 38; mit einer Einführung von Hans-Georg Gadamer; vgl. Kern 2003, S. 169f.

wird, der Gegenstand der Darbietung, die Vortragenden und nicht zuletzt die Zuhörer bzw. das Publikum. Der Performance-Begriff (vgl. Wirth 2002) umfaßt in der Regel sowohl den eigentlichen sprechkünstlerischen Vortrag als auch das Ereignis, also das Zusammenspiel zwischen Performer, Publikum und institutioneller Einbettung im Augenblick der Aufführung (vgl. Bauman 1984, S. 4).

Amerikanische Anthropologen und Folklore-Forscher wie Richard Bauman, John Miles Foley, Donald Braid, Dell Hymes u. a. haben in den vergangenen Jahrzehnten umfassende theoretische Ansätze zum Verständnis der Oral Poetry als "verbal" bzw. "spoken art" entwickelt, die für das Verständnis der literarischen Vortragskunst nützlich sind, allerdings in Deutschland bislang noch nicht rezipiert wurden.[8] Ihr Gegenstand ist u. a. das mündliche Erzählen, wie wir es in außereuropäischen 'traditionellen' Gesellschaften Afrikas und Asiens oder auch in europäischen und US-amerikanischen Gesellschaften antreffen (wie Jagd-Geschichten, Anekdoten über lokale Sonderlinge und witzige Situationen). Gegenüber den älteren Ansätzen in Literaturwissenschaft, Folklore-Forschung und Volkskunde, welche sich auf die Textstrukturen solcher Erzählungen konzentrierten, wird hier nach der Performance des Erzählens gefragt, und das heißt: nach der Situation, in der erzählt wird, nach dem Erzähler und nach den Traditionen, auf die er sich dabei bezieht, nicht zuletzt nach seiner Interaktion mit den Zuhörern. Im Unterschied zu den Performance-Theorien in der deutschen Theater- und Medienwissenschaft steht dabei die Sprechkunst ('verbal art') im Mittelpunkt, also der kunstvolle Umgang mit der gesprochenen Sprache.

Die von Richard Bauman entwickelten Überlegungen zur "Verbal Art as Performance" nehmen eine Idee des Sprach- und Literaturwissenschaftlers Roman Jakobson auf, wonach die gesteigerte Aufmerksamkeit auf die Botschaft als solche zum Wesen künstlerischer Ausdrucksformen gehört - als deren poetische Funktion (vgl. Jakobson 1960, S. 83-121). Wichtig ist ja nicht allein, welche Geschichte erzählt wird, sondern auch, ob sie und ggfs. wie kunstvoll sie erzählt wird. Vortragskunst lenkt - im Unterschied zur alltäglichen Kommunikation - die Aufmerksamkeit auf die "Poetik der Kommunikation, (also) auf die Art, wie die Performance über den Inhalt hinaus ausgeführt wird" (vgl. Braid 2002, S. 734f). Allerdings kann die Kunstfertigkeit des Vortrags je nach Anlaß, Performer, Zuhörer und Vortragsgattung unterschiedlich bewertet werden (vgl. Bauman 1984, S. 30). Bei einem schulischen Auswendig-Hersagen eines Gedichts ist sie anders beschaffen als bei einer Autorenlesung, und wiederum anders bei einer Lesung eines professionellen Vortragskünstlers oder einer Lesung auf Audiobook. Zwischen den pragmatischen Gebrauchsformen des literarischen Vortrags zu informativ-didaktischen Zwecken und Formen ästhetischer Selbstzweckhaftigkeit spannt sich ein ganzer Bogen unterschiedlicher Vortragsformate, mit jeweils unterschiedlichen Erwartungen an ihre Kunstfertigkeit. Die Besonderheit literari-

---

[8] Bauman 1984; Bauman 1986; Foley 1998; Braid 2002, S. 730-743.

scher Vortragskunst gegenüber anderen Formen alltäglicher spontaner, nicht schriftgebundener Vortragskunst (wie Witze- und Anekdoten-Erzählen etc.) besteht ja darin, daß die vorgetragenen Texte selber literarische Konstrukte sind, die als Texte ihrerseits eine starke poetische Funktion aufweisen. Weil es diese doppelte Poetizität gibt, die der Texte und die des Vortrags, kann sich Vortragskunst auch aufs scheinbar schlichte Vorlesen, auf ein "ermittelndes Lesen" (Schnickmann 2007, S.33) beschränken, also von einer kunstvollen Aus-Instrumentierung im Sinne einer anspruchsvollen vokalen Interpretation absehen, ohne dadurch ihren Zweck zu verfehlen. Dies gilt etwa für das sinnverstehende Vorlesen, wie es in der Schule mit didaktischen Absichten gepflegt wird, es kann aber auch in der Autorenlesung eingesetzt werden. Autoren wie Gottfried Benn, Bertolt Brecht und Heiner Müller haben ein bewußt flach und 'cool' gehaltenes Vorlesen sogar zur Kunstform erhoben, worauf zurückzukommen sein wird.

Zu den für die Vortragskunst wichtigen Einsichten der anthropologischen Oral Poetry-Forschung gehört - zweitens - das Konzept der Verständnis- bzw. Interpretationsschlüssel. Jeder Künstler-Performer signalisiert seinem Publikum durch Zeichen und Gesten, wie sein Vortrag zu verstehen ist. Diese metakommunikativ vermittelten Informationen verleihen seiner Performance eine Art von Interpretationsrahmen und steuern die Erwartungen der Zuhörer. Die amerikanischen Anthropologen unterscheiden zwischen Rahmenformeln (wie Eingangs- und Schlußformeln und - rituale), formalen Gestaltungsmitteln (wie Metrik, Intonationsmuster, Parallelismen usw.), Körperbewegungen, Sprachstilen und Sprachregistern (Dialekt, Jargon, archaische Sprache usw.).[9] Wichtig ist der Performance-Rahmen, also die Abgrenzung einer Performance durch Auftritts- und Abtrittsrituale (wie Begrüßung, Vorstellung, Vortrag, Applaus usw.). Die Zuhörer bzw. das Publikum müssen wissen, an welchem Punkt im Ablauf einer Performance sie sich jeweils befinden. Schließlich sind die Interaktionen der Vortragenden mit ihnen wichtig, sei es durch direkte Ansprachen oder durch Mitagieren (etwa bei Refrains), sei es durch Applaus, Zwischenrufe oder Exit. Auch die körperliche Beredsamkeit, also Mimik, Gestik, Bewegung im Raum und äußeres Erscheinungsbild des Vortragenden werden als Verständnisschlüssel eingesetzt.[10] Zwar ist die Mimik gegenüber dem Theater in der Regel durch rigorose Dämpfung auf eine vorlesungsbegleitende Mimik reduziert -, auf eine Vortragsmimik, die sich nie gegenüber der führenden Stimme verselbständigen darf; und auch die Gestik ist im wesentlichen eine Vortragsgestik, wobei die Bewegungen der Arme und Hände zur Unterstreichung und zur Skandierung des Gesagten dienen, kaum aber unabhängig davon verwendet werden -, doch geben diese körperlichen Aktionen wichtige Hinweise auf die Art, wie das Vorgetrage-

---

[9] Braid 2002, S. 735; vgl. Bauman 1984, S. 15-24.
[10] Hierfür kann man auch einen Analyseraster der Theaterwissenschaftler zu Rate ziehen, vgl. etwa Balme 2014, S. 88-99.

ne verstanden werden soll. Ähnliches gilt für die äußere Erscheinung der Vortragenden, also Haartracht und Bekleidung (ob ein Künstler in feierlicher Abendkleidung, Alltagskleidung oder einem Phantasie-Dress erscheint). Was die Bewegungen im Raum anbelangt, so sind diese bei Vortragskünstlern naturgemäß stark eingeschränkt, abgesehen von den Auf- und Abtritten. Wenn der Vortragende aufrecht steht, kann er noch vergleichsweise stärkere körperliche Akzente setzen, als wenn er, wie dies die Regel bei Lesungen ist, sitzt und der Unterkörper dadurch weitgehend stillgestellt ist, so daß allenfalls Kopf, Oberkörper und Arme eingesetzt werden können.

Literarische Vortragskunst ist in europäischen Gesellschaften seit dem 19. Jahrhundert in hohem Maße konventionalisiert. Was auf die Zuhörer zukommt, wissen diese bereits durch die öffentliche Ankündigung der Veranstalter und durch Informationen über die Künstler. Allerdings reicht dies in der Regel nicht zum Verständnis der Performance hic et nunc. Vortragskünstler bieten ihren Zuhörern deshalb eine Reihe von Orientierungshilfen an (vgl. Bauman/Braid 1998, S.111). Man denke nur an die Rituale einer Dichterlesung oder neuerdings eines Poetry Slam: Mittel der Einstimmung und Erwartungssteuerung durch einleitende Vorreden und Ankündigungen, auffälliges Requisitenspiel mit dem Manuskript oder Buch, aus dem vorgelesen wird, kleine Rituale wie das resolute Brillenaufsetzen beim Beginn der Lesung und das Absetzen, wenn sie zu Ende ist, weiterhin die Handhabung des Mikrophons usw. (vgl. Braid 2002, S.734f.). Besonders wichtig sind solche Verständnisschlüssel im Hinblick auf die Stimmungssteuerung des Publikums, ob Lachbereitschaft oder pseudosakrale Weihestimmung angesagt sind, Schmunzeln oder angestrengtes Miterleben. Komplexe Sprechakte wie Ironie, Humor oder Parodie sind ohne solche extraverbalen Signale metasprachlicher Kommunikation gar nicht zu vermitteln.

Die performativen Leistungen eines Vortragskünstlers erhalten ihr Profil vor dem Hintergrund der überlieferten Vortragstraditionen wie auch im Kontext synchroner zeitgenössischer Vortragsweisen anderer Künstler. Und dies ist ein dritter wichtiger Gesichtspunkt neben der Kunstfertigkeit und den Verständnisschlüsseln, den die Oral Poetry-Forschung herausgearbeitet hat. Mit Richard Bauman könnte man von 'Interperformativität' sprechen, als der Einbindung der Vortragskunst in den Prozeß historischer Überlieferung (Bauman 2004, S.9f) -, ein Begriff, der grundlegend fürs Verständnis der Historizität der Vortragskunst ist. Jeder Vortragskünstler nimmt auf überlieferte oder gleichzeitige Formen kunstvollen Vortrags Bezug, greift Elemente davon in seiner eigenen Performance auf und grenzt sich gegenüber anderen ab, um ein eigenes Vortragskonzept zu entwickeln. Der Begriff der Interperformativität ist in Analogie zum Begriff der Intertextualität von Michail Bachtin bzw. Julia Kristeva gebildet. Jeder literarische Vortrag bezieht sich zwar auf einen Text, doch wie dieser Text vorgelesen oder sonstwie vorgetragen wird, ist nicht allein von diesem abhängig, sondern auch von den Traditionen seiner Darbietung und einer impliziten Poetik des Vortrags des jeweiligen Vortragskünstlers oder Autors. "Der mündliche Dichter schafft, und das Publikum hört und liest im idiomatischen Kontext der poetischen Tradition", schreibt John Miles Foley (Foley 1998, S.328). Interperformativität betrifft zum einen genre-spezifische Bezugnahmen in derselben Vortragsgattung (z. B. wenn ein Künstler wie Bruno Ganz sich bei seiner Hölderlin-Rezitation von der älteren Kollegen-Generation, den Matthias Wieman und Will Quadflieg abgrenzt), sie betrifft aber auch nicht-genre-spezifische Bezugnahmen auf andere Sprechkünste, soziale Rituale und Medien (wie wir sie vor allem in der Parodie antreffen). Musterfälle interperformativer Allusionen auf Nicht-Genre-Spezifisches kann man etwa bei den Poetry Slammern studieren, wenn sie in Habitus und Sprechstil bestimmte Film- oder Comicfiguren imitieren oder Fernsehhelden und -moderatoren persiflieren. Wie sich überhaupt Persiflage und Parodie als Schlüsselbegriffe für die Techniken von Imitation und Verfremdung sozial konventionalisierter und wiedererkennbarer Sprechweisen und Idiome erweisen. Ohne einen solchen Begriff der Parodie und Interperformativität wird man die Vielstimmigkeit der Vortragskunst nicht angemessen begreifen können.

Wer die Interperformativität von Performances untersucht, der mißt sie nicht an normativen Vorannahmen eines einzig richtigen Vortrags bzw. eines Master-Vortrags (womöglich durch den Autor selber), wie man dies immer wieder in der Geschichte der Vortragskunst, besonders in der einflußreichen Schule von Stefan George getan hat. Vielmehr werden sie vortragshistorisch in ihrer Variabilität verstanden, und das heißt in ihrem jeweiligen institutionen- und mediengeschichtlichen, soziopolitischen und ästhetischen Kontext. Ein solcher nichtnormativer historischer Ansatz bei der Interperformativität hätte an die Stelle der älteren stilgeschichtlichen Erklärungsmodelle der Vortragskunst bei Irmgard Weithase und Eva-Maria Krech zu treten. Nicht länger kann es um eine endogene, also innerprozeßliche Stilgeschichte der Vortragskunst gehen, bei der Epochen extensiven und intensiven Sprechstils sich jeweils abwechseln und wie ein Gänsemarsch durch die Geschichte ziehen, wie dies Irmgard Weithase unterstellt hat (vgl. Weithase 1980, S.59-63). Vielmehr muß die dialogische Auseinandersetzung der Performance mit Vorbildern und Performance-Traditionen untersucht werden, wobei den strukturellen Umbrüchen, etwa durch mediengeschichtliche Innovationen, besonders Rechnung zu tragen ist.

Kunstfertigkeit des mündlichen Vortrags, Verständnisschlüssel und Interperformativität stellen drei Konzepte der Oral Poetry-Forschung dar, die auch für die Performances literarischer Vortragskunst einen brauchbaren Analyserahmen darstellen. Doch bleibt damit deren Spezifikum, nämlich die Vortragsstimme und deren Vortragsformate, noch unterbestimmt. Wie kann man hier weiter kommen? Ich selber habe einmal das Modell von Koordinaten der Vortragskunst vorgeschlagen, einen formalen Analyseraster mit Fragen wie Wer? Was? Wie? Wem? Wo? etc. in Analogie zur rhetorischen Topik (vgl. Meyer-Kalkus 2008, S.

150-198). So nützlich ein solcher elastischer Fragenkatalog für die Analyse von jeder Art von Sprechkunst auch ist, so wird er doch der Spezifik der literarischen Vortragskunst nicht gerecht. Denn hier stehen Vortragsstimme und Persona des Akteurs im Vordergrund, in Verbindung mit den historisch variablen Vortragsformaten und einem literarischen Text, auf den sie sich beziehen.

Der im folgenden skizzierte Ansatz zielt auf die Kombination einer historischen Morphologie der Vortragsformate mit einer akteurszentrierten Performance-Analyse, welche das individuelle vokale Self-Fashioning und dessen soziokulturelle und mediengeschichtliche Voraussetzungen in den Blick nimmt und das Wechselspiel zwischen Performance und Vortragsvorlage studiert. Welche Analysekategorien dabei notwendig sind, möchte ich am Beispiel der Aufnahmen von Lesungen der Dichterin Ingeborg Bachmann entwickeln. Ich unterstelle dabei einen systematischen Frageraster mit Analysekategorien, die - im Kontext mit den zuvor entwickelten Kategorien der Performance-Analyse - erlauben, ein einigermaßen adäquates Bild der vortragsästhetisch relevanten Aspekte von Sprechakten literarischer Vortragskunst zu gewinnen:

- Vortragsstimme und Persona
- Sprechweise
- Vortragsformate
- Medien
- Textvorlage und Vortrag.

3 Ingeborg Bachmann liest Lyrik und Prosa vor

Von I. Bachmann (1926-1973) haben sich insgesamt 64 Tondokumente erhalten sowie 18 weitere Dokumente mit Fernseh- bzw. Film-Tonaufzeichnungen. Dieses recht umfangreiche audiophone und audiovisuelle Vermächtnis wurde im Rahmen der ersten, vierbändigen Werkausgabe der Dichterin in vorbildlicher Weise erschlossen und dokumentiert (Bachmann 1978, Bd.4, S.427-528). Die hier verzeichneten Aufnahmen erstrecken sich von Mai 1952 bis zum Juni 1973, also wenige Jahre vor dem Tod der Dichterin, und umfassen Lesungen von Gedichten und Prosatexten, Reden, Vorträge und Interviews.

Überwiegend wurden die Lesungen von Gedichten und Prosatexten von Rundfunkstationen in den deutschsprachigen Ländern aufgenommen -, wie der Rundfunk in Deutschland ja der wichtigste Mäzen zeitgenössischer Literatur in Nachkriegsdeutschland gewesen ist. Einige wenige Aufnahmen stammen auch von Verlagen wie dem Pfullinger Günther Neske-Verlag (1959) und dem Münchner Piper-Verlag (1962). Die früheste Aufnahme entstand am 27. Mai 1952 im NWDR Hamburg, unmittelbar nachdem die damals noch unbekannte sechsundzwanzigjährige Wiener Dichterin an der Tagung der Gruppe 47 in Niendorf an der Ostsee teilgenommen hatte. Entsprechend den wechselnden Schwerpunkten

ihrer literarischen Produktion, trat sie bis Ende der 1950er Jahre fast ausschließlich mit Lyrik-Lesungen auf, danach kombinierte sie in ihren Vortragsprogram-
men Lyrik- und Prosa-Lesungen, um in den letzten Jahren fast ausschließlich aus
ihren späten Erzählwerken (dem 'Todesarten'-Projekt) vorzulesen.

Nimmt man noch ihre drei Hörspiele[11] sowie die 'Frankfurter Vorlesungen zur
Poetik' (Frankfurt am Main 1959) und einige Ansprachen zu diesen audiophonen
Zeugnissen hinzu, so wird deutlich, daß I. Bachmann zu Lebzeiten eine beein-
druckende mediale Präsenz, besonders in öffentlichen Rundfunkstationen, hatte -
, bedeutender als andere Autoren ihrer Generation.[12] Sie galt als das Gesicht und
die Stimme der neuen deutschen Dichtung und genoß - aufgrund von Person und
Werk - einen ungewöhnlichen Star-Ruhm in der medial vermittelten Literatur-
szene deutschsprachiger Länder.

a) Vortragsstimme und Persona

Vergleicht man I. Bachmanns Lesungen mit ihren Interviews, so erkennt man
sofort den unterschiedlichen Gebrauch, den sie hier und dort von ihrer Stimme
machte -, den Unterschied zwischen Vortragsstimme und Umgangs-
Mündlichkeit, zwischen Reden und Sprechen. In Interviews erleben wir sie als
eine leise, zurückhaltend, ja geradezu schüchtern artikulierende und nach Worten
suchende Frau. Ein Kollege am RWR-Radio in Wien, Jörg Mauthe beschrieb sie
einmal als "kettenrauchende Meerfrau mit Engelhaar, die mehr flüsterte als
sprach" (McVeigh 2011, S. 347). Auch bei öffentlichen Lesungen konnte sie
extrem leise sprechen, doch wußte sie, was sie dem Genre Vortragsstimme
schuldig war. Sie sprach dann in einer vorab geplanten und eingeübten Sprechweise, mit rhythmischem Duktus und syntaktischem Drive. Sie strebte dabei
bewußt eine hochdeutsche Lautung an, wie sehr sich auch die kärtnerische Herkunft bemerkbar machte, und grenzte sich prosodisch von der Alltagskommuni-
kation und - Konversation durch erhöhte "Sprechspannung", Plastizität und "Artikulationspräzision" ab.[13] Diese Vortrags-Bewußtheit teilte sich vor allem als
Rhythmisierung des Sprechens mit: Während sie in der Umgangsmündlichkeit
die Satzkadenzen in der Schwebe hielt, bekundete sie in ihren Lyrik- und Prosa-
Lesungen ein deutliches Bewußtsein von der formbildenden Funktion der Ka-

---

[11] 'Ein Geschäft mit Träumen' (Wien 1952), 'Die Zikaden' (Hamburg 1954), 'Der gute Gott
von Manhattan' (München/Hamburg 1957).

[12] Vgl. Albrecht/Göttsche 2002; Simons/Wagner 2008, darin u. a. ein Vortrag von Friedrich Kittler 'De elementis et mediis - von Ingeborg Bachmann aus', ebd., S.12-26.

[13] Vgl. Krech 1987, S. 72, 87. "Jeder sprechkünstlerische Vortrag setzt von vornherein
einen bestimmten Grad an gesamtkörperlicher Muskelspannung voraus, d.h. er kann nicht
im Zustand völliger Spannungslosigkeit erfolgen. ... Die Sprechspannung, die ihrerseits
auf einer Spannung von Atmungs-, Phonations- und Artikulationsmuskulatur beruht und
nicht von der gesamtkörperlichen Spannung zu trennen ist, ruft somit Veränderungen in
der Atemführung, der Tonhöhenbewegung, der Lautheit, der Sprechgeschwindigkeit, der
Klangfarbe und hinsichtlich der Artikulationspräzision hervor." Ebd., S.87.

denzen und Pausen in literarischer Sprache. Die Satzteile wurden durch unterschiedliche Formen des Innehaltens deutlich von einander abgesetzt und die Unterschiede etwa zwischen Halbsatzschluß und Schluß einer syntaktischen Periode durch Absenken der Stimme markiert.

Hört man die ersten von I. Bachmann im Jahre 1952 gemachten Rundfunk- Aufnahmen, so fällt freilich noch etwas anderes auf: ein Sprechen ohne die Glätte und Perfektion der professionellen Rezitatoren und Schauspieler, aber auch ohne das Emphatisch-Expressive, wie es vereinzelt noch unter Dichterkollegen wie Paul Celan üblich war.[14] Stattdessen eine im Prosodischen und Expressiven flachere, zuweilen sogar monotonere Lesung, die ihre expressiven Valeurs durch eine charakteristische Stimm-Ästhetik erhielt, durch die Aura des Mädchenhaft-Zerbrechlichen. Wir hören eine relativ hoch gelegene Frauenstimme, ja eigentlich eine Mädchenstimme, die gar nicht versucht, bewußt tiefere Register zu aktivieren, wie dies heute besonders bei jungen Frauen im akademischen Milieu der USA üblich ist. Und dieses 'Mädchenhaft-Verletzliche' wird grundiert vom elegischen Melos einer Kümmernis-Stimme, die sich freilich immer wieder zu entschlosseneren Lautgesten aufraffen kann. Diese Physiognomie ihrer Vortragsstimme machte I. Bachmann zum Markenzeichen ihrer Lesungen, zur 'Persona' bzw. akustischen Maske, die sich durch alle Lesungen durchhält.[15]

Zumal in einer Welt tiefer Männerstimmen wirkte I. Bachmanns Vortragsstimme als Kontrastphänomen, noch bevor sie irgendetwas äußerte. Und sie heischte Aufmerksamkeit für sich, wie dies in anderer Weise die extravaganten Stimm-Ästhetiken in der Pop-Musik tun, wenn sie durch die Eigentümlichkeit von Stimme, Sprech- und Gesangsweise aufhorchen machen. Diesem Effekt war es keineswegs abträglich, daß I. Bachmann keine im traditionellen Verständnis schöne Stimme besaß, das Tonspektrum wurde bei lauteren Tönen und Akzentuierungen immer wieder durch einen leichten Anklang zum Schrillen im sonoren Gleichmaß gestört.

---

[14] Zu Paul Celans Vortragskunst vgl. Meyer-Kalkus (2014, S. N4).

[15] Wie als Echo auf diese charakteristische Persona ihrer Vortragsstimme, die allen Lesungen in gewisser Hinsicht vorgängig ist, schrieb ihr einmal Paul Celan aus Paris (am 11. 1. 1958), nachdem er von einem geplanten öffentlichen Lese-Auftritt der Dichterin in Wien erfahren hatte:
"Samstag
Du liest jetzt
Ich denk an Deine Stimme."
Brief von Paul Celan an Ingeborg Bachmann vom 11.1.1958, in: Bachmann - Celan 2008, S.83. Als ob diese eine Stimme gegenüber allem Vorgetragenen das Primäre wäre. "Inge hat eine so schöne silberne Stimme", schreibt P. Celan an seinen Wiener Freund Klaus Demus, nachdem er von der enttäuschenden Begegnung mit ihr in Niendorf anläßlich des Treffens der Gruppe 47 im Mai 1952 berichtet hatte, vgl. Brief von Paul Celan an Klaus Demus von Anfang Juni 1952, in: Celan - Klaus und Nani Demus 2009, S. 102.

In den 1952 vom Hamburger Rundfunk (NWDR) aufgenommenen Lyrik-Lesungen hören wir diese Persona vor allem mit elegischen Tönen -, übrigens nicht ganz unähnlich dem Tonfall von Paul Celans Lesungen. In den breit gezogenen 'ei'-Lauten mag man sogar eine unbewußte vokale Imitation heraushören. Allerdings wird der Klageton - anders als bei Celan - ausbalanciert durch eine Art von beherztem Utopismus, einem Dennoch, das gegen die verwaltete Welt und in ihrer Existenz "gestundete Zeit" gesetzt wird, etwa in der Lesung von Gedichten wie 'Die gestundete Zeit' oder 'Dunkles zu sagen'. Mit prophetischem Seherton stellt sich ein B. Brecht nachempfundener Gestus des politischen Aufbegehrens der hofmannsthalschen Märchenwelt entgegen -, wie um deutlich zu machen, "daß unsere Kraft weiter reicht als unser Unglück", wie sie einmal formulierte (Bachmann 1978, Bd.4, S.277). Mit zerbrechlicher Stimme wird Einspruch gegen das Unheit dieser Welt erhoben. Diese Gegenstrebigkeit der Töne hat, mit Friedrich Schiller zu sprechen, eine rührend pathetische Wirkung.

Von Ende der 1950er Jahre an wird diese Stimme, wenn wir den vorhandenen Aufnahmen trauen dürfen, tiefer, voller und bestimmter, die Lesungen werden dynamischer und geschlossener. Hörbar hat I. Bachmann ihre Stimme stärker in der Gewalt als in frühen Jahren, als sie zuerst vor die Mikrophone trat.[16] Und ihre Vortragsstimme hat sich konsolidiert, sie spricht nun eine rhythmisch noch gespanntere und entschiedenere Diktion, ihre Verse sollen Widerhall im politisch öffentlichen Diskursraum finden, wobei sie sich keinen Illusionen hingibt, wen sie unter ihren Zuhörern damit erreichen kann.[17] Beispiele für diese Vortragshaltung sind Lesungen ihrer Gedichte 'Exil' und 'Alle Tage', von denen es auch audiovisuelle Aufzeichnungen gibt (vermutlich durch den SFB in Berlin vom 19.11.1961). Die nonkonformistische politische Botschaft, wonach die "Flucht vor den Fahnen", "die Tapferkeit vor dem Freund" (!), der "Verrat unwürdiger Geheimnisse" und "die Nichtachtung jeglichen Befehls" als Auszeichnung der Nicht-Angepassten anerkannt werden müßten, wird auch vokal mit appellativem Gestus vermittelt. I. Bachmann phrasiert die Verse sorgfältig und markiert die Pausen mit geradezu didaktischer Deutlichkeit, als ginge es darum, eine unmit-

---

[16] I. Bachmann hat selber davon berichtet, daß sie bei ihrem ersten Auftritt vor der Gruppe 47 im Mai 1952 "vor Aufregung" Erstickungsgefühle hatte, so daß ein anderer Schriftsteller ihre Gedichte "nochmals laut und deutlich" vorlesen mußte. I. Bachmann: Gruppe 47 (Entwurf), in: Bachmann 1978, Bd.4, S.325.

[17] Als ihr Paul Celan von seiner Lesung in der Bonner Universität am 17.11.1958 berichtet und von einer antisemitischen Karikatur, die unter den Zuhörern kursierte, versuchte I. Bachmann ihn mit realpolitischen Argumenten zu beruhigen: Man wisse ja, daß solche antisemitisch gesonnenen Menschen in Deutschland nicht plötzlich alle verschwunden seien. "Es ist vielmehr die Frage, ob man, wenn man in einem Saal von Menschen, die man sich nicht aussuchen kann, hineingeht, bereit ist, trotzdem für die zu lesen, die zuhören wollen und sich der anderen schämen." Brief von I. Bachmann an P. Celan vom 10.12.1958, (Bachmann - Celan 2008, S. 99 f.)

telbare Nachvollziehbarkeit dieser Verse schon bei erstmaligem Anhören zu gewährleisten.

Andere Beispiele dieses Stilwandels der Vortrags-Persona sind Bachmanns Lesungen von Prosa-Texten, wie 'Undine geht' aus dem Jahre 1961 für den Bayrischen Rundfunk (25.6.1961) oder die späteren Prosa-Lesungen aus dem 'Todesarten'-Projekt (etwa die Aufnahme des SRG/DRS Zürich am 9.1.1966), bei denen gleichfalls die präzise syntaktische Phrasierung und Rhythmisierung sowie die differenzierte Kunst der Kadenzen auffällt. In den Lesungen aus der letzten Zeit macht sich allerdings mehr und mehr ein leichtes Zittern in der Stimme bemerkbar, diesmal nicht vor Erregung und Aufgeregtheit, sondern vermutlich durch den extensiven Konsum von Pharmazeutika, Alkohol und Nikotin provoziert. Wie der Körper, so ist die Stimme gealtert, sie ist tiefer, zugleich dünner und obertonärmer geworden. In den letzten Aufnahmen aus dem Jahr 1973 scheint diese Stimme nur noch mit Mühe ihre Façon zu wahren. In einer Rezitation des großartigen Gedichts 'Böhmen liegt am Meer' hören wir eine tiefe Alkoholikerinnen-Stimme, die ihre Stimmwerkzeuge mit Hilfe von langsamem Sprechen und überakzentuierenden Betonungen zu kontrollieren versucht, dabei aber nicht vermeiden kann, daß einige Laute (wie das 'l' und das 'w') zuweilen wie gelallt klingen.

b) Sprechweise

Bachmanns Lesungen sind Laienlesungen, auch wenn sie sich bewußt oder unbewußt der komplexen Ausdrucksmittel der Vortragsstimme bedient. Ihre Stimme hat hörbar keine zünftige Sprechschulung erfahren. Diese Sprecherin eifert nicht dem Stil professioneller Rezitatoren nach, gegenüber der deutschen Bühnenhochsprache wie auch gegenüber allem Schauspielerhaften will sie Distanz gewahrt wissen. Bloß nicht schauspielern! das scheint die Maxime der jungen Dichterschule nach dem Zweiten Weltkrieg gewesen zu sein. Man hat sich genug verstellt in der Vergangenheit, gerade die Lyrik-Rezitation sollte davon frei bleiben. Sprechtechnische Unvollkommenheiten des Vortrags und dialektale Töne werden deshalb in den frühen Lesungen bewußt in Kauf genommen und zu expressiven Ausdrucksvaleurs gemacht. Was uns als unvollkommen erscheint oder wie ein leichter Lapsus klingt, trägt nur zur Aura dieser Persona bei, so etwa, wenn sie sich vor Nervosität oder Rührung leicht verhaspelt, beim Sprechen außer Atem gerät oder ihr die Stimme aufgrund mangelnden Atemdrucks versagt -, typische Kennzeichen von Laienrezitationen. Diese Qualitäten haben nichts mit einer authentischen Körperstimme zu tun, die da in die Texte einbricht, wohl aber mit einem spezifischen vokalen Self-fashioning, das die Zerbrechlichkeit der Diktion zu einem Ausdrucksvaleur der Persona macht.[18]

---

[18] Ich danke Ina Hartwig/Frankfurt ebenso wie Marion Lauschke/Berlin und Ingvild Folkvord/Trondheim, die mich zu diesen Überlegungen provoziert zu haben, vgl. Lausche/Folkvord 2015.

I. Bachmann spricht in den frühen Aufnahmen im übrigen ein Hochdeutsch mit starken Einsprengseln von dialektalen Fremdkörpern. Durch die charakteristische dialektale Verformung von Vokalen bzw. Diphtongen wie 'ei' und 'au' sowie durch das leicht gerollte 'r' und andere Eigenheiten wie vor allem die stimmhafte Artikulation der Verschlußlaute p, t und k ("Lösch die Lubinen!/Es kommen härtere Dage!", "der Dod", "Dapferkeit") wird die Herkunft aus einem österreichischen Sprach-Milieu vernehmbar. Einige Ausspracheweisen (wie "dr Blick") verweisen auf ältere Vortragstraditionen, die zum Zeitpunkt der Lesung bereits obsolet waren.

c) Vortragsformate

Bei aller Zerbrechlichkeit von Stimme und Persona ist in den frühen Aufnahmen aus dem Jahr 1952 der Wille zu einer rhythmisierenden Rezitation unverkennbar. Diese Künstlerin hat ein ausgeprägt metrisch-rhythmisches Bewußtsein, auch wenn sie die Metrik ihrer Verse zunächst noch nicht so streng handhabt wie später.[19] I. Bachmann pflegte ihre Gedichte als rhythmische Einheit vorzutragen, als Werke -, entsprechend dem hohen Werkbewußtsein, daß sie in ihren poetologischen Äußerungen dokumentiert. Dementsprechend versagte sie sich jeden "phonetischen Pointillismus" (Roland Barthes), also jede emotionale Ausdeutung einzelner Worte auf Kosten von Melodielinie und Rhythmus des Ganzen.

Selbst hochemotionale Gedichte und erst recht Erzählungen las sie in vergleichsweise detachiert elegischem Stil vor. Stets war es ein Vorlesen, nicht ein Rezitieren oder Deklamieren, das sie praktizierte. Dieses Vortragsformat bildet einen wichtigen, bedeutungskonstitutiven Filter ihrer Lesungen. Ein Beispiel dafür ist die Lesung der Erzählung 'Undine geht' aus dem Jahre 1961 für den Bayrischen Rundfunk. I. Bachmann vermeidet bei dieser Ich-Erzählung, die man doch als dramatischen Monolog hätte sprechen können, alle deklamatorischen Affekte und Emotionen -, alles 'personifizierende Deklamieren' (Friedrich Rambach). Sie vergegenwärtigt die Rede der Undine als etwas von ihr selber (also der Vortragenden) deutlich Unterschiedenes, so daß Erzähler-Ich und Persona der Vortragenden auseinander treten. Wir hören zwar die Vortrags- und Vorlesestimme I. Bachmanns, doch versucht sie nie, den Eindruck zu erwecken, als ob diese Stimme mit der Stimme Undines identisch sei. Selbst hochpathetische Stellen werden geradezu schulmäßig als die Rede eines anderen wiedergegeben, ohne prosodisch ausinstrumentiert zu werden.[20]

---

[19] Daß sie bei einem Wechsel des Metrums von Jamben zu Trochäen im Gedicht 'Dunkles zu sagen' für die Eingangshebung in der Lesung für den NWDR vom 4.6. 1952 nicht den nötigen Atemdruck aufbringt, liegt wohl an mangelnder Routine. Mit wachsender Lese-Erfahrung sollte sie immer präziser werden.

[20] Z. B. ein Satz wie "Ihr Ungeheuer, dafür habe ich euch geliebt, daß ihr wußtet, was der Ruf bedeutet, daß ihr euch rufen ließt, daß ihr nie einverstanden wart mit euch selber. Und ich, wann war ich je einverstanden?" Bachmann 1978, Werke, Bd.2, S. 257.

Eine solche detachierte Vorlese-Manier könnte man als Kontrapost des Vorlesens bezeichnen. Sie wurde als ästhetisches Vorleseformat erstmals um 1800 - im Rahmen der ersten großen Diskussionen der Sprechkunst-Bewegung - entdeckt, im Unterschied zu Deklamation und Rezitation. So deutete der Goethe-Freund Karl Ludwig von Knebel im Jahre 1792 die Vermeidung der höchsten Affektstufen beim Vorlesen nicht als Manko, sondern im Gegenteil als besondere Chance:

> "Hierin besteht eigentlich das Große der Kunst. Es gibt dem Charakter jedes Dinges, und also auch vorzüglich der menschlichen Eigenschaften und Affecten, ein gewisses Unendliches, wenn man solches nicht sinnlich ganz umfassen und auf solche Weise seine Grenzen bestimmen kann."[21] Aufgabe sei es stattdessen, "bei Absonderung alles Kleinlichen und Schwächlichen, dem Reichthum des Daseins gleichsam eine Fülle der Ruhe mitzutheilen, und so die Folgen der Bewegung nur ahnen zu lassen." (von Knebel 1840, S. 286)

Die Romantiker (Ludwig Tieck und August Wilhelm Schlegel) haben dieses Vortragsformat eines distanziert 'coolen' Vorlesens als Form ironischen Sprechens gedeutet und praktiziert, Gottfried Benn hat es unter anderen ästhetischen Prämissen dann für den Vortrag zeitgenössischer Lyrik verbindlich gemacht (vgl. Meyer-Kalkus 2009, S. 36-47). Wie heiß auch immer die emotionale Dichte der Vorlage beschaffen sein mochte, wie aufwühlend oder schockierend die Bilder, das Vorlesen sollte das Material kalt halten. In der Brechung zwischen lyrischem Ich des Texts und der Persona der Vortragsstimme entfaltete sich eine eigene poetologische Bedeutsamkeit: Das Werk grenzte sich gegenüber der Autorstimme ab und gewann Autonomie.

Vortragsformate sind historisch variable Gattungen des Vortrags mit eigener bedeutungsstiftender Funktion, die in die Wahrnehmung der Zuhörer eingeht. Mit der Entscheidung zugunsten eines Vortragsformats stellt sich jeder Vortrag in den Horizont bestimmter Erwartungen, so sehr dessen Strukturmomente auch durch die Performance abgewandelt werden.

Obgleich I. Bachmann dem von Benn postulierten L'art pour l'art und einer Trennung von Dichtung und Leben in poetologischer Hinsicht die Gefolgschaft versagte (vgl. Bachmann - Celan 2008, S. 267.), ist das von ihr gewählte Vortragsformat mit Benns Kontrapost des Vorlesens als artistischer Kunstform in vieler Hinsicht verwandt.[22] Schon in ihren frühen Lesungen ist ihr Bemühen

---

[21] Karl Ludwig von Knebel: Einige Bemerkungen über die Kunst zu lesen; wobei die erste Scene der 'Iphigenie auf Tauris' zum Grund gelegt ist' (1792), vgl. von Knebel 1840, S. 285.

[22] Vielleicht fühlte sie sich dazu auch durch das Debakel ihres Freundes Paul Celan bei der Gruppe 47 im Mai 1952 bestärkt, dessen expressiv-emphatischer Vortragsstil als Wiederkehr der Stimmen der Hitlerzeit mißverstanden wurde, vgl. Meyer-Kalkus 2014, S. N4.

erkennbar, eine Differenz zwischen der empirischen Person der Vortragenden und dem lyrischen Ich ihrer Texte deutlich werden zu lassen und die Zuhörer damit einzuladen, diese freie Funktionsstelle ihrer Dichtung jeweils selber zu besetzen. Autonomie und Kommunikabiltität ihrer Verse hätte sie nur eingeschränkt, wenn sie sie deklamatorisch in 'Eigenstellung' (Erich Drach) vorgetragen hätte.

An diese vortragsästhetischen Maßgaben hat sich I. Bachmann bei ihren Lyrik-Lesungen allerdings nicht immer gehalten. Die schon genannten Fernsehaufzeichnungen von Lesungen aus den frühen 1960er Jahren zeigen, daß sie das Vorlesen immer wieder durch ein freies, auswendiges Sprechen, durch Rezitieren, unterbrechen konnte und damit das Vortragsformat wechselte. Sie begann den Vers mit den Augen ins Manuskript oder Buch geheftet, doch die Fortsetzung wurde frei gesprochen, mit einem vom Text sich lösenden und in die Ferne schweifenden Blick. Dadurch wurde der Effekt des Kontraposts des Vorlesens verwischt, und ein Moment des Identifikatorisch-Emphatischen, also der 'personifizierenden Deklamation', gelangte in die Lesung. Ähnliches kann man bei Passagen hoher Selbstergriffenheit in Lesungen aus dem Todesarten-Projekt beobachten.[23] Die Werke scheinen einen Widerstand dagegen zu entwickeln, sich von der Vortragsstimme abzulösen, wie es dem poetologischen Werkbewußtsein der Autorin entsprechen würde.

d) Medien

Seitdem elektronische Mikrophone systematisch von den Rundfunkstationen in Deutschland eingesetzt werden, seit Ende der 1920er Jahre, sind Vortragsstimmen zum überwiegenden Teil Mikrophonstimmen: von Mikrophonen elektronisch verstärkt und aufgenommen. Diese mediale Einbettung hat weitreichende Auswirkungen für die Vortragsstimme gehabt. Nicht länger bedurfte es der mächtigen oder bis an die Grenzen ihrer Kapazität angestrengten Stimmen, um große Räume zu beschallen. Redner und Vortragskünstler konnten mit ihrem Stimmvolumen maßhalten, ja sie konnten sogar vergleichsweise leise in mittlerer Sprechtonlage vortragen. Damit entstand die Möglichkeit, andere Sprechhaltungen auszubilden, wie sie in vor-mikrophonlicher Zeit nicht denkbar waren. Während ein Gutteil der älteren rhetorischen Sprechtechniken sich an dem Problem abarbeitete, wie man sich - als "Saal-Leser" (Palleske 1880, S. 273) - mit der Stimme Gehör verschaffen konnte, wurde es nun möglich, selbst in großen Räumen mit den paradoxen Effekten intimen Sprechens in Großaufnahme zu spielen, weil man sich sicher sein konnte, daß die Worte durch elektronische Verstärkeranlagen im ganzen Saal gehört wurden.

---

[23] Vgl. die Lesung im Norddeutschen Rundfunk am 24.3.1966, eine charakteristische Stelle entspricht dem Text von 'Der Fall Franza'': 'Die ägyptische Finsternis III', in: Bachmann 1995, Bd.2, S.314.

I. Bachmann müssen solche Erfahrungen mit Mikrophonstimmen schon durch ihre Arbeit im Rundfunk vertraut gewesen sein. Seit Anfang der 1950er Jahre hatte sie Radio-Erfahrungen als Script-Girl im Wiener-Radio 'Rot/Weiß/Rot', einem amerikanischen Besatzungssender, machen können. Sie war dort von Februar 1952 bis Juli 1953 Mitglied einer Redaktion, die für die humoristische Erfolgssendung 'Die Radiofamilie' verantwortlich war. Selber hat sie 15 Folgen für diese Serie verfaßt [24] -, war aber nicht an Produktion und Aufnahmen beteiligt. Auch ist sie nicht als Sprecherin hervorgetreten. Immerhin dürfte sie bei dieser Gelegenheit den ganzen Aufnahmeapparat einer Rundfunkstation kennen gelernt haben (McVeigh 2011, S. 337-388). Später produzierte sie von Rom aus Reportagen und Features für das Radio, ohne allerdings selber zu sprechen.

Ihre Lyrik- und Prosa-Lesungen verraten ein Bewußtsein davon, daß für Medien wie das Radio eine eigene Stimm- und Vortragsästhetik erforderlich ist -, mithin eine eigene Inszenierungstechnik, ohne die kein Autor vor Mikrophon und Kameralinse mehr auskommt (vgl. Künzel 2007, S. 9-24). Nicht länger war es möglich, bei Autorenlesungen im emphatischen Stil der expressionistischen Dichtersänger-Generation zu deklamieren, andererseits mußte die schauspielerische Glätte der professionellen Rezitatoren-Stimmen vermieden werden. I. Bachmann kreierte etwas Drittes, ihre eigene Vortragsstimme, wobei ihr der Gebrauch des Mikrophons nur willkommen sein konnte, weil sie eine konstitutionell leise Stimme besaß. Das Mikrophon wurde zur elementaren Voraussetzung ihrer öffentlichen Präsenz. Und wie es scheint, hat sie es - zumindest bei Rundfunk- und Plattenaufnahmen - gewöhnlich gut kontrolliert, was Abstand und Lautstärke anbelangt.

Man weiß, wie ungewohnt für die meisten Sprecher ein Reden ins Mikrophon auch heute noch ist -, und wie ungewohnt es für die meisten Sprecher in den 1950er Jahren war. Und dies erst recht, wenn es sich um Mikrophone in den Rundfunkstudios handelte, vor denen man saß, während man von Aufnahmeleiter und Technikern hinter einer dicken Glasscheibe beobachtet und dirigiert wurde. Das schuf unweigerlich Befangenheit, Nervosität und Panik, zumal wenn man beim Sprechen die Kopfhörer übergestülpt hatte und damit einen schalltoten Raum im Ohr hatte und die eigene Stimme nur in ungewohnter bzw. zeitverzögerter Weise vernahm. Schlimmer noch die Situation im Fernsehstudio, wo man nicht wußte, wohin man seine Blicke richten sollte, auf die Kameralinse, auf die Zuhörer jenseits der Kamera oder auf das Manuskript vor den eigenen Augen. Lesungen im Fernsehstudio der 1960er Jahre zeigen I. Bachmann desorientiert,

---

[24] Vgl. McVeigh 2011, S. 357. - Vgl. I. Bachmann über ihre Radio-Erfahrungen, etwa im Brief an P. Celan vom 10.11.1951, in: Bachmann - Celan 2008, S. 37.

ihre Blicke wie panisch unkontrolliert im Raum herumirrend, um schließlich am Manuskript Halt zu finden.[25]

e) Textvorlage und Vortrag

Für eine Dichterin wie I. Bachmann bildete die Vortragsstimme eine Schnittfläche zwischen der Performance der Autoren-Lesung und der immanenten Performativität ihrer Texte. Mit immanenter Performativität bezeichne ich den je spezifischen Horizont von Möglichkeiten des Vortrags, die in den Text eingegangen, ja eingeschrieben sind, als regulative Idee seiner mündlichen Vergegenwärtigung. Auf welches Vortragsformat hin ist er geschrieben? welche Hinweise gibt er im Hinblick auf Lautlichkeit und Rhythmisierung, Phrasierung und Akzentuierung? welche im Hinblick auf Stimmung und Emotion? Natürlich ist ein Text auf unterschiedliche Weise vorzutragen, doch eben nicht auf alle denkbare. Es gibt Schranken der Vortragbarkeit, etwa hinsichtlich von Metrik, Syntax und Semantik (vgl. Jakobson 1960, S. 102), aber auch hinsichtlich des emotionalen Ausdrucks.

Diese immanente Performativität des Textes findet ganz unterschiedliche Aktualisierungen durch die je einzigartige Performance. Die der Autorin ist dabei von besonderer Aufschlußkraft, weil sie Hinweise darauf gibt, wie diese selber ihre Texte verstanden wissen wollte. Wie hat sie sie gehört? und welche vortragsästhetischen Prämissen legte sie dabei zugrunde?

So ist es aufschlußreich zu beobachten, wie unterschiedlich I. Bachmann Vers- und Strophenkadenzen bei Lyrik-Lesungen vortrug. Während sie die Verskadenzen gewöhnlich in der Schwebe hielt, auch wenn sie syntaktisch mit einem Satzschluß zusammenfielen, markierte sie die Strophenenden stets mit einem deutlichen Absenken der Stimme. Auf diese Weise machte sie die Strophe als eine höhere, gegenüber den einzelnen Versen übergeordnete poetische Einheit erkennbar. Andererseits 'überlas' sie konsequent die Enjambements ihrer Verse, verzichtete also bewußt darauf, durch leichtes Innehalten das Versende zu markieren, so daß diese Passagen etwas Aufgewühltes erhielten, wie ein Einsprengsel prosahaften Sprechens in metrisch gebundener Rede.

Interessant sind auch die Veränderungen der den Lesungen zugrunde liegenden Textfassungen, sei es aus Absicht, Nachlässigkeit oder Verlesen. Einen Gutteil dieser Varianten hat Ellen Marga Schmidt in ihrem Tonverzeichnis in der ersten Werk-Ausgabe minutiös verzeichnet (Bachmann 1978, Bd.4, S. 498-506). I. Bachmann legte ihren Lesungen häufig Fassungen zugrunde, die mit den später gedruckten nicht identisch waren, was darauf hindeutet, daß sie an den Texten weiterarbeitete, vielleicht sogar aufgrund der Lesungen Revisionen und Korrek-

---

[25] So zu Beginn von I. Bachmanns Lesung 'An die Sonne' (vermutlich vom SFB Berlin am 19.11.1961 aufgenommen), wo sie von Ambiente und Hintergrundgeräuschen in ihrer Konzentration gestört wird.

turen vornahm.[26] Ihre Tondokumente bieten mithin wichtige Vorstufen und Varianten des gedruckten Texts.

Können Interpretationsfragen einzelner Gedichte durch Rekurs auf die Autorinnen-Lesungen entschieden werden? Zumindest auf Ton und Stimmung eines Gedichts und damit auf eine wichtige Dimension seiner Bedeutsamkeit geben die Ton-Aufzeichnungen Hinweise, so etwa auf die existenzielle Lakonie eines Gedichts wie 'Exil' (auf einer Schallplatte für den Günther Neske-Verlag 1959) oder auf die zauberhaft-melancholische Traumwelt in 'Erklär mir Liebe' (in einer Lesung im NDR Hamburg vom 1.2.1957).

In einem Brief an Beatrix von Steiger (14.11.1922) entwickelte Rainer Maria Rilke für solche systematischen Rückschlüsse von der Lesung auf den Text eine aufschlußreiche Begründung, die zugleich eine Apologie der Dichterlesung darstellte: "Nun will ich gestehen, daß ich nie eine meinige Arbeit habe vorsprechen oder vorlesen hören, außer soweit mein eigenes Ohr betheiligt erscheint an der Akustik meines Mundes. Laut gesprochen im Entstehn, bleibt mir auch mein längst geschriebenes Wort immer noch ein in meiner eigenen Stimme dargestelltes, gewissermaßen in ihr modelliertes. Ich zweifle nicht, daß eine verstehende und schwingende Kunst des Vortrags dem von mir Gestalteten ein bedeutendes, ja vergrößertes Dasein zu geben vermöchte -, aber ich selber schreckte immer davor zurück, dieses vielleicht gesteigerte und phonetisch belebtere Wort mit meiner unwillkürlichen Sprechung zu vergleichen, die mir - gerade weil ich sie nicht eigens erzogen habe und kaum lenke - von ungeheurer Legitimität erscheint." (Rilke 1986, S. 9f).

Gegenüber einer "verstehenden und schwingenden Kunst des Vortrags" durch Rezitatoren und professionelle Schauspieler bringt Rilke ein produktionsästhetisches Argument ins Spiel: Weil das durch die eigene Stimme mitgeformte Wort der Dichtung noch im Ohr klingt, ist eine durch solche Erinnerungen unwillkürlich gesteuerte Sprechung durch den Autor die einzig angemessene und legitime Darbietungsweise -, gerade weil sie aufs engste mit der Entstehung des geschriebenen Wortes verbunden ist -, weil "mein eigenes Ohr betheiligt erscheint an der Akustik meines Mundes".

Man sollte Texte und akustische Aufzeichnung der Autorenlesungen, soweit wir sie haben, immer zusammen anhören und lesen. Gerade die frühe Lyrik Bachmanns, der gegenüber sich heute viele Leser aufgrund des zeitlichen und stilistischen Abstands befremdet fühlen, könnte dadurch eine neue Virulenz erhalten. Man könnte dabei sogar Überraschungen erleben, wenn man erkennt, in wel-

---

[26] Eine der weitreichendsten Veränderungen betrifft das Gedicht 'Dunkles zu sagen': Die Autorin spricht in einer Lesung vom 4.6.1952 im NWDR Hannover zusätzlich einige hochexponierte Verse, die in die Druckfassung des Gedichts nicht aufgenommen wurden, vgl. Bachmann 1978, Bd.4, S. 499.

chem Maße diese Vortragsstimme sich letztlich einer identifikatorischen Deklamation verweigert und den Versen Automonie zu sichern bemüht ist. Was not täte, wäre, das komplexe Beziehungsgeflecht zwischen immanenter Performativität der Gedichte, dem performativen Self-Fashioning der Autorin, ihrer Vortragsästhetik mit den jeweils gewählten Vortragsformaten und den einzelnen Performances zu studieren, ohne freilich den Gehalt der Verse auf diese eine Vortragsstimme und diese eine Performance zu reduzieren.

4 Vokales Self-Fashioning

I. Bachmann hatte ein ausgeprägtes Bewußtsein von Funktion und Symbolkraft der Stimme. In einem Text aus dem Jahre 1959 mit dem Titel 'Musik und Dichtung' erörterte sie das gewandelte Verhältnis von Stimme und Musik in der zeitgenössischen Avantgarde-Musik -, die ihr durch Zusammenleben und - arbeit mit Hans Werner Henze vertraut war. In diesem Zusammenhang findet sich ein emphatisches Plaidoyer für die Unverwechselbarkeit und Unverfügbarkeit der menschlichen Stimme in einer verwalteten technisierten Welt: "Denn die Eigentümlichkeit dieser Stimme, die so und so beschaffen ist, wird kein Fortschritt aus der Welt schaffen." (Bachmann 1978, Bd.4, S. 60)[27] Die menschliche Stimme widersteht dem Fortschritt, sie ist - bei all ihrer physiologischen Beschränktheit - für diese Dichterin ein Inbegriff von unverfügbarer Menschlichkeit und Individualität:

> "Denn es ist Zeit, ein Einsehn zu haben mit der Stimme des Menschen, dieser Stimme eines gefesselten Geschöpfs, das nicht ganz zu sagen fähig ist, was es leidet, nicht ganz zu singen, was es an Höhen und Tiefen auszumessen gibt. Da ist nur dieses Organ ohne letzte Präzision, ohne letzte Vertrauenswürdigkeit, mit seinem kleinen Volumen, der Schwelle oben und unten - weit entfernt davon, ein Gerät zu sein, ein sicheres Instrument, ein gelungener Apparat. Aber etwas Unbenommenes von Jugend ist darin oder die Scheuer des Alters, Wärme und Kälte, Süße und Härte, jeder Vorzug des Lebendigen. Und diese Auszeichnung, hoffnungsloser Annäherung an Vollkommenheit zu dienen! Es ist Zeit, dieser Stimme wieder Achtung zu erweisen, ihr unsere Worte, unsere Töne zu übertragen, ihr zu ermöglichen, zu den Wartenden und zu den Abgewandten zu kommen mit der schönsten Bemühung. Es ist Zeit, sie nicht mehr als Mittel zu begreifen, sondern als den Platzhalter für den Zeitpunkt, an dem Dichtung und Musik den Augenblick der Wahrheit miteinander haben. Auf diesem dunkelnden Stern, den wir bewohnen, am Verstummen, im Zurückweichen vor zunehmendem Wahnsinn, beim Räumen von Herzländern, vor dem Abgang aus Gedanken und bei der Verabschiedung so vieler Gefühle, wem würde da - wenn sie noch einmal erklingt, wenn sie für ihn erklingt! - nicht plötzlich inne, was das ist: Eine menschliche Stimme." (Ebd., S.62)

---

[27] Vgl. Strohschneider-Kohrs (2003).

Man muß zugestehen, daß dieser hochtonige Text stilistisch ans Erbauliche grenzt, mit seinen pastoralen Appellen und Zusprüchen, den Anklängen an Bibel- und Predigtsprache und Anspielungen an weltliterarische Texte von Goethes 'Torquato Tasso' bis zu Kafkas 'Josefine die Sängerin und das Volk der Mäuse'. Doch dürfte dabei soviel deutlich werden: Die menschliche Stimme, so unvollkommen sie in technischer und damit in musikalisch instrumenteller Hinsicht auch ist (ein Gesichtspunkt der musikalischen Avantgarde der 1950er Jahre, die versuchte, die Stimme in die musikalische Komposition als gleichberechtigen Parameter neben den Instrumenten zu integrieren), hat für I. Bachmann den "Vorzug des Lebendigen". Aufgrund ihrer Unverfügbarkeit und Menschlichkeit ist sie in einer technisierten, von zunehmender Rationalisierung und Brutalisierung bestimmten Welt unverzichtbarer denn je.[28]

I. Bachmann ging sogar noch weiter, indem sie in einer philosophisch hochexponierten Überlegung die Stimme zum Garanten des Ich erklärte. Als sie sich in ihrer 3. Frankfurter Poetik-Vorlesung 1959 an die Zuhörer wandte, beschrieb sie die unterschiedlichen Verwendungsweisen des Pronomens 'Ich' im persönlichen Gespräch und im Vortrag und damit den Unterschied zwischen Umgangs- und Vortragsmündlichkeit, zwischen Sprechen und Reden: "'Ich sage Ihnen' - wenn ich das zu einem einzelnen sage, so scheint es doch ziemlich klar zu sein, welches Ich sich da rührt und was mit dem Satz gemeint ist, in dem das Ich auftritt, wer da also etwas sagt. Aber schon wenn Sie hier allein heroben stehen und sagen zu vielen unten 'Ich sage Ihnen', so verändert sich das Ich unversehens, es entgleitet dem Sprecher, es wird formal und rhetorisch." (Bachmann 1978, Bd.4, S. 217) Das Publikum höre beim Vortrag nur ein abgelesenes Ich und empfange es schon gar nicht mehr so genau. Das Ich sei vielmehr "himmelfern" -, was sich bei der unsichtbaren Kommunikation über den Rundfunk noch potenziere. "Dann ist da nur mehr ein Satz, der Ihnen zugetragen wird, über einen Lautsprecher oder ein Blatt Papier, ein Buch oder eine Bühne, ein Satz von einem Ich ohne Gewähr." (Ebd., S. 218) Die Persona der Sprechenden ist jeweils unterschiedlich, ob sie ein Privatgespräch führt oder einen öffentlichen Vortrag vor Publikum hält bzw. im Radio vorliest.

Im Kontext ihrer Vorlesung zum Thema des 'schreibenden Ich' zielte I. Bachmann letztlich weniger auf den unterschiedlichen Gebrauch der Stimme bei Sprechen und Reden als vielmehr auf die unterschiedlichen Formen des Ich, die bei solchen Sprachspielen unterstellt werden. Das der jeweiligen stimmlichen Persona zugrunde liegende Ich erschien ihr als "Ich ohne Gewähr", so daß sie zu der erstaunlichen Aussage gelangte, daß dieses Ich ohne Gewähr nur "Platzhalter

---

[28] Vgl. Maye 2008, S. 162-174, bes. S. 167 f. H. Maye dekonstruiert die von I. Bachmann in Anspruch genommene 'Lebendigkeit' der Stimme allerdings unnachsichtig als pure Illusion, indem er auf Prämissen der Phonozentrismus-Kritik Jacques Derridas und einen entkörperlichten Sprachbegriff rekurriert.

der menschlichen Stimme" sei (ebd, S. 237). Mithin ist nicht die Stimme Platzhalterin des Ich, dazu ist dieses zu vielgestaltig, zu proteushaft und unzuverlässig, sondern umgekehrt: das Ich verdankt seine Lebendigkeit der Tatsache, daß da immer eine Stimme ist, für die es steht. Was diesem fragilen, bezweifelten und angefochtetenen Ich Lebendigkeit verleiht, ist nichts anderes die Stimme, mit der es sich äußert.[29]

Wenn man diese Aussage nicht nur als eine ad-hoc-Aussage eines literarisch-metaphorischen Diskurses nimmt, sondern als eine substanzielle philosophische Aussage, wie sie wohl tatsächlich gemeint ist, so bedeutet sie eine ungemeine Aufwertung der Stimme gegenüber dem Ich. I. Bachmann ist wiederholt auf diese These zurückgekommen, so daß man ausschließen kann, daß es sich an Ort und Stelle nur um eine Improvisation handelt. In ihrem Gedicht 'Rede und Nachrede' ruft das lyrische Ich einmal "Laut und Hauch" als Beistand an, weil es weiß, wie sehr das dichterische "Wort" ihrer "im Streit mit so viel Übel" bedarf:

"Komm, Gunst aus Laut und Hauch,
befestigt diesen Mund,
wenn seine Schwachheit uns
entsetzt und hemmt." (Bachmann 1978, Bd.1, S.117)

Einmal mehr: die Stimme als Garant dessen, was da aus einem unzuverlässigen und gehemmten Mund als Verlautbarung kommt.

Was bedeutet dies für die Vortragsstimme in der Lyrik-Rezitation? Dieser Stimme sind jedenfalls "unsere Worte, unsere Töne zu übertragen", und sie ist es, die Worten und Tönen Lebendigkeit und ein Gesicht vor der Welt verleiht -, ähnlich wie es die Dichterin der Musik zuspricht.[30]

Nun sind die natürliche Stimme und Sprechweise des Menschen kein unveränderliches Schicksal, sie können bis zu einem gewissen Grade bewußt diszipliniert und stilisiert werden, wenn es darum geht, sich den "Wartenden und Abgewandten" mit Vortragsstimme zuzuwenden. Dazu hatte die Rhetorik seit der Antike konkrete Ratschlägen entwickelt. Daß ein Vortrag nicht ohne die Selbst-

---

[29] "Es ist das Wunder des Ich, daß es, wo immer es spricht, lebt; es kann nicht sterben - ob es geschlagen ist oder im Zweifel, ohne Glaubwürdigkeit und verstümmelt - dieses Ich ohne Gewähr! Und wenn keiner ihm glaubt, und wenn es sich selbst nicht glaubt, man muß ihm glauben, es muß sich glauben, sowie es einsetzt, sowie es zu Wort kommt, sich löst aus dem uniformen Chor, aus der schweigenden Versammlung, wer es auch sei, was es auch sei. Und es wird seinen Triumph haben, heute wie eh und je - als Platzhalter der menschlichen Stimme." Ebd., S. 237.

[30] "So müßte man den Stein aufheben können und in wilder Hoffnung halten, bis er zu blühen beginnt, wie die Musik ein Wort aufhebt und es durchhellt mit Klangkraft. So müßte man sich ausdrücken, ein Einsamer durch einen Einsamen, sich verbünden, einander Deutlichkeit verleihen vor der Welt. Sich stellen. Und in der Folge sich überantworten." (Bachmann 1978, Bd.4, S. 61f)

inszenierung des Vortragenden zu denken ist, ohne das, was man im anglophonen Bereich das 'Self-fashioning' bezeichnet, war eine Prämisse der rhetorischen Ethos-Lehren. Legt der Redner doch jeweils ein imaginäres Bild von dem zugrunde, wie er selber in der Öffentlichkeit erscheinen will (das dann in seine Persona eingeht), wie auch ein Bild, das er sich dabei vom Publikum macht. Dies bedeutet nicht, daß er aus einer Reihe von frei verfügbaren Rollen und Stimmhaltungen einfach die geeignesten auswählt, wohl aber, daß er seine Stimme und Sprechweise so verändern kann, wie dies in anderer Weise mit Haltung und Gesten, mit Haarmode oder Bekleidung möglich ist. Stets hat er für seine Vortragsstimme einen gewissen Spielraum zur Verfügung, und es gibt eine Vielzahl von Erwägungen darüber, welche Option er am Ende auswählt. Vokales Self-Fashioning ist kein Beleg für die unbeschränkte Autonomie und Freiheit des einzelnen, sondern nimmt die Erwartungen der Umwelt, die von dort ausgeübten Zwänge und Rollenmodelle mit ins eigene Verhalten auf. Der Literaturwissenschaftler Stephen Greenblatt hat diesen Umstand am Beispiel des Self-fashioning von Autoren der Renaissance einmal auf den Begriff gebracht:

> "... that fashioning oneself and being fashioned by cultural institutions - family, religion, state - were inseparably intertwined ... Whenever I focused sharply upon a moment of apparently autonomous self-fashioning, I found not an epiphany of identity freely chosen, but a cultural artifact. If there remained traces of free choice, the choice was among possibilities whose range was strictly delineated by the social and ideological system in force."[31]

Gewiß steht einem Vortragenden die Veränderung des Timbres der eigenen Stimme, der Sprechmelodien, der Höhen und Tiefen nicht in gleichem Maße zu Gebote wie die verschiedenen Farben eines Lippenstifts, der Lidstrich oder die Haarmode. Wohl aber kann er eine Vielzahl von Parametern der gesprochenen Sprache bewußt verändern, etwa das von der Herkunft her gerollte 'r' entschärfen oder dialektale Erbschaften und Akzente in den Hintergrund drängen -, wie dies eben eines der Ziele der Sprecherziehung war und ist. Es gäbe diese als praktische Hilfsdisziplin gar nicht, wenn die Aussicht auf solche Veränderungen nicht realistisch wäre. Auch müssen diese Stilisierungen nicht alle mit Bewußtsein intentional angestrebt werden, sie können sich auch unbewußt entwickeln, durch Übernahme von Rollenmodellen, Anlehnung an Vorbilder und Erwartungen der Umwelt.

Der alte Goethe hat die vielleicht bündigste Erklärung für die Bedingungen solchen Self-Fashionings in der Poesie gegeben. Sein Freund Wilhelm von Humboldt hatte ihn gefragt, ob er seine künstlerische Produktion immer "mit völligem Bewußtsein" vollzogen habe, worauf Goethe ein komprimiertes Resumé seiner Auffassungen vom schöpferischen Prozeß gab:

---

[31] Greenblatt 1980, S.256. Zur Autorinszenierung aus literaturwissenschaftlicher Warte vgl. Künzel 2007, S. 9-23.

"Zu jedem Tun, daher zu jedem Talent, wird ein Angebornes gefordert, das von selbst wirkt und die nötigen Anlagen unbewußt mit sich führt, deswegen auch so geradehin fortwirkt, daß, ob es gleich die Regel in sich hat, es doch zuletzt ziel- und zwecklos ablaufen kann. Je früher der Mensch gewahr wird daß es ein Handwerk daß es eine Kunst gibt, die ihm zur geregelten Steigerung seiner natürlichen Anlagen verhelfen, desto glücklicher ist er; was er auch von außen empfange schadet seiner eingebornen Individualität nichts. Das beste Genie ist das, welches alles in sich aufnimmt sich alles zuzueignen weiß ohne daß es der eigentlichen Grundbestimmung, demjenigen, was man Charakter nennt im mindesten Eintrag tue, vielmehr solches noch erst recht erhebe und durchaus nach Möglichkeit befähige. Hier treten nun die mannigfaltigen Bezüge ein zwischen dem Bewußten und Unbewußten; denke man sich ein musikalisches Talent, das eine bedeutende Partitur aufstellen soll, Bewußtsein und Bewußtlosigkeit werden sich verhalten wie Zettel und Einschlag, ein Gleichnis das ich so gerne brauche. Die Organe des Menschen durch Übung, Lehre, Nachdenken, Gelingen, Mißlingen, Fördernis und Widerstand und immer wieder Nachdenken, verknüpfen ohne Bewußtsein in einer freien Tätigkeit das Erworbene mit dem Angebornen, so daß es eine Einheit hervorbringt welche die Welt in Erstaunen setzt."[32]

Der Vergleich mit dem Webstuhl war eine von Goethes Leitmetaphern, die sich in vielen seiner Texte wiederfindet. Demnach besteht der Zettel aus den, "auf dem Webstuhl in Längsrichtung aufgezogenen Fäden, die den Grundriß und die Abmessungen des künftigen Gewebes vorgeben", während der "Einschlag" quer eingeworfen wird (Schöne 1994, S. 377). Zettel ist das bewußt Arrangierte, Einschlag die spontane "Productionskraft", die "am Ende immer im Unbewußten" liegt[33].

Nach diesem Modell müßte man auch das vokale Self-fashioning als dynamischen Prozeß denken, in den bewußte und unbewußte Antriebe eingehen, ohne daß man sie im einzelnen auseinanderhalten könnte. Angeborenes und Erlerntes, Organisch-Physiologisches und Kulturelles, natürliche Mitgift und kunstvolle Steigerung, Willkürliches und Unwillkürliches spielen ineinander. Nicht alles steht in unserer Macht, und doch kann ein Organ wie die Stimme "in einer freien Tätigkeit das Erworbene mit dem Angebornen (verknüpfen, so daß es eine Einheit hervorbringt welche die Welt in Erstaunen setzt".

Sind gewisse Töne der Vortragsstimme nun Teil des vokalen Self-Fashioning? oder sind sie im Gegenteil Zeugnisse einer unwillkürlichen Durchbrechung aller Stilisierungen? ist es der Körper, der hier gegen die kulturelle Disziplinierung sein Recht beansprucht oder ist es ein bewußt gespieltes Spiel? Eine solche -

---

[32] Goethe an Wilhelm von Humboldt am 17. 3. 1832, zitiert nach: Schöne 1994, S.811. - Zu diesem Brief die Analyse von Albrecht Schöne (Schöne 2015, S.363-394).
[33] Goethes Brief an H. Meyer vom 22.1.1832, zitiert nach Schöne 1994, S.377, Anmerkung 23.

immer wieder aufgeworfene und offenbar unvermeidliche - Frage ist im Grunde falsch gestellt, weil beides wie Zettel und Einschlag ineinander verwoben ist. Eine Antwort darauf würde sich unweigerlich in das Dilemma verstricken, unterscheiden zu wollen, was echt (oder gar 'authentisch') und was künstlich am Webmuster der Performance ist -, eine Ambivalenz, die von der Pop-Industrie als Teil der Charismatisierungs-Strategien ihrer Idole heute ganz bewußt geschürt wird, mit den unvermeidlichen Reaktionen eines zwischen "Voyeurismus und Echtheitswahn" hin- und hergerissenen Rezipienten (Künzel 2007, S.23).

Für Autoren und professionelle Rezitatoren ist ein vokales Self-Fashioning aus anderen Gründen unverzichtbar, müssen sie doch bei öffentlichen Auftritten eine Lösung für den Einsatz von Stimme und Sprechweise finden, die mit der Poetik ihrer Texte in Einklang ist, diese jedenfalls nicht offensichtlich desavouiert. Sie wissen, daß ihre Vortragsstimme in die Wahrnehmung der Texte durch die Zuhörer eingeht, daß Stimme und Sprechweise eine Art von Tönung darstellen, in deren Klanghorizont ihre Texte verstanden werden, auch wenn sie still gelesen werden. Wenn I. Bachmann es bei ihren Lesungen vermied, ihre Umgangsmündlichkeit in die Öffentlichkeit zu katapultieren und stattdessen ganz bewußt eine Vortragsstimme verwendete, dann in der Absicht, ihrem Werk Eigenständigkeit gegenüber der eigenen Person zu sichern. Sie trennte - wie auch in anderen Bereichen - Privates von Öffentlichem -, so als ob sie sich noch einem älteren Begriff des 'Dichteramts' verpflichtet gefühlt hätte: der Verantwortung derjenigen, die das Wort ergreift für die, denen es versagt ist.

Literatur

Albrecht, M./Göttsche, D. (Hrsg.) (2002): Bachmann-Handbuch. Leben-Werk-Wirkung. Stuttgart/Weimar.

Bachmann, I. (1978): Werke in vier Bänden, hrsg. von Christine Koschel, Inge von Weidenbaum und Clemens Münster. München.

Bachmann, I. (1995): 'Todesarten'-Projekt. Buch 2: Das Buch Franza. Bearbeitet von M. Albrecht/D. Göttsche. München/Zürich.

Bachmann - Celan (2008): Herzzeit. Ingeborg Bachmann—Paul Celan. Der Briefwechsel, hrsg. Bertrand Badiou u. a. Frankfurt am Main.

Bacon, W. A. (1980): An aesthetics of performance. Literature in Performance 1:1. S. 1-9.

Balme, C. (2014): Einführung in die Theaterwissenschaft. 5. neu bearbeitete und erweiterte Auflage. Berlin. S. 88-99.

Bauman, R. (1984): Verbal Art as Performance. Illinois.

Bauman, R. (1986): Story, performance, and event. Contextual studies of oral narrative. London/New York.

Bauman, R./Braid, D. (1998): The Ethnography of Performance in the Study of Oral Traditions. In: J. M. Foley (Hrsg.): Teaching Oral Traditions. New York. S. 106-122.

Bauman, R. (2004): A World of Others' Words. Cross-Cultural Perspectives on Intertextuality. Oxford.

Braid, D. (2002): Artikel 'Performanz' in: Enzyklopädie des Märchens. Handwörterbuch zur historischen und vergleichenen Erzählforschung, Bd.10. Berlin/New York, S.730-743.

Celan, P. - Klaus und Nani Demus (2009): Briefwechsel, hrsg. Joachim Seng. Frankfurt.

Fischer-Lichte, E. (2004): Ästhetik des Performativen. Frankfurt.

Foley, J. M. (Hrsg.) (1998): Teaching Oral Traditions. The Modern Language Association. New York.

Geißner, H. (1968): Zur Hermeneutik des Gesprochenen. In: Geißner, H./Höffe, W. L. (Hrsg.): Sprechen - Hören - Verstehen. Tonträger und sprachliche Kommunikation. Wuppertal.

Geißner, H. (1969): Sprechwissenschaftliche Vorüberlegungen zu einer Theorie der ästhetischen Kommunikation. In: Höffe, W. L. (Hrsg.): Gesprochene Dichtung - heute? Zur Theorie und Praxis ästhetischer Kommunikation. Kasstellaun.

Goffman, E. (2005): Rede-Weisen. Formen der Kommunikation in sozialen Situationen. Konstanz.

Greenblatt, S. (1980): Renaissance Self-Fashioning. From More to Shakespeare. Chicago/London.

Heidegger, M. (1960): Der Ursprung des Kunstwerks. Stuttgart.

Jakobson, R. (1960): Linguistik und Poetik. In: Holenstein, E./Schelbert, T. (Hrsg.) (1979): Roman Jakobson. Poetik. Ausgewählte Aufsätze 1921-1971. Frankfurt. S.83-121.

Kern, A. (2003): Der Ursprung des Kunstwerkes. Kunst und Wahrheit zwischen Stiftung und Streit. In: Thomä, D. (Hrsg.): Heidegger-Handbuch. Leben – Werk – Wirkung. Stuttgart/Weimar, S.162-174.

Kolesch, D. (2005): Stimmlichkeit. In: Fischer-Lichte, E./ Kolesch, D./ Warstat, M. (Hrsg.): Metzler-Lexikon Theatertheorie. Stuttgart/Weimar. S.317-320.

Krech, E.-M. (1987): Vortragskunst. Grundlagen der sprechkünstlerischen Gestaltung von Dichtung. Leipzig.

Künzel, Ch. (2007): Einleitung. In: Autorinszenierungen. Autorschaft und literarisches Werk im Kontext der Medien, hrsg. von Künzel, Ch./Schönert, J. Würzburg.

Lausche, M./Folkvord, I. (2015): The Materiality of the Body Speaking Its Mother Tongue. About Dialogues and Phenomena of Resonance. In: International Journal for Dialogical Science. Vol. 9, Issue 1 Winter.

Maye, H. (2008): Stimmen hören. Bachmanns Medienpoetik. In: Simons, O./Wagner, E. (Hrsg.): Bachmanns Medien. Berlin.

McVeigh, J. (2011): Nachwort in: Ingeborg Bachmann: Die Radiofamilie, Frankfurt. S.337-388.

Meinhold, G. (1997): Vorüberlegungen zu einer Theorie der Sprechkunst. In: Krech, E.-M./Stock, E. (Hrsg.): Sprechen als soziales Handeln. Festschrift zum 70. Geburtstag von Geert Lotzmann. Hanau/Halle.

Meyer-Kalkus, R. (2008): Koordinaten literarischer Vortragskunst. Goethe-Rezitationen im 20. Jahrhundert. In: Leupold, G./Raabe, K. (Hrsg.): In Ketten tanzen. Übersetzen als interpretierende Kunst. Göttingen. S.150-198.

Meyer-Kalkus, R. (2009): "Diese preußische Stimme zittert nicht" - Gottfried Benn liest vor. In: Müller, L. (Hrsg.): Stimmenzauber. Von Rezitatoren, Schauspielern, Dichtern und ihren Zuhörern. Valerio. Themenheft der Darmstädter Akademie für Sprache und Dichtung. Göttingen. S.36-47.

Meyer-Kalkus, R. (2014): 'Das Gedicht läuft beim Sprechen durch den ganzen Körper' - Als Paul Celan 1952 vor der Gruppe 47 seine Gedichte vortrug, tönte es ihm entgegen ..., in: FAZ, 12. 2.2014 (Geisteswissenschaften S. N4).

Palleske, E. (1880): Die Kunst des Vortrags. Stuttgart.

Rilke, R. M. (1986): Briefe an Beatrix von Steiger vom 14.11.1922, zitiert nach Luck, R. (Hrsg.): Rainer Maria Rilke. Schweizer Vortragsreise 1919. Frankfurt.

Schmidt, E. M. (1978): Ingeborg Bachmann in Ton- und Bildaufzeichnungen. In: Bachmann, I.: Werke, hrsg. von Christine Koschel, Inge von Weibenbaum und Clemens Münster, Bd.4. Essays, Reden, Vermischte Schriften, Anhang. München.

Schnickmann, T. (2007): Vom Sprach- zum Sprechkunstwerk. Die Stimme im Hörbuch. Literaturverlust oder Sinnlichkeitsgewinn. In: Rautenberg, U. (Hrsg.): Das Hörbuch. Stimme und Inszenierung. Wiesbaden. S. 21-53.

Schöne, A. (1994): J. W. von Goethe: Faust. Frankfurt.

Schöne, A. (2015): Der Briefschreiber Goethe. München.

Simons, O./Wagner, E. (Hrsg.) (2008): Bachmanns Medien. Berlin.

Strohschneider-Kohrs, I. (2003): Stimme und Sprache. Ingeborg Bachmanns Version des Undine-Themas. München.

von Knebel, K. L. (1840): Einige Bemerkungen über die Kunst zu lesen. In: Literarischer Nachlaß und Briefwechsel. Varnhagen von Ense, K. A./Mundt, T. (Hrsg.). Bd. 3, 2. unveränderte Auflage. Leipzig. S. 277-287.

Weithase, I. (1980): Sprachwerke - Sprechhandlungen. Über den sprecherischen Nachvollzug von Dichtungen. Köln und Wien.

Wirth, U. (Hrsg.) (2002): Performanz. Zwischen Sprachphilosophie und Kulturwissenschaften. Frankfurt.

VERENA SCHULZ

Stimmlich überzeugen –
Der mündliche Vortrag in der antiken Rhetorik

1 Süße Stimme statt Scharfsinn

Im ersten Jahrhundert v. Chr. lobt Marcus Tullius Cicero in seinem *Brutus*, einer Art Geschichte der römischen Beredsamkeit, den Redner Lentulus ausgerechnet für seine Pausen (*Brutus* 234, lateinischer Text mit deutscher Übersetzung bei Kytzler 1986). Lentulus sei nicht besonders scharfsinnig gewesen und auch nicht wortreich. Aber er habe drei andere Vorzüge gehabt, so Cicero, mit denen er überzeugen konnte. Sie alle beziehen sich auf den mündlichen Vortrag. Erstens lobt Cicero die schon erwähnten Pausen des Lentulus. Zweitens nennt er seine Ausrufe und drittens seine süße und helle Stimme. Niemand habe dank dieser Vorteile mehr das vermisst, was Lentulus nicht besaß, also Scharfsinn und Wortgewandtheit. Cicero verallgemeinert diese Beobachtung, indem er festhält, dass der gute Ruf, den Lentulus als Redner besaß, weniger durch seine argumentativen und stilistischen Fähigkeiten als durch seinen Vortrag (*actio*) zustande kam und dass seine hervorragende *actio* seine intellektuelle Mittelmäßigkeit verbarg. Diese Analyse Ciceros belegt neben vielen anderen Zeugnissen die hohe Wertschätzung und Wirkung des Vortrags, der schon seit dem griechischen Redner Demosthenes im vierten Jahrhundert v. Chr. sogar für das Wichtigste beim Reden überhaupt gehalten wird.

Der folgende Beitrag befasst sich mit einem wichtigen Teilaspekt des Vortrags, mit Theorie und Praxis der Stimme in der antiken Rhetorik. Insgesamt beziehe ich mich dabei auf die Ergebnisse meiner Dissertation (Schulz 2014). Während allerdings dort eine philologische Erschließung der bislang wenig beachteten lateinischen und griechischen Originaltexte im Zentrum stand, wird im Folgenden eine thematische Aufbereitung vorgelegt. Nach einem kurzen Überblick über die Autoren, die in der Antike über die Stimme des Redners geschrieben haben, werden zentrale Themen in Bezug auf die Stimme umrissen, mit denen sich die antike Rhetorik befasst hat und die auch für die moderne Sprecherziehung von Interesse sind: das Verhältnis von Stimme und Emotion, das die Rhetorik mit der Musik verbindet und die Abgrenzung der rednerischen Sprechweise von der des Schauspielers. Eine Übersicht über die praxisorientierten Anweisungen zur Stimme in den beiden lateinischen Hauptquellen – beim sogenannten Auctor ad Herennium (1. Jh. v. Chr.) und beim Rhetorikprofessor Quintilian (1. Jh. n. Chr.) – zeigt abschließend, wie sehr die Rhetorik durch die Medizin und die Grammatik beeinflusst worden ist.

2 Praxis und Theorie der Stimme

Während die Stimme in der rhetorischen Praxis der Antike immer eine wichtige Rolle spielte, wurde sie von den Rhetorik-Theoretikern lange Zeit nicht oder nur am Rande besprochen. Es erschien offenbar über Jahrhunderte selbstverständlich, dass die Schulung der Stimme (und auch des Körpers) in konkreten Übungen, den Deklamationen, erfolgte (insgesamt zur Deklamation siehe Bonner 1949). Theoretische Ausführungen zur Stimme des Redners wie bei Aristoteles (*Rhetorik* 1403b6-1404a19, Übersetzung bei Sieveke 1980, Erläuterungen bei Rapp 2002) bleiben knapp und nicht auf die Redepraxis ausgerichtet. Es entspricht daher der Wahrheit, wenn der anonyme Autor der Schrift *Rhetorica ad Herennium* zu Beginn des ersten Jahrhunderts v. Chr. behauptet, er sei der erste, der sich mit der Stimme sorgfältig auseinandersetze (*Rhetorica ad Herennium* 3,11,19).

Seine aus vier Büchern bestehende Übersicht über das rhetorische System ist das erste lateinische Werk, das die gesamte Rhetoriktheorie behandelt (lateinischer Text mit deutscher Übersetzung bei Nüßlein 1994). Dass vor ihm niemand über die Stimme geschrieben hat, liege daran, so der Auctor, dass „sich diese Dinge auf unsere Sinneswahrnehmung beziehen" (3,11,19). Aus dem Fehlen einer ausgearbeiteten, auf die Praxis bezogenen Stimmtheorie ergab sich für den Auctor bei seiner Darstellung ein erhebliches Problem. Abstrakte Sachverhalte nämlich hatte die Rhetorik schon früh besprochen und hierfür ein eigenes Begriffsinventar entwickelt. Aber selbst für einfache Begriffe, die sich auf die Stimme beziehen, wie „laut" und „hoch" oder „ironisch", fehlte eine feste Terminologie und so waren sie ohne praktische Anschauung in einem Text schwer zu beschreiben. Den daher schwierigen Übergang von performativem Akt zur schriftlichen Darstellung reflektiert der Auctor am Ende seines Kapitels über den Vortrag (3,15,27). Er habe es auf sich genommen, sagt er dort, die Bewegungen des Körpers (*motus corporis*) und die Stimmen (*voces*) in Worten auszudrücken (*exprimere verbis*) und mit der Schrift nachzuahmen (*imitari scriptura*). Dabei betont er, dass er nur grundlegende Richtlinien gegeben habe und der Rest der Übung (*exercitatio*) zu überlassen sei.

Auch Cicero hat sich, wie bereits am Beispiel aus dem *Brutus* gesehen, in seinen rhetorischen Schriften mit der Stimme befasst. Da er aber im Unterschied zum Auctor kein Rhetorik-Lehrbuch schreiben wollte, sind seine Ausführungen nicht in erster Linie auf die Praxis ausgerichtet. Anders ist das bei Quintilian, der am Ende des ersten Jahrhunderts n. Chr. zwölf Bücher über die Erziehung des Redners schreibt und darin die ausführlichste Passage über die Stimme des Redners aus der Antike hinterlässt (*Institutio oratoria* 11,3,14-65, lateinischer Text mit deutscher Übersetzung bei Rahn 1995). Nach Quintilian gibt es bis auf kleine Ausnahmen keine Neuerungen in der Theorie des mündlichen Vortrags mehr. Die Stimme bleibt aber durchaus Gegenstand einschlägiger Texte. Zu erwähnen ist hier die ausführlichste griechische Erörterung zur Stimme in der Rhetorik von Kassios Longinos, die im 3. Jahrhundert n. Chr. entstand (allgemein zu ihm als Rhetoriker vgl. Kennedy 1972, S. 637-641). Auch die sogenannten Rhetores Latini Minores Fortunatian und Iulius Victor befassen sich im 4. Jahrhundert mit der Stimme und der Stimmpflege und noch Alkuin, der Rhetoriklehrer Karls des Großen, lässt die Stimme nicht außen vor.

Bei einer Lektüre dieser Texte wird deutlich, dass die Autoren sich je aus verschiedenen Blickwinkeln und mit unterschiedlicher Zielsetzung für die Stimme des Redners interessieren. Es gibt jedoch einige Themen, die auch in fast 800 Jahren von Aristoteles bis Fortunatian immer wiederkehren und als zentral für die sozialen, literarischen und wissenschaftlichen Diskurse über die Stimme in der Antike betrachtet werden können.

3 Emotional: Stimme und Gefühl

Eine entscheidende Frage für den Redner und seine Stimme ist stets, wie er in seinen Zuhörern Gefühle erzeugen kann (zu Emotionen und Vortrag siehe Hall 2007, S. 218-234). Anweisungen dazu, wie man das mit der Stimme erreicht, gab wohl schon der Rhetoriklehrer Thrasymachos im 5. Jh. v. Chr., wie wir Aristoteles entnehmen können (*Rhetorik* 1403b27-28). Quintilian nennt später die Stimme das Medium (*media*) des Gefühlsausdrucks, weil sie den Affekt vom Redner zu den Zuhörern transportiert (*Institutio oratoria* 11,3,62).

Die Rhetorik geht dabei von einem natürlichen Zusammenhang von Affekt und Stimme aus. Unterschiedliche Affekte rufen unterschiedliche Modulationen der Stimme hervor. Schon der Aristoteles-Schüler Theophrast hat wohl gesagt, dass die Emotionen Trauer, Freude und Verzückung die Stimme von ihrer üblichen Gestaltung ablenken und sie verändern (so Plutarch, *Moralia* 623A, englische Übersetzung von Clement 1969). Eine besonders starke Stimmmodulation erzeugten dabei Gefühle von Trauer, Klage und Mitleid, denen von Natur aus etwas Gesanghaftes innewohne. Gerade in den Partien der Rede, in denen der Redner diese Gefühle äußert, nähert sich seine Stimme offenbar dem Gesang an. Dies zeigen auch Kassios Longinos' Ausführungen zum Mitleid. Um es stimmlich auszudrücken, sei es nötig, einen Klang zwischen Rede und Gesang zu erzeugen (οἰκτιζόμενον δὲ δεῖ μεταξὺ λόγου τε καὶ ᾠδῆς τὸν ἦχον ποιήσασθαι) (*Rhetorik*, S. 197,4-6, bei Spengel/Hammer 1894; französische Übersetzung von Patillon/Brisson 2001). Die Erregung von Mitleid und ähnlichen Affekten geschieht zumeist im Epilog der Rede. Nach Theophrast (Plutarch, *Moralia* 623B) nähern deshalb auch die Redner in den Epilogen allmählich ihre Stimme dem Singen an (τῷ μελῳδεῖν προσάγειν ... τὴν φωνήν).

Diese Nähe zwischen Rhetorik und Musik, die angesichts der Stimmmodulation von Natur aus gegeben ist, veranlasst auch zu einem Vergleich der menschlichen

Stimme mit einem Musikinstrument. Cicero (*De oratore* 3,216, deutsch von Merklin 1997) stellt einen solchen Vergleich im Zusammenhang mit seinen Ausführungen zur natürlichen Entsprechung von Affekt (*motus animi*) und dessen Ausdruck in Gesicht, Körper und Stimme (*vultus et sonus et gestus*) an. Sein Vergleich insbesondere der Stimme mit einem Saiteninstrument soll zeigen, dass eine Stimme, je nachdem wie und von welchem Affekt sie „gespielt" wird, unterschiedlich tönen und klingen kann. Jeder Affekt spielt auf dem Instrument der Stimme anders. Stimmen bzw. die Töne der Stimme seien gespannt wie die Saiten eines Instruments (*voces ut chordae sunt intentae*), die auf jede Berührung, d.h. jede Gefühlsregung, entsprechend antworten (*quae ad quemque tactum respondeant*).

Ähnlich vergleicht Quintilian, wenn auch nicht im Zusammenhang mit den Affekten, die Stimme mit einem Saiteninstrument (*Institutio oratoria* 11,3,42). Er interessiert sich im Rahmen seiner Ausführungen zur mittleren Tonlage besonders für das Verhältnis von Spannung und Tonfülle sowie Tonhöhe. Die Stimme sei wie die Saiten eines Instruments (*ut nervi*): je entspannter sie sei, desto tiefer und voller (*quo remissior hoc gravior et plenior*), je angespannter sie sei, desto dünner und höher (*quo tensior hoc tenuis et acuta magis*). An dieser Stelle ist also die Anspannung der Saiten bzw. der Stimme der entscheidende Vergleichspunkt. Dabei hat Quintilian, so naheliegend es uns zunächst auch scheinen mag, sicher nicht an die Stimmbänder des Menschen gedacht. Denn diese sind der Antike erst ab Galen bekannt (vgl. Baumgarten 1962 zu Galen, v.a. S. 112, 158 zu den Stimmbändern).

4 Authentisch: Redner vs. Schauspieler

Der Redner erzeugt in seinen Zuhörern mittels der Stimme aber nicht nur Gefühle, sondern auch einen Eindruck von sich selbst, von seiner Persönlichkeit. Entscheidend für die Rhetorik ist dabei, dass die Redner-Figur glaubwürdig und überzeugend wirkt, wofür der Eindruck von Authentizität wichtig ist. Wenn ein Gefühl oder ein Charakter, den der Redner vermitteln will, nicht „echt" ist, ist das für die Rhetorik aber kein moralisches, sondern ein allenfalls persuasives Problem. Wie beim Gefühl geht die antike Kultur auch hierbei von einem natürlichen Zusammenhang vom Charakter einer Person und ihrer Stimme aus. Wie weit diese Auffassung, dass Stimme und Charakter korreliert seien, verbreitet war, belegt eindrucksvoll die physiognomische Literatur (einführend Evans 1969, v.a. S. 6-17).

Allgemein gilt für den Redner ein männlich-natürliches Stimmideal. Nicht einmal zu therapeutischen oder zu Übungszwecken darf der Redner Stimmen nachahmen, die diesem widersprechen. Auch von medizinischer Stimmübung in hohen (oder modulierten) Tönen wird daher teilweise explizit abgeraten (siehe *Collectiones medicae* 6,10 in Raeder 1928, S. 160-164; vgl. Schöne 1930). Quintilian (*Institutio oratoria* 1,11,1-2) untersagt dem Rhetorikschüler, im Unterricht beim Komödienschauspieler, der wie der Grammatiker eine propädeutische Funktion in der Früherziehung des Redners hat, die Stimmen von Frauen oder älteren Männern nachzuahmen, weil er Angst hat, der Redner könne sich diese Sprechweise sonst angewöhnen (*nam frequens imitatio transit in mores*).

Beim Auctor ad Herennium erfahren wir genauer, dass die Rednerstimme die eines würdevollen Mannes sein sollte. Der anonyme Autor verwendet dafür den Begriff der *dignitas* (3,13,23). Er überträgt die Grundbedeutung des Wortes, „Würde", auf den entsprechenden Redeton, der diese Würde zum Ausdruck bringen soll. Doch wie spricht man würdevoll? Der Redeton beinhaltet, dass der Redner natürlich und nicht gekünstelt spricht, nicht wie ein Schauspieler oder Sänger. Hierzu passt vor allem eine tiefe Stimme. Eine hohe oder stark modulierende Stimme wird dagegen prinzipiell verboten, da sie mit Weiblichkeit und Künstlichkeit assoziiert wird.

Das Verhältnis zum Schauspieler ist, wie sich hier bereits andeutet, für die Selbstdefinition des Redners und die Wahl der richtigen Vortragsart entscheidend. Dieses Verhältnis ist durchaus ambivalent. Einerseits wissen die Rhetoren, dass der Redner wie der Schauspieler von seinem Vortrag abhängig ist. Daher wird die Schauspielkunst von den Rednern und Redelehrern zu einem gewissen Grad als Vorbild für die Rhetorik betrachtet. Der Redner kann vom Schauspieler lernen. Schon Demosthenes holt sich bei einem Schauspieler Hilfe, um seine schlechten Vortragsleistungen zu verbessern und hat damit Erfolg (vgl. Fantham 1982, S. 262 zu Demosthenes-Anekdoten in der rhetorischen Literatur). In Rom bewundern später Cicero und Quintilian den Vortrag von komischen und tragischen Schauspielern wie Roscius und Aesopus (*De oratore* 3,102; *Institutio oratoria* 11,3,111). Quintilian erwähnt dabei die Feinheit (*elegantia*) des Schauspielers als erstrebenswert (*Institutio oratoria* 11,3,184). Was speziell die Stimme anbelangt, scheint ein starker, angenehmer, glänzender Klang mit Schauspielern assoziiert worden zu sein. Die Stimme des Schauspielers gilt den Rhetoren so durchaus als Vorbild. Nach Cicero (*De oratore* 1,128) benötigt der Redner die Stimme der Tragödienschauspieler (*vox tragoedorum*). Quintilian, der sich auf diese Cicero-Stelle bezieht, bewundert am Vortrag seines Zeitgenossen Trachalus, dass dessen Stimme sogar alle Tragöden überragt habe (*Institutio oratoria* 12,5,5).

Trotz aller Bewunderung für die Schauspielkunst darf aber der Vortrag des Redners aus Sicht der Rhetorik nicht wie der Vortrag eines Schauspielers wirken, der sich schließlich nur auf fiktive Situationen bezieht. Der Redner spielt nicht wie der Schauspieler eine Rolle, sondern sich selbst (Cicero, *De oratore* 2,34; 3,214). Die gerade erwähnte Feinheit des Schauspielers steht zudem nach Quintilian in gewissem Widerspruch zur Eigenschaft der *auctoritas*, die der Redner (auch im Vortrag) zeigen muss (*Institutio oratoria* 11,3,184). Insofern bemüht sich die

Rhetorik um eine Abgrenzung des Redners vom Schauspieler und um eine Abgrenzung der rednerischen Vortragsart von der schauspielerischen. Redner wie Hortensius (Gellius, *Noctes Atticae* 1,5,2; englische Übersetzung von Rolfe 1961), deren Auftritt zu stark an den von Schauspielern erinnert, werden kritisiert.

Der Vorwurf an einen Redner, er spreche wie ein Schauspieler, findet sich auch in der Redepraxis. Eindrucksvolle Beispiele bieten die Reden der griechischen Redner Demosthenes und Aischines, die politische Gegner waren. Sie thematisieren mehrfach die Stimme des jeweils anderen, um bei den Zuhörern Misstrauen zu schüren. An der künstlich geformten, starken und schönen Stimme des Gegners könne man insbesondere erkennen, dass er nicht ernst meine, was er sage, und dass seine Gefühle nicht echt, sondern nur professionell vorgespielt seien. So behauptet Demosthenes (*Kranzrede* 287, deutsch bei Wankel 1976), dass sein Gegner Aischines im Ton der Trauer beim Beklagen des Loses von Gefallenen zwar „mit seiner Stimme weine" (τῇ φωνῇ δακρύειν), aber dies wie ein Schauspieler tue (ὑποκρινόμενον), d.h. dass er nicht im Herzen mittrauere (τῇ ψυχῇ συναλγεῖν). Beide Redner versuchen, durch solche Analysen der Stimme die Glaubwürdigkeit der Rede ihres Gegners im Kern zu zerstören. Ohne authentische Stimme keine authentische Person. Ohne authentische Person keine Überzeugung. Beide Redner boten zudem für den Vorwurf, sie agierten wie Schauspieler, konkrete Angriffsflächen: Aischines war selbst Schauspieler gewesen und Demosthenes hatte, wie bekannt war, seinen Vortragsstil mit einem Schauspieler gemeinsam geübt.

Neben der Abgrenzung vom Schauspieler ist die Abgrenzung vom Sänger für den Redner entscheidend. Der Vortrag des Redners soll nicht wie Gesang wirken, geschweige denn dass der Redner wirklich singen soll. Schon im Zusammenhang mit der Dichterlektüre beim Grammatiker fordert Quintilian, dass die Stimmmodulation des Rhetorikschülers nicht zu stark ausfallen dürfe, weil sie dann gesanghaft wirke (*Institutio oratoria* 1,8,2). Cicero kritisiert das Singen (*paene canticum*) kleinasiatischer Rhetoren aus Phrygien und Karien im Epilog ihrer Reden (*Orator* 57, Übersetzung von Merklin 2004) und Quintilian tadelt das Singen als schlimmsten Fehler der zeitgenössischen Redner überhaupt (*Institutio oratoria* 11,3,57-60). Die rhetorische Modulation, die dem Redner hingegen erlaubt ist, nennt Cicero *cantus obscurior*, eine Art verborgenen Gesang (*Orator* 57; vgl. Wille 1967, S. 471-473). Er erlaubt Stimmmodulationen (*vocis flexiones*), wie sie Demosthenes und Aischines eingesetzt und sich gegenseitig vorgeworfen haben. Auch Quintilian gestattet solche Stimmmodulationen im Rahmen des *cantus obscurior*, die er *flexus* (*Institutio oratoria* 11,3,60) bzw. *inclinationes vocis* (11,3,168), also „Biegungen" der Stimme, nennt.

5 Praxisorientierte Anweisungen: Rhetorik, Medizin und Grammatik

Wie der Redner mit seiner Stimme den gewünschten Eindruck von sich als Person erwecken und den richtigen Affekt hervorrufen konnte, ohne dabei wie ein Schauspieler oder Sänger zu wirken, wurde nicht nur für eine Sache der Naturbegabung oder der praktischen Übung gehalten. Beides spielte in der Ausbildung des Redners eine große Rolle. Aber insbesondere in den beiden Hauptquellen zur Stimme in der Rhetorik, beim Auctor ad Herennium und Quintilian, erscheint die Beherrschung der Stimme auch als durch theoretische Lehre und Vorschriften erlernbares Element.

Der Auctor ad Herennium gliedert die Gestaltung der Stimme (*figura vocis*) in drei Teile (3,11,19-3,14,25): den Umfang der Stimme (*magnitudo*), womit das Volumen bezeichnet wird, die Stabilität der Stimme (*firmitudo*), die sich auf das Durchhalten beim Reden bezieht, und die Flexibilität der Stimme (*mollitudo*), das heißt ihre Variationsfähigkeit. Seine eigene Darstellung schränkt er auf die Gebiete ein, für die seiner Meinung nach die Rhetorik zuständig ist, nämlich für einen Teil der Stimmstabilität und für die Stimmflexibilität. Bei seinen Ausführungen zur Stimmstabilität (3,12,21-3,12,22) ist deutlich der Einfluss antiker Stimmbildungstheorien zu spüren. Der Auctor empfiehlt, am Anfang der Rede (er beschreibt in dieser Passage die Durchführung einer Übungsrede) ruhig und gedämpft zu sprechen, längere Pausen zu machen, nicht durchgehend laut zu reden, abwechslungsreich zu sprechen, keine schrillen Ausrufe von sich zu geben und erst am Ende der Rede lange am Stück ohne Atempause zu reden.

Seine Anweisungen sind immer rückgebunden an die *arteriae*, die der Auctor für wichtig bei der Stimmerzeugung hält. Damit meint er die Bahnen, in denen die Atemluft, die die Stimme erzeuge, im Körper transportiert wird. Zu diesen zählen aber nach antiker Vorstellung offenbar nicht nur die „Arterien" selbst, sondern auch die Luftröhre, die der Auctor mit dem Singular *arteria* bezeichnet. Die Luftröhre soll erst mit sanfter Stimme geschmeidig gemacht werden, danach dürfen heftigere Töne folgen. Durch Schweigen kommen die Luftwege zur Ruhe, am Ende der Rede füllen sie sich stärker mit Luft an – vermutlich aufgrund der gestiegenen Körperwärme, die die Organe weitet.

Diesen Zusammenhang legt zumindest ein später bei Plutarch (ca. 45-120 n. Chr.) überliefertes Konzept nahe (*Moralia* 130 A-F, englische Übersetzung von Babbitt 1928): Der starke Gebrauch der Stimme, die er als „Bewegung des Atems" (τοῦ πνεύματος ... κίνησις) definiert, erhöhe die Körperwärme, verdünne das Blut, reinige alle Venen und öffne, also weite alle Arterien. Plutarch empfiehlt, die Stimmübung, die er beschreibt, in kontinuierlichem Sprechen (ἐνδελεχῶς λέγειν) durchzuführen. Ähnlich wie beim Auctor werden die Luftwege nach längerem bzw. bei kontinuierlichem Gebrauch der Stimme (besser) von

Luft angefüllt. Die Luftwege können demnach (aufgrund der angestiegenen Körperwärme) am Schluss der Rede mehr Luft aufnehmen und leiten als zu Beginn und somit kann man auch länger ohne Unterbrechung sprechen.

Auch zur Vorstellung des Auctor von der Stimmerzeugung erfahren wir im Abschnitt über die Stimmstabilität (3,12,21-3,12,22) etwas: Bei der Bildung von Tönen, Lauten oder Worten erfolge jeweils ein Schlag (*ictus*) in der Luftröhre, der zu einer Verletzung (*vulnus*) führen kann, wenn man schrill und hoch schreit, weil er dann wohl zu heftig ausfällt. Hier liegt offenbar eine auf Aristoteles' Vorstellung von einem stimmerzeugenden Schlag in der Luftröhre basierende Auffassung zu Grunde. Insgesamt sind in der Antike zwei Konzepte vorherrschend, die die Bildung von menschlichen Lauten und der menschlichen Stimme erklären: Man setzte dafür entweder einen Schlag (πληγή/*ictus*) oder die (Körperoder Luft-) Spannung (τόνος/*intentio*) an. Diese Theorien variieren in Details und werden auch miteinander verknüpft. Aristoteles hält, wie gesagt, den Schlag der Atemluft gegen die Luftröhre für den stimmerzeugenden Vorgang. Andere (Stoiker und auch Grammatiker, siehe dazu Ax 1986), die sich mit der artikulierten Sprache befassen, gehen von einem Schlag der Zunge gegen die Atemluft aus. Die Spannung von Körper und Luft wird ebenfalls v.a. in der Stoa, bei Cicero und Seneca, als wichtig für die Stimmerzeugung betrachtet. Diese verschiedenen Theorien finden sich auch in den rhetorischen Texten. Der wichtigste Unterschied zwischen der antiken und modernen Stimmbildungstheorie ist, dass die Vibration der Stimmlippen, die die Stimme erzeugen, in der Antike noch nicht bekannt ist.

In seinen an die Stimmstabilität anschließenden Ausführungen zur Stimmflexibilität (*mollitudo*) entwickelt der Auctor dann elf recht untechnische Bezeichnungen für Redetöne, die am Ablauf der Rede orientiert sind (3,13,23-3,13,24). Dabei verwendet er lateinische Begriffe, deren allgemeine oder rhetorische Bedeutung er auf einen Redeton überträgt. Das Beispiel der *dignitas* haben wir schon kennengelernt. Der Redeton der Erzählung zum Beispiel heißt wie die Erzählung in der Rhetorik selbst *narratio*.

Quintilians ausführlichste Behandlung der Stimme in der antiken Rhetorik ist stark von seiner praktischen Erfahrung als Redelehrer beeinflusst und auf die Praxis des Vortrags ausgerichtet. Sein Kapitel hat drei Teile. Auf einen einleitenden, allgemeinen Teil (*Institutio oratoria* 11,3,14-18) folgt zunächst ein Abschnitt, der sich mit der Stimmpflege und Stimmübung befasst (11,3,19-29). In diesen Anweisungen zeigt sich der Einfluss der Medizin auf die Rhetorik. Die Rhetorik grenzt sich zwar auch hier von Schauspielern und auch Sängern u.a. dadurch ab, dass sie deren als übertrieben erachtete Pflege der Stimme ablehnt. Sie übernimmt aber nichtsdestoweniger immerhin einige Vorschriften, die auch dem Redner nützen. Die rhetorische Stimmpflege, die nicht übertrieben werden darf und sich daher von der der professionellen Stimmbildner abgrenzt, betrifft die allgemeine Lebensführung (Spaziergänge, Salben, Enthaltsamkeit, Ernährung) und auch die Pflege der Kehle. Dabei vergleicht Quintilian die Kehle (*fauces*), deren Eigenschaften sich auf die Stimme, die sie produziert, auswirken, mit dem Instrument *tibiae*, das unserer heutigen Oboe am ähnlichsten ist (11,3,20). Denn wie bei der Stimme hänge auch bei den *tibiae* der hervorgebrachte Ton wesentlich von der Eigenschaft des Instrumentes ab. Es ist gut denkbar, dass hier ein Schnittpunkt der Rhetorik mit der Musik und der Medizin gleichermaßen vorliegt und Quintilian sich bei seiner Parallele von Kehle und *tibiae*/Oboe auch auf medizinisches Wissen seiner Zeit stützt. Denn ähnlich vergleicht (allerdings gut 100 Jahre später) der Arzt Galen den Kehlkopf-Luftröhre-Komplex mit einem αὐλός (Baumgarten 1962, S. 121, 164, 171-172), dem griechischen Gegenstück der *tibia*.

Der dritte und ausführlichste Teil bei Quintilian befasst sich mit der rhetorischen Stimmführung im eigentlichen Sinn (*Institutio oratoria* 11,3,30-65). In diesem dritten Teil überträgt Quintilian die Stiltugenden des Aristoteles-Schülers Theophrast, die für den schriftlichen Stil entwickelt worden waren, auf die Stimme. Wie für die schriftliche Darstellung, so gelte auch für den mündlichen Vortrag, dass er fehlerfrei, deutlich, schmuckvoll und angemessen sein müsse.

Quintilians Text zeichnet sich durch zwei Dinge besonders aus. Erstens bietet er dem Leser Beispielanalysen, die seine Ausführungen anschaulich und nachvollziehbar machen. Im Zusammenhang mit der richtigen Pausensetzung zeigt er am Prooemium von Vergils Epos *Aeneis*, wann welche Art von Pause wie verwendet werden soll (11,3,36-38). Um den Einsatz kleinerer Stimmvariationen zu illustrieren, erläutert Quintilian die richtige Vortragsart des Anfangs von Ciceros Rede *Pro Milone* (11,3,47-50). Beides, die richtige Pausensetzung und die passende Stimmvariation, sind dem angehenden Redner schon aus seiner Zeit im Grammatik-Unterricht bekannt, in dem in der Antike anders als heute vor allem Dichterlektüre und -interpretation betrieben wird.

Aus rhetorischer Perspektive dient die Grammatik v.a. der frühen Ausbildung des Redners. Was der junge Rhetorikschüler schon beim Grammatiker in der *lectio*, beim Vorleseunterricht, übt, lernt er ähnlich später beim Rhetor in der *pronuntiatio*, beim Vortrag. Der Grammatiker bringt dem Schüler anhand von Dichtertexten Grundlagen des mündlichen Vortrags bei, nämlich

> „wie ein Knabe wissen kann, wo er den Atem in der Schwebe halten muss, an welcher Stelle eines Verses er einen Einschnitt machen muss, wo ein Gedanke abgeschlossen wird, wo er beginnt, wann die Stimme gehoben oder wann sie gesenkt werden muss, was mit jeweils welcher Modulation vorgetragen werden muss, was langsamer, was schneller, was erregter, was sanfter" (*Institutio oratoria* 1,8,1).

Und der Grammatiker achtet u.a. darauf, dass der Rhetorikschüler keine zu starke Stimmvariation einübt, auch wenn sie der Darstellung verschiedener Personen gilt (1,8,3).

Bei der Behandlung des rednerischen Vortrags greift Quintilian auf diese Kenntnisse aus dem Grammatikunterricht zurück. Insbesondere sein Abschnitt über die *oratio distincta* (11,3,35-39), die richtig phrasierte Rede, setzt Wissen aus dem Grammatikunterricht voraus, denn der Vortrag des Redners werde dann richtig phrasiert, wenn der Redner die unterschiedlichen Arten an Pausen, die ihm zur Verfügung stehen, richtig setzt und das hat er beim Grammatiker durch den Vortrag von Dichtung bereits gelernt. Die Terminologie dieser Passage ist stark von der grammatischen Theorie beeinflusst. Neben der richtigen Phrasierung der Rede (*oratio distincta*) ist bei Quintilian die deutliche Aussprache der Einzellaute (11,3,33-35) eine von zwei Bedingungen für den deutlichen Vortrag (*dilucida pronuntiatio*). Quintilian hat die richtige Aussprache allerdings, obwohl sie ein Kerngebiet der Grammatiker ist, dem Komöden anvertraut (vgl. *Institutio oratoria* 1,11,4-8).

Neben der Anschaulichkeit durch Beispieltexte ist die Beeinflussung durch oder Zuhilfenahme von Wissen aus anderen Disziplinen ein Merkmal von Quintilians Text über die Stimme. Zusätzlich zur schon erwähnten Grammatik finden wir deutlich Spuren für die Auseinandersetzung mit der Diätetik, Medizin, Musik und Schauspielerei. Aus moderner Sicht vielleicht auffällig, aus antiker Sicht aber leicht erklärbar ist, dass die auf die Redepraxis bezogenen Texte die Körperlichkeit auch des stimmlichen Vortrags, die Kraft und Ausdauer der Stimme betonen. Schon der griechische Redner und Redelehrer Isokrates (*Reden* 5,81, deutsche Übersetzung in Brodersen 1993) nennt als einen der Gründe für das Scheitern seiner politischen Karriere die mangelnde Stärke seiner Stimme und Cicero berichtet im *Brutus* (313-316) über sich selbst, dass seine Konstitution am Anfang seiner Karriere zu schwach für eine Rednerstimme war. Denn dass der Redner stundenlang ohne Mikrophon, teils bei schlechter Witterung, vor großen Menschenmassen sprechen musste, erforderte eine enorme körperliche Leistung gerade der Stimme. Quintilian spricht daher von der Arbeit, dem *labor*, den die Stimme beim Vortrag bewältigen muss (*Institutio oratoria* 11,3,44).

6 Fazit: Stimmlich überzeugen als antiker Redner

Wenn wir uns mit dem Vortrag in der Antike befassen, müssen wir uns bewusst machen, dass ein Redner, bevor er zum ersten Mal auftritt, bereits ein jahrelanges Stimmtraining hinter sich hat. Je nach Zeitepoche hat er es bei griechischen Stimmtrainern absolviert, bei Grammatikern und Schauspielern oder in der Schule. Auch nach Ablauf der Ausbildung sollte er sich streng an Vorschriften halten, die seine Ernährung und seine gesamte Lebensweise betreffen. Neben seinem naturgegebenen Talent ist die praktische Übung maßgeblich für seinen Erfolg vor Publikum. Denn in regelmäßigen Übungen werden theoretische Kunstregeln und Vorschriften konkret umgesetzt und korrigiert.

Im Vortrag selbst muss er abwechslungsreich, mit *varietas*, sprechen (vgl. *Institutio oratoria* 11,3,43-51). Der Redner soll vor allem viele kleine Variationen setzen. Aber auch jeder Redeteil hat seine eigene Gestaltung. Gerade am Schluss der Rede, wenn es besonders emotional wird, muss der Redner darauf achten, dass er auf keinen Fall an einen Sänger oder Schauspieler erinnert, die stärker und künstlicher modulieren. Die Stimmführung muss vielmehr durchgehend den gewünschten Eindruck von seinem Charakter vermitteln, z.b. ein echter, würdiger römischer Mann zu sein. Sie muss zudem den Zuhörer in jeden Affekt versetzen können, den der Redner hervorrufen will. Die Stimme ist damit, wie die antike Rhetorik weiß, das letztlich entscheidende Medium, mit dem der Redner seine Zuhörer überzeugen kann.

Literatur

Ax, W. (1986): Laut, Stimme und Sprache. Studien zu drei Grundbegriffen der antiken Sprachtheorie. Göttingen.

Babbitt, F.C. (Hrsg.) (1928): Plutarch's Moralia in sixteen volumes II. With an English translation. London/Cambridge, MA.

Baumgarten, H. (1962): Galen über die Stimme. Testimonien der verlorenen Schrift „Peri phones". Pseudo-Galen „De voce et hanelitu". Kommentar. Göttingen.

Bonner, S.F. (1949): Roman Declamation in the Late Republic and Early Empire. Liverpool.

Brodersen, K. (Hrsg.) (1993): Isokrates. Sämtliche Werke. Band I. Reden I-VIII. Übersetzt von Christine Ley-Hutton. Eingeleitet und erläutert von Kai Brodersen. Stuttgart.

Clement, P.A./Hoffleit, H.B. (Hrsg.) (1969): Plutarch's Moralia in sixteen volumes VIII. With an English translation. London/Cambridge, MA.

Evans, E.C. (1969): Physiognomics in the Ancient World. Philadelphia.

Fantham, E. (1982): Quintilian on performance: Traditional and personal elements in institutio 11.3. In: Phoenix 36 (1982), S. 243-263.

Hall, J. (2007): Oratorical Delivery and the Emotions. Theory and Practice. In: Dominik, W./Hall, J. (Hrsg.): A Companion to Roman Rhetoric. Malden, MA u.a., S. 218-234.

Kennedy, G.A. (1972): The Art of Rhetoric in the Roman World 300 B. C. – A. D. 300. Princeton.

Kytzler, B. (Hrsg.) (1986): Marcus Tullius Cicero. Brutus. Lateinisch-deutsch. Darmstadt.

Merklin, H. (1997): Marcus Tullius Cicero. De oratore. Über den Redner. Lateinisch/Deutsch. 3. Auflage. Stuttgart.

Merklin, H. (Hrsg.) (2004): Cicero. Orator. Der Redner. Lateinisch-deutsch. Stuttgart.

Nüßlein, T. (Hrsg.) (1994): Rhetorica ad Herennium. Lateinisch-Deutsch. Darmstadt.

Patillon, M./Brisson, L. (Hrsg.) (2001): Longin. Fragments. Art rhétorique. Texte établi et traduit. Rufus. Art rhétorique. Texte établi et traduit. Paris.

Raeder, I. (Hrsg.) (1928): Oribasii Collectionum Medicarum reliquiae I 1-8. Leipzig/Berlin.

Rahn, H. (Hrsg.) (1995): Marcus Fabius Quintilianus. Ausbildung des Redners. Zwölf Bücher. 3. Auflage. Darmstadt.

Rapp, C. (2002): Aristoteles. Rhetorik. Übersetzt und erläutert. Zweiter Halbband. Darmstadt.

Rolfe, J.C. (Hrsg.) (1961): The Attic Nights of Aulus Gellius. With an English Translation. In three volumens. Cambridge, MA/London.

Schöne, H. (1930): ΠΕΡΙ ΥΓΙΕΙΝΗΣ ΑΝΑΦΩΝΗΣΕΩΣ: Bei Oribasius Coll. Med. VI 10. In: Hermes 65.1 (1930), S. 92-105.

Schulz, V. (2014): Die Stimme in der antiken Rhetorik. Göttingen.

Sieveke, F.G. (1980): Aristoteles. Rhetorik. Übersetzt, mit einer Bibliographie, Erläuterungen und einem Nachwort. München.

Spengel, L./Hammer, C. (Hrsg.) (1894): Rhetores Graeci. Volumen I. Leipzig.

Wankel, H. (1976): Demosthenes. Rede für Ktesiphon über den Kranz. Erläutert und mit einer Einleitung versehen. Zwei Halbbände. Heidelberg.

Wille, G. (1967): Musica Romana. Die Bedeutung der Musik im Leben der Römer. Amsterdam.

ANTON REY

Brief an die Herausgeber
Verehrte Kati Hannken-Illjes

In Deiner Email vom 5. Juli schreibst Du „Es wäre schön, wenn der Eingangsteil zu *Disembodied Voice* / der Vorstellung in Marburg und der Geschichte des Projektes knapper (sehr knapp?) gefasst werden könnte und dafür die Frage nach der künstlerischen Forschung und der Stimme im Theater größer werden könnten (und damit die Statements: Die Untersuchung von Stimme im Theater bedarf performativer Forschung und Stimme im Theater sollte von „Erstrezipienten" untersucht werden stärker in den Fokus rückten)".

Das will ich gerne tun, wobei ich vermeiden möchte, den vielen Interpretationen und Theorien darüber, was denn „Künstlerische Forschung" wirklich sei, eine weitere hinzuzufügen. Es ist in den vergangenen zwei Dekaden darüber sehr viel publiziert worden, aber nur wenige überzeugende Beispiele haben die Runde gemacht. Im Rahmen der Marburger Tagung hatte ich die Gelegenheit, eines vorzustellen: „Disembodied Voice. Theater im elektroakustischen Raum" – ein Forschungsprojekt der Zürcher Hochschule der Künste (ZHdK), gefördert vom Schweizerischen Nationalfonds (SNF).

Für diese Präsentation hatte ich mir ein Kino gewünscht, welches Ihr freundlicherweise gemietet habt, und im Zentrum des Vortrags stand der filmische Essay „Im Abseits", umrahmt von einer Einführung, einem Dokumentarfilm und der Vernissage der Publikation „Disembodied Voice".

Im Folgenden also anhand eines Zürcher Projekts drei Merkmale der künstlerischen Forschung und ein paar Erläuterungen darüber, wieso ein wissenschaftlicher Vortrag zuweilen besser in ein Kino passt.

Weiter schreibst Du in Deiner Email, dass wahrscheinlich eine abschliessende Antwort darauf, was „Künstlerische Forschung" genau ist, ebenso Leerstelle bleiben wird, wie jene auf die Frage, was „Kunst" oder was „Forschung" ist. Ich bin völlig einverstanden. Und sind Leerstellen nicht ein guter Motor und probate Motivation für Forschung?

Filmkunsttheaterforschung

Kann man *mit* (statt *über*) Film, Tanz oder Theater forschen, *mit* (statt *über*) Künstler_innen? Wie geht das?

Erstens: Künstlerische Forschung ist immer und zwingend Forschung *mit* oder *in* Kunst. Ich übernehme hier die trichotomische Unterscheidung von Henk Borgdorff (s. Borgdorff 2012 oder als Download S. 23-51 unter https://www.zhdk.ch/index.php?id=66127).

Zweitens: Künstlerische Forschung adressiert sich primär an Künstler. Diese erwarten keine wiederholbare, rationale Universalisierbarkeit, sondern die Einsicht in einen fachspezifisch inhäranten Wissensvorsprung.

Drittens: Die Diskussion, Publikation oder Dissemination künstlerischer Forschung erfolgt in angemesser Form. Diese ist für gewöhnlich sehr fachspezifisch und darin elaboriert, wie bei jeder anderen Forschung. Wer versteht Algorithmen, der nicht Programmieren kann? Warum sollte der Filmemacher sich in Tanzforschung auskennen oder der Nanophysiker in Chemie, die Mathematikerin in Biologie? Empirie ist Erfahrungswissen, Daten sind Sprache. Jede Forschung verlangt ihre fachspezifische ‚Sag- und Lesbarkeit', entsprechend ihrer besonderen epistemischen Qualität.

Das klingt banal, ist aber zentral, auch für die künstlerische Forschung. Ebenso wenig, wie die neue Sonnencreme im Labor schon gut riechen oder aussehen muss, darf von neuen Erkenntnissen in der künstlerischen Forschung erwartet werden, dass der Zuschauer als „Erstrezipient" sie goutiert oder überhaupt versteht. Der „Erstrezipient" allerdings, der gleichzeitig „Re-produzent", also zu einer ebenbürtigen, gleichwertigen eigenen Produktion in der Lage ist, wird das Neue und Relevante des Forschungsergebnisses sofort erkennen. Lange bevor dieses in Sprache übertragen wird. Seine/Ihre Kompetenz ermöglicht die intersubjektive Überprüfbarkeit. Wissensproduktion und Vermittlung bilden dabei eine Einheit: Die Erkenntnisse zielen vorgängig auf die Forschungsgemeinschaft und deren eigenen ‚Artikulationsmodus'; erst in einem zweiten Schritt auf die Öffentlichkeit.

Doch zuerst „sehr knapp" zum Stimmprojekt, welches wir an der Jahrestagung der DGSS im wunderbaren Marburger Filmkunsttheater präsentierten: «Disembodied Voice» geht auf eine Beobachtung aus dem Jahr 2006 zurück, dass sich Expert_innen der Bühne selten über die jüngsten Entwicklungen elektroakustischer Technologien austauschten. Regisseure und Tonmeister rezipierten wie andere Zuschauer Ergebnisse, aber selten Entstehungsprozesse. Debatten über die sich schnell entwickelnden Möglichkeiten der technischen Manipulation von Bühnenstimmen hatten keinen Ort mit überregionaler Ausstrahlung. Wir wollten das ganze Anwendungspotenzial für die Theaterpraxis performativ untersuchen und kritisch reflektieren, aber wo und wie?

Denn in Zürich interessierten wir uns ausnahmsweise nicht für die Meinung der Zuschauer oder „Erstrezipienten", sondern für jene der „Erstproduzenten". Rezeption betrachtet als eine andere Form von Produktion, eine durch äussere Impulse geleitete Aktion – wie also liessen sich Produktionsweisen unter den Peers diskutieren? Müsste Verstehen zwingend in Begriffen nachvollziehbar gemacht werden, oder wäre für die performativen Künste auch ein immersives Verstehen, durch unmittelbar folgende Nachahmung ‚verifizierbar'? Eine spielerische Wissensgenese? Welche Art Theatralität entstünde, wenn ein physisch präsenter Körper „durch einen Tanz seiner multiplen Stimmkörper" (Helga Finter) vervielfältigt, disloziert oder absentiert würde?

In Begriffen nachvollziehbar

Eine „zeitlich-ontologische Bewegung vom Primären hin zum Sekundären ist eine von Autonomie (...) hin zur Abhängigkeit", schreibt George Steiner („Von realer Gegenwart"). Das kam uns entgegen. Wir wollten Autonomien vernetzen. Wir waren überzeugt, dass eine Regisseurin anders schaut, ein Sprecher anders hört, eine Schauspielerin anders rezipiert als der Laie. Und wenn erstere das Gesehene/Gehörte selber ausprobieren und weiter entwickeln könnten, so hofften wir, entstünde ein Wissensaustausch noch vor dem Deskriptiven. Das bedingte einen Wechsel der Perspektiven ebenso wie einen der Sprachen. In einem interdisziplinären, diskursiven Zusammenspiel von Theaterwissenschaft, Soundtechnologie und Theaterpraxis führten wir eine Reihe explorativer Workshops, eine Modellinszenierung mit drei weiteren, diese befragende und relativierende Inszenierungen von eingeladenen Regisseur_innen, sowie eine internationale Tagung am Ende des Projekts durch.

„Disembodied Voice" definierte den Proben- und Bühnenraum als Labor und erprobte darin systematisch eine ganze Reihe von Phänomenen. Schauspielerinnen experimentierten mit der elektroakustischen Transformation der Stimme und dreidimensionaler Klangprojektion mit Ambisonics, Filmemacher und Toningenieure dokumentierten die Vorgänge. Der weitgehend offene Arbeitsprozess mit Sprecherinnen und Soundtechnologen und die daraus resultierende Modellinszenierung wurden fortlaufend ausgewertet und in verbesserte Testläufe einbezogen. Die Berichte schliesslich und die gesammelten Beiträge der Expert/-innen aus Praxis und Wissenschaft führten zu der Reihe von Aufführungen, einem Blog und der eingangs erwähnten Publikation (s. „Disembodied Voice", Berlin 2015). Es blieb am Ende nur die Frage, wie sich unsere Experimente mit Raumakustik und Stimmverstärkung langfristig dokumentieren liessen.

Womit wir beim dritten meiner Merkmale wären und gewissermassen mitten im Kino. Der Filmemacher und Tonspezialist Maurizius Staerkle Drux, Germán Toro Pérez, Institutsleiter und Professor für elektroakustische Komposition und ich schlossen uns tagelang in ein Filmtonstudio ein, um das Filmmaterial mitsamt den zwölf Tonspuren zu einem 15-minütigen Filmischen Essay „Im Abseits" zu komprimieren. Mittels dieses künstlerisch-wissenschaftlichen Essays übersetzten wir unsere Ergebnisse in ein sinnlich wahrnehmbares Dispositiv und mischten Bild mit Ton zu einer komplexen 5.1-Tonspur.

Dadurch wurde auch die Form einer angemessenen Dissemination gesetzt: DVD oder Bluray für das Bild und 5.1 für den Ton. Enkodierung der künstlerischen Forschung möglichst nahe der Intention, die sich zwischen künstlerischen Expertinnen verdichtet. Fragen können performativ erörtert, Spielen (aber natürlich auch Malen, Filmen, Musizieren etc.) als ontologischer Diskurs geführt werden. Mag auch das ‚neue Wissen' einer künstlerischen Produktion weder objektiv verifizierbar noch falsifizierbar sein, es wurde unter geübten Autoritäten übertragbar (transferable) und kommunizierbar (communicable), noch lange, bevor es Einfluss auf ästhetische Kriterien für ein breiteres Publikum ausübt. Nicht anders, als wir gewöhnlichen Nichtlaboranten dem Chemiker über die Schulter blickend nicht verstehen, warum und wann aus seinen Versuchen eine bessere Sonnencreme entstehen soll.

Welcher Film läuft ohne Unterlass / im menschenleeren Kino meines Geistes? (Crimp)

Liebe Kati, Ihr wart in Marburg bereit, für den Vortrag ein Kino zu mieten. Das rechne ich Euch hoch an. Schon weil ich dadurch keine komplette Soundinstallation nach Marburg schleppen musste. Aber unsere Fragen, das Vorgehen und vorläufige Ergebnis des Forschungsprojekts konnten angemessen mit einer professionellen Bild- und Tonanlage präsentiert werden.

Das Besondere an diesem filmischen Essay besteht nämlich in der *Wirkung* der klanglichen und räumlichen Variationen auf die einzelnen Sprecher. Es ist der Versuch, die ortsbezogene und räumlich komplexe Polyphonie der Modellinszenierung auf das Medium Film zu übertragen. Der Vorteil wäre, so unsere Hoffnung, dass einige der zentralen Erkenntnisse in Kinoräumen einseh- und hörbar gemacht würden. Also eine möglichst adäquate Dissemination von Wahrnehmung der „Disembodied Voice". Die Peer Group befände sich, obwohl noch immer Rezipienten, in einer produktiven Diskrepanz zwischen Sehen und Hören. Die ausgefeilte aber erkennbare Wahrnehmungslenkung würde sie für eine Zeit lang zu Produzenten der situativen Installation machen. Gepaart mit der unfangreichen Publikation bestand so die Hoffnung, dass ihre weiteren Arbeiten von unseren Findungen profitieren würden.

„Im Abseits" erlaubte, mit künstlerischen Mitteln den Marburger Sprecher_innen die Kernfragen des Forschungsprojekts als hörbare Einsicht anzubieten.

Damit bin ich bei These zwei: Forschung für wen? In „Disembodied Voice" hatten wir Wirkungen auf den Sprecher erforscht, die Stimmanwendungen der Stimmexpert_innen, das Potenzial spezifischer Stimmmerkmale für Gestaltung, Interaktion und Klangtransformation. Und dem Vortrag im Marburger Programmkino folgte eine Diskussion.

Ergänzend dazu finden sich im Buch Beiträge von Doris Kolesch, Claudia Bosse, Evelyn Annuß, Jenny Schrödl, Stefan Nolte, Pieter Verstraete und vielen weiteren, die einen überzeugenden Querschnitt aktueller Debatten widergeben. Aber sie ersetzen nicht das Phänomenale der Aufführungen, oder deren kinematografische Verdichtung. Sie kompensieren auch nicht das Narrativ der vergleichenden vier Inszenierungen von Stefan Nolte, Ruedi Häsermann, Michael

Simon, Claudia Bosse, die erst als ästhetisches Komparativ ein eigenes heuristisches Bezugssystem konstituierten. Für wen also oder anders gefragt: wie soll Kunst Wissen kommunizieren, wenn nicht durch ihre Anwendung?

Unto the voice and yielding of that body (Shakespeare)

Liebe Kati Hannken-Illjes, dass künstlerische Forschung sich wie jede Forschung an die Peers ihrer Disziplin richtet, dass die Referenz der (leibhaftigen) Stimme unter Marburger Sprech- und Stimmexpertinnen gut aufgehoben sein würde, dafür fand ich in einem der anderen Plenarvorträge eine passende Referenz:

> „Die öffentliche Rede vor dem Volk, dem Senat oder vor Gericht bot dem Politiker und Anwalt der Antike das entscheidende Forum, auf dem er seine Ansichten präsentieren und durchsetzen konnte. Daher galt der Vortrag auch als das Wichtigste beim Reden und die Stimme als das wertvollste Instrument des Vortragenden. Doch Redner wie Cicero und Demosthenes hatten keine technische Unterstützung. Wenn sie stundenlang vor großen Menschenmassen und ohne Mikrophon sprachen, stellte das gerade an ihre Sprechkunst besondere Anforderungen." („Die Stimme in der antiken Rhetorik", Dr. Verena Schulz, LMU, Handout, 2015)

Dr. Schulz hat in ihrem spannenden Referat alles erscheinen lassen, was aus der Literatur zu finden war. Es fehlte nur die Stimme. Oder, wie wiederum George Steiner sagen würde: „Ohne Adam nahetreten zu wollen, das Wort Löwe brüllt nicht und defäkiert nicht." (Steiner 133) Wie sie aber selber mehrfach betonte, bildet die Stimme in der antiken Rhetorik das zentrale Medium zur Vermittlung von Inhalten, und gleichzeitig auch von Gefühlen, Charakterzügen oder Stimmungen des Redners. Die Stimme verweist, quasi naturgemäss, auf den Sprecher. Schon lange vor der römischen Antike kann diese mittels Spiel sogar auf (das) Abwesende verweisen, diese zitieren, portraitieren, karikieren oder persiflieren etc.

Auch auf unseren Bühnen stellt das Spannungsverhältnis zwischen dramatischer und empirischer Person spätestens seit Diderots „Discours sur la poésie dramatique" von 1758 die Frage nach den Gefühlen oder Emotionen. Nach „Echtheit". Alle Lügendetektoren der Welt konnten allerdings bislang keine haltbaren Antworten liefern – warum also nicht mit den Expert_innen der Emotionen forschen? Die Erkenntnisse darüber, wie Sprecher und Schauspieler mit Emotionen umgehen, ist viel zu wenig erforscht. Vielleicht, weil Sprachanalyse oder bildgebende Verfahren aus naturwissenschaftlichen Versuchsanordnungen für Künstler irrelevant sind?

In der künstlerischen Forschung wird entsprechend auch von *implizitem Wissen* als Form der Erkenntnis gesprochen (Siegmund 24ff). Nicht der Biologe, noch nicht einmal die Theater- oder zuweilen auch nicht die Sprechwissenschaftlerin müssen auf Anhieb verstehen, warum ein künstlerisches Forschungsergebnis für die jeweilige Peer Group relevant ist. Aber sie können diese durch aktive Reflexion kommentieren und reformieren.

Der technische Apparat heutiger Bühnen geht sogar noch einen gewaltigen Schritt weiter und hintergeht die personenkodierte Referenz. Der „sinnlich affektive Wahrnehmungs- und Erfahrungsraum" (Schrödl in „Disembodied Voice" S. 136) wird zur Disposition gestellt, das Hörbare wird nicht selten der zugeordneten Identifizierbarkeit entzogen. Das Gesprochene muss überhaupt nicht mehr auf den Sprecher verweisen. Angesichts dieser Ungeheuerlichkeit kann der Hörer nur erschrecken – und vestummen. Die Wahrhaftigkeit des Theaters ist an ein Moment der modifizierbaren Intimität angelangt, ungefähr zur gleichen Zeit, in der das weltweit vernetzte Individuum bereitwillig seine vielfach instrumentalisierbare mediale Persönlichkeit dem freien Markt opfert. Wenn das Individuum aber nicht nur auf dem Bildschirm, sondern auch auf der Unmittelbarkeit behauptenden Bühne manipulierbar und letztlich identitätslos wird, befinden wir uns an der Aposiopesis der Rhetorik und des Theaters überhaupt, im Schweigen vor der stummen Einsicht: Kommunikation ist eigentlich unmöglich, wird Ent-Ortung der Sprache. Das Verstehen mutiert zu einem Phantomschmerz von Identität. Oder, um ein letztes Mal Steiner zu zitieren:

„Es ist sehr wahrscheinlich, dass wir die Dinge, auf die es am meisten ankommt, nur zu uns selbst sagen, und zwar in einem Dialekt, der den letzten privaten Dimensionen unserer Psyche vorenthalten ist." (Steiner 1990, S. 79)

Die Maschine als Anakoluth des Diskurses

> „Nicht seine Rationalität zeichnet den Menschen aus, nicht seine Sprache, nicht sein aufrechter Gang, nicht sein Vermögen, Werkzeuge herzustellen – alles Themen, die der abendländischen Philosophie des Menschen ihr Gepräge gaben, sondern sein Darstellungsvermögen." (H-J Rheinberger, 2007)

Liebe Kati Hannken-Illjes, ich möchte meinen Überlegungen noch eine letzte hinzufügen und dabei auf meine erste eingangs aufgeführte These zurückkommen. Ausgangspunkt bei mehreren unserer Forschungsprojekte war die Fragestellung, ob man das über 2000 Jahre alte Theorem der Rhetorik, dass ein Redner starke Gefühle zunächst in sich erzeugen muss, um sie glaubhaft vermitteln und in seinen Hörern erzeugen zu können, mit natur- oder genauer mit neurowissenschaftlichen Methoden fassbar machen könnte. Wir führten dazu seit 2005 in einer interdisziplinären Interessenlage zwischen dem Schweizerischen Epilepsie Zentrum, unserer Kunsthochschule und einem Professor für Rhetorik eine Reihe von Versuchen durch, bei denen Schauspieler_innen ohne laut zu sprechen, also rein imaginativ, im fMRI-Scanner ihnen vertraute Szenen einmal mit und einmal ohne Emotionen ‚durchspielten'. Ganz im Diderotschen Sinne wollten wir herausfinden, ob tatsächlich „die Nachahmung einer Leidenschaft absolut nicht dasselbe ist wie die Leidenschaft selbst." (Badiou 2013, S. 30). Also ob der

Schauspieler die Leidenschaft ‚künstlich komponiert' oder wahrhaft empfindet. Ich bin mir inzwischen nicht mehr sicher, ob diese folgenreiche Unterscheidung, die wir mittels unserer Tests widerlegen konnten, so wichtig ist. Das Echte lässt sich, vereinfacht gesagt und zumindest nach heutigen fMRI Standards, vom willentlich Behaupteten nicht unterscheiden!

Für Darstellerinnen bedeutet das, die performative künstlerische Forschung wird auf die Glaubwürdigkeit der Performanz kondensiert und verliert den öffentlich (rezeptionsbedingten) Legitimationsstress. Sie kann protektiv ihre Innovationskraft verteidigen und in Ergänzung zu traditionelleren Verfahren ihr Selbstverständnis innerhalb der interessierten Peer Group verfolgen. Sie wird aktuelle Tendenzen der deutschsprachigen Theaterlandschaft von produktionsästhetischer Perspektive aufnehmen und ausschliesslich für jene und in entsprechenden Formaten publizieren, und sie ist einer genauso von Orientierungsverlust bedrohten geisteswissenschaftlichen Ausrichtung keine Rechtfertigung schuldig.

Was bedeutete dies für „Disembodied Voice"? Fakt ist, auf den europäischen Bühnen der vergangenen zwanzig Jahre haben technologische Möglichkeiten Einzug gehalten, die eine direkte Verbindung zwischen Sprecher und Empfänger in eine hörbare Schieflage gebracht haben. Das Medium der Stimme auf den Theaterbühnen ist mit Blick auf die zeitgenössische Theaterpraxis stark in Bewegung, die physische „Mündlichkeit" (– read my lips –) verliert an Raum, Bedeutung und Wahrhaftigkeit. Die mediatisierte Stimme ist längst Normalität. Für die Performer bedeutet das unbegrenzte Entwicklungsmöglichkeiten. Ein raumfüllendes Flüstern und intime Geräusche per THX sind Bühnenalltag geworden. Warum aber werden dann die Sprecher_innen an Schauspielschulen noch immer nicht systematisch auf die Möglichkeiten moderner Ton- und Stimm-Manipulierbarkeit geschult?

Und für die künstlerische Forschung: Die Erschaffung einer Klangwelt abseits der gewohnten Korrespondenz ist integraler Bestandteil heutiger Theaterproduktionen, wird aber gewöhnlich nur im verborgenen Kreis der geheimen Erstrezipienten und zu Erstproduzenten mutierten Regisseur_innen und Tonmeister_innen studiert, erprobt und eingesetzt. Während die Sprecher_innen die subtile Lenkung der Raumbeschallung, die Nutzung der Maschinerie an Möglichkeiten viel zu selten mittels ihrer praktischen Expertise zu einem Diskurs zur Episteme der performativen Praxis einsetzen. Reflexion als Teilhabe, als Sprachform, mehr begreifend als be-schreibend genutzt. Somit wäre nicht allein das fertige Kunstwerk der Wissensträger, sondern dieses gepaart mit der Entstehungs, Erkenntnis- und Vermittlungsexpertise der Forschenden.

Wenn die Antwort der Mensch ist, was ist dann die Frage? (Crimp)

Liebe Kati Hannken-Illjes

am Ende ist es auch nur ein Spiel, eine Variation, warum ich für diese Rückblende auf die Marburger Kino-Keynote die Briefform gewählt habe. Vielleicht begünstigt der Schriftwechsel eine Fortsetzung, ein essayistisches Pingpong, – auch eine Form von Forschung, zumindest eine bestimmte Art der Reflexion, so wie die künstlerische Forschung dem Prozessualen Rechnung zu tragen versucht. Wir sind schliesslich erst am Anfang.

Jede gute Aufführung ist immer auch ästhetische Praxis des Experimentellen, immer forschend im schöpferischen Akt der Kreativität; aber Forschung im Sinne einer Wissensproduktion wird sie durch die Erfahrbarmachung von Komplexität, durch Dechiffrierbarkeit der Expertise, durch eine „Epistemologie des Ästhetischen" (Mersch). Ästhetische Praxis als künstlerische Forschung legitimiert das Sinnliche als Erkenntnispraxis, auch ohne pragmatische Beweisführung, mit den Mitteln einer produktiven Paradoxialisierung.

Was bleibt, ist die Eigenart des Ästhetischen als Auseinandersetzung mit Widersprüchen. Die künstlerische Forschung klärt Widersprüche nicht auf, sie stellt sie als ästhetische Episteme dem allgemeingültigen Wissen entgegen. Elfriede Jelineks Textflächen, die wir in „Disembodied Voice" benutzten und denen Intermedialität eingeschrieben ist, boten als Sprachkörper ideale Möglichkeiten der Medien- und Denktransformation.

Womit ich wieder bei einer der Eingangsfragen wäre: „Wie rezipiert der Akteur (und Autor) seine eigene Stimme, wenn diese zeitgleich mutiple Varianten des Fremden durchspielt?" Dazu sollten wir jetzt zum Mikrophon greifen oder uns ein paar Headsets umschnallen. *Check One Two.* Mit dem ersten Brief bin ich am Ende.

Ich danke Dir, Eva Maria Gauß und dem Marburger Team, sowie Herrn Hubert Hetsch vom Marburger Filmkunsttheater GmbH für die zwei Auftritte und die Freiheit bei der Wahl der Formate. Allen erdenklichen und wirklichen Leser_innen, die es bis hierhin geschafft haben, empfehle ich, diese oder weitere heuristische Episteln auf deren Hörerlebnisse hin *laut* lesend zu prüfen und verbleibe

mit den besten Wünschen und herzlichen Grüssen
AR

Literatur

Badiou, A. (2013): Art. „Theater als Ereignis". Aus dem Französischen von Esther von der Osten, Editions Flammarion. In: Lettre International 106 (2014), S. 24-37.

Badura, J./Dubach, S./Haarmann, A./Mersch, D./Rey, A./Schenker, C./Pörez, G. (Hrsg., 2015): „Künstlerische Forschung – Ein Handbuch". Zürich/Berlin.

Borgdorff, H. (2012): The Conflict of the Faculties: Perspectives on Artistic Research and Academia, Leiden University Press.

Crimp, M. (2013): Alles Weitere kennen Sie aus dem Kino. Nach Euripides' „Die Phönizierinnen" (The Rest Will Be Familiar to You from Cinema). Deutsch von Ulrike Syha. Textbuch, Rowohlt Theater, Reinbek.

Finter, H. (1996): Der Körper und seine Doubles. Zur (de-) Konstruktion von Weiblichkeit auf der Bühne. In: Forum modernes Theater 11/1, S. 15-32.

Mersch, D. (2015): Epistemologien des Ästhetischen. Zürich/Berlin, bes. S.131-200.

Mühlmann, H. (2011): Die Natur der Kulturen. München.

Rey, A./Toro Pérez, G. (2015): Disembodied Voice. Ein Forschungsprojekt. Reihe subTexte Band 10, Zürich. Darin „Disembodied Voice". Dokumentarfilm 24 Min, „Im Abseits". Filmischer Essay. 15 Min.

Siegmund, J. (2016): Wie verändert sich Kunst, wenn man sie als Forschung versteht? Bielefeld. (insbes. Eva-Maria Jung S. 23-43)

Steiner, G. (1990): Von realer Gegenwart. Hat unser Sprechen Inhalt? Edition Akzente, Hanser Verlag München.

CLAUDIA RASTETTER

Das Playback-Verfahren
in der Arbeit der Regisseurin Susanne Kennedy

1 Einleitung

Innerhalb der deutschsprachigen Theaterlandschaft lassen sich seit mehreren Jahren weitreichende Veränderungen im Umgang mit dem gesprochenen Text, der Verwendung von Sprache und dem Einsatz der Stimme beobachten. So gilt der Stücktext längst nicht mehr als das Zentrum einer Aufführung, sondern wird neben anderen theatralen Mitteln wie Kostüm, Bühnenbild, Musik, Licht etc. als ein Element der Aufführung behandelt. Solche, im Kontext des postdramatischen Theaters zu beschreibenden Entwicklungen, lassen sich auch für den Umgang mit der Stimme und ihren Einsatzmöglichkeiten konstatieren.

Diese „für die Gegenwartskunst charakteristische Enthierarchisierung der künstlerischen Mittel" beschreibt beispielsweise Doris Kolesch, die bemerkt: „dass die Stimme frei wird für Gestaltungs- und Spielweisen, die ihr bislang verwehrt waren" (Kolesch 2006, S. 48). Stimmen können heute sowohl live und unmittelbar durch den Schauspieler artikuliert aus der Bühnensituation entspringen, als auch auf vielfältige Weise medial vermittelt, aufgenommen, technisch reproduziert oder durch unterschiedliche Effekte verändert, auf der Bühne erklingen. Die Stimme des Schauspielers dient hierbei oft nicht mehr der reinen Vermittlung eines Textes, sondern wird in ihrer Funktion und Gebrauchsweise thematisiert und als künstlerisches Mittel auffällig (vgl. Haase 2013, S. 180; Kiesler 2013, S. 242). Der Einsatz extremer stimmlicher Verlautbarungen wie Schreien, Flüstern, Keuchen, aber beispielsweise auch eine explizite Melodisierung oder Rhythmisierung sprecherisch-stimmlicher Äußerungen lenken den Fokus auf die Erscheinungsformen der Stimme bzw. die stimmliche Gestaltung eines Textes. Die Stimme wird im Theater der Gegenwart „zum Medium und Material eines situativen, ereignishaften und atmosphärischen Geschehens" (Kolesch, 2006, S. 48) bzw. „behandelt Stimmen nicht mehr als Medien dramatischer Sprache und psychologischer Figuren, sondern stellt sie als sinnlich-materielle Phänomene aus, welche Sprache und personelle Darstellung irritieren oder stören können" (Schrödl 2009, S. 169).

Im Folgenden soll nun ein Verfahren im Umgang mit Stimme und Text auf der Bühne beschrieben werden, dass diese Entwicklungen im zeitgenössischen Theater deutlich widerspiegelt: das Playback-Verfahren als ästhetisches Prinzip in der Arbeit der Regisseurin Susanne Kennedy.

Im Rahmen des vom Schweizerischen Nationalfond finanzierten Forschungsprojektes „Methoden der sprechkünstlerischen Probenarbeit im zeitgenössischen deutschsprachigen Theater", das in Zusammenarbeit mit der Hochschule der Künste Bern (Studienbereich Theater: Prof. J. Kiesler, Prof. W. Heberle; Forschungsschwerpunkt Intermedialität: Prof. Dr. P. Gisler; Y - Institut: Prof. Dr. Th. Strässle) über einen Zeitraum von drei Jahren (03/2014 – 11/2017) aktuelle Entwicklungen im zeitgenössischen Theater untersucht, werden insgesamt fünf Probenbeobachtungen durchgeführt bei Regisseuren, deren Arbeitsweisen mit traditionellen Theaterpraktiken brechen bzw. die sich mittels neuer Zugänge und Verfahren dem Text auf der Bühne annähern (siehe Artikel J. Kiesler in diesem Band).

Als wissenschaftliche Mitarbeiterin des Projektes begleitete ich daher die Produktion von R. W. Fassbinders „Warum läuft Herr R. Amok?" an den Münchner Kammerspielen in Form einer teilnehmenden Beobachtung (Regie: Susanne Kennedy, Premiere 27. November 2014). Für diese Produktion wurde bereits vor Probenbeginn eine maßgebliche konzeptionelle Entscheidung getroffen, die im Untersuchungskontext besonders interessant erschien.

So wurde der gesamte Stücktext vor Probenbeginn in Form eines Playbacks aufgenommen, mit dem die Schauspieler auf der Bühne agieren. Das bedeutet, dass der Text inklusive der Geräusch- und Soundebene sowie sämtlicher Pausen Teil einer technisch festgelegten Komposition ist. Und es bedeutet auch, dass die Schauspieler auf der Bühne kein Wort live sprechen, sondern stumm und lippensynchron ihren Text zum Playback mitartikulieren.

Eine weitere konzeptionelle Setzung im Kontext des Playback-Verfahrens ist die Tatsache, dass der Text nicht von den Schauspielern selbst eingesprochen, sondern mit Laiensprechern aufgenommen wurde.

Die hieraus resultierenden Synchronisationsprozesse und die schauspielerischen Herausforderungen in der Arbeit mit dem Text sollen nun näher beschrieben werden.

2 Der Aufnahmeprozess im Studio

Dem achtwöchigen Probenprozess für „Warum läuft Herr R. Amok?" ging eine dreitägige Aufnahmephase im Tonstudio der Münchner Kammerspiele voraus. Anwesend waren hierzu die Regisseurin Susanne Kennedy, der Sounddesigner Richard Janssen, die Tonmeisterin Katharina Widmaier-Zorn, die Regieassistentin Verena Regensburger, Till Cuissot-Lecoevche, Praktikant im Bereich Tontechnik, und ich als teilnehmende Beobachterin.

Im Vorfeld wurden 25 Laiensprecher ausgewählt und durch die Regieassistentin gecastet, die Textproben aufnahm und der Regisseurin zur Auswahl zuschickte. Susanne Kennedy traf dann anhand der Sprechproben eine intuitive Auswahl der

Stimmen, die sie den einzelnen Rollen des Stückes zuordnete. Insgesamt lasen 25 Sprecher und Sprecherinnen den Text während der Aufnahmetage ein.

Die Textvorlage, die sogenannte „Dialogliste", besteht aus dem Szenentext, der von Fassbinders Film-Schauspielern während der Drehtage am Set improvisiert wurde. Die Textvorlage ist daher ein umgangssprachliches Material mit vielen Satzabbrüchen, Interjektionen, Versprechern etc. und kein von einem Autor geschriebener, künstlerisch gestalteter Theater-Stücktext.

Die Sprecherinnen und Sprecher wurden im Vorfeld zu festgelegten Zeiten einbestellt und trafen einzeln im Studio ein. Dort erhielten sie zum ersten Mal ihren Text. Dieser wurde reduziert auf die Repliken der jeweiligen Rolle, d.h. sämtliche weitere Dialogpartner in den Szenen wurden für die Sprecherinnen und Sprecher herausgestrichen. Somit wussten diese nicht, an wen ihr Text gerichtet ist, lediglich die kurzen Szenenangaben in der Überschrift („Im Büro", „Im Wohnzimmer" etc.) gaben einen groben räumlichen bzw. situativen Rahmen vor. Die Texte wurden also einzeln, unvorbereitet vom Blatt und ohne Partner eingelesen. Zusätzlich zur Textebene wurden mit jedem Sprecher noch eine Geräusch-Liste aufgenommen, die u.a. aus Räuspern, Lachen, Schmatzen, Schlucken, Summen bestand.

Die Sprecher bekamen vor und während der Aufnahmen spezifische Ansagen zur sprecherischen Gestaltung, insbesondere zur Pausenlänge, zu der Regisseurin und Sounddesigner immer wieder Ansagen machten.
So sagte Susanne Kennedy den verschiedenen Sprechern beispielsweise immer wieder an, dass sie kein Spiel im Sprechen haben möchte, sondern nur ein trockenes Vorlesen ohne Bedienen der Rolle oder Situation, ein Illustrieren, Einfühlen oder Eindenken in die Situation war nicht erwünscht.

Sie arbeitete hier z. B. über das Prinzip „Vorgabe-Imitation": Regisseurin, Sounddesigner, Regieassistentin und Tonmeisterin machten Vorgaben für einen konkretes Wort oder einen konkreten Satz, sprachen also vor und der Sprecher in der Kabine ahmte nach. Häufig wurden Ansagen zur sprecherischen Gestaltung des Textes gemacht, konkret zu Tonhöhe, Sprechmelodie, Pausensetzung (z. B. mit den Worten „flacher", „weniger expressiv"). Bezüglich des gedehnten Sprechtempos, das sie anstrebte, sprach sie von „auseinanderziehen" der Worte und „unnatürlich langen Pausen", die zwischen den einzelnen Repliken gesetzt werden sollten. Oder aber – als weitere Strategie – ließ sie verschiedene Varianten einer Textstelle schnell hintereinander produzieren, aus denen dann später ausgewählt wurde.
Die einzeln aufgenommenen Texte wurden nach diesen drei Aufnahmetagen im Studio wieder wie im Originaltext dialogisch ineinander geschnitten. Mit dieser Basisversion des Playback-Textes starteten die Schauspieler auf der Probebühne.

Während des achtwöchigen Probenprozesses wurde diese Basisversion in vielen weiteren Bearbeitungsschritten vom Sounddesigner mit Geräuschen und Pausen angereichert und verändert, bis am Tag der Premiere dann die endgültige Playbackversion des Stückes als fertige Komposition aus Text, Pausen, Geräuschebene und set noise feststand. Der gesamte Stücktext ist also in Form eines Vollplaybacks festgeschrieben und gibt damit den Rhythmus des Spiels bzw. der gesamten Inszenierung vor.

Mit ihrer Entscheidung den Text von Laiensprechern einlesen zu lassen, bricht Susanne Kennedy bewusst mit tradierten Hörerwartungen im Theater, im Rahmen derer ausgebildete Schauspielerstimmen den Text gestaltet und innerhalb geltender Aussprachenormen sprechen. Den geschulten „Bühnenton" der Schauspieler umgeht sie mit dieser konzeptionellen Entscheidung. Während des Aufnahmeprozesses wurden mit den angewendeten Texterarbeitungsprinzipien zusätzlich gestische, einfühlende oder psychologisierende Erarbeitungsstrategien im Umgang mit einem Text außer Kraft gesetzt. Da die Sprecherinnen und Sprecher ihre Texte erst unmittelbar vor dem Einlesen in der Kabine erhielten, war eine vorhergehende inhaltliche oder sprecherische Auseinandersetzung mit dem Text nicht möglich und wurde von ihr auch bewusst ausgeschlossen. Es erfolgte also keine vorab reflektierte Gestaltung oder Interpretation des Textes durch die Laiensprecher. Parameter wie Partnerbezug, Situation oder Gestus wurden ebenfalls ausgeblendet. Das unvorbereitete Einlesen der Sprecher wurde vielmehr über die bereits beschriebenen Ansagen des Regieteams von Außen geformt bzw. konkretisiert. Dabei standen weniger die inhaltlichen Aussagen der Texte im Vordergrund. Gearbeitet wurde hierbei vorrangig über die Sprechausdrucksebene – Tempo, Pausengestaltung und Sprechmelodie nehmen eine herausragende Funktion ein.

3 Synchronisationsprozesse – Arbeit mit dem Playback auf der Bühne

Im Kontext der Synchronisationsprozesse sollen im Folgenden einige der Herausforderungen der Schauspieler im Umgang mit dem Playbacktext in der täglichen Probenarbeit beschrieben werden.

Aus der Arbeit mit einem vorgegebenen Vollplayback ergeben sich natürlich andere Herausforderungen, als wenn die Schauspieler auf der Bühne live sprechen würden. Mit dem Synchronisieren des Playback-Textes bedienen sie sich eigentlich einer filmischen Technik – nur dass sie nicht, wie im Film üblich, einer Figur ihre Stimme leihen, sondern hier ihren Körper einer fremden Stimme zur Verfügung stellen. Daraus ergibt sich neben anderen Fragen die Frage nach dem Status der fremden Stimme im Zusammenspiel mit der Körperlichkeit des Schauspielers.

Fast jede Probe zu Beginn der Probenarbeit beginnt mit einer großen Irritation der zwei Schauspielerinnen und drei Schauspieler auf der Bühne.

3.1 Zuordnung Figur - Stimme

Bereits kurz nach Beginn der ersten Bühnenprobe thematisiert eine der beiden Schauspielerinnen eine maßgebliche Herausforderung in der Probenarbeit mit dem Playback: *„Das krasse ist, dass man nie weiß, wer was sagt (...) wenn ich jetzt 'ne Stimme hör', dann weiß ich nicht, wer das ist."* (Probenmitschnitt 2014-10-08/1: 05:50 - 6:00)

Mit dem Einspielen des Playbacktextes ergibt sich auf den Proben bei jeder Szene eine immer wieder auftretende Verwirrung über die Zuordnung der Laiensprecherstimmen zu den einzelnen Figuren. Zuerst muss geklärt werden, welchem Schauspieler im wahrsten Sinne des Wortes welche Stimme zugehörig ist, da diese sich untereinander nicht mehr an den eigenen, bekannten (als zur Person des Schauspielers/der Schauspielerin identifizierbaren) Stimmen erkennen, folglich auch nicht, wessen Text gerade gesprochen wird. Dieses Zuordnen des Textes zur Figur sowie das Einhören in die Stimme der verschiedenen Figuren, auch im Sinne eines Wiedererkennens der fremden Laiensprecherstimmen, spielt im Probenprozess eine große Rolle und nimmt viel Zeit in Anspruch. Dazu wird der Playbacktext immer wieder durchgehört, oftmals auch unter Zuhilfenahme der Textbücher auf der Bühne zur besseren Orientierung der Schauspieler. Erschwert wird das Zuordnen bzw. Erkennen des sprechenden Schauspielers zusätzlich durch das Tragen von Masken, die die mimische Beweglichkeit einschränken bzw. zunichte machen.

Ein maßgeblicher Grund für die Schwierigkeiten seitens der Schauspieler, die Stimmen zur jeweiligen Rolle zuzuordnen, ist die konzeptionelle Entscheidung der Regisseurin, 7 der 19 Rollen des Stückes mehrfach, das heißt zwei- bis dreifach, zu besetzen. So spielen alle drei männlichen Schauspieler beispielsweise in unterschiedlichen Szenen jeweils Herrn R., die Hauptfigur des Stückes. Ebenso wird mit der Rolle der Frau R. verfahren, die von beiden Schauspielerinnen gespielt wird. Das Figurenkonzept der Inszenierung gibt vor, dass 5 Schauspieler 24 Rollen spielen, das bedeutet, dass jeder Schauspieler zwischen 3 und 6 verschiedene Rollen verkörpert.

Das Konzept sieht weiterhin vor, dass jeder Figur kontinuierlich durch alle Szenen hindurch eine Stimme zugeordnet bleibt, über die sie identifizierbar ist, die Kopplung Figur – durchgängig derselbe Schauspieler bzw. dieselbe Schauspielerin aber aufgehoben ist. Somit ist neben dem Kostüm die Stimme und nicht der Körper der Schauspielerinnen und Schauspieler bzw. die Verkörperung durch diese das identitätsstiftende Merkmal der Figur für den Zuschauer und die Schauspieler, die sich untereinander auch nicht mehr an ihren Stimmen erkennen können.

Die Schauspieler müssen also für jede Szene neu Klarheit erlangen über die Fragen: 1. Wer bin ich in der Szene? und 2. Welche Laiensprecherstimme gehört zu meiner Rolle bzw. zu welcher Stimme gehöre ich? Damit ist zum einen die Frage nach der inhaltlichen Ebene des Playbacktexts verbunden, der beherrscht werden muss. Die weit größere Herausforderung für die Schauspieler stellt aber die Frage nach den „Vorgaben" durch die fremden Stimmen dar, d.h. mit dem Wissen um die Figur muss deren zugeordnete Stimme einschließlich der Körperlichkeit, des Sprechrhythmus und der ihr eigenen, spezifischen Sprechweise sowie individuellen Eigenheiten der jeweiligen Sprecherstimme gewusst bzw. assoziiert werden, damit das lippensynchrone Playback funktioniert.

Somit muss für jeden Rollenwechsel die Verknüpfung der szenenspezifischen eigenen Figur mit einer neuen „fremden" Stimme erarbeitet, gelernt und gespeichert werden, die es für die Schauspieler zu füllen und zu fühlen gilt.

3.2 Umgang mit den Vorgaben der Laiensprecherstimmen

Dem Einfinden und -fühlen in die Figur und deren Motive, also verkürzt einer figurenpsychologischen Herangehensweise, ist im Probenprozess das Einfinden und Einhören in die „fremde Stimme" und deren Sprechweise klar übergeordnet. Nicht der Schauspieler mit seinem individuellen Denk-Sprech-Prozess führt bzw. initiiert das Geschehen auf der Bühne, sondern die vom Band abgespielte, fremde Stimme gibt Tempo und Duktus des Sprechens vor. Das bedeutet, dass der Schauspieler sich dieser externen Stimme unterordnet, die ihm von Außen auferlegt wird und sich von ihr durch das Geschehen führen lässt. Hieraus ergibt sich eine Spannung zwischen dem aktiven Gestaltungsprozess, den der Schauspieler im Umgang mit seiner Figur durchläuft und dem passiven „geführt werden" durch das, was ihm die fremde Stimme vorgibt. Dieser Prozess des sich Führen lassens wird von Seiten der Schauspieler mit den Worten „sich sprechen lassen" bzw. sich „in die Stimme hineinlehnen" umschrieben.

Grundsätzlich begegnen die Schauspieler dieser Herausforderung mit einer großen Offenheit und fast schon Selbstverständlichkeit. Die von mir vor Beginn der Probenarbeit angenommene Abwehr über die Vorgabe einer fremden Stimme, bestätigt sich nicht.

3.3 Finden der Körperlichkeit der akusmatischen Stimmen

Aus dieser Unterordnung unter die Vorgaben der Stimmen vom Playback-Band ergibt sich in der Probenarbeit eine Spannung zwischen dem aktiven Gestaltungsprozess, den der Schauspieler im Umgang mit seiner Figur durchläuft und dem passiven „geführt werden" durch das, was ihm diese fremde, akusmatische Stimme vorgibt. „Akusmatisch (...) bezeichnet dass, „was man hört, ohne die tatsächliche Ursache des Klanges zu sehen", oder „was Klänge hörbar macht, ohne eine Vorstellung von ihren Verursachern zu haben" (Chion 2012, 65).

Eine der beiden Schauspielerinnen beschreibt diesen Prozess der Unterordnung unter diese fremde Stimme mit den Worten:

> *„Es ist ein Unterschied, weil das dann nicht so organisch ist, wie wenn man selber spricht (...). Wenn's jemand anders spricht ist jetzt das Interessante, dass es noch mehr von einem weg ist. Dass man sich quasi noch mehr da rein begeben muss, sich fallenlassen muss und offen sein muss dafür.“* (Interview 3, 6)

Einer der Schauspieler beschreibt die besonderen Herausforderungen mit der Playback-Stimme folgendermaßen:

> *„Ja, es ist erst mal sehr fremd, weil der erste Impuls auf der Bühne ja ist, dass du selber sprichst und auf einmal hörst du deine Stimme und musst deine Stimme dann (benutzen?). Auch die Anstrengung dahinter, also wie viel physischen Einsatz braucht es quasi damit das entstehen kann, also dass für einen Zuschauer die Stimme und der Körper sich verbindet. (...) Also wie man selber quasi in diesen Körper mit dieser Stimme hineinkommt. Also das (...) ist ein Unterschied, es gibt ja unterschiedliche Arten von Hören, also dass man sich quasi wie in die Stimme hineinlehnt oder sich quasi die Worte in den Mund hineinlegen lässt.“* (Interview 2, 7)

Neben der spezifischen Art des Hinein-Hörens bzw. Lehnens in die Stimmen wird hier insbesondere der mitschwingende Körper der Playback-Stimme und die Verbindung mit dem eigenen Schauspielerkörper thematisiert. Die Frage des „physischen Einsatzes“, damit die Verbindung zwischen Playback-Stimme und Schauspielerkörper entstehen kann, ist gekoppelt an eine spezifische Art des Hörens, die mit dem Begriff des „funktionalen Hörens“, also dem Nachvollzug der muskulären Spannungsmuster und artikulatorischen Besonderheiten der Sprecherstimme, beschrieben werden kann. Auf diese in der Arbeit mit dem Playback grundlegende Fähigkeit wird unter Punkt 4 nochmals näher eingegangen werden.

Der Schauspieler beschreibt weiterhin, dass die Stimmvorgaben zu einer bestimmten Vorstellung über die Figur führen, die er dem Klang und Spannungszustand der Stimme entnimmt und die seine Fantasie anregen (vgl. Interview 2, 13). Die Stimme und die ihr innewohnenden Anteile des Ursprungskörpers erzeugen somit ein „Klangkörperbild“ (Finter, 2014, S. 381), das der Schauspieler für seine Figur nutzt.

Diesen Prozess beschreibt einer der Schauspieler im Interview treffend:

> *„Ja, es ist ganz lustig, das ist wie der umgekehrte Fall von Synchronisieren. Wenn ich einen Film, also einen Schauspieler synchronisiere, dann geb' ich ihm die deutsche Stimme. Und hier besteht die Stimme und ich muss den Körper da-*

zu liefern. Also die ganze Art des Sprechens dieser Figur, ob der breit spricht oder schmal spricht oder langsam oder schnell spricht, das muss ich mir aneignen. Also das ist ja ein sich Hineinbegeben in diese Stimme anhand einer Situation." (Interview 5, 8)

Lehmann beschreibt diesen dichotomen Vorgang beim Playbacken als einen solchen, „bei dem sich der Körper mimetisch einer vorgegebenen Stimme fügt, die von ihm zugleich 'vereinnahmt' wird" (Lehmann 1999, S. 279). Mit anderen Worten: die Stimme des Playbacksprechers führt und kontrolliert das Spiel des Schauspielers, der sich ihr unterordnen muss, diese aber gleichzeitig auch benutzt für sein Spiel. Dass Ausfüllen einer bereits gestalteten Textvorlage, im Kontext der Synchronarbeit auch bezeichnet als „nachgestaltendes Sprechen" (vgl. Braun/Heilmann 2012, S. 20), erfordert von Seiten der Schauspieler ein hohes Maß an Disziplin, oftmals das Zurückstellen bzw. Reduzieren der eigenen gestalterischen und körperlichen Impulse und thematisiert die Frage nach künstlerischen und reproduzierenden Anteilen dieser Arbeit für den Schauspieler bzw. verschiebt diese.

Anders als im klassischen Herangehen an einen Text, erschließen sich die Schauspieler ihren Text bzw. die Texte ihrer unterschiedlichen Figuren also nicht zuerst über die gedankliche bzw. spielerische Auseinandersetzung während der Proben auf der Bühne. Nicht der Text, der Gedanke, die Intention bewegt sie zu einer bestimmten Sprechweise, einer bestimmten Art und Weise, ihre Stimme einzusetzen, sondern die Stimme, die aus dem Off erklingt, gibt ihnen und ihrer Figur durch ihre Sprechweise eine spezifische Körperlichkeit vor.

Körperlichkeit soll hier verstanden werden als „Summe der sinnlichen und materiellen Eigenschaften des Körpers" bzw. als phänomenologischer Körper, der auch als Leib bezeichnet wird (vgl. Hardt 2014, S. 189). Mit den ausschließlich über die Aufnahme erklingenden Laiensprecherstimmen fehlen den Stimmen die sichtbaren Ursprungskörper, ihre „visuell-körperliche Entsprechung" (Pinto 2012, S. 296). Nichtsdestotrotz schwingen diese Körper in den aufgenommenen Stimmen der Laiensprecher als „Spur(en) des Körpers" mit (vgl. Kolesch/Krämer 2006, S. 275; Finter 2014, S. 72). Diesen Prozess des Einfindens in die Körperlichkeit der akusmatischen Stimmen, also der durch Aufnahmetechnik von ihrem sichtbaren Ursprung gelösten, zeitlich und körperlich entkoppelten Stimme (vgl. Butte/Brandt 2011, S. 11) war eine der größten, im Probenprozess zu beobachtenden Herausforderungen für die Schauspieler im Umgang mit den fremden Stimmen auf der Bühne.

4 Das Prinzip des "Funktionellen Nachvollzugs" als Arbeitsprinzip auf den Proben

Das Finden der Körperlichkeit der akusmatischen Stimmen kann mit der in der Sprechwissenschaft von Richard Wittsack (1951) benannten und bis heute im

Fach geläufigen Fähigkeit zum „funktionellen Hören" beschrieben werden. Funktionelles Hören beschreibt demnach die Fähigkeit zum Spüren und Nachvollziehen der muskulären Aktivitäten eines Sprechers beim Hören einer fremden Sprechleistung (vgl. Seidner/Wendler 2004, S. 158; Fiukowski 1992, S. 50), seines Spannungszustandes, seiner Resonanz- und Atemräume sowie der individuellen artikulatorischen Eigenheiten.

Im Probenprozess zu „Warum läuft Herr R. Amok?" arbeiten die Schauspieler, da sie mit akusmatischen Stimmen konfrontiert sind, ausschließlich über den akustischen Sinneskanal bzw. die akustische Ausdruckswahrnehmung und nicht, wie beim filmischen Synchronsprechen über den auditiven *und* visuellen Sinneskanal. Dies verlangt ihnen im höchsten Maß die Fähigkeit zum funktionellen Hören ab. Die Ausdruckswahrnehmung ist hierbei genauer zu fassen als Wahrnehmung des „Sprechausdrucks", einer Bezeichnung, die ebenfalls aus der sprechwissenschaftlichen Terminologie-Tradition stammt. Bose benutzt in ihrer Arbeit den Terminus „Sprechausdruck" „als Oberbegriff für sprecherische Ausdrucksformen, also verschiedene Realisationsweisen im Sprechschall" (vgl. Bose 2003, S. 32). Etliche der von ihr benannten Merkmale des Sprechausdrucks spielen für das Erfassen der akusmatischen Laienstimmen seitens der Schauspieler eine große Rolle, so z. B. Sprechgeschwindigkeit, Artikulation, Sprechrhythmus und Sprechspannung (vgl. Bose 2003, S. 38ff.).

Somit wird für die Schauspieler bereits während des Erarbeitungsprozesses die Dimension der „Materialität" relevant. Eine „spezifische Materialität bildet sich dabei in Form einer bestimmten Räumlichkeit, Körperlichkeit oder Lautlichkeit (Stimmlichkeit) heraus" (Schouten, 2014, S. 206). Materialität beschreibt bzw. legt die Aufmerksamkeit auf das phänomenale So-Sein der theatralen Elemente (vgl. ebd.), hier: des Sprechens und der Stimme. Eben diese „Körperlichkeit und Materialität des Sprechens" (Antos, 2011, S. 23) spielt im Probenprozess für die Schauspieler eine herausragende Rolle. Die Materialität des Sprechens wird hier mittels verfremdender Effekte (mediatisiertes Sprechen, überlange Pausen, sinnwidrige Satzakzentuierung) genutzt, um auf einer Metaebene einen Zustand auszustellen bzw. etwas über den Zustand der agierenden Figuren mitzuteilen. Dies kann als Teil der Gesamtkonzeption und eines performativen Zugriffs auf Stimme und Sprechen auf der Bühne verstanden werden.

Die Schauspieler müssen sich demnach in die individuelle Sprechweise ihrer Laiensprecherstimme einhören. Die „körperlichen Spuren" (Pinto 2012, S. 11) der technisch realisierten Laiensprecherstimmen müssen mit Hilfe des funktionellen Nachvollzugs erfasst und erspürt werden und die Stimmen aus dem Off durch die Schauspieler in eine Körperlichkeit gebracht bzw. in einen Bühnenkörper „übersetzt" werden. Finter umschreibt diesen Prozess aus theaterwissenschaftlicher Perspektive mit der Kraft von Stimmen, „die – wenn auch aufgezeichnet – ihre Fähigkeit entfalten, imaginär eine Präsenz zu evozieren." Diese „Evokationskraft von Stimmen" hängt laut ihrer Beschreibung „mit dem ersten

‚Körperbild' zusammen, das psychogenetisch ein Klangkörperbild ist, und diese Vorgängigkeit beeinflusst nicht nur affektiv die Rezeption von artikulierten Stimmen beim Zuschauer (hier: beim Schauspieler, der diese Stimme nur hört und den dazugehörigen Körper des Sprechers nicht sieht, CR), sondern determiniert auch die visuelle Rezeption des Geschehens." (Finter, 2014, S. 381)

Das Prinzip des „funktionellen Nachvollzugs" kann somit als ein wichtiges Probenelement beschrieben werden, welches die Regisseurin zwar so nicht explizit benennt, das aber kontinuierlich in der Arbeit mit den fremden Stimmen im Probenprozess Anwendung findet.

5 Funktion des Playback – Verfahrens auf der Bühne

Abschließend soll der Frage nachgegangen werden, wozu das Verfahren des Playback auf der Bühne dient. Welche Möglichkeiten eröffnet es im Umgang mit der Sprache?

In der Inszenierung von „Warum läuft Herr R. Amok?" nutzt Susanne Kennedy das Playback als künstlerisches Verfahren im Umgang mit dem Text bereits zum dritten Mal. Sie beschreibt in der Konzeptionsprobe, dass das Playback für sie eine essentielle Kraft habe und sie den Wunsch hat, damit kontinuierlich zu experimentieren und zu arbeiten.

Im Interview beschreibt Susanne Kennedy die Idee der künstlichen Trennung von Stimme und Körper, die anschließend in einem technisch höchst aufwendigen Prozess wieder zusammengesetzt werden, mit der Suche nach einem Zwischenraum und einer Reibung, die sich aus dieser Trennung ergeben:

> *„Ja, weil natürlich sich da trotzdem ein Zwischenraum auftut, der nie wirklich geschlossen wird, auch wenn ich drauf guck denk, ich denk diese Figur spricht, und das muss ich so perfekt möglich wieder hinkriegen und trotzdem bleibt da eine Reibung und ein Zwischenraum, der was macht."* (Interview 6, 30)

Sie benennt die Reibung und den Raum, in dem sich der Zuschauer bewusst oder unbewusst aufhält, als Faktoren, die eine Unsicherheit kreieren können, während sein Gehirn das Playback zu etwas Natürlichem wieder zusammensetzt. Diese Faktoren haben laut Susanne Kennedy eine Auswirkung auf die Wahrnehmung des Gesehenen und Gehörten. Sprache als ein wichtiger Teil unserer Identität und Alltagsrealität wird somit nicht als natürlicher Prozess einfach als gegeben angenommen, sondern in Einzelteile zerlegt und hinterfragt. Dieses Sezieren und Entfremden scheinbar alltäglicher und selbstverständlicher Zusammenhänge kann zu dem von Susanne Kennedy angestrebten Zustand der „produktiven Verunsicherung" führen (vgl. Stammen, 2015, S. 7). Sprache in ihrer Alltäglichkeit wird mit Hilfe des Playbacks „vergrößert" und unter die Lupe gelegt. Das alltägliche aneinander vorbei reden, Unterbrechungen, Versprecher, Abbrüche, Füllwörter wirken durch die Aufnahme des Textes ausgestellt und vergrößert.

Im Kontrast zum üblichen „Bühnenton", den Susanne Kennedy hinterfragt, hat das Playback für sie eine starke Sogwirkung, die sie anzieht. Sie erklärt das im Interview folgendermaßen: *„Also ich mag eher was, was mich reinsaugt, als dass man es mir so drauf drückt."* (Interview 6,60)

Sie beschreibt in diesem Kontext auch ihre Ablehnung gegenüber einem expressiven, ausdrucksvollen Sprechen, das ihr als Zuschauerin bereits alles vorgibt und das Gefühl,

> *„dass man mir die ganze Zeit vermitteln will, „das ist wichtig, was ich jetzt sag" mit so einem Nachdruck (...) in so einer psychologischen Emotion, dass man sagt, was ich jetzt empfinde hier oder was ich spreche ist sehr, sehr wichtig und ihr müsst es alle auch so sehen."* (Interview 6,60).

Das Offenhalten eines Textes für eigene Projektionen und damit auch die Rolle des Zuschauers als aktiv Beteiligtem Sinnproduzenten gewinnen damit stark an Bedeutung.

Susanne Kennedy sucht mit ihrer Inszenierung eine Form, Alltag und Realität auf der Bühne auszustellen. Die Suche nach „alltäglicher Einfachheit" (vgl. Probenprotokoll 6.10.2014) führte sie zur Entscheidung, den Text von Laiensprechern einlesen zu lassen, da diese den Text „offen" und nicht wie Schauspieler bereits „vorgeformt" sprechen (vgl. ebd.). Sie intendiert keine eindeutige Lesart oder eindeutige Antworten, ebenso wie die Masken Projektionsflächen seien, soll die Sprache offen gehalten werden für die Projektionen der Zuschauer.

Dieses Offenhalten des Sprechens, das den Zuschauern keine Erklärungen bzw. psychologisch nachvollziehbare Lesart des Textes anbietet und Raum lässt für individuelle Deutungen und Assoziationen, formuliert sie als Gratwanderung und Ziel. Am Ende müsse für den Zuschauer die Frage bleiben und nicht die Antwort gefunden sein (vgl. Probenprotokoll 6.10.2014).

Ähnlich wie der Stücktitel arbeitet die Inszenierung mit dem Frage-Prinzip: Was ist Sprechen? Was bedeutet Identität? Was ist eine Situation? Warum stehe ich hier? Wie funktioniert ein Mensch? Was sind seine Motive (hier konkret: Amok zu laufen)? Was ist unsere, meine Realität?

Scheinbare Selbstverständlichkeiten werden hinterfragt - sowohl auf der inhaltlichen Ebene, als auch auf der Theaterproduktionsebene (Wie sprechen Schauspieler? Wie klingt ein Text auf der Bühne? Wie erkenne ich eine Figur?).

Damit nimmt sie den Zuschauer mehr in die Verantwortung, der aufgefordert ist, teilzuhaben am Verstehensprozess und der Interpretation dessen, was er auf der Bühne sieht.

Weiterhin schafft es Susanne Kennedy mit Hilfe des Playback-Verfahrens die nicht-poetische Sprache des Fassbinder-Films, bestehend aus improvisierten Alltagsdialogen, die die Schauspieler am Set „erfanden", in eine Theatersprache zu transformieren. Und das nicht zum Selbstzweck – sondern als Mittel bzw.

Möglichkeit, um den Zuschauern aus ihrem Alltag vertraute Gesprächssituationen in ihrer banalen, alltäglichen Realität sichtbar zu machen.

Die Verfremdung der Alltagssprache durch die Künstlichkeit, die ihr während des Aufnahmeprozesses gegeben wurde (z. B. durch extreme Pausensetzung, Entzug bzw. Reduktion von Emotionalität, Ungerichtetheit etc.) ist somit nicht als formale Spielerei oder Korsett zu verstehen, sondern als künstlerische Strategie, Alltägliches auf der Bühne auszustellen. Das Playback-Verfahren fügt dem Text und Bühnengeschehen damit eine neue Dimension der Künstlichkeit und Spannung hinzu.

Literatur

Antos, G. (2011): Schule der Performativität. Wahrnehmen und Üben: zwei übersehene Aspekte von Vollzugswirklichkeiten beim Sprechen. In: Bose, I./ Neuber, B. (Hrsg.): Interpersonelle Kommunikation: Analyse und Optimierung. Frankfurt, S. 19 – 37.

Bose, I. (2003): dóch da sín ja' nur mûster // Kindlicher Sprechausdruck im sozialen Rollenspiel. Habil.-schrift Universität Halle/Saale. Hallesche Schriften zur Sprechwissenschaft und Phonetik, Bd. 9. Frankfurt am Main/Bern u.a.

Braun, A./ Heilmann, C. (2012): SynchronEmotion. Frankfurt a. M. Hallesche Schriften zur Sprechwissenschaft und Phonetik. Bd. 41.

Butte, M./ Brandt, S. (Hrsg.) (2011): Bild und Stimme. München.

Chion, M. (2012): Audio-Vision. Berlin.

Finter, H. (2014): Die soufflierte Stimme: Text, Theater, Medien. Aufsätze 1979-2012, Frankfurt a. M.

Fiukowski, H. (1992): Sprecherzieherisches Elementarbuch. Tübingen

Haase, M. (2013): Sprechkunst im Ensemble der Künste und als Teildisziplin der Sprechwissenschaft. In: Bose, I./ Hirschfeld, U./ Neuber, B./ Stock, E. (Hrsg.) (2013): Einführung in die Sprechwissenschaft: Phonetik, Rhetorik,Sprechkunst. Tübingen. S. 177 – 268.

Hardt, Y. (2014): Körperlichkeit. In: Fischer-Lichte, E./ Kolesch, D./ Warstadt, M. (Hrsg.) (2014): Metzler Lexikon Theatertheorie. Stuttgart, S. 189-196.

Kiesler, J. (2013): Sprechkünstlerische Tendenzen im zeitgenössischen deutschsprachigen Theater. In: Bose, I./ Hirschfeld, U./ Neuber, B./ Stock, E. (Hrsg.): Einführung in die Sprechwissenschaft. Phonetik, Rhetorik, Sprechkunst. Tübingen. S. 240-244.

Kolesch, D./Krämer, S. (Hrsg.) (2006): Stimme. Annäherung an ein Phänomen. Frankfurt/ M.

Lehmann, H.-T. (1999): Postdramatisches Theater. Frankfurt/M.

Pinto, V. (2012): Stimmen auf der Spur. Zur technischen Realisierung der Stimme in Theater, Hörspiel und Film. Bielefeld.

Schouten, S. (2005): Materialität. In: Fischer – Lichte, E./Kolesch, D./Warstat, M. (Hrsg.) (2005): Metzler Lexikon Theatertheorie. Stuttgart. S. 194 – 196.

Schrödl, J. (2009): Stimme und Emotion. Affektive Wirksamkeiten im postdramatischen Theater. In: Ahrends, G. (Hrsg.): Forum modernes Theater, Bd. 24/2, S. 169-182

Seidner, W./Wendler, J. (2004): Die Sängerstimme. Berlin

Stammen, S. (2015): Produktive Verunsicherung. Alltag und Sprache: die Regisseurin Susanne Kennedy – ein Porträt. In: Theater heute 5, S. 5-8

Datenmaterial

(unveröffentlicht und aus persönlichkeitsrechtlichen Gründen anonymisiert, liegt der Verfasserin als Audiomaterial und in transkribierter Form vor)

Interview 2, geführt von C. Rastetter mit Schauspieler 2, 19.11.2014

Interview 3 geführt von C. Rastetter mit Schauspielerin 1, 19.11.2014

Interview 5 geführt von C. Rastetter mit Schauspieler 3, 19.11.2014

Interview 6, geführt von C. Rastetter mit Susanne Kennedy, 17.11.2014

Probenmitschnitt vom 8.10.2014

Probenprotokoll vom 6.10.2014

JULIA KIESLER

Methodische Aspekte einer musikalischen Arbeit am Text – Ein Probenbeispiel

1 Einleitung

Auf der Bühne des zeitgenössischen Theaters hat sich der Umgang mit Texten und gesprochener Sprache verändert. Texte werden chorisch gesprochen, musikalisiert und rhythmisiert, monologisierend statt dialogisch gestaltet und sie sind nicht mehr unbedingt in die Repräsentation von Handlungen und schauspielerische Vorgänge eingebunden. Oftmals wird die sinnlich-materielle Dimension des Sprechens ausgestellt und für die Zuschauer wahrnehmbar gemacht, d.h. die Sprache rückt als gesprochene Sprache, als Stimmklang, als Rhythmus, als Melodie auf der Bühne in den Vordergrund und avanciert damit von einem Mittel zu einem auffälligen Phänomen. Auch ist das Theater in seinen aktuellsten Erscheinungsformen nicht mehr der „Hort des Literarischen" (Ritter 2015a, S. 35). Werke werden in performative Prozesse aufgelöst, beispielsweise durch die Dekonstruktion von Theaterstücken oder die Fragmentierung von Figuren (vgl. Ritter 2015b, S. 58). Performative Spielweisen sind nicht nur in der freien Szene, sondern auch im Stadttheater immer häufiger zu beobachten und sollten innerhalb einer zeitgenössischen Schauspielausbildung erprobt werden (vgl. Stegemann 2011, S. 104). Doch was bedeutet dies für die Sprecherziehung? Vor welchen Herausforderungen steht die sprecherzieherische Arbeit im Angesicht der aktuellen performativen Ästhetiken und Umgangsformen mit Texten und gesprochener Sprache im Theater der Gegenwart?

Um dieser Frage nachzugehen, entwickelte die Autorin an der Hochschule der Künste Bern ein Forschungsprojekt, welches sich mit Prozessen der Probenarbeit im zeitgenössischen Theater v.a. hinsichtlich der Texterarbeitung auseinandersetzt. Das Projekt mit dem Titel „Methoden der sprechkünstlerischen Probenarbeit im zeitgenössischen deutschsprachigen Theater" wird vom Studienbereich Theater sowie vom Forschungsschwerpunkt Intermedialität der Hochschule der Künste Bern unterstützt und mit einer Laufzeit von drei Jahren und zehn Monaten (01.03.2014-30.11.2017) vom Schweizerischen Nationalfond finanziert (vgl. Kiesler 2014, S. 79ff.). Es wurden fünf verschiedene Probenprozesse ausgewählter Regisseurinnen und Regisseure (Laurent Chétouane, Volker Lösch, Claudia Bauer, Susanne Kennedy, Nicolas Stemann) beobachtet und mit der Frage untersucht, welche Spiel- und Sprechweisen fernab der realistischen bzw. psychologischen dort zu finden sind, wie diese während der Probenarbeit entstehen und welche Anforderungen sich daraus für die Schauspielerinnen und Schauspieler ergeben. Das Ziel des Projektes ist es, verschiedene methodische Zugänge zu Texten, Figuren und Sprechweisen aus der beobachteten Theaterpraxis heraus zu beschreiben, die sich einer performativen Spielpraxis zuordnen lassen. Daraus gilt es Erkenntnisse, insbesondere für die Textarbeit bzw. den performativen Umgang mit Sprache zu gewinnen, die innerhalb der Schauspielausbildung und Sprecherziehung fruchtbar gemacht werden können.

In allen fünf Probenprozessen wurden methodische Ansätze beobachtet, die sich dem Text nicht primär über einen Gestus oder eine realistische Figurendarstellung nähern, sondern über eine musikalische Herangehensweise (vgl. hierzu auch den Beitrag von Claudia Rastetter in diesem Band). Der Sektionsvortrag stellte neben den Fragen und Zielstellungen des Forschungsprojektes am Beispiel der Probenarbeit „Faust" (Goethe) in der Regie von Claudia Bauer am Konzerttheater Bern (Premiere am 10.09.2014) ein Verfahren vor, welches als musikalischer Ansatz der Textarbeit präsentiert wurde. Die Ausführungen hierzu können in der Publikation „Jede Szene ist ein neues Glück - Verfahren der Texterarbeitung innerhalb des Probenprozesses "Faust" (J.W. Goethe) in der Regie von Claudia Bauer am Konzerttheater Bern" nachgelesen werden (vgl. Kiesler 2016, S. 51ff). Im Folgenden geht es darum, methodische Aspekte einer musikalischen Arbeit am Text anhand eines weiteren Probenbeispiels aufzuzeigen und als performatives Verfahren der Textarbeit zu markieren.

2 Musikalisierungsprozesse in der Chorarbeit von Volker Lösch und Bernd Freytag

Musikalisierungsprozesse finden sich im zeitgenössischen Theater oftmals im Zusammenhang mit der chorischen Arbeit am Text. Sie spielen auch innerhalb des Probenprozesses zu „Biedermann und die Brandstifter" von Max Frisch in der Regie von Volker Lösch, den ich vom 09.01. - 27.02.2014 am Theater Basel beobachtet habe, eine wichtige Rolle. Seit seiner berühmt gewordenen „Orestie"-Inszenierung am Staatsschauspiel Dresden im Jahr 2003 arbeitet Volker Lösch mit dem Chorleiter Bernd Freytag zusammen, der als Chordarsteller und Regieassistent mit Einar Schleef zusammenarbeitete. Lösch und Freytag entwickelten in den vergangenen Jahren eine eigene Theaterform, die zum einen durch einen starken Bezug zum jeweiligen Aufführungsort gekennzeichnet ist, zum anderen durch die Gründung von Bürgerchören die außertheatrale Wirklichkeit unmittelbar in das Bühnengeschehen integriert. Lösch geht es darum, „Folien zu schaffen, die eine gesellschaftliche Aussage treffen können jenseits der individuellen Befindlichkeiten, die dann so über Rollen im bürgerlichen Kanon geklärt werden" (Lösch in Interview 1). Ihn interessiert weniger eine auf Individualität zielende Figurenpsychologie, als mehr die gesellschaftspolitische Relevanz von Theater. Diese findet Lösch gemeinsam mit Bernd Freytag in der Arbeit mit

Sprechchören, wobei sich zwei verschiedene Arbeitsweisen der Theatermacher miteinander verzahnen. Der primär gestisch motivierte Ansatz Löschs, auch in der chorischen Textarbeit, der geprägt ist durch Fragen wie „Was will ich sagen? Warum mach ich den Mund auf? Weshalb steh' ich auf der Bühne? Welchen Text vermittle ich? Zu welchem Anlass, in welcher Stadt?" (ebd.) wird kombiniert mit der musikalischen Herangehensweise an die Texte durch Bernd Freytag.

2.1   Der Text als Material

Die Produktion „Biedermann und die Brandstifter" in der Regie von Volker Lösch dreht sich um das Verhältnis der Schweizerinnen und Schweizer zu den in der Schweiz lebenden Migranten. Die Basis bildet das gleichnamige Stück von Max Frisch (vgl. Frisch 1996). In diese Vorlage wird zusätzliches Textmaterial eingebaut. Dem Stück vorangestellt ist das stark gekürzte Gedicht Albrecht von Hallers „Die Alpen", welches als Prolog der Inszenierung durch einen elfköpfigen Chor gesprochen wird. Weiterhin zusätzliches Textmaterial wird durch den „Chor der Inländer" (Chor 2) generiert, der dem „Chor der Feuerwehrmänner" in Max Frischs Stück entspricht, aber mit weiteren Texten und Kommentaren ergänzt wird. Schliesslich gibt es den „Chor der Migranten" (Chor 1), der so im Stück nicht vorkommt, welcher aus vierzehn Frauen und Männern aus den unterschiedlichsten Nationen besteht. Die Laien leben alle mit einem Migrationshintergrund in der Schweiz. Mit ihnen wurden bereits im Vorfeld der Probenarbeiten Interviews geführt, aus denen wiederum neues Textmaterial für die Inszenierung gewonnen wird. Die Migrantinnen und Migranten wurden zu ihrer Lebenssituation in der Schweiz befragt und kommen als Chor innerhalb der Inszenierung zu Wort. Die Generierung zusätzlichen Textmaterials konstituiert den Inhalt einer Inszenierung erst während des Probenprozesses und nimmt damit eine perfomative Dimension ein. Zwar stand das Thema ‚Migration' als Gegenstand der Lösch-Produktion fest, aber welche Aussagen die interviewten Menschen unterschiedlicher Herkunft machen würden, war nicht absehbar. Ihre Äußerungen bilden die Grundlage für das zusätzliche Textmaterial und beeinflussen somit auch das Bild, welches gezeichnet werden sollte. Dieses steht teilweise in einem widersprüchlichen Verhältnis zur Annahme des Regisseurs Volker Lösch, der weniger persönliche als mehr politische Statements, weniger Anspassungsdruck als mehr Kritik seitens der Laien erwartet hätte. Hier geht es also nicht um die „Umsetzung" einer Textvorlage, sondern um die Hervorbringung einer neuen Wirklichkeit, die den performativen Umgang mit Texten im zeitgenössischen Theater auszeichnet.

2.2   Der Text als Partitur

Einen Text als Komposition bzw. Partitur aufzufassen ist nicht neu. Ein Charakteristikum des zeitgenössischen Theaters ist es jedoch, bestehende (dramatische)

Texte durch Musikalisierung und Rhythmisierung zu überformen oder aber Texte, die speziell für eine jeweilige Inszenierung generiert werden, in eine musikalische Partitur bzw. Notation zu setzen.

Auch das zusätzliche Textmaterial der Chöre der hier beschriebenen Produktion wird innerhalb verschiedener Kompositionsprozesse musikalisiert und rhythmisiert. Diese Prozesse finden sowohl außerhalb der Proben als auch währenddessen statt. In jedem Fall entsteht die Musikalisierung der Texte aus einer Hörerfahrung entweder des Chorleiters oder des Regisseurs auf der Probe. Insbesondere das Lesen der Texte nimmt dabei einen wichtigen Stellenwert ein. Lösch und Freytag lassen einzelne Textpassagen im Wechsel von einzelnen Stimmen, zu zweit, von kleineren Gruppen oder von allen lesen. Das Lesen, Ausprobieren und Hören unterschiedlicher stimmlicher Konstellationen führt zu einer Verteilung der Stimmen auf verschiedene Textstellen. Das Festlegen von Zäsuren und Pausen sowie die Arbeit an unterschiedlichen Sprechgeschwindigkeiten bestimmt die Rhythmisierung des Textes. Diese Strategien zählen zum Musikalisierungsprozess des Textes, den Bernd Freytag im nächsten Schritt innerhalb einer Komposition verarbeitet.

Die Komposition legt die Instrumentierung der Stimmen und die Pausengestaltung fest. Die Instrumentierung dient der maßgeblichen Gestaltung der Klangfarbe bei einer mehrköpfigen Besetzung und soll mit Roesner „als die Einrichtung eines Textes auf verschiedene ‚Stimmen' und Stimmgruppen" verstanden werden (Roesner 2003, S. 188). Für die Pausengestaltung, die zum Bereich der Rhythmisierung gezählt werden kann, verwendet Freytag drei Notationszeichen. Ein Komma realisiert sich jeweils in einer Zäsur, ein Punkt in einer Pause, ein Schrägstrich kann beides bedeuten. Die Länge der Pausen ist nicht in der Komposition festgelegt. Sie ergibt sich jeweils aus der chorischen Arbeit am Text auf den Proben. In der Notation ebenfalls nicht benannt sind die Lautstärke bzw. dynamische Differenzierung. Dennoch muss sie in der chorischen Arbeit am Text festgelegt werden. Das Gleiche gilt für sprecherische Mittel wie Sprechgeschwindigkeit, Tonhöhe oder Artikulationsspannung. Erst das Festlegen dieser Mittel, die im Rahmen eines chorischen Kompositions- und Musikalisierungsprozesses zu musikalischen Mitteln transformieren, ermöglicht die angestrebte Synchronität eines Chores.

Es werden im Folgenden verschiedene Strategien der sprecherisch-stimmlichen Musikalisierung vorgestellt und als methodische Ansätze einer musikalischen Arbeit am Text herausgearbeitet. Auf weitere methodische Aspekte der chorischen Textarbeit, wie das Erlangen von Synchronität, das Finden gemeinsamer Einsätze, die Verbindung zum Körper oder die chorische Arbeit über Haltungen und Bilder kann im Rahmen dieses Artikels nicht eingegangen werden.

2.3   Die musikalische Arbeit am Text

Die musikalische Arbeit am Text ist mit dem bereits mehrfach genannten Begriff der Musikalisierung näher zu bestimmen. Laut Roesner ist von einer Musikalisierung im Theater dann zu sprechen, wenn diese in der Inszenierung sinnfällig ist (vgl. Roesner 2015, S. 10).

> „Während z.B. jede Inszenierung ‚rhythmisch' ist, da sie Ereignisse in der Zeit gestaltet und strukturiert, ist dies aber nur in manchen Inszenierungen auffällig, hervorgehoben, und konstituiert dann den spezifischen Sinn bzw. die spezifische Erfahrung mit." (ebd.)

Roesner versteht den Begriff der Musikalisierung nicht als Sammelbegriff für „Theater mit Musik" oder als reinen Vorgang der Formgebung, sondern als „Verfahren, die Materialität theatraler Kommunikation in ihrer Musikalität wahrzunehmen und das musikalische Potential von Sprache, Geräusch, Bewegung etc. sich manifestieren und explizieren zu lassen" (Roesner 2003, S. 34f.).

2.3.1   Rhythmisierung durch Festlegen von Pausen, Zäsuren, Akzenten

Der erste methodische Schritt, der für die musikalische Texterarbeitung – sowie für die chorische Textarbeit allgemein – beschrieben werden kann, ist die Rhythmisierung des Textes. Dies soll anhand der Texterarbeitung des Prologes rekonstruiert werden. Wie bereits erwähnt, besteht der Prolog aus dem Gedicht „Die Alpen" von Albrecht von Haller, einem im Ursprung 49-strophigen lyrischen Text, der vom Regieteam stark gekürzt und einzelnen Themengebieten zugeordnet wurde. Erarbeitet wurde dieser Prolog zunächst von Bernd Freytag, zu einem späteren Zeitpunkt auch von Volker Lösch, gemeinsam mit fünf Schauspielerinnen und Schauspielern sowie den sechs Mitgliedern des Chores 2. Insgesamt sind es also elf Choristen, die diesen Eingangschor sprechen.

Auf die metrische Struktur, die das Gedicht selbst vorgibt, wird während der Proben seitens der Regie nicht eingegangen. Im Verlauf mehrerer Proben wird der Text durch die Vorgabe von Bernd Freytag rhythmisiert. Hierfür liest der Chorleiter jeweils einen entsprechenden Abschnitt vor und markiert dabei die Zäsuren oder Pausen. Der Chor spricht anschließend den Abschnitt im vorgegebenen Rhythmus nach. Auch einzelne Akzente werden von Bernd Freytag durch die sprecherische Vorgabe festgelegt. Die Verteilung und Festlegung von Zäsuren, Pausen und Akzenten bestimmt wiederum das Sprechtempo. Zwar werden auch konkrete Anweisungen zur Sprechgeschwindigkeit gemacht, wie „ruhig", „schnell", „rasch", „kurz" bzw. „Geschwindigkeit aufnehmend oder abnehmend", die Anzahl der Zäsuren und Pausen innerhalb einer Verszeile sowie die Häufigkeit von Akzenten haben jedoch vordergründig Einfluss auf die Agogik, d.h. auf die Tempoveränderungen innerhalb eines Abschnittes wie auch des gesamten Textes. So wird beispielsweise das knappe, rasche Tempo, welches von Freytag für den Abschnitt mit der Überschrift „Käseproduktion, Lob der

Arbeit", angestrebt wird, durch das Setzen vieler Zäsuren und Akzente innerhalb einer Verszeile erzielt. Der Abschnitt wird auf der Abendprobe am 29.01.2014 neu erarbeitet. Im Probenprotokoll heißt es dazu:

> „Bernd Freytag liest den Abschnitt vor und betont anschließend, dass es nun im Rhythmus „maschineller, technischer" weitergeht. Die Sprecheinheiten sind kürzer, er äußert Haltungshinweise wie: „bürokratisch, Rezeptur, zurückgenommen" oder „Man muss eher das Schabegeräusch des Käsehobels hören, als dass man die Sprache versteht". Er verweist auf die vielen kurzen Wörter im Text, wie „Frost, Fleiß, Glut, Öl, Satz, Saur, Raub, Käs, Brett, leer" etc., an dessen Aussprache und präziser Artikulation daraufhin gearbeitet wird." (Kiesler, Probenprotokoll 2014-01-29)

In der Textfassung vom 10.02.2014 erscheint der Abschnitt in „komponierter" Form. Die Akzente, hier markiert durch die Unterstreichungen, sind jedoch von mir hinzugefügt worden, um neben der Verteilung von Zäsuren und Pausen ein Abbild der Akzentverteilungen zu geben (vgl. Textfassung vom 10.02.2014; für den Originaltext vgl. Haller 1995).

> indessen . dass der frost . sie nicht entblößt / berücke ,
> so macht des volkes fleiß / aus milch / der alpen mehl .
> hier wird auf strenger glut / geschiedener zieger / dicke ,
> und dort gerinnt die milch / und wird ein stehend / öl .
> hier presst ein stark . gewicht / den schweren satz . der molke ,
> dort trennt ein gährend . saur / das wasser / und das fett ;
> hier kocht der zweite raub / der milch . dem armen volke ,
> dort bildt . den neuen käs / ein rund . geschnitten . brett .
> das ganze haus . greift an / und schämt sich . leer / zu stehen // ,
> kein sklaven . handwerk . ist so schwer // als müßiggehen .

Auffällig ist die Fülle der Zäsuren und Akzente, die von einem normativen Gebrauch des Sprechrhythmus, auch im künstlerischen Kontext, abweicht. Bernd Freytag intendiert mit dieser Rhythmisierung, das Maschinelle, die Arbeits- und Produktionsatmosphäre, von der innerhalb der Strophe die Rede ist, über das Sprechen, über die zahlreichen Zäsuren und Akzente und den daraus entstehenden Rhythmus entstehen und erlebbar werden zu lassen. Auf diese Weise tritt der Sprechrhythmus beim Hören des Textes in den Vordergrund der Wahrnehmung und wird zugleich sinnfällig.

Auch die Dauer des Prologs zählt als musikalischer Parameter zur Rhythmisierung. In seiner gekürzten Endfassung besteht der Prolog noch immer aus 17 Strophen bzw. Strophenfragmenten (vgl. Textfassung vom 25.02.2014). Diese Länge fällt zu Beginn der gesamten Inszenierung ins Gewicht, beträgt doch die Dauer des Prologs über 10 Minuten. Innerhalb der Kritikrunde zur zweiten Hauptprobe bemerkt Volker Lösch, dass der Prolog nach seinem Geschmack sogar noch länger sein könnte. Das wäre dann gleich zu Beginn eine Art „Folter" oder „Überforderung" für das Publikum, die an dieser Stelle beabsichtigt ist (vgl.

Probenprotokoll 2014-02-26). Die Länge des Prologs schafft tatsächlich Irritation bei den Zuschauern. Nach der Premiere wird mir mehrfach beschrieben, dass es nicht einfach sei, dem Inhalt des Textes zu folgen. Vor allem die rhythmische chorische Transformation des Textes rücken in den Vordergrund der Wahrnehmung.

Zusammengefasst kann die Rhythmisierung als eine Strategie der Musikalisierung bezeichnet werden, die mit den sprecherischen und musikalischen Parametern Zäsur und Pause, Akzentuierung, Sprechgeschwindigkeit, Agogik und Dauer arbeitet und diese festlegt. Durch einen normabweichenden, unkonventionellen Einsatz können diese sprecherischen Mittel als besonders auffällige Phänomene ins Zentrum der Wahrnehmung geraten und den Raum für ein ästhetisches Erlebnis öffnen.

2.3.2   Phrasierung durch stimmlichen Neuansatz und Mehrsprachigkeit

Das Zusammenspiel von Rhythmus, Dynamik und Artikulation kann mit dem musikalischen Begriff der Phrasierung umschrieben werden. Roesner weist darauf hin, dass sich die musikalische Phrasierung in der Regel an den vermeintlich musikalischen oder sprachlichen Sinneinheiten orientiert (vgl. Roesner 2003, S. 207). Im musikalischen Ansatz der Textarbeit, wie er bei Bernd Freytag und zu Teilen auch bei Volker Lösch zu beobachten ist, wird ein Text eher rhythmisch als semantisch gegliedert. Die musikalische Phrasierung widerspricht dabei der inhaltlich naheliegenden zum Teil. Doch auf welche Weise wird mit einzelnen sprecherisch-stimmlichen Mitteln eine Phrasierung erarbeitet? Auffällig ist, dass Bernd Freytag über ein Vokabular verfügt, welches Sprechgestaltungsweisen sehr musikalisch umschreibt. Begriffe wie stimmlicher Neuansatz, Stauchung, Dehnung, absteigend, aufsteigend, legato, staccato, stimmlicher Abschwung oder Aufschwung werden von ihm für die Arbeit an der Phrasierung benutzt. Sie entstammen dem Begriffsinventar von Einar Schleef, mit dem Freytag über mehrere Jahre eng zusammenarbeitete. Ich möchte an dieser Stelle lediglich auf zwei beobachtete Phrasierungselemente eingehen, den stimmlichen Neuansatz und die Mehrsprachigkeit.

Der Begriff „stimmlicher Neuansatz" zielt auf den Einsatz einer neuen Verszeile oder Sprecheinheit innerhalb einer Phrase. Diese Benennung bewirkt ein sehr bewusstes (Neu)Einsetzen der Stimme durch die Chorsprecher. Besteht die Forderung, den Ton bzw. die Stimme neu anzusetzen, hat der Chor die Möglichkeit, die Stimme höher oder tiefer, lauter oder leiser, mit höherer oder geringerer Sprechspannung einzusetzen. Soll die Spannung weitergeführt werden, setzt der Chor die neue Sprecheinheit oder Verszeile mit derselben Tonhöhe, Lautstärke bzw. Sprechspannung an. Mir scheint der Begriff des stimmlichen Neuansatzes sowie auch des stimmlichen Auf- und Abschwunges geeignet zu sein, um einen Chor hinsichtlich der Sprechspannung, Melodieführung und Dynamik in die gewünschte Ausdrucks- bzw. Sprechgestaltungsweise zu bringen.

Neben der Dehnung und Stauchung einzelner Silben, Wörter oder Sprecheinheiten kann im Bereich der Artikulation auch die Mehrsprachigkeit der Texte des Chores 1 als Strategie der Musikalisierung bzw. Phrasierung beschrieben werden. Es finden Wechsel zwischen englischen, französischen, deutschen und baseldeutschen Textstellen statt. Diese Mehrsprachigkeit stellt die sprachliche Problematik, die auch innerhalb der Texte selbst immer wieder thematisiert wird, auf performativer Ebene aus und macht sie erlebbar. Hinzu kommen die hörbaren Ausspracheschwierigkeiten, das unterschiedliche sprachliche Niveau einzelner Mitglieder des Chores 1 und syntaktische Interferenzen, die auf Textebene absichtlich belassen werden. Diese sprachlichen Unterschiede stehen der hohen sprachlichen Formstufe des Prologs gegenüber. Zu Beginn des Probenprozesses gab es Überlegungen, den Prolog von allen an der Produktion Beteiligten sprechen zu lassen, inklusive der Laien. Die Überlegung ging von der Frage aus, ob man die Schweiz in einer Paradiesvorstellung (die das Gedicht beinhaltet) zeichnet, in der die Migrantinnen und Migranten dazu gehören oder ob man das Paradies als „die reine Festung Schweiz" ausstellt. Die Erarbeitung des Prologs mit dem Laienchor wurde aufgrund der Schwierigkeit des Textes und der dazu im Kontrast stehenden sprachlichen Fähigkeiten nicht realisiert, woraus sich gleichzeitig eine konzeptionelle Richtung entwickelte. Die Abwesenheit des Chores 1 während des Prologs bzw. die Tatsache, dass die Laien dem Prolog von der ersten Zuschauerreihe aus zuhören, trifft innerhalb des Stückes die Aussage, dass die Migranten eben nicht zu einer solchen Paradiesvorstellung hinzugehören. Hier spiegelt sich ein gesellschaftliches Bewusstsein auf performativer Ebene. Dieses wird im Verlauf der Inszenierung, auch über die mehrsprachige Ebene, kritisch in Frage gestellt. Der Diskurs um das Thema „Migration in der Schweiz" wird nicht zuletzt durch die Gegenüberstellung bzw. das Nebeneinanderstellen verschiedener Sprachen und unterschiedlicher Sprachkenntnisse hergestellt. Das Integrationsproblem äußert sich über das (Nicht)Sprechen der (schweizer)deutschen Sprache. Interessant ist in diesem Zusammenhang jedoch auch, wie sich dieser inhaltliche Aspekt im Verlauf des Probenprozesses verschiebt. Durch die tägliche intensive chorische Arbeit gelingt es den Laien, ihre sprachlichen und sprecherischen Fähigkeiten zu verbessern. An dieser Stelle wirkt die Probenarbeit bis in die private Wirklichkeit der einzelnen Choristen hinein.

2.3.3   Instrumentierung durch Stimmgruppierung und Klangfarbe

Im letzten Drittel des Probenprozesses beginnt die Instrumentierung des Prologs. Der Chor wird in drei Gruppen bzw. Stimmen aufgeteilt, denen bestimmte Textpassagen zugeordnet werden. Dieser Prozess geht einher mit der körperlichen Arbeit am Text bzw. der Einbindung in ein szenisches Bild. Die Stimmverteilung wird im Verlauf mehrerer Proben immer wieder verändert bis schließlich drei Gruppen bestehen, die sich wiefolgt zusammensetzen: Gruppe 1 besteht aus vier Frauenstimmen, sie stehen zu Beginn des Prologs an der Bühnenrampe links. Gruppe 2 setzt sich aus vier Männerstimmen zusammen, die zunächst an der rechten Bühnenrampe positioniert sind. Gruppe 3 steht auf erhöhter Ebene im hinteren Teil des Bühnenbildes mittig und konstituiert sich aus drei Männerstimmen. Durch die wechselnde Textverteilung auf verschiedene Gruppen, erklingen verschiedene Stimmen wie verschiedene Instrumente eines Orchesters. Es gibt differenzierte Varianten, die vom Erklingen der Frauenstimmen allein, einer Männergruppe allein, der beiden Männergruppen zusammen, der Frauenstimmen und einer Männergruppe gemischt bis hin zum Zusammenklang aller Stimmen reichen. Dadurch gibt es Variationen in der Lautstärke. Die einzelnen Gruppen sprechen zwar auch mit Lautstärkedifferenzierungen, aber der Klang und die Dynamik verändern sich, wenn eine Gruppe hinzukommt oder nicht spricht. Auch der individuelle Klang der Einzelstimmen hat Einfluss auf die Mischung der Klangfarbe des Chores. Bernd Freytag hört hohe und tiefe Stimmen heraus und gibt einzelnen Choristen Anweisungen, wie: „Du musst etwas mehr, du weniger Stimme geben." (Probenprotokoll 2015-02-25) Die räumliche Anordnung der verschiedenen Stimmgruppen sowie ihre Verschiebung durch die Bewegung der Choristen innerhalb des Bildes hat ebenfalls Auswirkungen auf den Klang des Chores im Raum. Sie konstituiert den Raum als Klangkörper. Des Weiteren wird die Klangfarbe des Chores vom sog. „hohen Ton" bestimmt, ein von Freytag benutzter Arbeitsbegriff, der im Folgenden beleuchtet werden soll.

Mit dem Prolog soll das Bild der Schweiz als ein „Uridyll" hörbar gemacht werden. Dieses harmonische Bild konstituiert sich nicht nur auf der semantischen Ebene des Textes, der chorisch gesprochen wird, sondern vor allem im harmonischen Klang des Chores. Dieser basiert einerseits auf der Instrumentierung der Stimmen, viel stärker aber darüber hinaus auf der Vorstellung vom sogenannten „hohen Ton". Der „hohe Ton" verfolgt einen voluminösen Ansatz und steht im Kontrast zum „Umgangston". „Der hohe Ton steht anders im Körper und braucht einen anderen Körper und ist auch artifizieller und wahrscheinlich auch mehr eine bestimmte Art von Gesang. Der hohe Ton nimmt etwas Rufendes auf." (Freytag in Interview 2) Der „hohe Ton" impliziert das „Meinen" und „Ausfüllen" des Gedankens. Zudem ist er für Bernd Freytag an die große Bühne des Theaters gebunden, die eine andere Form des Sprechens verlangt als das Fernsehen. „Oft werden die Schauspieler nicht dafür ausgebildet. Man merkt das sofort, dass sie in Psychologismen spielen." (ebd.) Aber der hohe Ton sei eine Art Sendung, die nicht technischer Natur ist, wie das Überbrücken näherer, mittlerer oder weiterer Distanzen im Raum, sondern die als Teil einer Wirkung zu verstehen ist, die man aus dem Theater hinausschiebt, wenn man „den Schiller vor sich hinplappert" (vgl. ebd.). Ziehe man den Fremdkörper, „der schreit, singt und in der Nähe des Sprechgesangs ist", runter, hebt man die Hürde auf, man flacht sie ab (vgl. ebd.). „Wird das profanisiert [...], dann gehen Korridore, die man öffnen kann durch Kunst, also durch die Möglichkeit des Sprechens/ Agierens [zu], die werden dann nicht mal angesprochen." (ebd.)

Diese Aussagen verweisen auf das Potential der Stimme bzw. in diesem Fall des spezifischen Chorklangs, den Raum für eine ästhetische Erfahrung zu öffnen. Der Klang des Chores, der sich zum einen aus der Instrumentierung der Stimmen ergibt, zum anderen an das Pathos des „hohen Tons" gebunden ist, erzeugt innerhalb des Prologes eine ganz bestimmte Atmosphäre. Diese wiederum steht in Verbindung mit dem Bild der Schweiz als Paradies, welches sich im Chorklang des Prologes ausdrückt. Dem Chorklang und damit der Stimme des Chores kommt demnach eine performative Funktion zu, da sie die Wirklichkeit dieses Paradieses atmosphärisch aktuell im Theater herstellt.

3 Rückschlüsse für die Schauspielausbildung

Welche Konsequenzen hat eine musikalische Textbehandlung für den Schauspieler bzw. für die Chorsprecherinnen? Ein rhythmisch-musikalischer Textaufbau erleichtert auf der einen Seite den Lernprozess für einen Chor, auf der anderen Seite erschwert er den Denk-Sprech-Prozess des einzelnen Sprechers bzw. Schauspielers.

Im Erarbeitungsprozess des Prologes klingt immer wieder die Forderung von Bernd Freytag an die Choristen an, den Text trotz der rhythmischen und musikalischen Struktur, die zum Teil einer semantischen Gliederung und Phrasierung widerspricht, zu denken und zu meinen. Doch es fällt den Sprecherinnen und Sprechern schwer, den Text musikalisch *und* inhaltlich zu denken. Die Musikalisierung und Rhythmisierung des Prologs stört das Selbstverständnis der Schauspieler, einen Text auf sein Sinnverständnis hin zu sprechen. Dies wird von ihnen als Einschränkung erlebt und sorgt auf der Bühne für Irritation, weil die Choristen das Gefühl haben, „dass die Zuschauer nichts verstehen" (Probenprotokoll 2014-02-26). Gerade aber in der Abweichung vom Gewohnten, liegt die Gelegenheit einer Wahrnehmungserfahrung, die deshalb selbst reflektiert werden kann (vgl. Roesner 2003, S. 285). Nicht allein das Verstehen, sondern das *Hören* des Textes kann zu einem sinnlichen Erlebnis werden, welches auf andere Weise einen Zugang zum Inhalt eröffnet. Erst hier wird die ästhetische Erfahrung des Zuschauers möglich, die einen zentralen Aspekt für das Performative im zeitgenössischen Theater darstellt.

In diesem Zusammenhang kann die künstlerische Verwendung der sprecherisch-stimmlichen Mittel in einem erweiterten Verständnis betrachtet werden. Sprecherisch-stimmliche Mittel werden dann als auffällig wahrgenommen, wenn sie bestimmte Regelbereiche verletzen und Erwartungsnormen unterminieren oder übersteigen. Der Bruch mit diesen Regelbereichen und Erwartungsnormen wird damit zum Kennzeichen des Phänomenalen, d.h. die sprecherisch-stimmlichen Mittel werden zunächst nicht primär in ihrer Ausdrucksfunktion, beispielsweise als Signal für die Erkennbarkeit emotionaler Regungen oder Haltungen, sondern als Phänomen, als Erscheinungsweise in ihrer Präsenz nutz- und wahrnehmbar. Damit avancieren sie zu einem autonomen Phänomen.

Die Autonomie der sprecherisch-stimmlichen Mittel stellt die Materialität des Sprechens und der Stimme aus, womit Hörgewohnheiten im Theater verändert werden. Dennoch geschieht dies nicht unabhängig eines Inhaltes oder einer Bedeutung. Diese muss jedoch nicht vordergründig vom zugrunde liegenden Text ausgehen, sondern kann sich auf der Bühne als Thema überhaupt erst konstituieren. In diesem Fall steht die Verwendung der sprecherisch-stimmlichen Mittel nicht im Dienst der Vermittlung eines Textinhaltes, sondern sie werden selbst zum Inhalt.

Ich möchte an dieser Stelle den Begriff der sprechkünstlerischen Phänomene etablieren, die einen wesentlichen Anteil an der künstlerischen Wirkung einer gesprochenen Äußerung im Theater haben. Sie werden als ästhetische Kategorie beschreibbar, die Bedeutungen brechen, stören oder irritieren bzw. auf einer Metaebene neu konstituieren können. Sprecherisch-stimmliche Mittel, wie Sprechrhythmus oder Stimmklang bzw. artikulatorische Parameter, die im dargelegten Beispiel aus den Musikalisierungsstrategien Rhythmisierung, Instrumentierung und Phrasierung als sprechkünstlerische Phänomene entstehen, geben den Agierenden die Fähigkeit, einen ästhetischen Erfahrungsraum zu öffnen. Sie befördern ein musikalisches bzw. sinnliches Hören, was vom Schauspieler wiederum die Fähigkeit zum musikalischen Denken voraussetzt. Einen Text musikalisch zu denken und zu erarbeiten bedeutet dabei nicht zwingend, ihn als Partitur in eine Komposition zu setzen, sondern Sprache über bestimmte Verfahren der Verfremdung als Musik zu verwenden und darüber Themen, Inhalte, Atmosphären und Bedeutungen auf einer performativen Ebene entstehen zu lassen. Dementsprechend gilt es innerhalb der Schauspielausbildung, derartige Prozesse bewusst und erlebbar zu machen und die Fähigkeiten eines musikalischen Denk-Sprech-Prozesses auszubilden.

Literatur

Frisch, M. (1996): Biedermann und die Brandstifter. Frankfurt/M.

Haller, A. v. (1995): Die Alpen und andere Gedichte. Stuttgart.

Kiesler, J. (2014): Sprechkünstlerische Tendenzen im zeitgenössischen deutschsprachigen Theater. In: Bose, I./Neuber, B. (Hrsg.) (2014): Sprechwissenschaft: Bestand, Prognose, Perspektive. Hallesche Schriften zur Sprechwissenschaft und Phonetik. Band 51. Frankfurt/M., S. 79-83.

Kiesler, J. (2016): „Jede Szene ist ein neues Glück." Verfahren der Texterarbeitung innerhalb des Probenprozesses „Faust" (J.W. Goethe) in der Regie von Claudia Bauer am Konzerttheater Bern. In: Unger, A. (Hrsg.) (2016): Sprechen in unterschiedlichen Kontexten: Radio, Wirtschaft, Theater, Fremdsprachenunterricht. Beiträge zum 2. Doktorandentag der Halleschen Sprechwissenschaft. URN: urn:nbn:de:gbv:3:2-55805, S. 51-72.

Ritter, H.M. (2015a): Zwischen Ideologie, Pygmalion-Syndrom und Handwerkerstolz – der schwierige Weg zu kritischer Offenheit in Sprechkunst und ästhetischer Kommunikation. In: Teuchert, B. (Hrsg.) (2015): Aktuelle Forschungstendenzen in der Sprechwissenschaft. Normen, Werte, Anwendung. Sprache und Sprechen. Band 48. Baltmannsweiler, S. 33-43.

Ritter, H.M. (2015b): Streifzüge zwischen Theater und Performance. In: Wagner, R.W. (Hrsg.) (2015): sprechen. Zeitschrift für Sprechwissenschaft, Sprechpädagogik – Sprechtherapie – Sprechkunst. Heft 60. Heidelberg, S. 52-63.

Roesner, D. (2003): Theater als Musik. Verfahren der Musikalisierung in chorischen Theaterformen bei Christoph Marthaler, Einar Schleef und Robert Wilson. Tübingen.

Roesner, D. (2015): Musikalität und Musikalisierung – Dispositive und Strategien des Theaters. Vortrag im Rahmen des Forschungsmittwochs an der Hochschule der Künste Bern in Bezug auf das Forschungsprojekt „Methoden der sprechkünstlerischen Probenarbeit im zeitgenössischen deutschsprachigen Theater", unveröffentlichtes Manuskript.

Stegemann, B. (2011): Drei Formen des Schauspielens. In: Rey, A./Kurzenberger, H./Müller, S. (Hrsg.) (2011): Wirkungsmaschine Schauspieler – vom Menschendarsteller zum multifunktionalen Spielmacher. Berlin, S. 102-109.

Unveröffentlichte Quellen/ Erhebungsmaterial

Interview 1: Julia Kiesler mit Volker Lösch, geführt am 27.2.2014

Interview 2: Julia Kiesler mit Bernd Freytag, geführt am 24.02.2014

Kiesler, J.: Probenprotokoll 2014-01-29

Kiesler, J.: Probenprotokoll 2014-02-25

Kiesler, J.: Probenprotokoll 2014-02-26

Lepschy, Ch./Lösch, V.: Textfassung „Biedermann und die Brandstifter" von Max Frisch für das Theater Basel, Spielzeit 2014/2015, Stand: 10.02.2014 / 25.02.2014

ANNA WESSEL

Methodische Aspekte sprechwissenschaftlicher Probenprozessforschung

Vergleicht man die Zeit, die SchauspielerInnen und RegisseurInnen in Aufführungen verbringen, mit der Zeit, die sie den Probenprozessen widmen, wird deutlich, dass das ‚In Szene setzen' den wesentlich größeren Arbeitsanteil ausmacht (vgl. Hinz/Roselt 2011, S. 9). Nicht nur wegen dieses zeitlichen Faktors rücken aktuelle theaterwissenschaftliche Untersuchungen die Parameter der Arbeit am, im und über das Theater in das Zentrum, sondern vor allem, um die Produktionsweisen und Entstehungsprozesse künstlerischer Arbeit zu untersuchen. Eine differenzierte Darstellung bisheriger Probenuntersuchungen und der verwendeten Methoden sowie methodologische Erfahrungsberichte aus Probenbegleitungen bleiben jedoch bis auf vereinzelte Beiträge (vgl. u. a. McAuley 1998, Constantinides 1998) noch weitestgehend aus (vgl. Matzke 2012, S. 29). Häufig werden Arbeitsweisen einzelner RegisseurInnen betrachtet, wie in den Ausführungen über die Proben und Arbeitsweisen von Jossi Wieler (Kurzenberger 2011), Nicolas Stemann (vgl. Stegemann 2011, S. 38 ff.), Michael Thalheimer (vgl. von Düffel 2011, S. 51 ff.) und Anne Bogart (Roselt 2015, S. 416 ff.) nachzulesen ist. Aber nicht nur die Untersuchungen von Regiestilen bilden den Fokus theaterwissenschaftlicher Probenprozessuntersuchungen, sondern auch Betrachtungen von Probeabläufen und -formen, die Beschreibung von Spielweisen und Probenathmosphären sowie deren theoretischen Einordnungen (vgl. Matzke 2012). Gelegentlich werden in theaterwissenschaftlichen Forschungsbeiträgen auch Kennzeichen der Probenkommunikation thematisiert, wie beispielsweise die Beschreibung der Wortwahl von Neil Armfield (vgl. McAuley 2012, S. 198 f.) oder die „herrschaftsfreie Kommunikation" bei Jossi Wieler (Stegemann 2011, S. 40). Allerdings fehlen bislang empirische Untersuchungen zur Kommunikation zwischen RegisseurInnen und SchauspielerInnen im künstlerischen Kontext, die den gesamten Probenprozess erfassen und nicht allein zeitlich begrenzte Beobachtungen nutzen. Nur durch prozessuale Begleitungen können Entwicklungen und Muster innerhalb des Arbeitsprozesses untersucht werden, die durch eine punktuelle Beobachtung nicht zugänglich werden. Dazu bemerkt McAuley (2012, S. 10):

> „In rehearsal analysis as in ethnographic description, the larger picture comes into view through the accumulation of minutiae, and this is why the task requires full time presence by the observer and why it cannot be done adequately by someone dropping in at intervals to view work in progress." (McAuley 2012, S. 10)

Hier setzen aktuelle sprechwissenschaftliche Projekte zur empirischen Probenprozessforschung an, die Kommunikationsformen sowie Interaktionsstrategien in
der künstlerischen Arbeit (vgl. Wessel 2016) und sprechkünstlerische Tendenzen
im zeitgenössischen Theater (vgl. Kiesler 2016; 2013) fokussieren. Eine differenzierte Darstellung und Reflexion von Untersuchungs- und Analyseverfahren
in der sprechwissenschaftlichen Probenprozessforschung steht bisher aus, weshalb auf Grundlage des derzeitigen Forschungsstandes eine erste Einordnung
methodischer Vorgehensweisen in der Erhebung und Analyse von Probenprozessen vorgenommen wird. Am Beispiel einer Datenerhebung am Schauspiel
Leipzig 2015 wird im Folgenden über einen Ablauf und ein methodisches Vorgehen bei der Probenprozessbeobachtung berichtet. Die nach Beendigung des
Probenprozesses erstellten Forschungstagebucheinträge beleuchten dazu ausgewählte methodische Aspekte und Phasen der Feldforschung (Vorbereitung vor
dem Feldeinstieg, Mitten ins Feld hinein!, Ein Probentag aus Sicht einer Probenbegleiterin, Endprobenphase - Feldausstieg). Abschließend wird das aktiv-
teilnehmende, offene, unsystematische und reflexive Beobachtungsparadigma
diskutiert.

Diese sprechwissenschaftliche Probenprozessforschung bezieht sich auf das
ethnomethodologische Paradigma und verwendet ein qualitativ-prozessual-
orientiertes Methodendesign, für das ein iteratives Vorgehen im Forschungspro-
zess als zielführend angesehen wird. Die Datenerhebungen werden mittels eth-
nographischen Feldforschungen mit aktiv-teilnehmenden, offenen und unstruktu-
rierten Beobachtungen durchgeführt. Damit wird die Offenheit gegenüber dem
Forschungsgegenstand unterstützt und es wird ein thematisch unstrukturiertes
Korpus erhoben. Dieses bildet den Erarbeitungsprozess einer zeitgenössischen
Inszenierung ab, kann aber nicht den Anspruch auf Allgemeingültigkeit besitzen
und die Gesamtheit aller Proben darstellen. Diesen Umstand beschreibt auch die
theaterwissenschaftliche Forschung, wenn sie konstatiert, dass Probenprozesse in
ihrer Gesamtheit wissenschaftlich nicht zu erfassen sind (vgl. Otto 2014, S. 142).

Für die Probenprozessanalysen mit sprechwissenschaftlichen Forschungs-
schwerpunkten stehen grundsätzlich verschiedene Methoden zur Verfügung.
Einen Schwerpunkt bilden die Analysen der Audioaufzeichnungen, es werden
aber auch schriftliche und videographische Daten einbezogen. Gemäß einem
iterativen Vorgehen gilt es, auf Grundlage der gewonnenen Ergebnisse erneut
Daten im Feld zu erheben, um eben diese Ergebnisse zu prüfen. Dazu bilden
Interviews mit Personen des künstlerischen Teams und ggf. eine weitere Probenprozessbegleitung neue Datenquellen.

In dem aktuellen Forschungsprojekt zur Untersuchung von Kommunikationsformen und Interaktionsstrategien in der (sprech-)künstlerischen Inszenierungs-
erarbeitung (vgl. Wessel 2016) werden sowohl makro- als auch mikrostrukturelle
Aspekte der Kommunikation betrachtet. Es stellt sich die Frage, durch welche

kommunikativen Muster, Formen und Merkmale die Probenphasen des Arbeitsprozesses gekennzeichnet sind. Dazu werden spezifische Kommunikationsformen analysiert, die vom Regieteam und den SchauspielerInnen in der Texterarbeitung genutzt werden. Für die Untersuchung stehen zwei Korpora mit 105
audiovisuellen und schriftlichen Probendokumentationen zur Verfügung. Unter
der Regie einer anerkannten Regisseurin wurden am Schauspiel Leipzig 2013
und 2015 zwei Probenprozesse begleitet.

Nach der Erhebung gilt es, die Feld- und Texttagebücher zu sichten und die den
notierten Phänomenen zugehörigen Audio- bzw. Videoausschnitte ‚nachzuhö-
ren'. In diesem Zuge werden die Dokumente digitalisiert und Minimaltranskripte
erstellt. Mit diesen Transkripten kann ein erster Überblick über das Material
gewonnen werden und die Auswahl feiner zu transkribierender Phänomene getroffen werden. Dazu dient auch die an der Grounded Theory orientierte Codie-
rung der Phänomene, bei der zunächst vor allem In-Vivo-Codes genutzt werden.
Auch wenn die Fokussierung auf forschungsrelevante Phänomene aus der großen
Datenmenge bereits mit Hilfe der vorangegangenen teilnehmenden Beobachtungen schwierig erscheint, ist sie ohne die Probenerlebnisse und -erfahrungen noch
beschwerlicher (vgl. McAuley 1998, S. 76). Denn die Beobachtungen und Aufzeichnungen bilden Orientierungspunkte – einerseits für die Erinnerung innerhalb der Datensichtung und andererseits für die Analyse und Einordnung der
Ergebnisse.

Aufgrund der heterogenen Daten werden für die Analysen verschiedene Vorgehensweise relevant sein. In der Analyse der Probenprozesse werden die Feld-
und Texttagebücher, sowie die Audio- und Videoaufnahmen genutzt, um
Erkenntnisse über die Kommunikationsphasen im Probenprozess zu erhalten.
Dafür werden die Daten zunächst, angelehnt an die Grounded Theory, codiert,
kategorisiert und damit hinsichtlich möglicher Formen und Zusammenhänge
analysiert. Außerdem sollen Konversations- und videographische Interaktions-
analysen sowie unterstützend qualitative Analyseprogramme angewendet werden
und somit der Einsatz triangulierender Arbeitsweisen geprüft werden. In diesem
Zusammenhang ist auf den Umgang mit Feldwissen und Präkonzepten hinzuweisen. Für die Analyse von Probenprozessen wird das Nachvollziehen der künstlerischen Prozesse, Abläufe und Atmosphären und das Verstehen der Probenspra-
che mit ihren Spezifika als unerlässlich eingeordnet. Jedoch ist nicht zu unter-
schätzen, dass ForscherInnen ohne dieses Feldwissen weitere relevante Phänomene wahrnehmen. Für die Prüfung und Intersubjektivierung der Ergebnisse
sollen deshalb in regelmäßigen Abständen Datensitzungen organisiert werden, in
denen die gewonnenen Erkenntnisse und entstandenen Fragen innerhalb von
Forschungs- und Expertengruppen gemeinsam diskutiert werden (vgl. z.B.
Schwarze 2014, S. 161).

Vorbereitungen vor dem Feldeinstieg

Noch vier Wochen, dann beginnt die ‚Dokumentation des Feldes' – ein Proben-prozess am Schauspiel Leipzig. Die organisatorischen Absprachen zur Hospitation und den Probenmitschnitten sind mit dem Theater und der Regisseurin getroffen, die Übernachtungsmöglichkeiten organisiert. Informationen zu Stück und Autor sind gesammelt, die wissenschaftliche Einarbeitung ist erfolgt und die Feldtagebücher liegen bereit. Bei der Auswahl war für mich ein im ersten Moment vielleicht bedeutungsloser Umstand wichtig, nämlich die Nummerierung der Seiten. Denn in der Datensichtung und -analyse sollen sie mir als Orientierungspunkte für die Zuordnung der Codes, Kategorien und Aufnahmen zu den notierten Phänomenen dienen. Außerdem wurden für die Beobachtung des Probenprozesses die folgenden Beobachtungsfragen entwickelt: „Welche kommunikativen Handlungsstrategien lassen sich in der Texterarbeitung bei der Regisseurin und den Schauspielern beobachten?", „Sind Phasen mit spezifischen Kommunikationsmerkmalen beobachtbar?" Und: „Werden sprechkünstlerisch bisher unbeschriebene Realisierungen erarbeitet und wenn ja, wie?"

Nun gilt es, die Aufnahmegeräte auszuwählen und zu organisieren. Ich plane eine audiovisuelle Dokumentation des Probenprozesses, um innerhalb der sich anschließenden auditiven Analysen mittels der Videoaufnahmen meine Erinnerungen unterstützen sowie kritisch betrachten und mögliche videoanalytische Schritte durchführen zu können. Dafür wird mir eine Panasonic SDR-T50 Videokamera zur Verfügung gestellt. Für die Erstellung des Audio-Korpus plane ich zwei Aufnahmegeräte zu verwenden, um mich einerseits vor Datenverlust aufgrund nicht voraussehbarer Schwierigkeiten so gut es geht zu schützen und andererseits auf verschiedene akustische Raumgegebenheiten reagieren zu können. – Wie sich später herausstellen sollte, war diese Überlegung sinnvoll, da ein Gerät zwischenzeitlich nicht aufnahm, zu einem anderen Zeitpunkt die Stromzufuhr des Anderen unterbrochen wurde und das jeweilige Gerät somit keine Aufnahmen anlegte. – Die mir seitens des Seminars für Sprechwissenschaft und Phonetik der Martin-Luther-Universität Halle-Wittenberg zur Verfügung gestellten Geräte marantz PMD661 und Roland edirol R-09 besitzen unterschiedliche Aufnahmecharakteristika. Dies ist insofern von Bedeutung, als dass ich somit für die Analyse jeweils die Aufnahme auswählen kann, die die klangliche Wirklichkeit des Probenraumes auditiv verständlicher abbildet.

Neben der Einarbeitung in die technischen Gegebenheiten der Geräte sind für mich die Datenträger und deren Kapazität von Bedeutung. Das gesamte Datenvolumen liegt bei einer audiovisuellen Dokumentation eines siebenwöchigen Probenprozesses bei ca. 330 Gigabyte (GB). Für die Videoaufnahme einer vierstündigen Probe muss im Standard-Play Modus mit ca. 8 GB Speichervolumen gerechnet werden. Ich wähle für die Videomitschnitte eine 32 GB SD-Karte aus und verwende für die Audiogeräte eine 16 GB SD-Karte. Dadurch ist die Audio-

Dokumentation von zwei Proben im mp3-Format ohne eine zwischenzeitliche Sicherung und Bereinigung der Speichermedien möglich. Ich nutze das mp3-Format, da ich auditive und keine akustischen Analysen plane und diese Einstellung im Vergleich zum wave-Format mit einem benötigten Speicherplatz mit ca. 0,5 GB je vierstündiger Probe sparsam ist. Die Auswahl der Aufnahmequalität ist in jedem Fall von der Forschungsfrage und den Methoden abhängig; sind akustisch-phonetische Analysen vorgesehen, ist das wave-Aufnahmeformat zu empfehlen. Da die Videodaten in dieser Untersuchung zur Gedächtnisstütze dienen und nicht als alleiniges Analysematerial fungieren, ist die niedrige Aufnahmequalität des Standard-Play Modus vertretbar. Nach der Organisation des Forschungsablaufs vor Ort und der benötigten Materialien heißt es dann:

Mitten ins Feld hinein!

Nachdem ich meinen Gästeausweis im Schauspiel Leipzig erhalten und mein Gepäck in meiner Unterkunft abgelegt habe, packe ich die Aufnahmegeräte zusammen. Ausgerüstet mit Feldtagebuch, Textbuch, Schreibutensilien, Einwilligungserklärung und Aufnahmegeräten fahre ich 10.00 Uhr zur ersten Probe. Vor der Probebühne sind einige Tische zu einer langen Linie zusammengestellt, sodass alle Beteiligten zusammensitzen können. Das Kennenlernen beginnt mit einer sehr offenen und herzlichen Begrüßung, nach der alle sich und ihre Aufgaben in der Produktion vorstellen. Neben der Regisseurin und den acht Schauspielern sind der Dramaturg und die Regieassistentin sowie VertreterInnen der Gewerke Bühne, Maske, Requisite, Theaterpädagogik, Öffentlichkeitsarbeit, Technik (Licht, Bild, Ton), ein Inspizient und zwei weitere Hospitantinnen anwesend. Es wird über den Autor und das Stück gesprochen, erste konzeptionelle Gedanken und die Bühne werden vorgestellt sowie Fragen geklärt – das Stück wird gelesen. Diese Probe dokumentiere ich noch nicht audio-visuell. Am Probenende nutze ich die Möglichkeit, einen kurzen Überblick zu meinem Forschungsprojekt zu geben und um die Einverständniserklärung zur Dokumentation des Probenprozesses zu bitten. Die Anwesenden sind gegenüber meines Forschungsvorhabens offen, sodass ich ab der zweiten Probe die Audiogeräte laufen lassen und die Videomitschnitte ab der zweiten Probenwoche erstellen kann.

18.30 Uhr beginnt die zweite Probe dieses ersten Probentages. Die Tische stehen noch immer in einer langen Linie zusammen und alle sitzen drum herum, „denn dann kann man währenddessen noch Kaffee trinken" (Probenzitat 3.3.15, 00:01:30). Nach kurzen organisatorischen Absprachen wird gelesen, gefragt, diskutiert, es werden Anekdoten erzählt – man nähert sich dem Stück an. Es stehen die Entwicklung der Figuren sowie deren Konstellationen und die Gründe für ihr Handeln im Vordergrund – es wird mit dem Text gearbeitet. 22.00 Uhr endet dieser erste Beobachtungstag für mich mit vielen Ideen, Eindrücken und Gedanken.

Ein Probentag aus Sicht einer Probenbegleiterin

||9.15 Uhr: Dokumentationsvorbereitungen|| Es ist sinnvoll 45 Minuten vor dem Beginn auf der Probebühne zu sein, weil einerseits oftmals Kleinigkeiten für die Produktion zu tun sind und andererseits die Aufnahmegeräte aufgebaut werden müssen. Da bereits die Gegenwart und Präsenz der Forschenden und der Dokumentationsgeräte sowie deren Positionierung auf die anwesenden Personen einen hohen Einfluss haben können, der mitunter bis zur Reaktanz reicht (vgl. Tuma et. al. 2013, S. 13), beschließe ich, die Kamera an einem möglichst unauffälligen Ort der Probebühne zu positionieren. Dazu eignet sich die rechte Ecke des Probenraumes deutlich besser als eine Frontalpositionierung, um den Großteil der Bühne und den Raum davor erfassen zu können. Sofern die Aufnahmegeräte leuchtende Elemente besitzen, ist es ratsam sie abzukleben, um Irritationen bei den zu beobachtenden Personen zu vermeiden. Das marantz-Aufnahmegerät und die Text- und Feldtagebücher lege ich an meinen Platz auf den Tisch, um während der Proben die Timecodes interessanter Phänomene notieren zu können. Das zweite Aufnahmegerät steht in einiger Entfernung schräg hinter mir an der Wand.

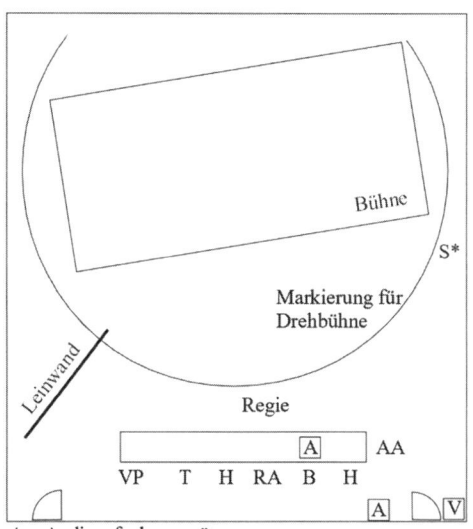

A   Audioaufnahmegerät
AA Ausstattungsassistenz
B   Beobachterin
H   Hospitantin
RA Regieassistentin
S   Soufflage * wechselte Position je nach Position der Schauspieler
T   Ton
V   Videoaufnahmegerät
VP Videoprojektion

Abbildung 1: Probebühne

||10.00 Uhr: Probe|| Die Probe beginnt und meine Beobachtungen sind bereits in vollem Gange, da sie im Gegensatz zur audiovisuellen Dokumentation nicht an die zeitlichen Vorgaben der festgelegten Probenzeiten gebunden sind. Die Gewichtung, ob ich stärker als Beobachterin oder als direkt teilnehmendes Gruppenmitglied agiere, hängt in diesem Probenprozess davon ab, ob am Probenbeginn das Training der Biomechanik nach W. E. Meyerhold (vgl. Bochow 1997) stattfindet, zu dem ich meinen Beobachtungsposten verlasse, da ich aktiv teilnehmen kann.

*||11.45 Uhr: Pause|| Da viele Anwesenden den Proberaum verlassen, kann ich
nur die Gespräche mitschneiden, die auf der Probebühne stattfinden. Die Informationen, die ich aus den Pausengesprächen außerhalb des Proberaumes oder
unabhängig von „der" Probenzeit erhalte, notiere ich nachträglich im Feldtagebuch. Sie dienen mir als Hilfestellungen beim Verstehen von Zusammenhängen,
die wiederum wichtig für den Einblick in den Probenprozess sind.*

*||12.00 Uhr: Die Probe geht weiter|| Es wird gelesen, (Spiel-)Möglichkeiten
werden vorgeschlagen, ausprobiert, verworfen oder bestätigt. Während meiner
Beobachtungen notiere ich u.a. Zitate, Gesprächsinhalte, Szenenbeschreibungen
und künstlerische Realisierungen – alles, was für das Forschungsthema interessant sein könnte. Des Weiteren sind sowohl Bemerkungen zu Ideen für detaillierte Forschungsfragen als auch Notizen persönlicher und privater Empfindungen
relevant für mich. In der ersten Probenwoche mache ich folgende Notiz: „Viele
Gedanken im Kopf, die im Moment nicht greifbar sind aber [...] Figuren im
Stück sind klarer". Diese Bemerkung bezieht sich auf ein Gespräch der Schauspieler mit der Regisseurin nach einem Filmabend in der ersten Probenwoche.
Einige meiner Feldnotizen entsprechen diesem Stil. Sie mögen für Außenstehen-
de keinen konkret erkennbaren Inhalt bzgl. der Fragestellung besitzen, erwecken
in mir jedoch Erinnerungen und Gefühle. Und diese helfen mir beim ‚Rückfüh-
len' in den Probenprozess, beim ‚Sich-hineinkatapultieren' in die Situation, was
mir wiederum einen neuen und hilfreichen Zugang in die Analyse ermöglicht.
Aus diesem Grund ist die Anfertigung dieser ‚privaten Notizen' ein wichtiges
Vorgehen in der Feldbeobachtung und eine Hilfestellung in der Auswertung (vgl.
Weischer 2007, S. 303 bezugnehmend auf Emerson et al. 1995, S. 31 ff.).*

*Meine Aufzeichnungen bilden unterschiedliche Formen ab. Für die Zusammen-
fassung globaler Merkmale oder längerer Beobachtungsabschnitte nutze ich
Stichwörter. So vermerke ich in meinem Feldtagebuch beispielsweise, dass in der
dritten Probe (4. März 2015) ein „Gespräch über die Vorgeschichte, Situationen, Beziehungen, Gründe" der Figuren stattfindet. Die dazugehörigen interessanten Äußerungen verschrifte ich wortwörtlich. Um die Aufzeichnungen auch in
den folgenden Untersuchungsphasen zuordnen und nachhören zu können, vermerke ich sie mit den jeweiligen Timecodes in der Form ‚hh:mm:ss'.*

*||14.00 Uhr: Probenende|| Nach der Probe sichere ich die Daten. Gelegentlich
bestehen noch Aufgaben für die Produktion – mir ist es wichtig, diese zu übernehmen, um den Beteiligten nicht das Gefühl zu geben, nur zu konsumieren,
sondern auch einen Beitrag innerhalb des Probenprozesses zu leisten.*

*||18.00 Uhr: Abendprobe|| Die zweite Probe des Tages beginnt: es wird mitge-
schnitten und -geschrieben, es gibt Pausen, man braucht Nervennahrung und
entdeckt persönliche Strategien, gedanklich bestmöglich bei 100 % zu bleiben,
auch wenn es spät ist.*

||22.00 Uhr: Probenende = Beobachtungsende?|| *Im Anschluss an die Abend-*
probe endet der Probentag nicht zwingend. In Gesprächen, beispielsweise in der
Kantine, wird u. a. über die Produktion und die Arbeit am Haus gesprochen,
sodass auch diese Situationen wichtige Informationen beinhalten können (vgl.
Matzke 2012, S. 33). Diese Gespräche zeichne ich nicht auf, weil aufgrund der
Umgebungsgeräusche keine verständlichen Audioaufnahmen entstehen würden.
Aber auch aus ethischen Gründen ist davon abzusehen, in diesen Situationen die
Aufnahmegeräte zu nutzen, da Privates und Theaterinterna thematisiert werden.
Forschungsrelevante Informationen notiere ich im Feldtagebuch, um den Ge-
danken zu fixieren. Wieder ‚zu Hause', sichere ich die Daten der Abendprobe
und erweitere die angelegte Matrix. Sie dient, ebenso wie die Audio- und Video-
aufnahmen, Feldtagebücher und Textbücher, als Datum für die Analyse und
stammt aus der ersten Probenprozessbegleitung 2013. Neben methodischen und
technischen Parametern kann ich so probenorganisatorische und prozessuale
Angaben der soeben begleiteten Probe zusammenfassen.

Probe	Aufn.				Szenen																	
Nr.	Nr.	Link	Datum	Zeit						1. Akt							2. Akt					Probenform
					Pr.	I	II	III	IV	V	VI	VII	VIII	IX	X	I	II	III	IV	V	
13	11	Splendid's Aud	16.03.15	10:30-14:00								x	x								AP

Biomechanik	Größe	Dauer	Format	Dok.-Gerät	Proberaum	Bemerkung
	in kb	hh:mm:ss				
x	470691	03:20:49	mp3	marantz PMD 661	Floßplatz	

Dazu vermerke ich neben der Probennummer die Aufnahmenummer, da die
Anzahl an begleiteten und dokumentierten Proben differiert. Nach der Aufnah-
mebezeichnung (Link) notiere ich den Probentag und die Zeit, um anschließend
die geprobten Szenen zu protokollieren. Neben der Probeform (bspw. Arbeits-
probe, Hauptprobe) ist es möglich einzutragen, ob biomechanische Einheiten
durchgeführt wurden. Des Weiteren werden die Größe, Länge und das Format
der erstellten Audio- und Videodateien sowie die verwendeten Aufnahmegeräte
und der Proberaum dokumentiert.

Endprobenphase - Feldausstieg

Ab der fünften Probenwoche findet der Großteil der Proben im Aufführungs-
raum, der Hinterbühne des Schauspiel Leipzig, statt. Dort steht bereits die Ori-
ginalbühne, auf der nun häufiger Durchläufe gespielt werden. Und zwei weitere
Wochen später heißt es: „Einmal werden wir noch wach, heißa dann ist Bimbel-
tag" (Probenzitat aus der Endprobenphase). Mit der Generalprobe beginnt der
Feldausstieg: Die Mitschriften werden in der Endprobenphase immer kürzer –
dafür kann ich die Texte innerlich fehlerfrei mitsprechen. Nicht nur das künstle-
rische Team ist angespannt, auch ich als Probenbegleiterin fiebere mit. Nach der
‚GP' packe ich ein letztes Mal meine Forschungsutensilien zusammen, sichere
die Daten und vervollständige die Matrix. Am Nachmittag bereite ich mit den

anderen Hospitantinnen die Premierengeschenke vor. Und dann: Premiere.
Am Morgen danach kommt das sogenannte ‚Premierenloch'. Das fühlt sich in
etwa so an, als würde ich aus einer Welt hinaus bzw. wieder hinein in das wirkli-
che Leben katapultiert werden...

Der Probenprozess lässt sich bzgl. der Erarbeitung wie folgt zusammenfassen:
Zu Beginn steht die Annäherung an den Text und die Thematik im Vordergrund.
Es wird beispielsweise auf eigene Erfahrungen, Anekdoten sowie Filmmaterial
Bezug genommen und immer wieder werden die Fragen der Beteiligten diskutiert – eine konstruktive Atmosphäre mit humoristischen Aufbrechungen.
Schrittweise werden die einzelnen Szenen erarbeitet, wobei selbstverständlich
die Probezeiten für die einzelnen Szene variieren. In diesem sich stetigen Vor-
wärtsbewegen durch und mit dem Text ist das Zusammensetzen der bisher erarbeiteten Szenen unerlässlich, um zu prüfen, ob ‚es' funktioniert. Das lineare
Vorgehen ist von Sprüngen zum Anfang des Stückes durchzogen, um die erarbeiteten Inszenierungsteile zusammenzusetzen und in Durchläufen zu erproben.

Positionsbestimmung der Beobachtungsrolle

Den Ausgangspunkt für die Betrachtung der Beobachtungsrolle in Probenprozessen bildet die besondere Beziehung zwischen den BeobachterInnen und dem
künsterischen Team, wie sie McAuely (1998, S. 77) beschreibt: „ [...] the relati-
onship between observer and observed involves complex and subtle issues of
power and presence [...]." Für die Untersuchung von Probenprozessen ist daher
die Reflexion der eigenen Rolle und des Einflusses auf das Feld grundlegend.
Die Beobachtung ist zudem bereits eine Form der Analyse und Interpretation, da
sie immer selektiv sowie von Präkonzepten geprägt ist und nur einen Teil der
Wirklichkeit abbilden kann. Diese Umstände führen jedoch nicht zur Ungültig-
keit der Analyse (vgl. McAuley 1998, S. 80), solange die eigene Position reflektiert wird. Diese Grundannahmen gelten auch für offene, unstrukturierte und
aktiv-teilnehmende Beobachtungen, die für ethnographische Forschungen genutzt werden (vgl. Atteslander 2010, S. 95). Da während des Beobachtungspro-
zesses noch nicht abzuschätzen ist, welche Aspekte für die spätere Analyse wirklich interessant und relevant sein werden, darf der Untersuchungsblick nicht
durch eine voreilige Fokussierung eingeschränkt werden. Daher werden die
Daten nicht mit einem bereits festgelegten Konzept oder mittels vorgefertigter
Beobachtungsbögen erhoben, sondern mit vorab erarbeiteten offenen Forschungsfragen (siehe ‚Vorbereitungen vor dem Feldeinstieg').

Innerhalb der aktiv-teilnehmenden Beobachtung sind drei Aktivitätsgrade zu
unterscheiden: „observer-as-participant" (BeobachterIn als TeilnehmerIn), „par-
ticipant-as-observer" (TeilnehmerIn als BeobachterIn) und „complete partici-
pant" (vollständige Teilnahme) (vgl. u.a. Atteslander 2010, S. 92 f.; Lamnek
1995, S. 263 ff.). Im Gegensatz zur kritisch betrachteten vollständigen Teilnah-

me ist den Feldangehörigen die (wissenschaftliche) Beobachtung bei den beiden erstgenannten Formen bekannt (vgl. Atteslander 2010, S. 93). Eine klare Trennung zwischen der primären Beobachtung (,observer-as-participant') und der vordergründigen Teilnahme (,participant-as-observer') ist jedoch nicht möglich, da die Grenzen fließend sind und sich die Rollen innerhalb des Forschungsprozesses verändern können. So kann eine anfängliche ,BeobachterIn als TeilnehmerIn-Funktion' in eine ,TeilnehmerIn als BeobachterIn-Rolle' wechseln (vgl. Lamnek 1995, S. 265 f.). Diese Rollenveränderungen kann ich bestätigen. Sowohl seitens des Theaters als auch aus meinem Rollenverständnis heraus begleitete ich den Probenprozess hauptsächlich beobachtend. In den Probeneinheiten zur Biomechanik (W. E. Meyerhold) habe ich jedoch nur sekundär beobachtet, weil ich hauptsächlich als Teilnehmerin handelte, ohne jedoch die reflektierende Außenperspektive vollständig aufzugeben.

Basierend auf meinen Erfahrungen ist für Probenprozessbegleitungen die ,BeobachterIn als TeilnehmerIn-Funktion' naheliegend, da die primäre Beobachtung dominanter ist als die primär-aktive Teilnahme am Erarbeitungsprozess. Obwohl der Fokus auf der Beobachtung liegt, sind Hilfsarbeiten nicht ausgeschlossen und der Schutz vor der kritisch diskutierten vollständigen Identifikation mit dem Feld (,going native') gegeben (vgl. Lamnek 1995, S. 265). Die Abstufungen der Beobachtungsaktivitäten sind jedoch stets von den Spezifika des zu begleitenden Probenprozesses abhängig. Neben einer möglichen Teilnahme an praktischen Einheiten ist die Integration in die Gruppe und die eigene Positionierung innerhalb dieser ausschlaggebend für den Ablauf des Forschungsprozesses und das Kennenlernen dieser Lebenswelt. Neben der Beobachtung der Stückerarbeitung während der Proben hat es mir geholfen, die bestehenden Möglichkeiten, wie das Biomechanik-Training, gemeinsame Treffen in den Pausen und Abende in der Kantine, zu nutzen, um eben diese Einblicke in das Feld des Theaters gewinnen zu können und somit Feldwissen zu sammeln. Aufgrund der vielfältigen Feldsituationen sollten ProbenprozessforscherInnen ein flexibles Rollenverständnis einnehmen und sich möglicher Rollenkonflikte bewusst sein. Daher ist im Sinne Flicks (2011, S. 291) die Simultaneität von der Übernahme der Innenperspektive und der «Systematisierung des Fremdenstatus» im Probenprozess aufrecht zu erhalten (Flick 1995, S. 154 f.) und somit ist die Reflexion des eigenen Rollenverständnisses für die Erforschung von Probenprozessen grundlegend (vgl. Wartemann 2011, S. 247).

Eine grundsätzliche methodologische Diskussion und Verortung der vielfältigen wissenschaftlichen Wege zur Erforschung von künstlerischen Prozessen ist sowohl aus interdisziplinärer als auch aus künstlerisch-forschender Sicht (vgl. Z. 2014) wünschenswert. Constantinides (1988, S. 69) fordert in diesem Zusammenhang methodische Ergänzungen, wenn er festellt: „[...] empirical research in theatre cannot progress unless it gradually develops its own tools adapted to its special subject matter." Somit ist nicht nur die Erforschung der Probenprozesse, sondern auch die Erprobung verschiedener methodischer Vorgehensweisen sowohl in der Datenerhebung als auch in der Analyse nötig. Die in der Videographie beschriebene Nutzung mehrerer Videokameras, die sowohl in Standpositionen als auch mit handlungsfokussierter Kameraführung eingesetzt werden, kann für die Erforschung von Probenprozessen einen erweiterten Fokus ermöglichen (Tuma et. al. 2013). Des Weiteren könnte die Auseinandersetzung mit Vorgehensweisen des arts-based-research oder der emergent methods interessante Aspekte für die Probenprozessforschung aufzeigen. Im interdisziplinären Austausch werden Erfahrungsberichte über methodische Aspekte der Probenprozessbegleitungen die Grundlage bilden, um diese und weitere spezifisch-methodische Vorgehensweisen und Positionsbestimmungen zu diskutieren.

Literatur

Atteslander, P. (2010): Methoden der empirischen Sozialforschung. Berlin.

Bochow, J. (Hrsg.) (1997): Das Theater Meyerholds und die Biomechanik. Berlin.

Constantinides, S. E. (1998): Rehearsal as a Subsystem. Transactional Analysis and Role Research. In: New Theatre Quarterly. Volume 4, Issue 13. S. 64-76.

Emerson, R./Fretz, R. I./Shaw, L. L. (1995): Writing Ethnographic Fieldnotes. London.

Flick, U. (2011): Qualitative Forschung. Eine Einführung. Reinbek.

Flick, U. (1995): Annäherung an das Forschungsfeld. In: Flick, U./von Kardoff, E./Keupp, H./Wolff, S. (Hrsg.): Handbuch Qualitative Sozialforschung. Weinheim. S. 154-155.

Hinz, M./Roselt, J. (2011): Poetiken des Probierens. Vorwort. In: Hinz, M./Roselt, J. (Hrsg.): Chaos und Konzept. Proben und Probieren im Theater. Berlin. S. 8-13.

Kiesler, J. (2016): „Jede Szene ist ein neues Glück." Verfahren der Texterarbeitung innerhalb des Probenprozesses „Faust" (J.W. Goethe) in der Regie von Claudia Bauer am Konzerttheater Bern. In: Unger, A. (Hrsg.) (2015): Sprechen in unterschiedlichen Kontexten: Radio, Wirtschaft, Theater, Fremdsprachenunterricht. Beiträge zum 2. Doktorandentag der Halleschen Sprechwissenschaft. Online-Publikation: http://nbn-resolving.de/ urn:nbn:de:gbv:3:2-55805

Kiesler, J. (2013): Sprechkünstlerische Tendenzen im zeitgenössischen deutschsprachigen Theater. In: Bose, I./Hirschfeld, U./Neuber, B./Stock, E.: Einführung in die Sprechwissenschaft. Phonetik, Rhetorik, Sprechkunst. Tübingen. S. 240-244.

Kurzenberger, H. (Hrsg.) (2011): Jossi Wieler – Theater. Berlin.

Lamnek, S. (1995): Qualitative Sozialforschung. Band 2 Methoden und Techniken. Weinheim.

Matzke, A. (2012): Arbeit am Theater. Eine Diskursgeschichte der Probe. Bielefeld.

McAuley, G. (2012): Not magic but work. An ethnographic account of a rehearsal process. Manchester.

McAuley, G. (1998): Towards Ethnography of Rehearsal. In: New Theatre Quarterly. Volume 14, Issue 53. S. 75-85.

Otto, U. (2014): Doing Theatre. Theater, Wissenschaft und Praxis. In: Baumbach, G./Darian, V./Heeg, G./Primavesi, P./Rekatzky, I. (Hrsg.): Momentaufnahme Theaterwissenschaft. Leipziger Vorlesungen. Berlin. S. 137–146.

Roselt, J. (Hrsg.) (2015): Regie als Sprung ins Leere – Anne Bogart. In: Roselt, J. (Hrsg.): Regie im Theater. Geschichte – Theorie – Praxis. Berlin. S. 416-418.

Schwarze, C. (2014): Theoretische und methodische Überlegungen zur Praxis der gesprächsanalytischen Datensitzung. In: Schwarze, C./Konzett, C. (Hrsg.): Interaktionsforschung: Gesprächsanalytische Fallstudien und Forschungspraxis. Berlin. S. 161-175.

Stegemann, B. (2011): Die Probe bei Jossi Wieler und Nicolas Stemann. In: Hinz, M./Roselt, J. (Hrsg.): Chaos und Konzept. Proben und Probieren im Theater. Berlin. S. 38-50.

Tuma, R./Schnettler, B./Knoblauch, H. (2013): Videographie. Einführung in die interpretative Videoanalyse sozialer Situationen. Wiesbaden.

von Düffel, J. (2011): Michael Thalheimer – Das Bauchsystem. Ein Essay. In: Hinz, M./Roselt, J. (Hrsg.): Chaos und Konzept. Proben und Probieren im Theater. Berlin. S. 51-70.

Weischer, C. (2007): Sozialforschung. Konstanz.

Wessel, A. (2016): Sprache ist eine Waffe, wenn sie nichts auslöst, kann man sie auch weglassen. Handlungsstrategien und sprechkünstlerische Realisierungen in Probenprozessen zeitgenössischer deutschsprachiger Inszenierungen. In: Unger, A. (Hrsg.): Sprechen in unterschiedlichen Kontexten: Radio, Wirtschaft, Theater, Fremdsprachenunterricht. Beiträge zum 2. Doktorandentag der Halleschen Sprechwissenschaft, S. 73-90. (Online-Publikation: http://nbn-resolving.de/urn:nbn:de:gbv:3:2-55805)

Z., S. (2014): Unter Uns! Künstlerische Forschung – Biographie – Performance. Bielefeld.

CHRISTOPH BORBACH

(Un)erhörte Stimmen – Affekte und Effekte einer genuinen Medien-Sprech-Kunst

1 Téchne @ Sprechen

Die epistemologische Wendung des Vorhabens ‚Medien zur Sprache zu bringen' ist es, Maschinen und technische Medien selbst sprechen zu lassen. Es gilt für diesen Aufsatz daher nicht, sich an einer diskursiven Bestimmung von Medien zu versuchen, sondern die Be-Stimmung von Maschinen und Medien zu untersuchen. In Anlehnung an den Titel der im Oktober 2015 stattgefundenen DGSS-Tagung „Stimme–Medien–Sprechkunst" ist eine oder gar die genuine Medien-Sprech-Kunst im medienwissenschaftlichen Sinn: Sprachsynthese. Denn Sprachsynthese als Medientechnik synthetisiert menschliches *Sprechen* und ist *Kunst* im barocken Wortsinn, der neben der künstlerischen Dimension gleichfalls Technik und Wissenschaft mitbenannte und somit aktualisierte, was in der Antike unter dem Begriff *téchne* (τέχνη) verstanden wurde.

Dieser Aufsatz widmet sich den Affekten und Effekten der Sprachsynthese in medienhistorischer Perspektive. Hierbei zeigen sich Irritationen der Zeitzeugen der Sprachsynthese, die den affektiven Schock verzeichnen, dass gesprochene Sprache als vermeintlich anthropologische Konstante, Garant für Seele (Aristoteles) oder ‚Inbegriff intellectueller Thätigkeit' (Wilhelm von Humboldt) von Automaten und technischen Medien übernommen wurde. Dass hierbei nicht allein faktische, sondern auch fiktive Zeugen zu Wort kommen, liegt darin begründet, dass „gerade in der Gründerzeit technischer Medien [...] ihr Schrecken so übermächtig [wirkte], daß Literatur ihn exakter verzeichnete als im scheinbaren Medienpluralismus von heute [...]" (Kittler 1986, S. 4). Andererseits zeigt die Untersuchung, dass die Erforschung der künstlichen Erzeugung menschlichen Sprechens mit einer Hinwendung zur Materialität der Sprache, nämlich dem buchstäblichen Stimm-Körper als Hardware der menschlichen Stimme, und schließlich der physikalischen Akustik einherging. Hierbei lassen sich verschiedene historische Situationen beziehungsweise Eskalationen der Sprachsynthese identifizieren: (1) Die physische Analogie des menschlichen Sprechapparats, also sein Nachbau in Sprechmaschinen, (2) die reine Klanganalogie mechanischer Apparaturen zur gesprochenen Sprache und (3) die Synthetisierung gesprochener Sprache auf Basis von Mathematik bis hin zur Sprachsynthese unter den Bedingungen des Digitalen.

Zunächst fokussiert der Beitrag auf einen Medieneffekt der Sprachsynthese, nämlich auf seine Verhandlung in der Literatur, die den Schock ausbuchstabierte, dass gesprochene Sprache von Maschinen und Apparaten übernommen werden kann. Dieses Reale im Sinne Jacques Lacans, also das Schockhafte der Sprachsynthese, wird anschließend anhand tatsächlicher Zeitzeugenberichte dargelegt. Abschließend wird der Beitrag auf das Reale der Sprachsynthese nicht in psychoanalytischen, sondern physikalischen Kategorien eingehen und widmet sich so der Sprachsynthese als physikalischer Akustik, die sich vom physischen Vorbild des menschlichen Sprechapparats scheidet und pure Klanganalogien zeitigt. Hierbei wird im Beitrag der deutsche Begriff „Sprachsynthese" für die künstliche Erzeugung gesprochener Sprache verwendet, wenngleich diese Bezeichnung irreführend ist. Statt Sprach- müsste der Begriff vielmehr *Sprech*synthese lauten, ist zentrales Moment doch die Synthetisierung von *gesprochener* Sprache, also von menschlicher Stimme, nicht von Sprache als Kommunikationssystem, welches durchaus im Stummen des Symbolischen verharren kann, wie es jeder geschriebene Text zur Evidenz bringt. Denn Sprechen referiert im Gegensatz zur Sprache nicht allein auf eine Menge von Zeichenelementen, sondern auf die Fähigkeit, diese zu artikulieren. Somit verfehlt der Begriff der Sprachsynthese das brisante, technisch schwer zu realisierende, irritierende, ja technotraumatische Moment seiner Praxis: Die Erzeugung einer menschlich-klingenden Stimme, die von keinem Menschen stammt. Beispielsweise artikulatorische Sprachsynthese oder Formantsynthese nämlich sind Medientechniken, die menschlichem Sprechen allein noch auf akustischer Ebene anhaften, dieses jedoch vollständig synthetisch erzeugen.

2 Medieneffekte. Romantische Gespenster

Das Erhören von Stimmen von Automaten und anderem Unbelebten, mithin Totem, entspringt nicht allein einem technischen Diskurs der Sprachsynthese, sondern gleichfalls einem literarischen, der die Schnittmenge der Diskurse des Okkulten einerseits, der technischen Medien andererseits bildet. Obwohl dieser Diskurskonnex auf den ersten Blick auch abwegig erscheinen mag, er ist es keinesfalls. Der deutsche Medientheoretiker Friedrich Kittler stellte fest, dass „zwischen okkulten und technischen Medien kein Unterschied" besteht (Kittler 1995, S. 288) und schon der Maler und Kunsttheoretiker Franz Marc pointierte 1914 in einem Vortragsskript unter dem Titel „Zur Kritik der Vergangenheit":

> Ist nicht unser Telegraphenapparat eine Mechanisierung der berühmten Klopftöne? Oder die drahtlose Telegraphie ein Exempel der Telepatie [sic!]? Die Grammophonplatte scheint experimentell zu beweisen, daß die Verstorbenen noch zu uns reden können. Das Okkulte gewinnt heute, infolge dieser experimentellen Analogien eine ganz neue Bedeutung, die man früher, in Religionszeiten nicht kannte. (Marc 1978, S. 119)

Technische Medien sind hier nicht das in Hardware implementierte Logikveto okkulter Fantasien, sondern werden durch ihr Operieren als epistemische Dinge zum soliden Garanten für das per definitionem nicht Sichtbare, das Verborgene. Nicht umhin äußerte Hans-Jörg Rheinberger, „verkörpern" epistemische Dinge „das, was man noch *nicht* weiß." (Rheinberger 2002, S. 25; Kursivsetzung C.B.) Und so ist es nicht verwunderlich, dass sich der Schrecken synthetischer Stimmen in einer Phrase manifestiert, die der realweltlichen Logik entgegensteht. Denn die Marshall McLuhan'sche ‚message' synthetischer Stimmen lautet *Ich bin tot* – Eine Aussage, die unter der Bedingung von *ich spreche, also bin ich* die Stimme des Wahnsinns oder der Lüge sein muss. Stimmen, die allein durch diesen Ausspruch seinen Wahrheitsgehalt nicht negieren, sind zum einen Stimmen fiktiver Prosa, zum anderen synthetische Stimmen – mehr gibt es nicht.

Ich bin tot lautet die unausgesprochene Botschaft in Walther Rathenaus Groteske *The Resurrection Co.* von 1898. In einer amerikanischen Stadt, die nicht umhin Necropolis heißt, werden die Einwohner vollautomatisch und in Hochgeschwindigkeit beerdigt. Damit bei diesem Automatisierungslevel nicht, wie schon im Einzelfall geschehen, Lebende unfreiwillig beerdigt werden, soll die neu gegründete *Resurrection Telephone and Bell Co.* Sorge tragen, die Gräber mit Telephonapparaten und Leitungen mit einer Zentrale zu verbinden. Durch jene technische Verschaltung der Unterwelt mit der Oberwelt, der Toten mit den Lebenden, dem Jenseits mit dem Diesseits usw. erhält der Direktor des Instituts Nachrichten von Beerdigten. Mit „einer Stimme wie aus einem hohlen Brustkasten" verlangen nun auch Tote für sich das telefonische Privileg, untereinander „verbunden [zu] sein" (Rathenau 1918, S. 293). Genau umgekehrt beschreibt der deutschsprachige Schriftsteller Max Brod im Gedicht „Telephon" das andere Ende des Kabels: Solange er nicht veschaltet ist, gleicht die Telefonzelle einem Sarg, keine Kommunikation aus diesem heraus ist möglich, ihn unterscheidet nichts von einem Toten. „Da glaubt ich schon in meinem Grab zu sein / Im Sarg unter der Erde / Und warte auf die Stimme dein / Daß ich erlöst und lebend werde." (Brod 1921, S. 59) Die Grenze zwischen Leben und Tod wird hier markiert durch die technische Realisierung der telefonischen Erhörung. Eine ebenso unerhörte, da explizite Totenstimme, die Inhalt und Botschaft ihrer Verlautbarung in eins kehrt, findet sich in Edgar Allan Poes Kurzgeschichte *Die Tatsachen im Fall Waldemar* von 1845: Der Krankenhauspatient Waldemar steht seinem Tod unmittelbar bevor und verlangt ausdrücklich nach ‚mesmeristischer Hypnose', um seinen Todeszeitpunkt in eine ungewisse Zukunft zu extrapolieren. Das Vorhaben sollte – wenn auch nur auf kurze Zeit – gelingen. Bevor sich Waldemar in eine stinkende Masse verwandelte, rief er aus: „Um Gottes willen – schnell – schnell – bringen Sie mich wieder in Schlaf – oder, schnell – erwecken Sie mich – schnell – *Ich sage Ihnen, ich bin tot.*" (Poe 1993, S. 244)

Woran jene Geschichten anschließen, wenn sie Medientechnik und Okkultes als literarisches Motiv vermengen, ist die Literatur der Romantik. Das 18. Jahrhundert war die Blütezeit des Automatenbaus mit der Konstruktion von mechanischen Flötenspielern, Schachspielern, Tänzern und sprechenden Köpfen. Folgerichtig verzeichnet romantische Literatur den Dualismus Mensch-Maschine, dessen Grenzen allerdings vornehmlich artikulatorisch verschwimmen und von einer Frage geleitet sind: Können Maschinen sprechen? Wurde die Mechanisierung und mechanische Imitation menschlichen Denkens prinzipiell für möglich gehalten, war es die menschliche Stimme, deren synthetische Produktion eine besondere Faszination und damit einhergehend einen besonderen Schrecken auslöste. Beispielsweise wurde dem so genannten ‚Schachtürken' Wolfgang von Kempelens (1734-1804) von Zeitgenossen Authentizität bescheinigt, seiner Sprechmaschine hingegen Betrug unterstellt – wohlgemerkt war es genau umgekehrt. In E.T.A. Hoffmanns Erzählung *Die Automate* (1814) werden beide Maschinen literarisch vermengt, denn ein sprechender Automat in türkischer Kleidung beantwortet hier Fragen mit erstaunlicher emotionaler Tiefe. Das Unheimliche der Maschine lässt Hoffmann durch den fiktiven Ludwig verkünden: „‚Mir sind', sagte Ludwig, ‚alle solche Figuren, die dem Menschen nicht sowohl nachgebildet sind, als das Menschliche nachäffen, diese wahren Standbilder eines lebendigen Todes oder eines toten Lebens, im höchsten Grade zuwider.'" (Hoffmann 1958b, S. 414) Knapp über 90 Jahre nach Erstveröffentlichung der Erzählung sollte der Psychologe Ernst Jentsch 1906 eine ähnliche Formulierung für die psychologische Definition des Unheimlichen geben, die bezeichnenderweise die menschliche Stimme fast vollständig ausklammert, auch wenn diese den impliziten Kerngedanken der Definition besetzt. Für Jentsch ist das Unheimliche ein Gefühl des Grauens und Entsetzens, ausgelöst vom „Zweifel an der Beseelung eines anscheinend lebendigen Wesens und umgekehrt darüber, ob ein lebloser Gegenstand nicht etwa beseelt sei, und zwar auch dann, wenn dieser Zweifel sich nur undeutlich im Bewusstsein bemerklich macht." (Jentsch 1906a, S. 197) War für Aristoteles im *De Anima* (*Über die Seele*) über 2.200 Jahre vor jener Definition die Sprache der Klang eines beseelten Lebewesens, ist infolgedessen die synthetische Artikulation von Sprache zentrales Moment des Unheimlichen.

Jentsch selbst erinnert an E.T.A. Hoffmanns Erzählung *Der Sandmann*, um seine Definition literarisch zu exemplifizieren. Es ist das Ungewisse, ob Nathanael in Olimpia eine Maschine als Gegenüber hat oder ob ihr ‚Ach–Ach' aus den emotionalen Tiefen des beseelten Verständnisses erklingt. Wohlgemerkt, Olimpias Stimme, da tatsächlich die künstliche Stimme eines Automaten, wird hier immer als *zu* perfekt dargestellt. Denn sie kann nicht taktlos singen und ihre klare Stimme hat einen unangenehmen Beiklang: „Olimpia spielte den Flügel mit großer Fertigkeit und trug ebenso eine Bravourarie mit heller, beinahe schneidender Glasglockenstimme vor." (Hoffmann 1958a, S. 400) Tatsächlich ist jene Sterilität das Unheimliche an synthetischen Stimmen, denn sie sind von jeder Individualität befreit – jene Individualität, die Roland Barthes mit dem Begriff *Körnung der Stimme* beschrieb (Barthes 1977). In der ‚unangenehmen Richtigkeit' synthetischer Stimmen wird offenbar, dass die romantischste Form der Artikulation medientechnischen Verfahren wie der Reproduktion oder gar künstlichen Produktion unterliegen kann. Wie es Siegmund seinem Freund Nathanael gegenüber äußert: „Ihr [Olimpias] Spiel, ihr Singen hat den *unangenehm richtigen* geistlosen Takt der singenden Maschine, und ebenso ist ihr Tanz." (ebd. S. 403; Kursivsetzung C.B.)

70 Jahre nach der Erstveröffentlichung von E.T.A. Hoffmanns *Der Sandmann* erschien 1886 Villiers de L'Isle-Adams *L'Ève Future*, in welchem unter den technischen Bedingungen seiner Zeit die biblische Mutter als ‚Eva der Zukunft' zur technischen Perfektion gebracht wird. Der Protagonist Lord Ewald muss mit keinem Mephistopheles einen Pakt schließen, sondern braucht im ausgehenden 19. Jahrhundert lediglich das Erfindergenie Thomas Edison beauftragen, eine funktionstüchtige Reproduktion seiner Frau Alicia zu entwerfen, wobei ausdrücklich allein ihr wunderschönes Äußeres reproduziert werden solle, nicht aber ihr Stumpfsinn. Lord Ewald erhält schließlich seine Hadaly, die die vollständige Geistlosigkeit ihres Originals mithilfe phonographischer Aufnahmen vergessen macht. So verschwimmt für Lord Ewald die Grenze dessen, was lebendig und was tot, mithin ob er es mit Alicia oder doch Hadaly zu tun hat. Frei nach den Worten in Ovids *Pygmalion*, in welchem sich eben jener Pygmalion eine eigene Frau, „ein erstaunliches Kunstwerk" baute: „Daß es nur Kunst war, verdeckte die Kunst" (Ovid 1964, S. 324) – *dissimulatio artis* dem Wortsinn und vor allem: Dem Sprechen nach. Als Lord Ewald aber in Nathanael'scher Manier seiner vermeintlichen Alicia seine Liebe neu gestehen mag, offenbart sich diese als Hadaly. Der Autor ergänzt: „Diese Worte trafen den jungen Mann wie ein Schrei aus der Hölle!" (L'Isle-Adam 1920, S. 286) Im Angesicht des Unbelebten wird Lord Ewald selbst leichenblass, bevor er in der „Idealmaschine" Hadaly erkennt: „Die falsche Alicia war also natürlicher als die wahre!" (ebd. S. 288) Hadaly, die ‚falsche Alicia', appelliert an Lord Ewalds nunmehr offensichtlich getäuschtes Entscheidungsvermögen, indem sie seine vage Sinnesleistung zum Maßkriterium erhebt und die phonologozentristische (Jacques Derrida) Irritation durch synthetisches Sprechen prägnant zusamenfasst: „Bist du ganz sicher, daß ich nicht bin?" (ebd. S. 289).

3 Das Reale der Sprache I. Medienaffekte

Affekte im Angesicht – oder besser: in der Anhörung – von Sprachsynthese begleiten aber nicht allein als literarischer Effekt die Fiktion, sondern auch die historische Realität der künstlichen Erzeugung menschlich-klingender Stimmen, denen sich das folgende Kapitel widmet. Der Affekt liegt jenseits der Kontrolle des Menschen, denn er ist das Resultat eines Ereignisses, das die konventionellen Bewältigungsstrategien schlichtweg durchschlägt. Insofern lässt der Affekt Parallelen zum Schock, einer psychischen Belastung, durchscheinen. Der Affekt steht somit in psychoanalytischen Kategorien auf Seiten des Realen im Sinne Jacques Lacans, alsdass er durch seine mitunter verstörende Dimension gekennzeichnet ist. Fernab jeder Erotik vom *Begehren nach dem Affekt* (Angerer 2007) kann sich jener also nicht nur unbehaglich, sondern traumatisch, durch Technik induziert, also techno-traumatisch äußern.

Weil nach Jacques Lacan das Reale nie aufhört, sich *nicht* zu schreiben, mag Prosa den Schock synthetischer Stimmen zwar beschreiben, kann ihn aber nie tatsächlich symbolisieren. Und so schreibt sich das per definitionem undefinierbare Reale auch in Zeitzeugenberichten fort. Ließ Walter Rathenau den fiktiven Direktor der *Resurrection Co.* von einer Grabesstimme berichten, ging diesem die Beschreibung einer nicht fiktiven Grabesstimme voraus. In seiner Autobiographie berichtete der englische Journalist John Hollingshead 1895 von einer Stimme, die er hörte, als er 19 Jahre alt war: „a hoarse sepulchral voice came from the mouth of the figure, as if from the depths of a tomb." (Hollingshead 1895, S. 68-69) Die Stimme und der genannte Mund gehörten der so genannten Euphonia oder schlicht „Amazing Talking Machine", einer Sprechmaschine des gebürtigen Freiburgers Joseph Faber, die dieser in der Egyptian Hall in London präsentierte. Unter der Überschrift „Poor Faber" berichtet Hollingshead von der Begebenheit:

> In the centre [of the Egyptian Hall] was a box on a table, looking like a rough piano without legs and having two key-boards. This was surmounted by a half-length weird figure, rather bigger than a full-grown man, with an automaton head and face looking more mysteriously vacant than such faces usually look. Its mouth was large, and opened like the jaws of Gorgibuster in the pantomime, disclosing artificial gums, teeth, and all the organs of speech. (ebd. S. 68)

Die künstlichen Körperteile der Sprechmaschine wie Gaumen, Zähne und alle weiteren zum Sprechen notwendigen Organe ließen Hollingshead zu Recht von einem „scientific Frankenstein monster" schreiben. Als krönenden Abschluss der Vorstellung in London ließ Euphonia ihren Gesang verlauten: Den Titel *God Save The Queen*, „which suggested inevitably, God save the inventor." (ebd. S. 69) Hollingshead hatte keinen Zweifel, dass die beiden – er schrieb explizit im Plural ohne Referenz, dass er, Faber, ein Mensch und sie, Euphonia, ein Automat war – im selben Zimmer schliefen und dazu bestimmt waren, zusammen zu leben und zu sterben (ebd. S. 68); eine quasi-erotische Beziehung, initiiert von einer Stimme als *objet petit a* (Jacques Lacan), einem unerreichbaren Objekt des Begehrens. Womit Hollingshead schließlich Recht bekommen sollte. Denn Faber zerstörte zunächst seine Euphonia und damit ihre Stimme, bevor er auch sich selbst umbrachte: Eine Hassliebe zwischen Mensch und Automat und somit eine Rekursion romantischer Prosamotive, deren Ende wieder für eine klare Trennlinie zwischen Belebtem und Unbelebtem, mithin zwischen Leben und Tod sorgte und Nathanael'scher Verzweiflung glich, die schließlich auch existenziell endete.

Ein ebenso schauriger Zeitzeugenbericht schildert die affektive Situation der Hörer der von Kempelen'schen Sprechmaschine. „Sie können nicht glauben, L. Freund, was für eine sonderbare Sensation das erste Hören einer Menschenstimme und Menschensprache, die augenscheinlich nicht aus einem Menschenmunde kam, auf uns alle machte. Wir sahen einander stumm und betroffen an, und gestunden es uns hernach offenherzig, dass uns im ersten Moment ein kleiner heimlicher Schauer überlaufen hätte." (Anonymous 1784, zit. nach Gessinger 1994, S. 397-398) Jener ‚heimliche Schauer' im Angesicht des Unheimlichen, findet seinen Ursprung nicht im Ungesehenen, sondern tatsächlich im Unerhörten – dem ersten Erhören einer menschlichen Stimme, die von keinem Menschen mehr stammt.

Ähnlich dem Zeitzeugen von Kempelens Sprechmaschine berichtete ein britischer Journalist des *London Daily Express* 1931 von einem „horrible" und „terrifying moment", als er die ersten auf Basis fotochemischer Klangkurven synthetisierten Worte hörte, die der britische Physiker Eric Allan Humphriss wohlüberlegt auswählte: „all-of-a-tremble" – am ganzen Leib zittern (Thompson 1931, S. 1-2). Als ziemlich genau zur selben Zeit Rudolf Arnheim in seinem später veröffentlichten Buch *Rundfunk als Hörkunst* prognostizierte, „selbst wenn es wirklich gelingen sollte, künstliche Menschenstimmen auf Filmstreifen zu zeichnen, die dann von makellosem, idealem Wohlklang (aber auch voller fremdartiger, unerhörter Klangfarben) sein könnten, wird man auf die Naturstimme niemals verzichten" (Arnheim 2001, S. 29), hatte er vollkommen Recht. Die ‚unerhörte Klangfarbe' wird zum entscheidenden Moment der phonologozentristischen Irritation, wenn gesprochene Sprache nicht mehr Unikum des Menschen ist. Es bleibt festzuhalten, dass Techniken der Sprachsynthese hörbar machen, was vormals ‚unerhört' war, und zwar in beiden semantischen Bedeutungen: (1) erstaunlich, aber auch (2) schockierend und ungewöhnlich. Bezeichnenderweise benennt der griechische Begriff *páthos* nicht allein Leidenschaft, sondern gleichfalls Leiden. Wobei sich die Spur der Faszination mit gleichzeitigem Schrecken durch Wortverwandtschaften in vielen Sprachen zieht, wie im Deutschen Wunder/Wunde, dem Griechischen thauma/trauma oder dem Englischen wonder/wound. In der Erhörung synthetischer Stimmen mögen solche symbolischen Verwandtschaften neue Dringlichkeit erlangen.

4 Das Reale der Sprache II. Materialitäten der Kommunikation

Klänge im Allgemeinen und Sprechen im Besonderen mögen flüchtig sein, sie sind aber keineswegs immateriell, sondern können mit physikalischen Parametern hinreichend genau beschrieben und analysiert werden. Im Begriff der *aisthēsis*, der Wahrnehmung und nicht der Ästhetik, gründete solch eine sachlich-analytische Perspektive auf Klangphänomene. Damit einher ging die Ver-

handlung von Klangphänomenen nach eigenem Recht und nicht mehr in anthro-
pologisch-philosophischen Oppositionen von Mensch/Automat, Seele/nicht-
Seele, Kultur/Natur, Sprache/nicht-Sprache. So verglich beispielsweise der englische Philosoph und Wissenschaftler Francis Bacon (1561-1626) in seinem
Sylva Sylvarum (posthum 1670 veröffentlicht) natürliche Klänge mit dem Klang
von Buchstaben und Phonemen. Er beschreibt, dass das Löschen heißen Metalls
akustische Ähnlichkeit zum Buchstaben Z habe, das Knurren von Hunden mit
dem artikulierten Buchstaben R, die Stimme von Katzen mit dem Diphtong Ou
usw. (Bacon 1670, S. 47) Nach dem Erkennen dieser prinzipiellen Klanganalogien ist die folgerichtige Erkenntnis für Bacon, dass menschliche Sprache nicht
notwendigerweise an menschliche Körper gebunden sein muss. Quasi denknot-
wendig visioniert er eine sprechende Puppe: Die Geburt der Sprachsynthese aus
dem Geist der Klanganalyse.

Eine solche sachliche Perspektive findet sich auch in Wolfgang von Kempelens
Open Source-Schrift *Mechanismus der menschlichen Sprache nebst der Beschreibung seiner sprechenden Maschine* (von Kempelen 1791). Ganz unroman-
tisch gibt von Kempelen eine Minimaldefinition dessen, was gesprochene Sprache ist, nämlich schlicht Laute der Kehle: „Sprache ist das Vermögen, unsere
Empfindungen und Gedanken durch verschieden zusammengesetzte oder aufeinander folgende Laute der Kehle anderen bekannt zu machen." ebd. S. 24). Eine
solche Perspektive erzeuge „Verwunderung (...) durch was für einfache Mittel
und Wege" gesprochene Sprache auch synthetisiert werden könne (ebd. S. 25).
Ähnlich schlicht und obgleich fundamental ist seine Minimaldefinition der
menschlichen Stimme: „Ein wenig Luft aus der Lunge durch die enge Spalte des
Luftröhrenkopfes gedrückt gibt die Stimme. Verschiedene Hindernisse, die dieser Luft bey ihrem Ausgange durch die Zunge, die Zähne und Lippen in den
Weg gelegt werden, geben verschiedene Schalle, Töne, oder Laute, derer jeder
seine bestimmte Bedeutung hat." (ebd. S. 25-26) Solch materiell-technisch begründete Definitionen der Stimme sind den Pionieren der Sprachsynthese quasi
ahistorisch gemein, wie es das 1937er Patent „System for the Artificial Production of Vocal or Other Sounds" für das erste vollelektronische Instrument zur
Erzeugung einer synthetischen menschlichen Stimme in Echtzeit, dem Voder
(*Voice Operating Demonstrator*), zeigt. Denn wenn man das Stimmsystem des
Menschen „from the broad viewpoint of producing speech sounds" analysiere,
ergäbe sich ein technisches Äquivalent des menschlichen Sprechapparats, so der
Erfinder Homer Dudley: „The whole vocal system may be likened to a mechani-
cal-acoustical oscillator with certain fixed curcuits and certain variable mechani-
cal elements." (Dudley 1937, S. 1)

War Wolfgang von Kempelens Sprechmaschine ausdrücklich für den Sprechun-
terricht für Taubstumme angedacht, liegt allein schon darin ihr Haptisches: Die
offensichtliche, da augen-scheinliche Analogie zu den physischen Formen
menschlicher Artikulation. Auch bei dem bedeutenden Mathematiker und Physi-

ker Leonard Euler ist jener Prothesengedanke aufzufinden. Euler äußerte sich über die menschliche Stimme und den verschiedenen Klang der Selbstlaute in seinen *Briefen an eine deutsche Prinzessin über verschiedene Gegenstände aus der Physik und Philosophie* im Juni 1761. Auch Eulers Gedanken schließen wie die von Francis Bacon mit der Vision einer Sprechmaschine: „Die Prediger und Redner, deren Stimme nicht stark oder nicht angenehm genug wäre, könnten alsdann ihre Predigten und Reden auf einer solchen Maschine spielen, so wie jetzt die Organisten musikalische Stücke spielen. Die Sache scheint mir nicht unmöglich zu seyn." (Euler 1769, S. 236-237) Den Klang der fünf Selbstlaute wollte Euler *physikalisch* erforschen statt – wie Wolfgang von Kempelen – den menschlichen Sprechapparat schlicht zu imitieren. Unter seiner Aufsicht schrieb die Königliche Akademie der Wissenschaften in Sankt Petersburg 1779 – zu diesem Zeitpunkt war Euler schon 8 Jahre vollständig erblindet – einen Preis für denjenigen aus, der eine Maschine konstruieren konnte, die fähig war, alle fünf Vokale zu synthetisieren und mit der die physikalischen Eigenschaften der Selbstlaute erklärt werden konnten. Der in Wernigerode geborene Christian Kratzenstein, nicht umhin unter anderem Professor für Experimentalphysik und Mechanik, gewann die Ausschreibung, indem er fünf separate Vokalresonatoren baute, die jedoch nicht etwa mathematisch begründet, sondern empirisches Ergebnis waren. Statt zu fragen, wie die menschliche Stimme als materieller Schwingungsvorgang aufschreibbar und somit prinzipiell nicht nur analysierbar, sondern auch synthetisierbar ist, wurde Klang wiederum durch materielle Resonanzkörper produziert. Erst durch Léon Scotts Erfindung des Phonoautographen im Jahr 1857 sollten schließlich indexikalische Wellenkurven den materiellen Anteil von Akustik schreiben (wohlgemerkt als reine Klanganalyse ohne anschließende Klangsynthese) und der Akustik ein eigenes Aufschreibesystem, „la langue propre à l'acoustique", bescheren (Scott 1857, S. 5).

5 Von der Theoria zur Akroásis. Anatomie – Analogie – Mathematik

Eben jene Differenz zwischen von Kempelen'scher Empirie und einer graphischen Fixierung des Rauschens des Realen durch Léon Scott oder später Eric Allan Humphriss markiert es: Die Geschichte der Sprachsynthese ist keine lineare, sondern eine konsequent non-lineare, wobei die konkreten Artefakte aus der Geschichte der Sprachsynthese Effekt der Forschungsdiskurse ihrer Erfinder sind. Erste Sprechapparate und -maschinen bauten den menschlichen Sprechapparat nach, was sich auch aus den Motiven der Pioniere der Sprachsynthese ablesen lässt, deren Interesse zumeist ein Anatomisches, Medizinisches oder zumindest Pädagogisches war. Es galt ihnen, die Funktion allgemeiner bzw. die Dysfunktion konkreter menschlicher Sprechapparate zu (er)klären. Denn es ging primär um Aufschlussgewinnung über die menschliche Stimmproduktion statt darum, eine funktionstüchtige Sprechmaschine zu bauen – diese war vielmehr interessantes Nebenprodukt.

Dahingegen berichtete auch der französische Physiker Charles Cagniard de la Tour von einer menschlichen Stimme, einer „voix humaine" (Cagniard de la Tour 1819). Nur hatte das Instrument, mit dem er diese erzeugte, keinerlei äußerliche Ähnlichkeit mehr zu menschlichen Sprechapparaten, sondern zeitigte eine rein akustische Analogie. Sein Instrument war vielmehr Analysemedium, das der Untersuchung mathematisch-physikalischer Fragestellungen diente. Es war und ist seitdem eine Drehscheibe exakter Lochungen, die er nach den altgriechischen mythologischen Wesen benannte, die zwar wunderschöne menschliche Singstimmen hatten, aber gefährlich-tödliche Kreaturen waren: Sirenen. Die Lautwerdung der la Tour'schen Sirene gründete hierbei nicht auf einer anatomischen Studie des menschlichen Vokaltraktes, sondern war das Ergebnis *akustisch-mathematischer* Experimente – und steht digitaler Sprachsynthese somit epistemologisch näher als die von Kempelen'sche Empirie. Daher markieren jene Sirenen im Kontext der künstlichen Erzeugung von Menschenstimmen eine Abkehr von der *theoria*, etymologisch die Anschauung, und eine Hinwendung zur *akróasis*, der Anhörung. Sprachsynthese war seitdem kein empirisches Experimentieren mehr, sondern konnte vieles sein, ohne aber eines sein zu müssen: Eine phys(iolog)ische Analogie des menschlichen Vokaltrakts oder gar der präparierte Vokaltrakt einer Leiche – so wie Physiologen, Anatomen und Mediziner wie der Schweizer Albrecht von Haller (1708-1777) mit Leichenteilen experimentierten, um künstlich Menschenstimmen zu erzeugen. Haller ließ seine anatomischen Erkenntnisse sodann in den dritten Band seiner Reihe *Anfangsgründe der Physiologie des menschlichen Körpers* einfließen, der das Atemholen und die menschliche Stimme behandelte (Haller 1766). Oder wie der deutsche Physiologe Johannes Müller, der seine auf anatomischem Weg gewonnenen Erkenntnisse unter anderem in seinem Buch *Über die Compensation der physischen Kräfte am menschlichen Stimmorgan* veröffentlichte (Müller 1839), in welchem er eine Sprechmaschine aus Leichenteilen beschreibt und seine anatomische Methode sogleich rechtfertigt: „Denn am lebenden Menschen, an Sängern, Bauchrednern, lässt sich einmal nicht viel in dieser Hinsicht [Hervorbringung der Stimme] lernen." (ebd. S. 1) Solche ‚scientific Frankenstein monsters' in den Worten von John Hollingshead, die buchstäbliches Sprechen *mit* Toten realisierten, das nicht mehr dem Okkulten, sondern Pathologischen anhaftete, wurden mit der la Tour'schen Sirene überwunden, auch wenn diese keine zusammenhängende gesprochene Sprache erklingen lassen konnte.

Mit Blick auf die Jetztzeit lässt sich festhalten, dass digitale Sprachsynthese, also die Form der synthetischen Artikulation auf dem computerisierten Medienstand(ard) seit der zweiten Hälfte des 20. Jahrhunderts, das Gegenteil von Empirie, nämlich pure Mathematik und das heißt Berechnung geworden ist. Begriffe wie *Linear Predictive Coding* oder *Hidden Markov Model* bestimmen einen

Diskurs, der Computerlinguistik heißt und konventionelle Sprach- und Sprechwissenschaft vor neue Herausforderungen stellt, wenn Sprechen allein informationstechnisch und -theoretisch verhandelt wird. Als postromantische Gespenster im Sinne E.T.A. Hoffmanns kursieren Softwares der Sprachsynthese im digitalen Raum und mühen sich um menschliche Prosodie, bis ELIZA den Turing-Test bestehen mag, wenn sich menschlicher Sprache sogar akustisch bedient wird. Von der Gretchenfrage, die sich die techné der Sprachsynthese dabei selbst stellt, berichtete schon der deutsche Philosoph Karl Friedrich Hindenburg in seinem Buch *Ueber den Schachspieler des Herrn von Kempelen. Nebst einer Abbildung und Beschreibung seiner Sprachmaschine*. Nicht nur spreche die Maschine „laut für sich selbst" (Hindenburg 1784, S. 56). Auch wisperte die Sprechmaschine ihm, Hindenburg, leise Worte ins Ohr. Von allen Umstehenden unerhört, erhört allein von ihm. Worte, die statt als Rauschen des Realen dem verwendeten Aufschreibesystem geschuldet hier buchstäblich werden:

„Verstehen Sie mich?" (ebd. S. 55)

Literatur

Angerer, M.-L. (2007): Vom Begehren nach dem Affekt. Zürich/Berlin.

Anonymus (1784): „Über Herrn Kempelens Schach-Spieler und Sprach-Maschine. Zweeter Brief." In: Der Teutsche Merkur. Hrsg. von Christoph Martin Wieland. Erstes Stück. Weimar. Zitat erfolgte nach: Joachim Gessinger (1994): Auge & Ohr. Studien zur Erforschung der Sprache am Menschen 1700-1850. Berlin/New York. S. 397–398.

Arnheim, R. (2001, Erstveröffentlichung 1936): Rundfunk als Hörkunst. Frankfurt am Main.

Bacon, F. (1670): Sylva Sylvarum. Or A Natural History In Ten Centuries. Published After the Author's Death by William Rawley. London.

Barthes, R. (1977): „The Grain of the Voice". In ders.: Image Music Text: Essays selected and translated by Stephen Heath. London. S. 179–189.

Brod, Max (1921): „Telephon". In ders.: Das Buch der Liebe. Gedichte. München. S. 59–60.

Cagniard de la Tour, C. (1819): „Sur la Sirène, nouvelle machine d'acoustique destinée à mesurer les vibrations de l'air qui constituent le son". In: Annales de Chimie et de Physique 12. S. 167–171.Derrida, J. (1983): Grammatologie. Frankfurt am Main.

Dudley, H. (1937): „System for the Artificial Production of Vocal or Other Sounds". United States Patent Office No. 2.121.142.

Euler, L. (1769): Briefe an eine deutsche Prinzessin über verschiedene Gegenstände aus der Physik und Philosophie. Aus dem Französischen übersetzt. Zweiter Theil. Leipzig.

Marc, F. (1978; Manuskript von 1914): „Zur Kritik der Vergangenheit". In ders.: Schriften. Hrsg. von Klaus Lankheit. Köln. S. 117–120.

von Haller, A. (1766): Anfangsgründe der Phisiologie des menschlichen Körpers. Aus dem Lateinischen übersetzt von Johann Samuel Hallen. Dritter Band: Das Atemholen. Die Stimme. Berlin.

Hindenburg, K. F. (1784): Ueber den Schachspieler des Herrn von Kempelen. Nebst einer Abbildung und Beschreibung seiner Sprachmaschine. Leipzig.

Hoffmann, E.T.A. (1958a): „Der Sandmann". In ders.: Poetische Werke in sechs Bänden. Zweiter Band. Elixiere des Teufels. Nachtstücke. Berlin. S. 371–412.

Hoffmann, E.T.A. (1958b): „Die Automate". In ders.: Poetische Werke in sechs Bänden. Dritter Band. Die Serapionsbrüder. Berlin. S. 411–445.

L'Isle-Adam, Auguste de Villiers (1920): Gesammelte Werke. Band 7. Die Eva der Zukunft. Übers. von Hanns Heinz Ewers. München.

Jentsch, E. (1906a): „Zur Psychologie des Unheimlichen". In: Psychiatrisch-Neurologische Wochenschrift, Nr. 22 vom 25. August 1906. S. 195–198.

Jentsch, E. (1906b): „Zur Psychologie des Unheimlichen (Schluss)". In: Psychiatrisch-Neurologische Wochenschrift, Nr. 23 vom 01. Sept. 1906. S.203-205.

Kempelen, W. von (1791): Wolfgangs von Kempelen k. k. wirklichen Hofraths Mechanismus der menschlichen Sprache nebst der Beschreibung seiner sprechenden Maschine. Wien.

Kittler, F. (1995): Aufschreibesysteme 1800–1900. 3. vollst. überarb. Auflage. München.

Kittler, F. (1986): Grammophon Film Typewriter. Berlin.

Kittler, F./Macho,T./Weigel, S. (2002): Zwischen Rauschen und Offenbarung. Eine Kultur- und Mediengeschichte der Stimme. Berlin.

Scott de Martinville, É.-L. (1875): „Fixation Graphique de La Voix". A Critical Edition With English Translation and Facsimile by Patrick Feaster. Online unter: http://www.firstsounds.org/publications/working-papers/First-Sounds-Working-Paper-03.pdf. Abrufdatum: 15.02.2016.

Ovid (1964): Metamorphosen. Epis in 15 Büchern. Übersetzt u. hrsg. v. Hermann Breitenbach. Stuttgart. (Erstauflage 1958)

Poe, E. A. (1993): „Die Tatsachen im Fall Waldemar". In ders.: Streitgespräch mit einer Mumie und andere Erzählungen. Hrsg. von Günter Gentsch. Frankfurt am Main. S. 233–244.

Rathenau, W. (1918, Erstveröffentlichung 1898): „Die Resurrection Co." In: Gesammelte Schriften in fünf Bänden. Vierter Band. Berlin. S. 285-297.

Rheinberger, H.-J. (2002, 2. Auflage): Experimentalsysteme und epistemische Dinge. Eine Geschichte der Proteinsynthese im Reagenzglas. Göttingen.

Thompson, C. (1931): „Artificial Voices Made in a Film Studio – Unspoken Words Heard from a Screen – Celluloid Marvel – An Englishman's Eerie Invention." *The Daily Express London*, February 16, 1931. S. 1–2.

KATHARINA ROST

Charaktere hören –
Zur Theatralität der Stimme(n) im Hörbuch

1 Einleitendes

> *„As the reader simulates the story,*
> *her mind allegedly becomes the theater*
> *of a steady flow of pictures."*
> *(Mary-Laure Ryan, Narrative as virtual reality, S. 120)*

Dieses meinem Vortrag als Leitgedanken vorangestellte Zitat der Literaturwissenschaftlerin Marie-Laure Ryan weist auf die besondere Wirkung hin, die von gelesenen oder gehörten Worten auf die Wahrnehmenden ausgehen kann. Eine bestimmte Weise des Mitvollzugs, der Imagination und der Partizipation wird angeregt, so dass das Gelesene oder Gehörte ‚zum Leben erweckt' wird. Im Folgenden interessiere ich mich für diesen starken absorbierenden Sog, der die Zuhörenden anspricht, einbezieht und an einer fiktiven Geschichte Anteil nehmen lässt, im spezifischen Kontext des gelesenen Hörbuches. Aus dem vielfältig Hörbaren möchte ich einen speziellen Aspekt herausgreifen und mich auf die Figuren konzentrieren, die in Hörbüchern durch die Sprechenden hervorgebracht werden. Bezogen auf die Figurenkonstitution in der Literatur fragen Jens Eder, Jannidis Fotis und Ralf Schneider nach dem *Wie* der Charaktere: „by which stylistic devices they are shaped" (Eder/Fotis/Schneider 2010, S. 4) – eine Frageperspektive, die ich auf die Kreation der Charaktere in Hörbüchern übertragen und unter medienspezifischen Aspekten untersuchen möchte. Wie verläuft der Prozess der stimmlich-sprecherischen Inszenierung unterschiedlicher Figuren mit ihren je individuellen Charaktermerkmalen im Hörbuch?

Meiner Meinung nach ist eine interdisziplinäre Zusammenarbeit der Sprech- und Literaturwissenschaft, der Psychologie und der Theaterwissenschaft anzustreben, da die verschiedenen Bereiche der Sozio- und Paralinguistik, der Stimmwirkungs- und der Emotionsforschung sowie der theaterwissenschaftlichen Semiotik, Schauspiel- und Figurentheorie vor allem im Zusammenschluss zu Erkenntnissen über die Wirkungsweisen der Figurenstimmen im Hörbuch führen können. Es geht mir um eine zu vertiefende Semiotik der Figurenstimmen, in deren Rahmen ich mich zunächst mit einer eher phänomenologisch-deskriptiven Herangehensweise der Frage widme, was bzw. *wen* wir eigentlich hören, wenn Hörbücher gehört werden, um dann darüber hinaus durch das Aufgreifen soziolinguistischer Forschung diese Figurenstimmen in ihrer Wirkungsweise zu interpretieren.

2 Sprechkünstlerische Inszenierung von Hörbuchfiguren

Mein zentrales Beispiel ist das vom Hörbuchverlag Audible mit dem Sprecher Reinhard Kuhnert umgesetzte Hörbuch „Game of Thrones – Das Lied von Eis und Feuer" nach dem Fantasy-Epos „A Song of Ice and Fire" von George R. R. Martin. Auf Basis der deutschsprachigen zehnbändigen Buchreihe wurden seit 2008 zwanzig einzelne, jeweils ca. neun- bis vierzehnstündige Hörbücher produziert. Die somit insgesamt über 200 Stunden währende Saga umfasst eine große Anzahl vielfältiger Figuren, denen der Berliner Schauspieler, Autor, Synchron- und Hörbuchsprecher Reinhard Kuhnert jeweils individuelle ‚Stimmen' und Sprechweisen verleiht. Wie er mir bei einem persönlichen Gespräch am 18. September 2015 in Berlin sagte, definiert er seinen Beruf als Geschichtenerzähler. Das Sprechen von Hörbüchern vermittelt nicht allein den von den Autor_innen verfassten Text an die Zuhörenden, sondern ist auch als künstlerisch eigenständige Darstellungs- und Interpretationsarbeit einzuschätzen. Die Sprecher_innen-Stimmen werden dazu wie ‚Instrumente' eingesetzt (vgl. Schnickmann 2007, S. 31). Sie bilden ein Scharnier zwischen Text und Rezipierenden, doch keines, das im Sinne des idealen, sich selbst zum Verschwinden bringenden Mediums unmerklich bliebe; die Hörbarmachung des Textes durch die Stimme bewirkt mehr als die ausschließliche Vermittlung sprachlicher Zeichen. Die Sprecher_innen-Stimme, die den Text vertont und hörbar macht, nimmt grundlegend Einfluss auf die Rezeption des Gesagten. Sie beschreibt die Figuren nicht nur erzählerisch, sondern verleiht ihnen auch je eigene Sprechweisen und Stimmlichkeiten. Im Hörbuch sind es allein akustische Merkmale, durch welche die Figuren präsentiert und in denen demzufolge die relevanten Informationen enthalten sein müssen. Eine Figur entsteht durch das Zusammenspiel von Darstellung und Wahrnehmung bzw. Präsentation und Imagination. So spricht Sandra Rühr von einer ‚inneren Bühne', die in der Imagination der Hörenden durch das Gehörte entsteht (vgl. Rühr 2012, S. 213). Zur Vorbereitung der Produktion sei ein so genanntes ‚Sprechdenken' notwendig, das die Übersetzungsleistung vom Text zum Sprechkunstwerk organisiert (Rühr 2008, S. 230). Die charakteristischen Figuren-Sprechweisen werden von den Sprecher_innen durch die Modulation der paralinguistischen Zeichen wie Tonhöhe, Tonhöhenverlauf, Dauer, Lautstärke, Artikulation, Betonung, Rhythmus, Tempo und Pausen hervorgebracht (vgl. Fischer-Lichte 1998 [1983], S. 38). Auch Räuspern, Hüsteln, Lacher oder gefüllte bzw. stille Pausen sind Elemente der paralinguistischen Rede und dienen als Mittel der Figurengestaltung (vgl. Schuller u. a. 2013, S. 5). Entsprechend der mit bestimmten Emotionen verknüpften Gesichtsausdrücke, den ‚affect displays' bei Paul Ekman und Wallace V. Friesen, lässt sich in Bezug auf die Sprechweisen von ‚akustischen Ikonen' sprechen (vgl. Ekman/Friesen 1969, S. 70 f.; Fischer-Lichte 1991, S. 45). Wie psychologische Studien seit den 1970er Jahren aufzeigen, vermitteln sich den Hörenden über die Stimme zahlreiche Eindrücke zu physischen, sozialen und emotionalen Eigenschaften der Sprechenden (vgl. z. B. Scherer u. a.

2003). Das Hören der Stimme motiviert Rückschlüsse auf vermeintliche identitäre und körperliche Bestimmungen wie Alter, Geschlecht, Gesundheitszustand, Körpergröße, Herkunft, sozialer Status und die Gemütsverfassung der Sprechenden (vgl. u. a. Sendlmeier 2012, S. 99). Die den Figuren zuschreibbaren Emotionen und Persönlichkeitsmerkmale sind als Ausdruckseffekte des Gehörten einzuschätzen, d.h. dass die durch Kuhnert produzierten Figurenstimmen von den Hörenden so interpretiert werden, als besäßen die Figuren die entsprechenden Charaktere und Körperlichkeiten. Der Phonetiker Walter Sendlmeier konstatiert, dass „die Stimme eines Sprechers für den Hörer immer auch Ausdruck seiner Persönlichkeit im Sinne überdauernder charakterologischer Eigenschaften" ist (Sendlmeier 2012, S. 99; vgl. auch Schuller 2013, S. 7 f., Scherer 1978, S. 474 f.). Besonders starkes Gewicht erhalte dabei die Bewertung des Sprechbewegungsablaufes und seiner individuellen Rhythmik. Unruhe und Labilität einerseits oder ein gleichmäßiges Fließen andererseits bewirkten bei den Hörenden unterschiedliche Einschätzungen zum Charakter der Sprechenden hinsichtlich ihrer emotionalen Stabilität. Es handelt sich um Zuschreibungen auf der Basis eines kulturellen Vorwissens, das historisch und medial formiert ist: So wird eine stark ausgeprägte Tonhöhenvariation im Sprechen beispielsweise als stereotypes Zeichen für eine dynamische Persönlichkeit oder ein hohes Sprechtempo als Zeichen starker Erregung bzw. Extravertiertheit aufgefasst (vgl. Knapp/Hall 1997).

Sprecher_innen-Stimmen können in ihren temporalen, dynamischen und melodischen Faktoren moduliert werden (vgl. Schwethelm 2010, S. 48) – für „Game of Thrones" setzt der Sprecher Reinhard Kuhnert all diese Möglichkeiten ein, um das umfassende Personal des Epos hervorzubringen. Für jede Figur entsteht ein eigener ‚akustischer Charakter'. So führt die sprechkünstlerische Arbeit zu einer „Art von Sinn-Festlegung, eine[r] *Vereindeutigung* der Bedeutung" (Meyer-Kalkus 2001, S. 461), die auch durch die Vielzahl der unterschiedlichen Figuren nicht aufgehoben wird. Insgesamt lässt sich feststellen, dass Kuhnert für diese Hörbuchreihe einen eher deklamierenden, nicht-distanzierten Sprechstil wählt, der auf der „Identifikation des Sprechers mit Figuren oder kommunikativen Instanzen" (Schwethelm 2010, S. 48) beruht. Damit entspricht sein Stil der von Marita Pabst-Weinschenk 2004 konstatierten Tendenz, „extensive Gestaltungen mit sehr deutlichen Stimm- und Sprechvariationen" vorzunehmen (Pabst-Weinschenk u. a. 2004, S. 50). Insofern die vokalen Kriterien all diese wichtigen Informationen zur Physis, Persönlichkeit und emotionalen Befindlichkeit der Figuren mitteilen, besitzen die Sprecher_innen viele Möglichkeiten und die Macht, die Figuren auf markante Weise zu gestalten.

Im vielstündigen „Game of Thrones" lassen sich die Stimmen der Protagonist_innen stets wiedererkennen, da sie durch jeweils auffällige prosodische Eigenarten gekennzeichnet sind. Zugleich verleiht ihnen Kuhnert in den einzelnen Situationen je nach Handlungskontext und Gemützszustand bestimmte emotionale Färbungen, die aber die konstanten Aspekte nie vollständig überlagern. Pabst-Weinschenk spricht hier von habituellen und von situativen Veränderungen der Figurenstimmen (vgl. ebd.). Wenn beispielsweise eine Figur wie Tyrion Lennister, dessen Sprechweise durch starke Tonhöhenvariationen gekennzeichnet ist, in Rage gerät, bleibt der markante Sprechgestus der Intonationskurve durchweg erhalten, d. h. dass Tyrion Lennisters vokaler Ausdruck von Emotionen insgesamt melodiöser verläuft als bei anderen Figuren. Teilweise kommt es im Verlauf des Epos auch zu grundlegenden Persönlichkeitsentwicklungen einzelner Figuren, wie z. B. bei Daenerys Targaryen, die anfangs schüchtern und ängstlich, später bestimmt und selbstbewusst klingt, wobei sie aber eben gleichzeitig stimmlich immer als dieselbe Figur erkennbar bleibt. Für Hans J. Wulff stellt dementsprechend die Konsistenz des darzustellenden Charakters den wesentlichen Richtwert dar, um die Attributionsprozesse der Rezipierenden, durch welche den Figuren im Imaginationsprozess bestimmte Intentionen und Motive zugeschrieben werden, anzuleiten (vgl. Wulff 1996, S. 32). Von einer Figur sind immer nur Ausschnitte zu hören, die sich erst in der Wahrnehmung und Imagination der Hörbuch-Hörenden zu einem Gesamtbild fügen. Auf der Basis dieser Fragmente könne sich im Wahrnehmungsprozess dann das mentale Modell einer vollständigen Person konstituieren (vgl. Eder/Fotis/Schneider 2010, S. 11 und 35). Die Figuren werden über den Verlauf der langen Erzählung in ihrer Stimmlichkeit kohärent und tendenziell ‚realistisch' dargeboten – realistisch also im Kontext der genre-bedingten Kriterien einer fiktiven Realität, in der zwar Fabelwesen und magische Kräfte vorkommen, aber die menschlichen bzw. menschenähnlichen Figuren in ihrem Charakter und ihrem Handeln wie realistische ‚Personen' konstruiert sind.

3 Hörbuch-Stimmen: Was bzw. *wen* hören wir?

Beim Anhören des Hörbuchs „Game of Thrones" erklingen viele Stimmlichkeiten, die durch ihren spezifischen Klang, aber auch durch ihre Zugehörigkeit zu verschiedenen Ebenen gekennzeichnet sind:

Erstens ist die Stimme des Sprechers und Schauspielers Reinhard Kuhnert zu hören, der das Hörbuch vertont und dabei zugleich in Szene gesetzt hat. Deutlich wird dies an den Kriterien ‚Geschlecht' und ‚Alter': Trotz aller Variabilität bei den Figurenstimmen ist durchgängig eine volle, eher tiefe männliche Stimme im mittleren bis etwas höheren Alter zu hören. Diese vokalen Parameter bleiben grundsätzlich erhalten, wenn Kuhnert die im Folgenden dargelegten Erzähler- und Figurenstimmen ausagiert. Sie stellen insofern die Basis dar, auf der die weiteren Stimmen zur Erscheinung kommen, und gibt bereits gewisse klangliche Färbungen vor, die das Gehörte entscheidend prägen.

Zweitens ist eine Erzählerstimme zu vernehmen, die häufig längere Passagen spricht und dabei Handlungen, Landschaften, Räume, Figuren beschreibt oder

Gedankengänge, Gefühlszustände, Erinnerungen und Träume schildert. Bei Dialogen ist sie häufig in die direkte Figurenrede eingeschoben, so dass viele kurze Zusätze wie „fragte Tyrion" oder „brummte der alte Lord Mormont" zu vernehmen sind. Die vielen Einschübe der Erzählerstimme führen im gesamten Höreindruck zu einer stärkeren Dynamik und einem speziellen Rhythmus.

Drittens schließlich kommen die vielzähligen Figuren in direkter Rede zu Gehör. Beim Hören der verschiedenen Figurenstimmen zeigt sich, dass der Sprecher sie individuell gestaltet und dabei nicht nur Variationen der Stimmqualitäten vornimmt, sondern den Figuren auch auffällige Eigenheiten wie ein jeweils markantes Lachen oder häufig wiederkehrende charakteristische Sprechgewohnheiten wie typische Interjektionen und Häsitationslaute gibt.

Um zu zeigen, welche und wie solche teilweise nur in Nuancen vorhandenen Abweichungen von Kuhnert für die Charaktere in „Game of Thrones" kreiert werden, konzentriere ich mich nun auf vier einzelne Figurenstimmen. Bei allen handelt es sich um *hohe männliche* Stimmen, dennoch sind markante Unterschiede zwischen ihnen festzustellen.

Die mittlere Sprechstimmlage des jungen Joffrey Baratheon, Sohn des Königs und später der umstrittene Thronfolger, ist hoch, seine Stimme eher dünn. Häufig weist sein Timbre einen gepressten nasalen Beiklang auf, wodurch das Gesagte quäkend oder krähend klingt. Das Sprechen folgt einem Intonationsverlauf, bei dem die Tonhöhe zunächst schnell ansteigt und dann mit einer gedehnten Betonung auf dem letzten Wort und nachlassendem Sprechdruck abfällt. Diesem Muster entspricht das Rufen von Befehlen, doch auch wenn Joffrey etwas längere Sätze spricht, weist seine Rede dieses Sprechmuster auf, was für die Hörenden gleichgültig oder gar abfällig erscheint. Die Bedeutung der gesprochenen Worte steht dann – im kruden Gegensatz zum Stimmklang – häufig in einem grausamen Bezug auf die anderen beteiligten Figuren. Auf diese Weise verstärkt die übertrieben ausgestellte Sanftheit der Stimme und das dann stark verlangsamte Sprechtempo die Brutalität der Handlung und die von Joffrey offenbar dabei empfundene Schadenfreude. Oft deutet der Stimmklang auch auf Langeweile oder Gleichgültigkeit hin, was sich stimmlich durch geringe Tonhöhenvariationen und längere Dehnungen manifestiert (vgl. Sendlmeier/Steffen/Bartels 2016, S. 31).

Tyrion Lennister, Onkel von Joffrey und von kleinwüchsiger Statur, besitzt ebenfalls eine hohe Sprechstimmlage. Doch im Gegensatz zu seinem Neffen äußert er sich wortgewandt nahezu ausschließlich in längeren Sätzen. Das charakteristische Merkmal seiner Sprechweise ist die extrem ausgeprägte Tonhöhenvariation und die übertriebene Akzentuierung der abfallenden oder ansteigenden Bewegungen. Tyrions Sprechen lässt sich aufgrund dieser melodiösen Dynamik als ‚Singsang' beschreiben – und häufig geschieht ein solches ‚Singen' sogar innerhalb eines Worts, wenn die einzelnen Silben mit stark variierender Tonhöhe ausgesprochen werden. Dadurch, dass er in kürzester Zeit solche starken Tonhöhenwechsel vollzieht, kommt es manchmal auch zu einem leichten Brechen und Überschlagen seiner Stimme. Sein Sprechen wird wieder und wieder von einem leisen Kichern begleitet oder von länger anhaltenden Lachern unterbrochen. Sein Lachen weist ebenfalls eine starke Tonhöhenvariation und einen spezifischen Rhythmus auf, anfangs stakkatohaft, dann gedehnt und am Ende abgehackt und schrill. Ein weiteres markantes Merkmal ist der auffällig häufige Gebrauch von Interjektionen. Oft seufzt oder stöhnt er ein gedehntes ‚Ah' oder ‚Och'. Kaum etwas scheint er wirklich ernst zu meinen; immer schwingt sein Markenzeichen, ein spöttisch-amüsierter ironischer Unterton, mit, der sich an den übertriebenen Akzentuierungen, den Dehnungen und einer leichten Nasalität anzeigt (vgl. Kreuz/Roberts 1995, S. 22).

Eine weitere Figur mit hoher Stimme ist der Eunuch Varys, der als Berater des Königs fungiert. Auch er spricht in längeren Sätzen, die melodiös sind, doch nicht so stark ausgeprägt wie bei Tyrion. Varys' Tonhöhenveränderungen bleiben stets in einem höheren Frequenzbereich, so dass es so scheint, als spräche er im Kopfstimmenregister. Seine Stimme ist behaucht und leise, die Artikulation sanft und flüsternd, aber nie heiser. Wie Joffrey dehnt er beim Sprechen einzelne Silben ungewöhnlich stark und überschreitet damit eine einfache Akzentuierung. Häufig führt das zu einer Verschmelzung der einzelnen Worte. In diesem kaum von Pausen unterbrochenen kontinuierlichen Sprachfluss bewirkt das Zusammenziehen bei starker Tonhöhenvariation und aufgrund des langsam-gedehnten Sprechtempos einen leiernden Klangeffekt und einen spezifischen Ryhthmus des Sprechens, dem sich in der auditiven Wahrnehmung etwas ‚Schmeichlerisches' assoziieren ließe. Darüber hinaus klingt in Varys' Sprechen meist ein Lächeln mit. Für die Zuhörenden markiert sich damit im Stimmklang ein visueller Aspekt der äußeren Erscheinungsweise des Eunuchen, insofern dieser stets zu lächeln scheint (vgl. Émond/Laforest 2013; Tartter 1980, S. 26). Klar wird aber im Verlauf der Erzählung auch, dass dieses Lächeln weniger als freundliche Geste, denn als Tarnung verwendet wird. Immer besitzt Varys mehr Informationen als die anderen Figuren. Dieser Vorsprung manifestiert sich auch im Klang seiner Stimme, die im abrupten Senken der Tonhöhe Überlegenheit ausdrückt. Auch wenn sein Gegenüber tobt, antwortet Varys mit ruhiger Stimme. Seine Kontrolliertheit zeigt sich auch in der typischen Form seines Lachens, einem leisen, halb unterdrückten, fast geräuschlosen Kichern.

Die Sprechweise und Stimmlichkeit der Figur Jaqen H'ghar, des so genannten ‚Manns ohne Gesicht', zeichnet sich ebenfalls durch eine charakteristische Sprechmelodie und – der Stimmlichkeit Varys vergleichbar – durch einen sehr behauchten Klang aus. Es scheint, als würde Jaqen H'ghar stets flüstern. Dabei unterscheidet sich sein Flüstern stark von dem Varys', denn hier ist kein Lächeln zu vernehmen; vielmehr klingt Jaqen stets wachsam und lauernd. Das langsame Sprechtempo sowie die Sprechmelodie erinnern an eine schleichende Katze, insofern die einzelnen Silben gedehnt und vorsichtig artikuliert werden und der Melodiebogen des Sprechens nie große Sprünge vollzieht, sondern die Tonhöhe immer nur um eine Stufe höher oder niedriger verlagert wird. Hier manifestieren sich klanglich bestimmte Eigenschaften des geheimnisvollen ‚Manns ohne Gesicht', dessen Herkunft und Motivation unklar bleiben. Er taucht zumeist plötzlich auf, bewegt sich grazil und beherrscht die Kunst des Nicht-Auffallens, insofern nur wenige andere Figuren – wie z. B. Arya Stark – ihm wirklich nahekommen bzw. ihn gar tatsächlich bemerken. So ist Jaqens Sprechen zwar bezogen auf die Tonhöhe stets in Bewegung, doch kreisen diese Abweichungen stets um einen einzelnen Grundton, was Beständigkeit und Stabilität zu manifestieren scheint. Den behauchten Klang behält Jaqen H'ghar ebenfalls kontinuierlich bei, auch wenn er mal vor Wut die Stimme erhebt und sein Sprechen etwas lauter und gepresster wird. Über die meiste Zeit hinweg bleibt der ‚Mann ohne Gesicht' jedoch ruhig, so dass der Eindruck entsteht, dass er über die Probleme der anderen Figuren erhaben ist.

Demzufolge lassen sich also über die Feststellung, dass es sich allesamt um hohe männliche Figurenstimmen handelt, hinaus weitere spezifische auditive Merkmale anführen, die maßgeblich zur Figurenkonstitution beitragen – so u. a. Nasalität, extreme Tonhöhenvariationen, charakteristische Interjektionen, Dehnungen, Kichern und Pausen, ein hörbares Lächeln sowie Untertöne des Ironischen, Spöttischen, Schmeichlerischen, Drohenden oder Geheimnisvollen. Während das Nasale in psychologisch-empirischen Studien häufig als arrogant beschrieben wird, weisen die Hörenden dem behauchten Stimmklang u. a. Erotik, Jugend, Femininität und künstlerische Veranlagung zu (vgl. Imhof 2003, S. 161). Durch die Art der Stimmgebung fördert Kuhnert daher eine eher negative Einschätzung bestimmter Charaktere seitens der Rezipierenden wie bei Joffrey Baratheon oder Tyrion Lennister, während andere Figuren – wie Varys oder Jaqen H'ghar – durch die Art ihres Sprechens wahrscheinlich positiver bewertet werden. Ein sanftes An- und Abheben sowie Behauchtheit bewirken im Allgemeinen eine stärkere Zuweisung von Gutmütigkeit (vgl. Weirich 2008, S. 3), wobei hingegen im vorliegenden Fall solch eine Zuschreibung durch die erzählerisch angedeuteten Geheimnisse der Figuren Varys und Jaqen gleichzeitig unterlaufen wird und insgesamt nur eine ambivalente, stets erneut zu überprüfende charakterliche und charakter-stereotype Verortung möglich ist. Bei Jaqen H'ghar lässt sich eine weitere naheliegende Charakterzuschreibung aufzeigen: Nach Iain Murray und John Arnott wirkt sich Traurigkeit auf das Sprechen in einer Verlangsamung des Sprechtempos, einer Verringerung der Lautstärke und einer Reduktion der Tonhöhenvariation aus (vgl. Murray/Arnott 1993). Dies sind Aspekte, die sich im Sprechen Jaqens finden, so dass der Charakter dieser Figur höchstwahrscheinlich melancholisch auf die Hörenden wirkt. Demgegenüber stehen Tyrions und Joffreys Sprechweisen eher dem vokalen Gefühlsausdruck des Ekels nahe: Dieser zeichnet sich nach Murray and Arnott durch eine extreme Verlangsamung des

Sprechens, eine Reduktion der Lautstärke, eine Senkung der durchschnittlichen Tonhöhe bei gleichzeitiger Erweiterung der Tonhöhenamplitude und durch eine abfallende Betonung am Satzende aus. Beide Figuren werden über diese vokale Gestaltung als Personen wahrnehmbar, die grundsätzlich von den Umständen ihres Daseins angewidert sind. Der Sarkasmus, der häufig in Tyrions Sprechen zu vernehmen ist und sich durch eine grundlegend hohe Sprechstimmlage, stark ausschlagende Tonhöhenvariationen und Dehnungen auszeichnet, verstärkt diesen Eindruck noch (vgl. zum Sarkasmus in der Stimme u. a. Laval/Bert-Erboul 2005, S. 614).

Insgesamt zeigt sich in einem solchen Vergleich, wie die jeweiligen Figurenstimmen in Nuancen voneinander abweichen und wie sich Gewichtungen des einen oder anderen Aspekts auf die Konstitution einer Figur auswirken können. Denn auch wenn es sich um vier ähnliche Stimmen handelt, evozieren sie doch über ihre spezifische Stimmklanglichkeit und Sprechweise je sehr unterschiedliche Charaktere. Im folgenden Abschnitt wird der Versuch unternommen, sich diesen Prozessen der Figurenkonstitution durch die Einführung entsprechender Kategorien systematisch anzunähern.

4 Sprecherische Figurenkonstitution

Es ist noch einmal auf die anfangs gestellte Frage zurückzukommen: Wodurch und inwiefern kreiert der Sprecher Reinhard Kuhnert für das Hörbuch „Game of Thrones" eine solche Vielfalt an Charakteren? Ich denke, dass hier insbesondere sieben Aspekte hervorzuheben sind. Sie lassen sich wiederum anhand zweier Kriterien unterscheiden: Zum einen handelt es sich um Strategien der jeweiligen *Sprechhaltung*, die zum Text und zu den Figuren eingenommen wird, zum anderen geht es um *Prinzipien der Figurengestaltung*, die sich an diversen Punkten orientiert und die meines Erachtens durch die Aspekte *Parallelen, Paarungen* und *Perspektivierungen* zu differenzieren ist.

I. Sprechhaltung

a) Als erstes ist auf die *realistische Herangehensweise* Kuhnerts hinzuweisen, bei der die Figuren bis ins Detail durchkomponiert sind und sogar ihr Lachen individuell und detailliert gestaltet ist. Wenn es im Erzähltext heißt, dass Passagen von einer Figur gesungen werden, so singt Kuhnert tatsächlich. Flüstern sie, flüstert der Sprecher in der charakteristischen Stimmgebung der jeweiligen Figur. Auch persönliche Entwicklungen einzelner Figuren werden in der Stimmgebung abgebildet – wie bereits zuvor kurz erwähnt, verändert sich Daenerys Targaryen auf markante Weise von einem ängstlichen Mädchen zu einer starken, selbstbewussten Anführerin mit Thronanspruch und auch ihre Stimme wandelt sich dementsprechend im Verlauf der Erzählung. Dabei ist vor allem die stetige Reduktion der Behauchtheit auffällig, während die anderen charakteristischen Eigenarten grundlegend erhalten bleiben. Kuhnert hält sich damit an ein Figurenverständnis, das auf eine psychologisch-realistische Inszenierung abzielt und für das in besonderem Maße der von Jens Eder, Jannidis Fotis und Ralf Schneider herausgestellte Aspekt der Figurenmotivation eine Rolle spielt (vgl. Eder/Fotis/Schneider 2010, S. 25).

b) Insofern Kuhnert auf die Produktion deutbarer Zeichen setzt, über welche die Hörenden den Figuren bestimmte Emotionen und Charaktereigenschaften zuweisen können, ist ein *kulturell, historisch und biografisch geprägtes Vorwissen* auf Seiten der Hörenden relevant, das es ihnen ermöglicht, das Gehörte entsprechend zu ‚lesen' bzw. ‚lesend' zu hören. Prozesse der *Assoziation* und der *Attribution* sind für den Rezeptionsvorgang wesentlich. Wie Eder, Fotis und Schneider betonen, werden bei der Gestaltung der Figuren-Sprechweisen bekannte Codierungen von Stimmklanglichkeiten aufgerufen, d.h. kulturell markierte Zuschreibungen körperlicher wie charakterlicher Eigenschaften und Stereotypien medial geprägter Figurenschemata, die sich mit diesen Klängen assoziieren lassen (vgl. Eder/Fotis/Schneider 2010, S. 25). Gerade in Bezug auf „Game of Thrones" lässt sich feststellen, dass sowohl etablierte Typologien des Fantasy-Genres aufgerufen als auch medial geprägte stereotype Hörmuster charakteristischer Stimmklanglichkeiten aktiviert werden. Auffällig ist dabei, dass die Figuren, denen Kuhnert höhere Stimmen gibt – also der verschlagene Joffrey, der verkannte Tyrion, der undurchschaubare Varys und der mysteriöse Jaqen – ambivalent sind, sowohl was ihren Heldenstatus als auch ihre ‚Maskulinität' angeht, die in der Erzählung immer wieder auf die eine oder andere Weise verhandelt werden. All diese Figuren sind eher als Nicht- oder Anti-Helden einzuschätzen, da sie entweder eindeutig nur um das eigene Wohlergehen besorgt sind oder zumindest in ihren Absichten soweit ambivalent bleiben, dass keine Zuweisung des Heldenhaften möglich ist (vgl. zum ‚Anti-Helden' im Fantasy-Genre bei Timmerman 1983, S. 46 f.).

c) Drittens erweisen sich die Figurenstimmen dann als besonders wirkungsvoll, wenn sie in sich gespalten sind, wenn sie also dem Gesagten etwas durch ihren Klang hinzufügen oder einen Gegensatz dazu aufbauen. Die Vertonung der Figurenstimmen basiert auf Prozessen des *Ausdruckseffekts*, d. h. auf einem in den Zuhörenden erzeugten Eindruck spezifischer vokal artikulierter Figurenemotionen und -motivationen. Durch das Spiel mit dieser Wirkung treten die vokalen Aspekte stärker in den Vordergrund. Tyrion gibt sich z. B. in seinem Stimmklang oft selbstgefällig, ist es aber, wie die Zuhörenden durch die Schilderung seiner selbstzweiflerischen Gedanken und Gefühle wissen, eigentlich nicht. Noch stärker ist dies in Varys' Sprechen wahrzunehmen, denn hier findet sich der Kontrast innerhalb des Stimmklangs: Seine Worte klingen sanft und zugleich – durch das gepresste Sprechen – drohend, so dass darin eine wachsam lauernde Haltung zum Ausdruck kommt. Mit den Figurenstimmen kann Kuhnert demzufolge die Mehrschichtigkeit der Charaktere vermitteln und sie durch diese vokale Verkörperung ‚lebendiger' erscheinen lassen.

d) Die zuvor genannten Punkte hängen eng mit dem vierten Aspekt, der *Theatralität der Sprecher_innen-Stimme*, zusammen. Denn die Erzählerstimme Kuhnerts manifestiert ein Bewusstsein ihrer steten Gerichtetheit an ein Publikum. Es zeigt sich in einer gewissen Übertreibung, die häufiger im Ausagieren der jeweiligen Eigenart der zentralen Figurenstimmen wahrzunehmen ist. Dehnungen sind breiter, Lacher komponierter, Räusperer und Interjektionen häufiger, Pausen markanter gesetzt als es bei einem Sprechen, das sich nicht selbst ausstellt und das sich auf gewisse Weise im Erzählen nicht auch selbst ‚genießt', der erwartbare Fall wäre. Durch die Merkmale der theatralen vokalen Inszenierung der Figuren zeigt sich das Sprechen Kuhnerts als ein adressiertes. Die Präsenz der Hörenden und ihre antizipierte Rezeption sind darin konstant manifest. Es schwingt hier ebenfalls ein charakteristischer Gestus des Sprechers ‚Reinhard Kuhnert' mit, der sich an die Hörenden als Hörbuch-Hörende wendet, dadurch diese mediale Vermitteltheit und Form im Bewusstsein hält und sich als Sprecher mit der ihm eigenen Art des Erzählens markiert.

II. Figurenkonstitution

Für die Figurenkonstitution sind insbesondere die verschiedenen Konstellationen zwischen den vielfältigen Figurenstimmen, die Kuhnert produziert, relevant und zwar diejenigen, durch welche die Eigenarten der einzelnen Charaktere stärker hervortreten. Hier halte ich die wechselseitigen Bezüge durch *Parallelen, Paarungen* und *Perspektivierungen* für ausschlaggebend. Diese Kriterien sind vorrangig relevant für den Produktionsprozess, für den das zu vertonende Personal eines Hörbuchs in seinen Beziehungskonstellationen zu analysieren ist, aber sie besitzen auch Bedeutung für die Rezeption, auf die hin diese Kriterien ja angewandt werden. Denn der Prozess des Gehört-Werdens bestimmt maßgeblich die Art der Stimmlichkeit, die den einzelnen Figuren verliehen wird, nicht allein der vermittels dieser Vertonung zu erzielende Charaktereindruck. Die an einem Ort befindlichen Figuren oder diejenigen, die viel Zeit miteinander verbringen, sowie die Figuren, die Ähnlichkeiten aufweisen, sind jeweils zusammen zu bearbeiten, wenn es um die grundlegende Kreation ihrer Figurenstimmen geht, um für die Hörenden aus pragmatischen Gründen die Unterscheidbarkeit und aus ästhetischen Gründen die Spannung und Interessantheit des Gehörten hervorzubringen und zu verstärken.

a) Mit *Parallelen* beziehe ich mich auf die Ähnlichkeiten oder Differenzen, die sich zwischen denjenigen Figuren ergeben, die weitgehend dieselben kulturellen, sozialen oder identitären Kriterien teilen: z. B. die Parallele zwischen Joffrey, Robb, Jon und Bran, alles Jungen im Alter von acht bis vierzehn Jahren. Diese von Kuhnert kreierten jugendlichen, ‚jungshaften' Figurenstimmen unterscheiden sich alle voneinander, doch Joffreys Sprechweise hebt sich stärker von den anderen ab, was für die Zuhörenden eben gerade im Vergleich mit den anderen Jungen kenntlich wird. Immer dann, wenn Figuren Ähnlichkeiten in ihrem sozialen Status oder ihren identitären Eigenschaften aufweisen, ließe sich das Kriterium der Parallele ansetzen, das über die notwendigen Ähnlichkeiten – die Stimmen sollten auf die Hörenden jung und ‚jungshaft' wirken – hinaus vorrangig der Differenzierung der vielfältigen und der Abhebung von singulären, in besonderem Maße wichtigen Figurenstimmen dient.

b) *Paarungen* meint die Verbindung zumeist zweier Figuren oder Kleinstgruppen, die im Verlauf der Erzählung viel miteinander zu tun haben. Sie sind häufig gemeinsam zu hören, da sie sich für längere Zeit am gleichen Ort – beispielsweise am Thronsitz King's Landing oder auf der Mauer der Nachtwache – befinden oder sich zusammentun, da sie die gleiche Aufgabe bewältigen oder auf der gleichen Reise sind. In „Game of Thrones" sind dies häufig Beratungsverhältnisse, da sich zu den potentiellen Thronanwärter_innen immer ein bis zwei andere Figuren als enge Vertraute und Berater_innen gesellen. Solchen Paarungen verleiht Kuhnert sehr unterschiedliche Stimmen – wie z. B. Tyrion und dem von ihm angeheuerten, mit sehr tiefer Stimme sprechenden Söldner Bron. Auf diese Weise erhalten die häufig miteinander kommunizierenden Figurenstimmen einen stärkeren auditiven Kontrast, die Dialoge werden auditiv abwechslungsreicher und erwecken somit möglicherweise bei den Zuhörenden größeres Interesse.

c) Schließlich ist mit *Perspektivierungen* darauf hinzuweisen, dass die einzelnen Kapitel von „Game of Thrones" nicht nur nach der Hauptfigur des folgenden Abschnitts benannt sind, sondern dass auch die Erzählung auf sie ausgerichtet ist, d. h. dass ihre – und nur ihre – Gedanken, Intentionen und Gefühle geschildert werden. Diese Akzentuierung schlägt sich auditiv darin nieder, dass die zentrale Figurenstimme in ihrer Eigenart die Stimme des Erzählers grundlegend ‚färbt' und sich von den anderen Stimmen durch ihre starke Präsenz abhebt. Die Erzählerstimme besitzt zwar eigene Klangqualitäten, doch nimmt sie in den einzelnen Kapiteln häufig eine leicht nuanciert andere Tonalität an, die an diejenige der richtungsweisenden Figur angelehnt ist. Einerseits ergibt sich dies daraus, dass es die Erzählerstimme ist, welche die Gedanken und Gefühle dieser Figur artikuliert, andererseits ist hierin aber auch ein ästhetisches Mittel von „Game of Thrones" lautlich abgebildet, insofern sich die vielfältige Saga um einen kleinen Kreis von Hauptfiguren – vor allem die Thronanwärter_innen – dreht und diese Figuren die ausufernde Narration netzwerkartig zusammenhalten. Sie sind die Grundtöne, die immer wiederkehren und im Hören Prozesse der Wiedererkennung auslösen sowie als Leitmotive je verschiedener, auditiv rezipierter Atmosphären fungieren.

5 Fazit

Abschließend ist festzustellen, dass die Charaktere der Figuren aus der Verbindung unterschiedlicher Aspekte konstituiert werden. Stereotype Stimmklang-Muster werden aufgerufen und kulturell geprägte Zuschreibungsprozesse aktiviert. Hinzu kommen die für das Hörbuch je spezifischen Figurenkonstellationen, die sich aufgrund von inhaltlichen Gegebenheiten der Erzählung – Figuren am gleichen Ort, auf derselben Reise, mit der gleichen Aufgabe beschäftigt etc. und die übereinstimmenden oder differierenden Eigenschaften der Figurenidentitäten – ergeben. Ebenfalls sind ästhetische und pragmatische Faktoren für die Hörbuchproduktion und -rezeption ausschlaggebend, da das resultierende Hörbuch bestimmte kontextbedingte Ansprüche erfüllen soll – im Fall von „Game of Thrones" zielt dies mit Sicherheit auf einen angestrebten großen Unterhaltungs- und Spannungseffekt, der mittels verschiedener sprecherischer Inszenierungsstrategien erzielt und verstärkt werden kann. Die zuvor angeführten Kategorien zielten auf eine Kartographierung der verschiedenen Strategien der Figurenstimmen-Kreation. Sie ist mitnichten als vollständig zu betrachten, sondern müsste an zahlreichen weiteren Beispielen fortgeführt und ergänzt werden.

Literatur

Eder, J./Fotis, J./Schneider, R. (2010): Characters in Fictional Worlds: Understanding Imaginary Beings in Literature. Berlin/ New York: de Gruyter.

Ekman, P./Friesen, W. V. (1969): „The Repertoire of Nonverbal Behavior: Categories, Origins, Usage and Coding", in: Semiotica 1 (1), S. 49-98.

Émond, C./Laforest, M. (2013): „Prosodic correlates of smiled speech", in: Proceedings of Meetings on Acoustics, ICA 2013 Montreal.

Fischer-Lichte, E. (1998, 4. Aufl. [1983]): Semiotik des Theaters. Bd. 1. Das System der theatralischen Zeichen. Tübingen: Narr Verlag.

Fischer-Lichte, E. (1991): „Der dramatische Dialog. Theater zwischen Schriftlichkeit und Mündlichkeit", in: Raible, W. (Hrsg.), Symbolische Formen – Medien – Identität. Tübingen: Narr Verlag.

Imhof, M. (2003): Zuhören. Psychologische Aspekte auditiver Kommunikationsverarbeitung. Göttingen: Vandenhoeck & Ruprecht.

Knapp, M. L./Hall, J. A./Horgan, T. G. (2008, 8. Aufl. [1997]): Nonverbal Communication in Human Interaction. Boston: Wadsworth.

Kreuz, R. J./Roberts, R. M. (1995): „Two Cues for Verbal Irony: Hyperbole and the Ironic Tone of Voice", in: Metaphor and Symbolic Activity 10 (1), S. 21-31.

Laval, V./Bert-Erboul, A. (2005): „French-Speaking Children's Understanding of Sarcasm: The Role of Intonation and Context", in: Journal of Speech, Language, and Hearing Research, Vol. 48, S. 610-620.

Meyer-Kalkus, R. (2001): Stimme und Sprechkünste im 20. Jahrhundert, Berlin: Akademie Verlag, Berlin.

Murray, Iain R./Arnott, John L. (1993): „Toward the Simulation of Emotion in Synthetic Speech: A Review of the Literature on Human Vocal Emotion", in: Journal of the Acoustical Society of America 93 (2), S. 1097-1108.

Pabst-Weinschenk, M. u. a. (2004): „Tagungsbericht der bmk-Tagung am 17. Januar 2004 in Bochum. Hörbuch und Hörspiel: Analyse- und Bewertungskriterien", in: DGSS – Deutsche Gesellschaft für Sprechwissenschaft und Sprecherziehung e. V., Mitteilungen 1/2004, online unter www.dgss.de/ fileadmin/Redaktion/Oeffentlich/Mitteilungen/DGSS-Mitteilungen-2004-1.pdf, S. 50-51, letzter Zugriff am 29.04.2016.

Rühr, S. (2012): „Literatur im Hörbuch. Ausdruck von Modernität oder Tradition?", in: Grond-Rigler, C./Straub, W. (Hrsg.), Handbuch Digitalisierung und Literatur, Berlin/New York: de Gruyter, S. 197–219.

Rühr, S. (2008): Tondokumente von der Walze zum Hörbuch. Geschichte, Medienspezifik, Rezeption. 1. Auflage, Göttingen.

Ryan, M.-L. (2001): Narrative as virtual reality. Immersion and Interactivity in Literature and Electronic Media. John Hopkins University Press.

Scherer, K. (1978): „Personality inference from voice quality: the loud voice of extroversion", in: European Journal of Social Psychology, Vol. 8, S. 467-487.

Scherer, K./Johnstone, T./Klasmeyer, G. (2003): „Vocal expression of emotion" In: Richard J. Davidson/Klaus R. Scherer/H. Hill Goldsmith (Hrsg.), Handbook of the Affective Sciences, New York and Oxford: Oxford University Press, S. 433–456.

Schnickmann, T. (2007): „Vom Sprach- zum Sprechkunstwerk. Die Stimme im Hörbuch: Literaturverlust oder Sinnlichkeitsgewinn?", in: Rautenberg, U. (Hrsg.), Das Hörbuch. Stimme und Inszenierung. Wiesbaden: Harrassowitz Verlag, S. 21-54.

Schuller, B. u.a. (2013): „Paralinguistics in speech and language – State-of-the-art and the challenge", in: Computer Speech and Language 27, S. 4-39.

Schwethelm, M. (2010): Bücher zum Hören. Intermediale Aspekte von Audioliteratur. Buchwissenschaft/Universität Erlangen-Nürnberg.

Sendlmeier, W. F. (2012): „Die psychologische Wirkung von Stimme und Sprechweise – Geschlecht, Alter, Persönlichkeit, Emotion und audiovisuelle Interaktion" In: Oksana Bulgakowa (Hrsg.), Resonanz-Räume – Die Stimme und die Medien. Berlin: Verlag Bertz + Fischer.

Sendlmeier, W. F./Steffen, I./Bartels, A. (2016): „Pejorative prosody", in: Finkbeiner, R./Meibauer, J./Wiese, H. (Hrsg.), Pejoration. Amsterdam/Philadelphia: John Benjamins Publishing Company 2016, S. 21-41.

Tartter, V. C. (1980): „Happy talk: Perceptual and acoustic effects of smiling on speech", in: Perception & Psychophysics, Vol. 27 (1), S. 24-27.

Timmerman, J. H. (1983): Other Worlds. The Fantasy Genre. Bowling Green, Ohio: Bowling Green University Popular Press.

Weirich, M. (2008): „Vocal Stereotypes", in: Proceedings of ISCA Tutorial and Research Workshop on Experimental Linguistics, Athen, S. 221-224.

Wulff, H. J. (1996): „Charaktersynthese und Paraperson: Das Rollenverhältnis der gespielten Fiktion", in: Vorderer, P. (Hrsg.), Fernsehen als Beziehungskiste. Parasoziale Beziehungen und Interaktionen mit TV-Personen. Wiesbaden: VS Verlag für Sozialwissenschaften, S. 29-48.

CHRISTINA SCHMEHL

Hörbuchkritik: Beurteilung des Vorlesens

1 Einleitung

Bei einem Einkauf im Buchhandel steht man heute vor der Wahl: Lesen oder hören – Buch oder Hörbuch? Seit Ende der 1990er Jahre ist das Hörbuch erfolgreich und lässt unsere Augen entspannen und die Ohren arbeiten. Der deutliche Zuwachs an Produktionen in den vergangenen Jahren spiegelt dabei das Interesse und die Faszination Hörender für das gesprochene Wort. In der Sprechwissenschaft ist das Thema Hörbuch ein Forschungsfeld, das den Praxisbezug des Faches klar fokussiert. Bislang findet sich wenig sprechwissenschaftliche Literatur zum Thema und daher sind Forschungsfragen zahlreich vorhanden. Eine davon lautet: Wie wird Vorlesen im Hörbuch beurteilt?

Dieser Fragestellung ging ich in meiner Masterarbeit nach (Schmehl 2015), deren Ergebnisse hier nun vorgestellt werden. Die Untersuchung beachtete drei verschiedene Gruppen, die Hörbücher beurteilen: 1. Sprechwissenschaftler [1], die das Vorlesen eines Prosatextes anhand existierender Kriterienkataloge analysieren können, 2. Laienhörer, deren Urteile für die Orientierung am Konsumenten von besonderem Interesse sind, und 3. Hörbuchkritiker, die für eine Öffentlichkeit darüber urteilen, warum ein Hörbuch hörenswert ist oder nicht.

Eine Untersuchung schriftlicher Hörbuchkritik der hr2-Hörbuchbestenliste – der ältesten deutschsprachigen Institution zur Auszeichnung von Hörbüchern – zeigte, nach welchen Kriterien die dort tätige Hörbuchjury vorgeht. Gefundene Kriterien der Jury wurden in einem weiteren Schritt mit Laienkriterien und Kriterien aus der Sprechwissenschaft aus aktueller Forschungsliteratur verglichen. Dieser Vergleich zeigte dabei, an welchen Stellen Gemeinsamkeiten und Unterschiede vorlagen und vor allem, wie sich Kriterien ergänzen und bereichern können.

2 Hörbuch und Vorlesen

Hörbuch ist ein bislang nicht eindeutig verwendeter Begriff. Wenn hier vom Hörbuch die Rede ist, wird dieses verstanden als ein auf einem Tonträger gespeicherter, von Sprechern oder Autoren für Rezipienten vorgelesener, sprechkünstlerisch gestalteter, literarischer Text, der zwar auf einer Buchvorlage basiert, sich

---

[1] Aus Gründen der besseren Lesbarkeit wird auf die gleichzeitige Verwendung männlicher und weiblicher Sprachformen verzichtet. Sämtliche Personenbezeichnungen gelten gleichwohl für beiderlei Geschlecht.

aber vor allem durch die Sprecherleistung zu einem eigenständigen Kunstwerk entwickelt (Breulmann 2011, S.7). In der Literatur finden sich unterschiedliche Begriffsverständnisse. Hörbuch wird in der Buch- und Medienwissenschaft globaler verstanden und umfasst vier Formen: Lesung, Hörspiel, Dokumentation und Feature (Rühr 2008, S.19f.). Das Begriffsverständnis von Lesung entspricht dabei dem des Hörbuchs, wie er hier verwendet wird. Ein Hörspiel ist vielmehr eine Inszenierung und enthält beispielsweise Musik und Geräusche. Ein Feature informiert und eine Dokumentation enthält Live-Mitschnitte. In der zugrundeliegenden Untersuchung wurden zudem nur Hörbücher für Erwachsene und keine Autorenlesungen beachtet.

Die Bezeichnung der Sprechertätigkeit im Hörbuch wurde von Travkina (2010) bestimmt: Vorlesen. Wenn von Vorlesen im Hörbuch die Rede ist, wird dieses als eine „künstlerisch interpretierende und reproduzierende Tätigkeit des Sprechers mit einem literarischen Text" (ebd., S.52) verstanden. Es kann als eine Form der Sprechkunst verstanden werden, die zwischen Rezitieren und Deklamieren liegt. Laut Travkina (ebd., S.54) ist es dem textnahen Rezitieren, wie es für Lyrik üblich ist, ähnlicher als dem Rollenspiel der Deklamation. Je nach Text und Sprecher allerdings finden sich auch Hörbücher, die starke Züge der Deklamation aufweisen (z.B. die Harry Potter-Hörbücher gelesen von Rufus Beck). Der dem Hörbuch zugrundeliegende Prosatext wird nicht in erster Linie zum Vorlesen verfasst. Daher ist es interessant, wie Sprechende den Text gestalten. Da es so viele Interpretationen wie Interpreten gibt (Eckardt 2009, CD2 Track 08), existiert für das Hörbuchsprechen eine Vielfalt an Sprechweisen, die mit steigender Hörbuchzahl weiter wächst (Travkina 2010, S. 55). An dieser Stelle werden Beurteilungskriertein notwendig.

3 Beurteilungskriterien

Beurteilungskriterien sind in der Praxis nicht nur im Bezug auf den scheinbar unendlichen Markt an Hörbuchproduktionen relevant, sondern auch mit Blick auf die Beurteilung von (auszubildenden) Sprechern sowie der Hörschulung. Es ist im Interesse der Hörbuchbranche, das qualitative Wachstum voranzutreiben und Qualitätskriterien zu entwickeln (Schwietert 2008, S. 16).

Wie soll aber Kunst beurteilt werden, wenn sie sich „fixierbaren Kriterien überhaupt entzieh[t]" und nur subjektiv beurteilt werden kann (Hübschmann 1990, S. 69)? Solange Beurteilenden bewusst ist, dass ein Einfluss verschiedener Komponenten besteht, dass Unbewusstes mitbestimmt, und vor allem Subjektivität besteht, ist eine begründete Kritik legitim und notwendig.

3.1 Methode

Um Beurteilunsgkriterien zu explizieren, wurde eine qualitative Inhaltsanalyse nach Mayring (2010) durchgeführt. Schriftliche Beurteilungen der Jury der hr2-

Hörbuchbestenliste zu Lesungen für Erwachsene konnten eingesehen und analysiert werden. Im Anschluss daran wurde eine Häufigkeitsanalyse durchgeführt, um Aussagen über das relative Gewicht der herausgefilterten Kriterien geben zu können (ebd., S. 63). Die Bedeutsamkeit der relativen Gewichtung wurde mithilfe von Signifikanztests berechnet. Schlussendlich konnte außerdem die Verwendung der Kriterien durch die Juroren analysiert werden.

Die qualitative Inhaltsanalyse umfasste verschiedene Schritte: Streichungen der irrelevanten Textpassagen ohne Bezug zur Sprecherleistung, Paraphrasieren der Beurteilungen, zwei Stufen der Generalisierung, Explikationen sowie Reduktion und Kategorienbildung.

Insgesamt handelte es sich um eine Probandengruppe von 7 Juroren der Hörbuch-Jury, die 45 schriftliche Beurteilungen auf Grundlage von 23 verschiedenen Hörbüchern verfassten. Über die Koordinatorin der Bestenliste Frau Dorothee Meyer-Kahrweg entstand der Kontakt zu den Juroren. Diese sind unter anderem „Kritiker der großen deutschsprachigen Zeitungen und Zeitschriften wie Spiegel, Die Zeit, Frankfurter Allgemeine Zeitung, Süddeutsche Zeitung, Focus, Die Welt u.a." (Meyer-Kahrweg 2007, S.75). Die Juroren erhalten die Hörbücher direkt von den Verlagen, hören diese an, beurteilen ausgewählte Hörbücher dann schriftlich und bewerten sie mit Punkten. Die Koordinatorin errechnet letztendlich, welche Hörbücher am Besten abschneiden und fasst die Beurteilungen für die Leser der Liste zusammen. Die Beurteilungen sind kurz und behandeln Inhalt, Dramaturgie, Kürzungen, Technik, Ausstattung und Sprecherleistung (ebd. 77). So entsteht die Bestenliste mit fünf Hörbüchern für Erwachene, drei für Kinder und Jugendliche sowie einem persönlichen Tipp eines Juroren.

In den schriftlichen Beurteilungen der Juroren von zwei Monaten (September und Oktober 2014) wurden Kriterien gefunden, die sich in drei Gruppen einteilen. Künstlerisch-inhaltliche Kriterien, stimmlich-sprecherische Kriterien und personenbezogene Kriterien lauten die Titel der Kriteriengruppen (in Anlehnung an Giertler 2009). Den Juroren wurde durch die Autorin zugesichert, dass die eingesehenen schriftlichen Bewertungen nicht zitiert werden. Daher muss leider auch dieser Aufsatz auf direkte Zitate aus dem Material verzichten.

Für Kriterien aus der Sprechwissenschaft wurden Kriterienkataloge gesichtet: Breulmann 2011, Unglaub in Rohkämper-Hegel o.J., 62, Nebert und Neuber 2009 und Nebert 2010 sowie Ergebnisse empirischer Arbeiten miteinbezogen: Giertler 2009 und Travkina 2010. Die Laienkriterien wurden aus der Untersuchung von Krause et al. (2015), der Abschlussarbeit von Dietrich (2008) sowie der medienwissenschaftlichen Abschlussarbeit von Scholte (2002) zusammengetragen.

Im Folgenden werden Kriterien von Hörbuchkritikern, Sprechwissenschaftlern und Laien zusammengefasst dargestellt. Zuerst werden künstlerisch-inhaltliche Kriterien vorgestellt, danach stimmlich-sprecherische, abschließend personenbezogene.

3.2 Künstlerisch-inhaltliche Kriterien

Erwartungen
Alle Hörergruppen – Kritiker, Sprechwissenschaftler, Laien – beschreiben, ob ihre Erwartungen erfüllt werden. Sprechwissenschaftliche Kriterien spezifizieren diese Erwartungen: Leichtigkeit und Mühelosigkeit im Umgang mit Gestaltungsmitteln (Giertler 2009, S. 82). Für die Juroren, die meist Literaturkritiker sind, beziehen sich die Erwartungen vermutlich vielmehr auf die Umsetzung des Textes. Befragte Laien geben an, ob ihre Erwartungen erfüllt werden (Krause et al. 2015, S. 8), aber es liegt keine spezifische Angabe zum Gehalt ihrer Erwartungen vor.

Authentizität und Natürlichkeit
Zudem urteilen alle Gruppen über die Glaubwürdigkeit, Authentizität oder Natürlichkeit der Sprecher. Immer wieder taucht das Kriterium Authentizität an verschiedenen Bezugspunkten der Jury-Beurteilungen auf (als Wirkung, für die Figurengestaltung, im Hinblick auf Dialekt), die Laien sprechen darüber, dass ein Sprecher „zu betont" lesen kann (Krause et al. 2015, S. 8) und für Sprechwissenschaftler besitzt die Glaubwürdigkeit einen starken Einfluss auf ihr Gefallensurteil (Giertler 2009, S. 84). Dass die Glaubwürdigkeit oder Authentizität eines Sprechers von großer Bedeutung für die Akzeptanz der Sprecherleistung ist, gilt demnach für alle befragten Rezipienten der drei Gruppen gleichermaßen.

Eine wesentliche Gemeinsamkeit ist vor allem, dass alle Gruppen häufiger anhand künstlerisch-inhaltlicher Kriterien beurteilen als anhand stimmlich-sprecherischer Kriterien. Für die empirische Untersuchung der Jury-Kriterien lässt sich außerdem feststellen, dass dieser Unterschied in der Kriterienverwendung signifikant bis hoch signifikant ist. Des Weiteren können innerhalb der künstlerisch-inhaltlichen Kriterien die folgenden Parallelen gezogen werden.

Aufmerksamkeit, Hörerbezug, Denk-Sprech-Prozess
Wenn Juroren die Fähigkeit des Sprechers beurteilen, die Aufmerksamkeit des Hörers zu halten, finden sich zwei Kriterien aus der Sprechwissenschaft, die in ähnlicher Weise verwendet werden: Die Verständlichkeit (die Deutlichkeit der Sinnvermittlung, ein klarer Denk-Sprech-Prozess, der es erleichtert, der Handlung zu folgen) und der Hörerbezug (sich angesprochen fühlen, gerne zuhören) (Giertler 2009, S. 85f.; Travkina 2010, S. 204; Breulmann 2011, S. 57).

Bildhaftigkeit, Atmosphäre, Fantasie, Emotionalität, Lebendigkeit
Wenn Sprechwissenschaftler von der Umsetzung der Situation oder der Entstehung einer Bildhaftigkeit als Kriterium sprechen (Giertler 2009, S.85f; Travkina 2010, S.164f), beurteilten die Juroren die entstehende Atmosphäre, die Anregung der Fantasie, die Emotionalität und Lebendigkeit, die ein Sprecher umsetzt. Hier finden sich bei Travkina (2010, S.164) weitere Adjektive, anhand derer die Gestaltung beschrieben werden kann. Die Laien in der Untersuchung von Scholte

(2002, S. 94) geben hier vor allem an, dass sie von einem Hörbuch entspannt und unterhalten werden wollen. Die Jury hingegen geht im vorliegenden Material selten auf den Unterhaltungswert und nie auf eine entspannende Wirkung ein. Es stellt sich hier die weiterführende Frage, welche Zielgruppen die prämierten Hörbücher der hr2-Hörbuchbestenliste ansprechen.

Haltung zum Text, Genrebezug, Distanz des Sprechers
Mit ähnlichen Begriffen urteilen Sprechwissenschaftler und Hörbuchkritiker über die Haltung zum Text. Hier geht es um den Genrebezug und die Distanz des Sprechers (Giertler 2009, S. 86; Travkina 2010, S. 66ff.). Laien urteilen ebenfalls über die Distanz, wenn sie den Wunsch nach Neutralität äußern sowie, ohne es explizit zu benennen, ebenfalls über die Textangemessenheit sprechen (Krause et al. 2015, S. 8f.). Die Juroren beschreiben dabei die Sprecherhandlung häufiger mit Verben, die eine Distanz vermuten lassen: Vorlesen, vortragen, erzählen. Des Weiteren gehen sie an dieser Stelle explizit darauf ein, wie ein Hörbuch zur Buchvorlage steht, dass ein Sprecher die Vorlage verändert und dabei das Hörbuch attraktiver macht und so Menschen zum Hören der Literatur bringt.

Passung Sprecher Text, Persönlichkeit des Sprechers
Gemeinsam ist den befragten Laien und Juroren, dass sie darüber urteilen, ob Sprecher und Text zusammenpassen. Die Laien ziehen hier Rückschlüsse von der Stimme des Sprechers über die Persönlichkeit des Sprechers und auf die Persönlichkeit der Figur (Krause et al. 2015, S. 6). Dabei ist klar zu erkennen, dass die Juroren keine Rückschlüsse auf die Persönlichkeit ziehen, sondern anschauliche Vergleiche anstellen. Allerdings erläutern die Juroren im vorliegenden Material ebenfalls selten, warum eine Passung zwischen Sprecher und Text existiert. Hier bleibt das Beurteilungskriterium Passung zwischen Sprecher und Text vage.

Figurengestaltung
Die Beurteilung der Figurengestaltung ist eine weitere Gemeinsamkeit zwischen Kriterien der Juroren und der Sprechwissenschaft. Laienkriterien liegen an dieser Stelle nicht vor. Befragte Sprechwissenschaftler beurteilen hier vor allem die gestische Gestaltung und Bildhaftigkeit (Giertler 2009, S. 85f.). Die Juroren urteilen an dieser Stelle ebenfalls danach, wie der Sprecher die Figuren gestaltet und lebendig macht sowie, ob die Figurengestaltung authentisch ist. Für die Ausprägung der Gestaltung wird einerseits beschrieben, dass sich der Sprecher in Figuren verwandelt und sie damit lebendig macht (im Sinne des Rollenspiels, Deklamation) andererseits, dass Figurensprache dezent gestaltet wird (im Sinne der Simulation, Rezitation).

Die künstlerisch-inhaltlichen Kriterien sind demzufolge vergleichbar. Für die Gruppe der Sprechwissenschaftler zeigt sich außerdem, dass vor allem künstlerisch-inhaltliche Kriterien für die Beurteilung von Hörbüchern herangezogen werden, die gefallen – und stimmlich-sprecherische für Hörbücher, die weniger gefallen (Giertler 2009, S.85). Ob dies auch für Laienhörer und Hörbuchkritiker gilt, ist bislang nicht belegbar.

Tabelle 1 zeigt die künstlerisch-inhaltlichen Kriterien verschiedener Beurteiler.

Künstlerisch-inhaltliche Kriterien

Hörbuchkritiker	Sprechwissenschaft	Laienhörer
Hörer und Wirkung: • Erwartungen • Aufmerksamkeit • Atmosphäre • Anregung der Fantasie • Authentizität • Emotionalität • Lebendigkeit Sprecher und Text: • Haltung • Passung Sprecher und Text • Sprechfassung versus Lesefassung Sprecher und Figur: • Figurengestaltung • Haltung • Authentizität	• Hörerbezug • Verständlichkeit • Haltung zum Text • Künstlerische Gestaltung	• Primäre Beurteilung des Textes bzw. des Inhalts • Hörererwartung • Textangemessenheit

Tabelle 1

3.3   Stimmlich-sprecherische Kriterien

Stimmlich-sprecherische Kriterien sind für die drei Beurteilergruppen im Gegensatz zu schon ausgeführten künstlerisch-inhaltichen Kriterien weniger vergleichbar. Juroren und Laienhörer gehen seltener auf Kriterien der stimmlich-sprecherischen Gestaltung ein als Sprechwissenschaftler.

Wirkung der Sprechausdrucksmittel

Eine Gemeinsamkeit ist jedoch, dass alle Gruppen innerhalb der Beurteilung stimmlich-sprecherischer Merkmale vermehrt auf deren Wirkungen eingehen, statt für die Wirkung ursächliche Merkmale zu identifizieren. Allerdings sind sprechwissenschaftliche Kriterien an dieser Stelle trotzdem sehr viel detaillierter. Der Inhalt-Form-Bezug kann genauer beschrieben werden. Wenn es die Juroren unbegründet lassen, dass Text und Sprecher zusammen passen, greifen an dieser Stelle Kriterien der stimmlich-sprecherischen Gestaltung aus der Sprechwissenschaft. Die Angemessenheit einzelner Sprechausdrucksmittel kann zwar beurteilt werden, jedoch werden diese Kriterien auch von den befragten Sprechwissenschaftlern selten genutzt (Giertler 2009, S. 82).

Stimme

Ein auffälliger Unterschied zwischen beurteilenden Sprechwissenschaftlern und beurteilenden Hörbuchkritikern liegt auch in der Verwendung des Kriteriums Stimme. Sie ist für Sprechwissenschaftler ein wichtiges Kriterium (Giertler 2009, S. 82), die Juroren hingegen gehen in den seltensten Fällen auf die Stimme ein. Zudem wird der Begriff übergeneralisiert eingesetzt – das vor allem auch von den befragten Laien (Krause et al. 2015, S. 9). Auch wenn die Pausengestaltung im Bezug auf das Textverständnis relativ häufig von Sprechwissenschaftlern beurteilt wird (Giertler 2009, S. 82), finden sich bei den Juroren nur implizit Aussagen zur Wirkung der Sprechgeschwindigkeit.

Sprechen, Dialekt

Der Einsatz von Dialekt wird von den Juroren sowie von den Laien bei Travkina (2010, S. 199) beurteilt, wenn auch unterschiedlich und stark von den eigenen Einstellungen beeinflusst. Die Juroren urteilen unter anderem am häufigsten darüber, ob der Sprechende damit authentisch wirkt – und dies vor allem im Bezug auf eine autobiografische Schrift, womit indirekt auch das Thema Autor und Sprecher beschrieben wird. So ist ein wesentlicher Unterschied, dass die Juroren neben genannten Kriteriengruppen eine weitere Gruppe zur Beurteilung heranziehen – die personenbezogenen Kriterien.

Tabelle 2 zeigt die stimmlich-sprecherischen Kriterien verschiedener Beurteiler.

Stimmlich-sprecherische Kriterien		
Hörbuchkritiker	**Sprechwissenschaft**	**Laienhörer**
Stimme: • Stimmwirkung • Emotionen • Figurengestaltung Sprechen: • Vorlesefertigkeit • Dialekt • Emotionen • Figurengestaltung	• Stimme • Pausengestaltung und Sprechgeschwindigkeit • Melodieführung • Akzentuiung/ Betonung und Rhythmus • Artikulation • Sprechspannung • Sonstige Auffälligkeiten	• Angemessenheit der Sprecherleistung: Wunsch nach Neutralität

Tabelle 2

3.4 Personenbezogene Kriterien

Die teilnehmenden Juroren der hr2-Hörbuchbestenliste beschreiben im vorliegenden Material am häufigsten die Beziehung zwischen Autor und Sprecher. Auch die Laien gehen auf den Zusammenhang zwischen Persönlichkeit und Stimme sowie Sprechen ein.

Da in der Sprechwissenschaft durchaus die Verbindung des Sprechers zum Autor des Textes ein Thema ist sowie der Einfluss der Persönlichkeit eines Sprechers brisant erscheint, bleibt zu fragen, warum solche Kriterien in den sprechwissenschaftlichen Arbeiten bislang nicht explizit genannt werden. Dabei fragt Giertler (2009, S. 85f.) zwar nach differenzierten Haltungen und der Angemessenheit der Distanz zum Text, aber ob der Sprecher beispielsweise die Intention des Autors wiedergibt oder ‚gegen den Text spricht', beziehungsweise wie er kenntlich macht, dass es sich um einen Fremdtext handelt, wird nicht explizit als Kriterium behandelt. Auch für den Einfluss der Person des Sprechers wird kein Kriterium verwendet.

Tabelle 3 zeigt die personenbezogenen Kriterien verschiedener Beurteiler.

Personenbezogene Kriterien		
Hörbuchkritiker	**Sprechwissenschaft**	**Laienhörer**
Sprecher als Person: • Karriere • Professionalität Autor und Sprecher: • Beziehung Gemeinsamkeiten	–	• Passung zw. Sprecher und Text • Persönlichkeitseigenschaften der Sprecher und Figuren

Tabelle 3

4 Resümee

Der Vergleich zeigt, dass alle Gruppen künstlerisch-inhaltliche Kriterien häufiger zur Beurteilung verwenden als stimmlich-sprecherische. Dabei gehen Juroren und Laienhörer seltener und undifferenzierter auf Kriterien der stimmlich-sprecherischen Gestaltung ein als Sprechwissenschaftler. Ein wesentlicher Unterschied besteht vor allem darin, dass die Juroren sowie Laien auch anhand personenbezogener Kriterien beurteilen.

Eine Analyse der Kriterienverwendung innerhalb der Jury-Beurteilungen zeigte außerdem, dass die verschiedenen Kriterien von den Juroren unterschiedlich stark genutzt wurden. Nicht alle Juroren beurteilen anhand aller Kriterien. Ein Austausch über die Kriterien der Sprecherbeureilung könnte hier zu einer verbesserten Qualität der Urteile führen.

Der zugrundliegende Vergleich verweist dabei zum einen darauf, dass der Einsatz stimmlich-sprecherischer Kriterien aus der Sprechwissenschaft Gefahr laufen kann, den Stimm- und Sprechausdruck zu analysieren und dabei die künstlerische Umsetzung als Folge zu betrachten (Ritter 2009, S. 12ff.). Eine Entwicklung sprechwissenschaftlicher Kriterien von reiner Beurteilung des stimmlich-sprecherischen Ausdrucks zur Beachtung künstlerisch-inhaltlicher Kriterien ist dabei zu erkennen. Personenbezogene Kriterien fehlen bislang.

Zum anderen zeigte sich, dass Laienkriterien sich vor allem auf die Sprecherpersönlichkeit beziehen und unbedingt noch weiter untersucht werden müssen. Kriterien der Juroren bauen dabei eine Art ‚Brücke' zwischen Laienwahrnehmungen und den differenzierten Analysemöglichkeiten von Seiten der Sprechwissenschaft. Laien sprechen über eine Passung zwischen Sprecher und Text und beziehen ihre Aussagen meist nur auf ihren subjektiven Geschmack. Die befragten Juroren erklären diese Passung anhand wirkungsbezogener Aussagen, suchen aber selten nach ursächlichen Merkmalen innerhalb der Sprecherleistung oder im Text. So nennen sie selten stimmlich-sprecherische Kriterien. Dass etwa eine Stimme anstrengend wirkt oder stimmlich-sprecherische Auffälligkeiten bestehen, wird nur ein einziges Mal im Material erwähnt. Allerdings wird der Sprechausdruck auch hier als passend empfunden. Es lässt sich vermuten: Stimmlich-sprecherische Kriterien bilden eine Grundvoraussetzung für die Juroren und so gehen die Beurteilungen an dieser Stelle nicht ins Detail. Zudem verfügen die befragten Juroren nicht über differenzierte Analysekriterien des Stimm- und Sprechausdrucks. Dabei ist klar, dass sie dies auch nicht notwendigerweise müssen, weil Sinn und Zweck ihrer Beurteilungen nicht konstruktive Verbesserungsvorschläge für Sprechende sind, sondern Hörenden Empfehlungen auszusprechen. Juroren sind damit selbstverständlich näher an Laienkriterien orientiert.

Hier können nun aber sprechwissenschaftliche Kriterien für eine differenzierte Miteinbeziehung stimmlich-sprecherischer Leistungen eingesetzt werden. Die Analyse der Sprecherleistung, nämlich für bestimmte Wirkungen zugrundeliegende Gestaltungsmittel aufzuspüren, ist Aufgabe der Sprechwissenschaft. Eine sprechwissenschaftliche Analyse dient dabei vielmehr dem Zweck der Schulung von Sprechern und Hörern, sodass Sprecherabsicht und die Wirkung auf Zuhörende im besten Fall zusammenliegen. Trotzdem ist denkbar, eine differenziertere Analyse auffälliger Merkmale auch für Hörbücher im Sinne einer ‚sprechwissenschaftlichen Hörbuchkritik' vorzunehmen – vor allem, um Beurteilungen zu begründen und ihnen Subjektivität zu nehmen. Besonders schade ist es deshalb, dass eine Institution wie das ehemalige ‚Hörbuch des Monats' aus Tübingen derzeit nicht existiert. Hier könnten Kriterien aus der Sprechwissenschaft in der Öffentlichkeit Anklang finden und damit auch das Ziel einer hörerorientierten Kritik in Angriff genommen werden.

Außerdem sei angemerkt, dass die befragten Laien neben der Sprecherleistung grundlegend über den Text und dessen Inhalt urteilten – und auch die Hörbuchkritik enthält das Kriterium Inhalt. Wenn die Buchvorlage bekannt ist, kann sich die Kritik einer Sprechfassung vielmehr darauf konzentrieren, welchen Mehrwert der Sprecher dem Text verleiht und welche Aussage das Hörbuch zur Buchvorlage macht (Häusermann 2007, S. 73). Die Beurteilung der Sprecherleistung geschieht dann immer im Hinblick auf den Text und Aussagen zu Stimme und Sprechen bleiben niemals funktionslos. Hier kann sich die Sprechwissenschaft vermehrt den künstlerisch-inhaltlichen Kriterien zuwenden und personenbezogene Kriterien für die Beurteilung der Sprecherleistung im Hörbuch in ihr Repertoire aufnehmen. Zu überprüfen wäre dann, ob Expertenbeurteilungen und Laienbeurteilungen weiterhin divergieren (wie etwa bei Travkina 2010, S. 181).

In der sprechwissenschaftlichen Arbeit mit Hörbuchsprechern ist es demnach notwendig, dass sich Zuhören und Beurteilen immer auf „die Anwendung sprechgestalterischer Mittel zur Umsetzung der Textvorlage und deren Wirkung auf die Zuhörenden bezieht" (Breulmann 2011, S. 30). Eine enge Beziehung zwischen Buch und Hörbuch ist daher auch kein Grund, ein Hörbuch nicht als eigenständiges Kunstwerk zu verstehen. Gleichsam darf sich die Sprechkunst nicht als Hilfskunst der Literaturwissenschaft verstehen (Ritter 2009, S. 12), sondern Sprechkunst und Literaturwissenschaft bilden eine kongeniale Kombination, wie Sprecher und Autor.

Für einen Workshop auf dem Studierendenforum der DGSS in Marburg 2016 wurde aus den Ergebnissen ein erster Versuch eines Fragenkatalogs entwickelt. Dieser Entwurf, mit dem im Workshop praktisch gearbeitet wurde, wird im Folgenden als Abschluss dieses Aufsatzes angefügt.

Kriterien zur Beurteilung der Sprecherleistung im Hörbuch

Diese Kriterien sind mögliche Kriterien und eine Zusammenstellung aus Literatur und Ergebnissen aktueller sprechwissenschaftlicher Forschung. Sie basieren auf Kriterien von Laien, Sprechwissenschaftlern und Hörbuchkritikern. Die Kriterien sind nicht gewichtet.

Vorab

Erwartungen: Was erwarte ich anhand der Vorinformationen? (Titel, Autor, Sprecher, Klappentext, Titelbild)

Erster Eindruck

- ☐ Gefällt mir das, was ich eben gehört habe?
- ☐ Liest der Sprecher angenehm vor?
- ☐ Finde ich etwas auffällig oder bemerkenswert?

Künstlerisch-inhaltliche Kriterien
Beantwortung der Ja-Nein-Fragen und anschließender Begründungsversuch. Warum?

Sprecher – Hörer

- ☐ Hörerbezug: Fühle ich mich angesprochen? Höre ich gerne zu?
- ☐ Aufmerksamkeit: Möchte ich das Hörbuch weiter hören?
- ☐ Text und Inhalt: Gefällt mit der Text? Finde ich den Inhalt ansprechend?
- ☐ Verständlichkeit: Kann ich folgen oder schalte ich ab? Wirkt der Text strukturiert und bedeutungsreich?
- ☐ Atmosphäre: Entstehen bei mir Bilder im Kopf?
- ☐ Anregung der Fantasie: Fühle ich mich so, als wäre ich mitten in der Geschichte?
- ☐ Lebendigkeit: Macht der Sprecher den Text zu einem Erlebnis? Finde ich das Vorlesen lebendig?
- ☐ Authentizität: Empfinde ich das Vorlesen als authentisch/glaubwürdig oder stört mich etwas?
- ☐ Emotionalität: Kann ich Emotionen erkennen? Empfinde ich den Grad der emotionalen Färbung als angemessen?

Sprecher – Figur

- ☐ Haltung: Verwandelt sich der/die Sprechende in unterschiedliche Figuren (Deklamation/Rollenspiel) oder nimmt er/sie eine distanziertere Rolle ein (Rezitation/Simulation)? Empfinde ich das als angemessen?
- ☐ Figurengestaltung: Finde ich die Figurengestaltung angemessen?
- ☐ Authentizität: Wirken die Figuren auf mich authentisch?

Sprecher – Text

- ☐ Haltung zum Text: Liegt eine Distanz des Sprechers zum Text vor? Ist diese angemessen? Kann ich das Textgenre erkennen?
- ☐ Passung Sprecher-Text: Empfinde ich die Besetzung/den Sprechenden und den Ausdruck passend? (Persönlichkeitseigenschaften: Welche Eigenschaften schreibe ich Sprechenden/Figuren zu?)
- ☐ Sprechfassung/Lesefassung: Gibt es für mich einen Mehrwert, wenn ich das Buch höre statt es zu lesen? (Gibt es für mich einen Nachteil, wenn ich das Buch höre statt es zu lesen?) Warum höre ich das Hörbuch?

Stimmlich-sprecherische Kriterien
Hier soll nicht funktionslos beurteilt werden, sondern nur dann, wenn Merkmale und Merkmalskomplexe auffällig sind.

- ☐ Werden die stimmlich-sprecherischen Kriterien angemessen, differenziert und flexibel eingesetzt? Fällt mir etwas besonders auf?

Stimme

- ☐ Stimmwirkung: Wie wirkt die Stimme auf mich? Woran liegt das?
- ☐ Emotionen: Werden Emotionen vermittelt? Welche? Wie wird das gemacht?
- ☐ Figurengestaltung: Werden Figuren stimmlich gestaltet? Wie wird das gemacht?

→ Tonlage, Sprechstimmumfang/Melodieführung, Resonanz, Geräuschanteile, Timbre

Sprechen

☐ Dialekt: Wird in Dialekten gesprochen? Finde ich das angemessen?

☐ Emotionen: Werden Emotionen vermittelt? Welche? Wie wird das gemacht?

☐ Figurengestaltung: Werden Figuren sprecherisch gestaltet? Wie wird das gemacht?

→ Pausengestaltung, Sprechgeschwindigkeit, Betonung, Rhythmus, Artikulation, Sprechspannung, Atmung, Mikrofon

Personenbezogene Kriterien
Wenn die Beziehung zwischen Autor und Sprecher in irgend einer interessanten Weise auffällig ist, wird sie als Kriterium relevant. Selbiges gilt für die Persönlichkeit des Sprechers.

Sprecher als Person

☐ Karriere und Professionalität: Ist der Sprechende bekannt? Spricht ein Profi? Hat die Sprecherpersönlichkeit einen Einfluss auf mein Gefallensurteil? Erkenne ich eine typische Art des Vorlesens bei dieser Person?

Autor und Sprecher

☐ Beziehung: In welcher Beziehung stehen Autor und Vorleser?

☐ Gemeinsamkeiten: Gibt es wichtige Gemeinsamkeiten zwischen diesen beiden?

Gesamteindruck

☐ Die Summe der Teile...

Literatur

Breulmann, J. (2011): Sprecherziehung und Hörbuchsprechen. Zur Beurteilung sprecherischer Leistung bei der Hörbuchproduktion. Unveröffentlichte DGSS-Abschlussarbeit.

Dietrich, F. (2008): Medienvermittelte Sprechkunst im Hörbuch. Eine Beispielstudie zur Bewertung durch verschiedene Rezipienzgruppen anhand des Hörbuchs „Rilke-Projekt". Unveröffentlichte Diplomarbeit an der Martin-Luther-Universität Halle-Wittenberg.

Eckardt, H. (2009): Die Kunst des Hörbuchsprechens: Kleine Einführung für professionelle Sprecher, Lehrer und begeisterte Vorleser. Verlag und Studio für Hörbuchproduktionen. Audio-CD.

Häusermann, J. (2007): Das Hörbuch zwischen öffentlicher Lesung und privater Rezeption. In: Rautenberg, U. (Hrsg.): Das Hörbuch – Stimme und Inszenierung. Wiesbaden: Harrasowitz, 55-73.

Hübschmann, W. (1990): Richtigkeitsbereiche? Zur Problematik von Beurteilungskriterien sprechkünstlerischer Leistungen. In: Fragstein, T. v./Ritter, H. M. (Hrsg.): Sprechen als Kunst. Sprache und Sprechen 22. Frankfurt am Main: Sciptor, 69-77.

Krause, C./Pitz, M./Hannken-Illjes, K. M. (2015): Ein Hörbuch rezipieren. Wie Hörer/innen über „Herrn Sommer" sprechen. In: Teuchert, B. (Hrsg.), Aktuelle Forschungstendenzen in der Sprechwissenschaft. Hohengeren: Schneider Verlag, 166-176.

Mayring, P. (2010): Qualitative Inhaltsanalyse. Weinheim: Beltz.

Meyer-Kahrweg, D. (2007): Wege zum „guten" Hörbuch – Beurteilungskriterien am Beispiel der hr2 Hörbuch-Bestenliste. In: Rautenberg, U. (Hrsg.): Das Hörbuch – Stimme und Inszenierung. Wiesbaden: Harrasowitz, 75-82.

Nebert, U. (2010): Beurteilung stimmlicher Leistungen in der Hörfunkausbildung. In: Pabst-Weinschenk, M. (Hrsg.): Medien: Sprech- und Hörwelten. München: Reinhardt.

Nebert, U./Neuber, B. (2009): Beurteilung und Bewertung stimmlich-sprecherischer und künstlerischer Leistungen. In: DGSS aktuell 1, 5-11.

Ritter, H. M. (2009): Zurück zu den "Meistersingern"? Zur Frage der Beurteilung und Bewertung stimmlich-sprecherischer und künstlerischer Leistungen – Kleiner kritischer Kommentar aus dem "Off". In: DGSS aktuell 3, 12-14.

Rohkämper-Hegel, G. (o.J.): Vierzig Jahre Lesen fürs Hören. In: Lesen fürs Hören in Münster. 50 Jahre Westdeutsche Blindenhörbücherei e.V. 1955-2005. Thiekötter: Münster.

Rühr, S. (2008): Tondokumente von der Walze zum Hörbuch. Geschichte – Medienspezifik – Rezeption. Göttingen: V&R unipress.

Schmehl, C. (2015): Beurteilung der Sprecherleistung im Hörbuch. Eine Untersuchung zu Beurteilungskriterien der hr2-Hörbuchbestenliste im Vergleich zu Beurteilungskriterien aus der Sprechwissenschaft und von Laienhörern. Unveröffentlichte Abschlussarbeit an der Philipps-Universität Marburg.

Scholte, S. (2002): Sprechende Bücher, hörende Leser. Eine explorative Studie zur Nutzung und Bewertung von Hörbüchern. Unveröffentlichte Diplomarbeit am Institut für Journalistik und Kommunikationsforschung an der Hochschule für Musik und Theater Hannover.

Schwietert, S. (2008): Wo geht's aufwärts? In: Börsenblatt Spezial Hörbuch 175, 14-16.

Travkina, E. (2010): Sprechwissenschaftliche Untersuchungen zur Wirkung vorgelesener Prosa (Hörbuch) (Hallesche Schriften zur Sprechwissenschaft und Phonetik 34). Frankfurt am Main: Peter Lang.

SANDRA RÜHR

Hörbuchsprecher – Könige der Vortragskunst?
Zuschreibungen an den Stimmklang im Hörbuch

1 Das Hörbuch und seine Stimme(n)

2006 und 2015 erschienen im *Spiegel* und der *Frankfurter Allgemeinen Zeitung* Artikel über die Hörbuchbranche, die, obwohl nahezu ein Jahrzehnt zwischen ihnen liegt, einen ähnlichen Grundtenor haben. Erstens: Hörbücher verkaufen sich gut. 2005 waren sie „Hoffnungs- und Leistungsträger" (Rosenbach/Schulz 2006, S. 195) der gesamten Buchbranche, da sie zweistellige Zuwachsraten verzeichnen konnten. 2015 wurde auf das Vorjahr optimistisch zurückgeblickt, indem Hörbücher ein kontinuierlich steigender Anteil am Buchmarkt attestiert wurde (vgl. Freidel 2015, S. 18). Dies ist zwar nicht korrekt, da der Umsatzanteil seit Jahren bei etwa vier Prozent liegt, allerdings hat sich dieser Umsatzanteil seit zwei Jahren nach Einbrüchen wieder nach oben bewegt. Zweitens: Hörbücher ‚leben' von „Sprecherstars" (Rosenbach/Schulz 2012, S. 195). 2006 wurde rückblickend festgestellt, dass „die Branche aus Marketing-Gründen seit ein paar Jahren immer stärker auf bekannte Stimmen aus Film und Fernsehen" (ebd.) setze. Und 2015 wurde betont, dass Stimmen wie die von Christian Brückner auch deshalb so erfolgreich seien, „weil wir ihnen gerne zuhören. Das ist sicher ein Grund für den Erfolg des Mediums Hörbuch." (Freidel 2015, S. 18)

Die Erfolgskurve des Hörbuchs hängt einerseits eng mit der sprecherischen Leistung einzelner Sprecher zusammen. Andererseits sind vor allem solche Hörbuchtitel ‚sichtbar', die es aufgrund hoher Verkaufszahlen in Bestsellerlisten geschafft haben. Allerdings lassen sich ökonomische Faktoren und Produktionsbedingungen nicht zwangsläufig zusammenbringen: Der gut verkäufliche Titel unterlag nicht notwendigerweise einer aufwändigen Produktion. Lohnt es sich demzufolge, in den Worten von Freidel, „so viel Herzblut in die Produktion" (Freidel 2015, S. 18) zu investieren? Für den Hörgenuss ist es in jedem Falle gewinnbringend. Dass durchaus versucht wird, die Produktionsverfahren, zumindest so, wie sie sich bei der Hörbuchrezeption heraushören lassen, nachzuvollziehen, äußert sich unter anderem in zahlreichen professionellen Auszeichnungsformaten für Hörbücher sowie Laien- wie Experten-Kritikerforen. Hierbei ist zwischen dem ‚Laien-Hörer', der sich für Hörbücher interessiert und diese zum privaten Vergnügen rezipiert, und dem ‚Experten-Hörer', der sich Hörbüchern in professioneller Hinsicht widmet, zu unterscheiden.

Im Fokus dieses Beitrags stehen die ‚Experten-Hörer' und wie sie den ‚stimmlich-artikulatorischen Ausdruck' (vgl. Bose 2010, S. 31) von Hörbuchsprechern beurteilen. Da die Stimme als das wesentliche Ausdrucksmittel des Hörbuchs gilt, sollen daraus generelle Zuschreibungen an das Medium Hörbuch abgeleitet werden. Hierbei gilt es zweierlei zu beachten: Erstens ist der Beitrag buchwissenschaftlich fundiert, weshalb das Hörbuch, analog zum Buch, als Kommunikationssystem aufgefasst wird und die Zuschreibungen dem Dispositiv Hörbuch gegenübergestellt werden. Damit findet, im Vergleich zum Beitrag von Christina Schmehl in diesem Band, der eine ähnliche Fragestellung hat, eine Erweiterung der Vorgehensweise statt. Zweitens wird die Bezeichnung ‚Hörbuch' als Oberbegriff für die stimmbezogenen Darbietungsweisen Lesung und Dokumentation sowie Hörspiel und Feature mit stärker inszenierendem Charakter aufgefasst. Problematisch an Zuschreibungen, die aus der Stimm-Wirkung abgeleitet werden sollen, ist in erster Linie, dass es sich als schwierig gestaltet, Stimmen zu beschreiben:

> „Es gibt kein ‚kritisches Besteck' speziell für Hörbücher, und so behelfen sich
> Kritiker häufig mit Worten wie ‚kongenial', ‚Empathie' und der Behauptung,
> ein Sprecher habe ‚sich auf den Duktus des Textes' eingestellt: Hörbuchkritik
> als Bastard aus Literatur- und Musikkritik." (Lehmkuhl 2005, S. 363)

Dennoch soll der Versuch unternommen werden, die Stimmbeschreibungen mittels sprechwissenschaftlicher Beschreibungsmodi zu analysieren, um daran den Stellenwert des Hörbuchs ablesen zu können.

2 Könner im Hörbuch-Metier

1984 erschien in der Wochenzeitung *Die Zeit* ein Beitrag über Gert Westphal, den ‚König der Vorleser'. Die Autorin, Petra Kipphoff, führte ihr positives Urteil folgendermaßen aus:

> „Westphal liest nicht einfach vor oder einfach gut vor. […] Er schlüpft während
> eines Dialogs von einer Rolle flink und lustvoll in die andere, weiß den Tonfall
> des alten und des jungen Stechlin zu differenzieren und Melusines Stimme ei
> nen hellen, koketten Ton zu geben, den ihre Schwester Armgard nicht hat, läßt
> Dialekte anklingen, ohne zu karikieren, scheint gelegentlich sogar mehrere
> Stimmen zugleich zu bringen, wenn etwa ein Gespräch im Vordergrund vor
> dem Getuschel im Hintergrund stattfindet. […] [E]r behält immer den Überblick
> und kann Spannung auch über Untiefen hinweg erhalten. Das alles vom Aus
> gangspunkt einer sonoren, angenehmen Stimme, einer lebhaften und präzisen
> Artikulation." (Kipphoff 1984)

Auch wenn Kipphoffs Würdigung der sprecherischen Leistung Westphals zunächst subjektiv gefärbt scheint, geht sie im weiteren Verlauf ihrer Ausführungen genau darauf ein, was ihn zum ‚König der Vorleser' macht. Was sie anführt, sind konkrete Merkmale des Sprechausdrucks. Die „Stilmittel der sprechkünstlerischen Interpretation" (Travkina 2010, S. 95) klingen hier an. Deutlich wird auch, dass Westphal nach Meinung Kipphoffs in der Lage war, die Textintention für sich herauszuarbeiten, um sie zu seiner Sprecherintention zu machen: „Normalerweise liest er nur Texte, die er so gut kennt und durchgearbeitet hat, daß er ohne jede Annotation auskommt." (Kipphoff 1984) Genau das ist es, was nach Hans Eckardt, zunächst Schauspieler, Regisseur und Chefdramaturg, später Leiter der Hörbücherei in Marburg, Sprecher und Inhaber von Verlag und Studio für Hörbuchproduktionen, unabdingbare Voraussetzung für Sprecher ist: „Um aber an der richtigen Stelle betonen, Gefühle ausdrücken zu können, muss ich mir die Textpartitur zunächst inhaltlich aneignen, sie also lesen und als Ganzes wie auch Satz für Satz interpretieren." (Eckardt 2005, Track 1, Minute 12:40-12:53) Eckardt betrachtete die Stimme als Instrument und den Text als Partitur. Dieser gebe keine genauen Anweisungen, wie er zu lesen sei, wie es beispielsweise bei Musikstücken der Fall ist, die Tempo- oder Lautstärkewechsel anzeigen. Stattdessen sei es Aufgabe des Sprechers, ein Sprach- in ein Sprechkunstwerk zu verwandeln. Er müsse sich hierzu den Text aneignen, ihn zu seinem Text machen, aber gleichzeitig deutlich machen, dass er ‚Vermittler' zwischen Autor und Leser sei. Erst dann sei er ein guter Hörbuchsprecher (vgl. Eckardt 2005, Track 1, Minute 15:22-15:43).

Die Sprechwirkungsforschung bezeichnet diesen Prozess als sprechkünstlerische Kommunikation und zugleich als künstlerische Kommunikation, weil der Sprecher ein schriftlich verfasstes Kunstwerk durch gesprochene Sprache reproduziert und interpretiert. Seine Interpretation wiederum drückt sich sprechkünstlerisch gestaltet aus und wird in dieser Form dem Hörer präsentiert, der sie, eingebettet in einem konkreten situativen Kontext, rezipiert (vgl. Krech 1991, S. 198). Dies beherrsche nach Christian Brückner, selbst Sprecher zahlreicher Hörbücher, Synchronsprecher und gemeinsam mit seiner Frau Inhaber des Hörbuchverlags Parlando, nicht jeder gleichermaßen (vgl. Locke 2012). Brückners Name wird im Hörbuch-Metier gerne mit dem Zusatz ‚The Voice' versehen. Von seiner Stimme wird gesagt

> „sie könne allem eine Bedeutung, einen spezifischen Akzent verleihen und kenne dabei noch so viele Zwischentöne. Heiserbrüchig sei diese Stimme, auf eine sensible Art spröde. Sanft und energisch. Warm und weich. Rauh und klar. Ein Klangkörper, der eine lapidare, doch nachhallende Erzählweise hervorbringe und dabei Nuancen herausarbeite, die sich beim stillen Lesen so oft gar nicht erschließen." (Stölzel 2007)

Anders als bei Kipphoffs Ausführungen zu Westphals Stimme konzentriert man sich bei Brückner stärker auf dessen stimmliche Eigenschaften. An anderer Stelle werden diese mit „eher rauh, brüchig, knarzig, fast ein wenig elend klingend" (Locke 2012) umschrieben. Diese Fokusverschiebung hängt vermutlich damit zusammen, dass Brückners Stimme vor allem als deutsche Stimme Robert De Niros bekannt ist. Doch wird nicht nur auf seinen Stimmklang geachtet, sondern auch darauf, wie er seine Stimme als Instrument für Textpartituren einsetzt. 2012 wurde ihm beim Deutschen Hörbuch Preis der Sonderpreis für sein Lebenswerk verliehen. Begründet wurde dies wie folgt:

> „Er ist nicht nur Leser oder Sprecher eines Textes, sondern er zeichnet sich stets durch eine ganz eigene, durchdachte Haltung zum jeweiligen Text aus. Er spürt Informationen, Emotionen und Zwischentöne auf, macht sie hörbar und verleiht dem geschriebenen Wort damit eine unverwechselbare akustische Dimension." (Deutscher Hörbuchpreis 2012)

Er selbst sieht seine Aufgabe als Hörbuchsprecher darin,

> „dafür zu sorgen, dass [das Textgebäude] die richtige Betonung und die richtige Form und Farbe hat, und die Sprache nicht nur bloß aus [s]einem Mund herauskommt, sondern in einer ganz bestimmten Weise getönt ist. Unter dieser Gesamtfarbe, […] die den ganzen Text durchzieht, bewegen sich die Handlung und die Figuren." (Bärmann 2014, S. 42)

3 Fragestellung und Methode

Obwohl die Bezeichnung ‚Hörbuch' eine Nähe zum gedruckten Buch suggeriert, stellt Deutschmann die These auf, das „Hörbuch [sei] eben kein ‚Buch'" (Deutschmann 2007). Während der Autor jedoch den größten Unterschied zwischen den beiden Medien darin ausmacht, dass das Hörbuch auf Tonträger gespeichert sei, gehen die folgenden Ausführungen weiter. In buchwissenschaftlicher Perspektive wird nicht allein die Materialität des Mediums betrachtet, sondern der gesamte Kommunikationsprozess. Damit wird das Hörbuch als Dispositiv verstanden, das die Wahrnehmungsprozesse der Rezipienten steuert.

Die Hörbuchleistung, das, was ein Hörbuch im Sinne der Kommunikation zu erbringen vermag, hängt zunächst von der ‚Bereitstellungsqualität' ab. Dabei handelt es sich um die Art und Weise, wie das Zeichenmaterial in das Medium überführt wird. Selbst wenn Hörbücher oft auf Buchvorlagen basieren, sind sie keine Eins-zu-Eins-Übernahmen. Stattdessen wird gestrichen, umgestellt, gekürzt oder, im Falle von Hörspielen, dramatisiert, damit „originär für akustische Räume Gebautes" (Deutschmann 2007) entstehen kann. Ein Hörbuchmanuskript ist somit nicht identisch mit der eventuellen Vorlage. Der Sprecher nutzt dies als Ausgangsbasis für seine sprechkünstlerische Interpretation. Dabei arbeitet er eng mit einem Regisseur zusammen, der ihm Anweisungen gibt. Bei Christian Brückner ist dies seine Frau. Sie kontrolliert nach seiner Aussage „zum Beispiel die Tonalität, ob ich etwa zu pathetisch lese. Oder zu langsam. Sie begleitet das genaue Hören der verschiedenen Rollen. […] Und wenn […] eine Figur zehn Seiten zuvor noch ganz anders geklungen hat, ermahnt mich meine Frau." (Bärmann 2014, S. 40) Die Tontechnik ist für die Aufnahme verantwortlich. Sie ist außerdem für Schnitt und Mastering zuständig. Im Falle von Hörspielen werden zudem noch Musiker, Geräuschemacher und Sounddesigner benötigt, damit das berühmte ‚Kino im Kopf' entstehen kann. Am Ende jeder Produktion steht das Abhören auf Knacklaute und sonstige störende Geräusche (vgl. Das Hörspielstudio 2012). Bei den Organisationen, die dazu beitragen, dass Hörbücher produziert werden, handelt es sich um Hörbuchanbieter, die sich gegenwärtig in Buchverlage mit Hörbuchimprint, reine Hörbuchverlage und Tonträgerfirmen unterteilen lassen. Diese Anbieter passen die Hörbuchtitel ihrem jeweiligen Programm an. Sie arbeiten, wenn sie nicht über ein eigenes verfügen, mit Tonstudios zusammen.

Aus der Sichtweise, dass das Hörbuch nicht nur ein materielles Objekt ist und sich somit nicht allein über seine sprechkünstlerische Darbietung nachvollziehen lässt, sondern dass es sich um ein mediales Dispositiv handelt, leiten sich folgende Fragestellungen ab: Welche Zuschreibungen an das Medium Hörbuch erlauben Stimmbeschreibungen, die ‚Hörbuch-Experten' bei Hörbuchsprechern vorgenommen haben? Welche Zuschreibungen an das Medium Hörbuch lassen Aspekte zu, die das Hörbuch als Dispositiv betreffen und seine Wahrnehmungsanordnung verorten lassen?

Dies wurde inhaltsanalytisch untersucht. Als Ausgangspunkt dienten Titel, die mit dem Deutschen Hörbuch Preis ausgezeichnet wurden. Dieser Preis wird seit 2003 verliehen und ist eine branchenrelevante Auszeichnung, die nicht anhand von Verkaufszahlen, sondern mittels ästhetischer Kriterien entscheidet. Zugleich bildet sie die inhaltliche wie darstellungsspezifische Vielfalt des Hörbuchs ab. Aus den Prämierungsjahrgängen wurden die Jahre 2005 und 2015 als Ausgangspunkte gewählt. Dies liegt in den Aussagen begründet, die auf diese Jahre zutreffen: Hörbücher sind gut verkäufliche Handelsgüter; Ihr Erfolg hängt maßgeblich von den Sprechern ab. Ab 2005 wurden die beiden Folgejahrgänge und ab 2015 die beiden vorherigen Jahrgänge ausgewählt, so dass zusammen genommen die Jahre 2005 bis 2007 und 2013 bis 2015 analysiert wurden. Insgesamt wurden in diesen sechs Jahrgängen 41 Auszeichnungen vergeben. Ausgenommen von der Analyse blieben Reihen und die Kategorie ‚Beste verlegerische Leistung', wenn diese nicht auf einen einzelnen Titel bezogen war, weil klar abgrenzbare Einzeltitel untersucht werden sollten. Die Bewertungen von Nominierungs- und Preisträgerjury wurden um weitere Quellen ergänzt, um ein möglichst vollständiges Bild im Bereich der Stimmbeschreibungen zu erlangen. Die Quellen gliedern sich in die folgenden Bereiche: Besprechungen in Zeitschriften, Zeitungen und Magazinen; Hörfunksender und ihre jeweiligen Kulturmagazine; spezifische Bekanntmachungsforen und Auszeichnungen für die Formate Hörspiel und Feature und spezielle Preise für Hörbücher. Die überregionalen Zeitungen *FAZ*, *Süddeutsche Zeitung*, *Die Zeit* und *NZZ* wurden einerseits aufgrund ihrer hohen Reichweite konsultiert und andererseits, weil sie vom Kulturmagazin *Perlentaucher.de* gesichtet werden und so als Basis für Hörbuchrezensionen verwendet werden können. Zusätzlich wurden Print- und Onlinemagazine ausgewertet: Das Magazin *Bücher*, das eine unabhängige Rezensionszeitschrift für Bücher mit einem großen Besprechungsteil für Hörbücher ist; das Rezensionsforum *Literaturkritik.de*, weil darin seit dem ersten Jahrgang im Jahr 1999 Hörbücher detailliert besprochen werden und das Kulturmagazin *Titel*, das seit 2000 Hörbücher sowohl unter der Rubrik ‚Literatur' als auch thematisch unter Sachbüchern mit den Kategorien ‚Gesellschaft' oder ‚Kulturbuch' bespricht. Daneben wurden die Hörfunksender Deutschlandfunk und Deutschlandradio Kultur, die Sender des Hessischen Rundfunks, des Bayerischen Rundfunks, des Westdeutschen Rundfunks und des Saarländischen Rundfunks hinzugezogen, weil sie als Hörbuchproduzenten oder Kooperationspartner von Hörbuchverlagen agieren können. Neben dem Deutschen Hörbuch Preis wurden als weitere Auszeichnungsformate analysiert: Die Hörbuchbestenliste, die seit 1997 von *Börsenblatt* und Hessischem Rundfunk vergeben wird und zum Jahresende das Hörbuch des Jahres kürt; der Osterwold, den die Verlegerin Margit Osterwold von Hörbuch Hamburg seit 2004 für herausragende Sprecherleistungen vergibt und die Bestenlisten des Preises der Deutschen Schallplattenkritik, weil darin ebenfalls Hörbücher für Erwachsene sowie für Kinder ausgezeichnet werden. Für die Formate Hörspiel und Feature gibt es spezifische Bekanntmachungsforen und Auszeichnungen, die konsultiert wurden und auch für Kinderhörbücher stehen bestimmte Prämierungsorgane zur Verfügung. Beim Deutschlandfunk war dies bis Juli 2015 DLF Cinch, seitdem ist es das Hörspielmagazin, das über Neuheiten der Hörspielszene informiert und somit auch für die Analyse der Hörbücher hilfreich war. Die Deutsche Akademie der Darstellenden Künste zeichnet seit 1977, basierend auf Ursendungen der Radioanstalten, die Hörspiele des Monats aus und wählt daraus schließlich das Hörspiel des Jahres. Die Begründungstexte flossen dann in die Analyse ein, wenn die Hörbuchverlage explizit auf die Prämierung verwiesen haben. Ähnlich verhielt es sich mit dem Deutschen Hörspielpreis der ARD, der seit 2006 an eine Produktion von ARD oder Deutschlandradio vergeben wird, und mit dem seit 2007 von der Stiftung Radio Basel an von Rundfunkanstalten von ARD, ORF oder SRF (deutschsprachige Schweiz) produzierte Features vergebenen Internationalen Featurepreis. Speziell für Kinderhörbuchproduktionen wird seit 2013 der Deutsche Kinderhörbuchpreis Beo in unterschiedlichen Alterskategorien verliehen, ebenfalls ausgezeichnet wird das Beste Sounddesign. Daneben gibt es das von Stiftung Hören, Stiftung Kunst, Kultur und Soziales der Sparda-Bank West, Landesanstalt für Medien NRW und dem WDR seit 2009 vergebene Hörbuchsiegel. Bereits seit 1998 prämiert das Institut für Angewandte Kindermedienforschung (IfaK) Kinderproduktionen.

Die genannten Online-Quellen wurden entweder direkt untersucht, indem in deren Suchmaske der Hörbuchtitel, teilweise in Kombination mit der Kultursendung, eingegeben wurde. Alternativ wurde mittels Suchmaschine und verschiedenen Kombinationen aus Hörbuchtitel/Autor/Rezensent/Preisträger recherchiert. Ergänzend wurden die Internetseiten der Buchverlage, sofern das Hörbuch auf einer Buchvorlage basierte, der Hörbuchverlage und Amazon.de konsultiert, um Angaben bezüglich der Dispositiv-Aspekte zu erlangen. Titel wurden aus der Analyse ausgeschlossen, wenn weder aus dem Begründungstext der Jury des Deutschen Hörbuch Preises noch aus den weiteren zur Analyse herangezogenen Quellen etwas über die sprecherischen Leistungen herauszulesen war. Insgesamt konnten so 32 Titel berücksichtigt werden.

Die Ergebnisse wurden in ein Kategorienschema eingetragen. Entsprechend der beiden Subfragestellungen gliedert sich dieses in die Bereiche ‚stimmlich-artikulatorischer Ausdruck‘ und ‚Dispositiv‘. Innerhalb des ‚stimmlich-artikulatorischen Ausdrucks‘ wurden die Bereiche ‚Parameter‘, ‚Funktion‘, ‚Sprecher‘, ‚Technik-Bezug‘ und ‚Sonstiges‘ analysiert. Unter ‚Parameter‘ fallen ‚Sprechgeschwindigkeit‘, ‚Lautheit‘, ‚Sprechtonhöhe‘ und ‚Artikulation‘. Gemeint sind damit das Tempo, in dem sprachliche Einheiten dargeboten werden sowie Sprechpausen und Akzentuierungen; die Lautstärkedifferenzierung; die Wahrnehmung der Tonhöhe als hoch oder tief sowie als bewegt oder monoton und schließlich die Darbietung der Sprechlaute mittels spezifischer Aussprachenormen mit Abstufungen wie Umgangssprache oder Dialekt und Lautabsetzung sowie Lautverschleifung (vgl. Bose 2010, S. 35f.). Aufgabe des ‚stimmlich-artikulatorischen Ausdrucks‘ ist es, dem Hörer die Textbedeutung zu erschließen. Daher wurde im Bereich ‚Funktion‘ nach Aspekten unterteilt, die für Eindeutigkeit beim Hörer sorgen sollen. Der Sprecher stellt diese mittels Betonung her und liefert so logische Zusammenhänge. Hierfür stehen ihm festgelegte Ausdrucksmöglichkeiten zur Verfügung. Zusätzlich muss der Sprecher auf situativer wie emotionaler Ebene dafür Sorge tragen, den Hörer in das Geschehen eintauchen zu lassen (vgl. Eckardt 2005, Track 1, Minute 4:08-7:25). Hierzu ist es seine Aufgabe, selbst eine bestimmte Haltung zu den Figuren einzunehmen:

> „In einem längeren Text wechselt ständig die Erzählart, denn der Erzähler berichtet, kommentiert, schildert, identifiziert sich mit handelnden Personen. […] Der Erzähler kann [eine] Figur körperlich werden lassen, indem er die indirekte Rede emotional wie eine direkte Rede zum Klingen bringt.“ (Eckardt 2009, CD 1, Track 10, Minute 0:10-0:20 und Minute 5:07-5:13)

Die ‚kommunikative Ebene‘ fragt nach der Unterscheidung von Satzmodi: Werden Aussagen oder Fragen als solche kenntlich? Bei der ‚strukturierenden Ebene‘ geht es darum, ob Sinneinheiten deutlich oder ob Sätze falsch miteinander verbunden werden. Die ‚emotionale Ebene‘ bildet Gefühlsregungen ab und zeigt so, inwieweit der Sprecher sich mit den Figuren identifiziert und die ‚dramaturgische Ebene‘ schließlich geht noch einen Schritt weiter, indem sie das Eintauchen in die gesamte Szenerie hinterfragt, nämlich die ‚Gesamtfarbe‘ eines Texts, wie es Christian Brückner nennt (vgl. Schnickmann 2007, S. 35). Der Bereich ‚Sprecher‘ nimmt dessen Persönlichkeit in den Fokus: Wird mit Sprecherzuschreibungen wie ‚Die beste Stimme‘ gearbeitet? Hört man aus der Stimme den Raucher heraus und zeigt sich so ein persönliches Merkmal des Sprechers? Wird etwas über seine Art der Textaneignung in Form der Vermittlung oder des Rollenspiels ausgesagt? Wird etwas über die Stimme des Sprechers geschrieben à la ‚heiser-brüchig' wie bei Christian Brückner? Da nicht allein Lesungen analysiert wur-den, spielten auch aufnahmespezifische Aspekte eine Rolle: Wird etwas geäußert über den diffizilen Umgang des Sprechers mit dem Mikrofon? Gibt es Aussagen zu Verfremdungs- oder Schnitttechniken? In die Kategorie ‚Sonstiges' wurden weitere Aspekte eingetragen, die unter Umständen an anderer Stelle nicht pas-send waren, aber für relevant erachtet wurden.

Für die dipositivbezogenen Angaben gibt es eine Zweiteilung zwischen ‚Buch' und ‚Hörbuch'. Daran sollte sich ablesen lassen, ob es vor allem auf Buchvorla-gen basierende Hörbuchtitel sind, die prämiert werden. Wenn es einen solchen Buchbezug gibt, werden typische bibliografische Aspekte dargestellt: Wer ist der Autor? Wann ist das Buch erschienen? Bei welchem Verlag? Diese Frage ist vor allem auch deshalb interessant, weil Freidel die These aufgestellt hat, dass be-sonders Hörbuchverlage, die nicht das Imprint eines Buchverlags sind, das Nach-sehen bei der Programmgestaltung haben (vgl. Freidel 2015, S. 18), was sich auch auf die Möglichkeiten zur Besprechung und Prämierung auswirken kann. Dies lässt sich beantworten, wenn man Buchverlag und Hörbuchanbieter einan-der gegenüberstellt. Vergleicht man wiederum den Erscheinungstermin des Buchs und den des Hörbuchs, zeigt sich, wie häufig Parallelveröffentlichungen vorkommen. Beim Hörbuch spielen außerdem die Faktoren ‚Kürzung' und ‚Dauer' eine Rolle: Schaffen es auch oder vor allem aufwändige, lange und da-mit kostenintensive Produktionen, ausgezeichnet zu werden? Zeigt sich die viel-gerügte Praxis des Kürzens bei Hörbuchproduktionen?

Mithilfe des Analyseschemas wurde das Quellenmaterial geordnet und klassifi-ziert. Hierzu wurde Mayrings dritte Grundform des Interpretierens, die Struktu-rierung, angewendet: „Diese Struktur wird in Form eines Kategoriensystems an das Material herangetragen. Alle Textbestandteile, die durch die Kategorien angesprochen werden, werden dann aus dem Material systematisch extrahiert." (Mayring 2010, S. 92) Dieser Schritt, der nach Mayring zwei Teilschritte enthält, nämlich das Markieren der Fundstelle und das Herausschreiben (vgl. Mayring 2010, S. 93f.), wurde bei der vorliegenden Analyse zusammengefügt, indem die Textstelle an die entsprechende Stelle des Kategoriensystems eingefügt und mit einem Kürzel für die Fundstelle versehen wurde. Alle Kürzel wurden unterhalb des Kategorienschemas aufgelöst und mit genauen bibliografischen Angaben versehen. Im Anschluss an die Analyse wurden alle Analysebögen verglichen, um die extrahierten Textstellen auf Einheitlichkeit zu überprüfen. So sollte ge-währleistet sein, dass die Fundstellen immer identisch interpretiert wurden, was eine erste Schwierigkeit der Inhaltsanalyse darstellte. Das Ziel der Analyse war die Hypothesenfindung (vgl. Mayring 2010, S. 22), um aus dem ‚stimmlich-artikulatorischen Ausdruck' und den Dispositivmerkmalen ableiten zu können, als was Hörbücher gesehen werden oder gesehen werden können.

Bei den Ergebnissen gilt es zweierlei zu beachten: Erstens ist die Stichprobe verhältnismäßig klein, so dass keine allgemeingültigen Aussagen getroffen, sondern lediglich Tendenzen aufgezeigt werden können. Zweitens handelt es sich bei den analysierten Quellen um Rezensionsorgane und Auszeichnungsforen. Besprochen und ausgezeichnet werden Titel, die vorher von den Hörbuchanbietern eingereicht oder durch Rezensenten gezielt von den Verlagen angefordert wurden. Die Titel, die in die Analyse eingeflossen sind, sind nicht in erster Linie die besten Hörbuchtitel, sondern es sind diejenigen, die nach einer Vorauswahl für besonders herausragend erachtet worden sind.

4 Ergebnisse

4.1 Stimmlich-artikulatorischer Ausdruck

4.1.1 2005–2007

Auf die Parameter des ‚stimmlich-artikulatorischen Ausdrucks' wird vor allem im Zusammenhang mit Lautheit und Artikulation eingegangen. Häufiger spielen die funktionalen Aspekte eine Rolle und hierbei besonders die dramaturgische und emotionale Ebene. Die Experten beurteilen somit stärker Aneignungsmodi der sprecherischen Darstellung als dass sie darauf achten, ob für den Hörer Satzmodi und Sinneinheiten deutlich werden. Konkret könnte dies bedeuten, dass es als gegeben angesehen wird, dass ein Sprecher zwischen Aussagen und Fragen differenzieren und innerhalb von Sätzen Bedeutungseinheiten zergliedern kann. Wichtiger scheint es zu sein, dass der Interpret das Sprach- in ein Sprechkunstwerk verwandelt, indem er es interpretiert. Dieser Schritt wird deutlich, wenn Gefühle, die im Text eine Rolle spielen, zum Ausdruck gebracht werden und wenn dem Text eine Stimmungsfärbung zugedacht wird. Außerdem müssen Sprecher in der Lage sein, unterschiedliche Ebenen wie differierende Figurenkonstellationen und die damit verbundenen Haltungen, Stimmungen und deren Deutungen herauszuarbeiten. Auch Charakterwandlungen sollten deutlich werden. Die dramaturgische Ebene sollte jedoch nicht überdeutlich herausgearbeitet werden, sondern im Rahmen bleiben. Bei Kinderhörbüchern wird darauf geachtet, inwiefern die Zielgruppe angesprochen wird, ohne dass übertrieben kindlich interpretiert wird. Ernste Themen sollten als solche erkennbar werden, ohne jedoch zu sehr zu dramatisieren.

Auf den oder die Sprecher wird fast immer eingegangen. Dabei wird vor allem auf Sprecherzuschreibungen Bezug genommen, dann folgen Sprecherhaltung und Stimmeigenschaften. Sprechereigenschaften spielen keine Rolle. Daran zeigt sich, dass die Experten in ihren Äußerungen auch zum Ausdruck bringen wollen, für wie gelungen sie die Hörbuchumsetzung halten. Wenn es sich um O-Tonaufnahmen handelt, bei denen auch der Autor zu hören ist, spielt die Bedeutung des Autors ebenfalls eine Rolle. Hier wird auf das Zusammenspiel aus schriftstellerischer Qualität und Authentizität Bezug genommen. Letzteres wird vor allem bei O-Tondokumentationen herausgestellt. Die Sprecherhaltung zeigt sich vor allem in der Funktion, die der Sprecher einnimmt: Sieht er sich als Vermittler eines Texts oder stärker als dessen Akteur und Rollenspieler? Technische Aspekte spielen für die Juroren und Rezensenten eine untergeordnete Rolle. Wenn darauf Bezug genommen wird, dann bei Features oder O-Tondokumentationen.

Stimmlich-artikulatorischer Ausdruck	
Parameter: 5-mal	
Sprechgeschwindigkeit: 1-mal	
Lautheit: 3-mal	*Wörter Sex Schnitt:* Brüllen und Flüstern „Lautstärkeakzente" (http://bit.ly/2aG10pf) „geflüsterte Passagen" (http://bit.ly/2aKsmw8) „Wir hören einen schreienden […] Brinkmann." (http://bit.ly/2aKw74g) *Jane Eyre:* Interpretation „zwischen Schrei, Schweigen und Flüstern" (http://bit.ly/2aZZehE)
Sprechtonhöhe: 2-mal	
Artikulation: 3-mal	*Gefahr ist ihr Geschäft: Mord im Regen:* Der Sprecher nuschelt sich durch die Geschichte *Tannöd:* Spiel mit Dialekt
Funktion: 12-mal	
Kommunikative Ebene: 1-mal	
Strukturierende Ebene: 0-mal	
Emotionale Ebene: 6-mal	
Dramaturgische Ebene: 10-mal	*Lauf, Junge, lauf:* „große[…] Intensität und Ernsthaftigkeit" (http://bit.ly/2aNsZ9p) Der Sprecher schafft es, „allen Personen individuelle Züge"(http://bit.ly/2aG0xmP) zu verleihen. *Der Nazi und der Friseur:* Die „Interpretation changiert geschickt zwischen den Ebenen von Täter und Opfer, ruhig und gekonnt an der Oberfläche der Erzählung, um zugleich und wenn nötig, die unglaublichen Hintergründe zu illustrieren oder ihre Abgründe auszuleuchten." (http://bit.ly/2afpast) *Jane Eyre:* „Besonders durch behutsamen Tonwechsel gelingt ihr, das ‚Erwachen' von Jane Eyre auch stimmlich zu vermitteln." (http://bit.ly/2av7yaS)

Sprecher: 15-mal	
Sprecherzuschreibung: 9-mal	***Der Mann ohne Eigenschaften:*** „große[s] Ensemble an Schauspielern, die dem Text ihre Stimme verleihen" (http://bit.ly/2apzYBB) „Ihren Teil daran haben natürlich auch die sorgfältig ausgewählten und vielfach inzwischen zu Meistern des Hörbuch-Genres aufgestiegenen Sprecher" (http://bit.ly/2at950A)
Sprechereigenschaften: 0-mal	
Sprecherhaltung: 6-mal	***Wörter Sex Schnitt:*** „Es ist die Arbeit im Originalton-Raum, dem Raum des Authentischen" (http://bit.ly/2aydAoQ) ***Tannöd:*** „stets Dienerin der Geschichte" (http://bit.ly/2afru2v)
Stimmeigenschaften: 6-mal	***Jane Eyre:*** „heiser-markant[…]" (http://bit.ly/2aZZehE) ***Die Brücke:*** „tief[…], sonor[…], mitunter brüchig[….]" (http://bit.ly/2b00IZp)
Technik-Bezug: 4-mal	
Mikrofon: 1-mal	***Wörter Sex Schnitt:*** Mikrofon (auch) als Geräusche erzeugendes Instrument
Stimmverfremdung: 1-mal	***Wörter Sex Schnitt:*** Stimmverzerrung
Schnitt: 4-mal	***Chronik des Jahrhunderts. 1900–2000:*** „Wertung und Kommentar geschehen durch Auswahl und Schnitt." (http://bit.ly/2apA9No)
Sonstiges	

Tabelle 1: Auswertungsergebnisse zum ‚stimmlich-artikulatorischen Aspekt' für die Jahre 2005–2007. Die Angabe x-mal bezieht sich darauf, wie oft bei den insgesamt 16 analysierten Titeln das entsprechende Merkmal auftrat. Dabei sind Mehrfachnennungen möglich. Die Belegangaben der Onlinequellen wurden mittels Bitly.com verkürzt.

4.1.2 2013–2015

Der ‚stimmlich-artikulatorische Ausdruck' wird vor allem im Zusammenhang mit Sprechgeschwindigkeit, Sprechtonhöhe und Artikulation betrachtet. Bei der Sprechgeschwindigkeit heben die Experten in erster Linie sprecherisches Rhythmusgefühl hervor. Bei der Sprechtonhöhe achten die Juroren und Rezensenten beispielsweise auf das Timbre der Sprecher. Im Zusammenhang mit Originaltönen wird der Einsatz von Dialekten herausgestellt. Auch unsauberes Sprechen, das bewusst eingesetzt wird, aber gegebenenfalls das Verständnis erschwert, spielt eine Rolle.

Die verschiedenen funktionalen Aspekte werden in dieser Phase immer thematisiert. Dabei achten die Juroren und Rezensenten jedoch vor allem darauf, wie die Sprecher ein Hörbuch mit Gefühlen anreichern und welche Färbung sie einem Text und seiner Szenerie verleihen. Daher wird vor allem auf die emotionale und dramaturgische Ebene eingegangen. Die kommunikative Ebene wird seltener, die strukturierende Ebene nie erwähnt. Wenn es um die ‚Gesamtfarbe‘ des Texts, wie es Christian Brückner benannt hat, geht, wird beispielsweise darauf geachtet, wie Buchvorlagen umgesetzt wurden. Die Experten heben hervor, wenn Sprecher für unterschiedliche Figuren variablen Stimmeinsatz aufwenden. Ihnen ist es aber besonders bei Kinderhörbüchern wichtig, dass die Sprecher nicht gewollt kindlich klingen. Weiterhin beachten die Juroren und Rezensenten, ob sich die ‚Gesamtfarbe‘ durch das gesamte Hörbuch hindurchzieht und ob im Zusammenhang mit der emotionalen Ebene der Text für den Hörer glaubhaft, nachvollziehbar und, im Falle von O-Tönen, authentisch umgesetzt wurde.

Auf die Sprecher als Vermittler eines Sprechkunstwerks wird in dieser Phase immer eingegangen. Dabei wird in erster Linie die Sprecherhaltung thematisiert, danach folgen Sprecherzuschreibungen, Stimmeigenschaften und zuletzt Sprechereigenschaften. Bei der Sprecherhaltung lassen sich gut die beiden Sprecherpositionen des Vermittlers und des Rollenspielers nachvollziehen. Bei den Sprecherzuschreibungen gehen die Experten besonders auf das sprecherische Können der Sprecher ein. Im Zusammenhang mit den stimmlichen Eigenschaften achten sie entweder darauf, ob sie diese als wandelbar erachten oder sie picken sich charakteristische Merkmale der entsprechenden Stimme heraus. Ein Technik-Bezug wird sehr selten hergestellt.

Stimmlich-artikulatorischer Ausdruck	
Parameter: 9-mal	
Sprechgeschwindigkeit: 5-mal	*Schöne neue Welt:* „gewichtet und rhythmisiert [Matthias Brandt] prägnant Aldous Huxleys Schreckensperspektiven" (http://bit.ly/2axob5F)
Lautheit: 0-mal	
Sprechtonhöhe: 5-mal	*Vielen Dank für das Leben:* „melodische[…] Sprechkunst", „Musikalität" (Schwarz 2012, S. 61)
Artikulation: 4-mal	*Erzählerstimmen:* „Vielfalt an Dialekten und regionalen Sprachmelodien" (http://bit.ly/2al1leg) *Es bringen:* „Ungeschliffenheit" (http://bit.ly/2aSUMlE)

Funktion: 16-mal	
Kommunikative Ebene: 3-mal	
Strukturierende Ebene: 0-mal	
Emotionale Ebene: 11-mal	‚Ernsthaftigkeit', ‚Sensibilität', ‚Intensität' ***Fallbeil für Gänseblümchen:*** „ein Stimmendrama, das aufgrund seiner Authentizität [...] wirklich unter die Haut geht" (http://bit.ly/2b2j1Nr)
Dramaturgische Ebene: 13-mal	***Vielen Dank für das Leben:*** „feinfühlig und unaufdringlich" (http://bit.ly/2al1bUa) ***Zorgamazoo:*** „hinreißend vielstimmig" (http://bit.ly/2aKw8p1) ***Landgericht:*** „Es gelingt ihm, die Spannung und Faszination von der ersten bis zur letzten Minute aufrechtzuerhalten." (http://bit.ly/2b2iStk)
Sprecher: 16-mal	
Sprecherzuschreibung: 11-mal	***August:*** „herausragende[s] Können als Sprecherin" (http://bit.ly/2aftNmx) ***Das hohe Haus:*** „Es scheint, als ob er als Sprecher leicht überrascht ist von den komplexen Sätzen seines eigenen Buches" (http://bit.ly/2aNssDe) ***Brennerova:*** „Nur Wolf Haas kann Wolf Haas lesen." (http://bit.ly/2aNti2U)
Sprechereigenschaften: 4-mal	‚androgyn', ‚burschikos', ‚jung'
Sprecherhaltung: 13-mal	***Vielen Dank für das Leben:*** „Wöhler vermeidet schrille Töne, Pathos und skurrile Überzeichnungen" (http://bit.ly/2al1bUa) ***Munkel Trogg:*** „dass man gleichsam in ein Hörspiel versetzt wird" (http://bit.ly/2aPJd1w)
Stimmeigenschaften: 9-mal	***Schöne neue Welt:*** „vielseitig[...]" (http://bit.ly/2axob5F) „Reibeisenstimme" (Ernst 2015, S. 105)
Technik-Bezug: 3-mal	
Mikrofon: 1-mal	
Stimmverfremdung: 1-mal	***Der heilige Pillendreher:*** „dezente Klangarrangements" (http://bit.ly/2b01XYg)

Schnitt: 1-mal	*Qualitätskontrolle oder Warum ich die Räuspertaste nicht drücken werde!:* „Die Hintergrundmusik, die Geräusche, der Rhythmus der Sprecher, all das fügt sich zu einem Gesamtkunstwerk zusammen." (http://bit.ly/2axtcvp)
Sonstiges	

Tabelle 2: Auswertungsergebnisse zum ‚stimmlich-artikulatorischen Aspekt' für die Jahre 2013–2015. Die Angabe x-mal bezieht sich darauf, wie oft bei den insgesamt 16 analysierten Titeln das entsprechende Merkmal auftrat. Dabei sind Mehrfachnennungen möglich.Die Belegangaben der Onlinequellen wurden mittels Bitly.com verkürzt.

4.2   Dispositiv

4.2.1   2005–2007

Insgesamt wurden die 16 in diesem Zeitraum analysierten Titel von elf Anbietern produziert. Jeweils drei Titel stammen vom Marktführer des Jahres 2005, Der Hörverlag, und von Der Audio Verlag. Random House Audio und Patmos, ebenfalls unter den größten Hörbuchverlagen, lieferten je einen Hörbuchtitel. Die anderen sieben Titel stammen von den kleinen Anbietern Intermedium Records, Duophon Records, Hörkultur Medien AG, Sprechtheater, den Imprints Beltz und Gelberg und Eichborn Lido sowie dem reinen Hörbuchanbieter Hörbuch Hamburg.

Versucht man, einen Zusammenhang zwischen den Buch- und Hörbuchverlagen herzustellen, zeigt sich, dass bei den neun auf einer Buchvorlage basierenden Titeln lediglich ein Titel aus demselben Verlag stammt: *Lauf, Junge, lauf* erschien als Kinderbuch bei Beltz und Gelberg und derselbe Anbieter brachte den Titel im Folgejahr als Hörbuch heraus. Beim Titel *Jane Eyre*, der als Hörbuch bei Eichborn Lido erschien, wird durch die Covergestaltung und Verlagsbenennung explizit auf die Buchvorlage des Manesse Verlags verwiesen. Beide Verlage gehören zu unterschiedlichen Konzernen: Manesse zu Random House und Eichborn Lido zu Bastei Lübbe. Interessanterweise ist der Hörbuchtitel somit nicht bei Random House Audio erschienen, sondern bei einem kleineren Verlag. Bei den beiden Titeln *Belgische Riesen* und *Tannöd* besteht kein Zusammenhang zwischen Lizenzgeber und Lizenznehmer. Lediglich der geografische Raum ist beim zweiten Titel entscheidend: Edition Nautilus als Buchverlag und Hörbuch Hamburg als Hörbuchanbieter haben beide ihren Sitz in Hamburg. Hieran lassen sich Lizenzgeschäfte zwischen unterschiedlichsten Anbietern der Buchbranche ableiten.

Neun der 16 Titel basieren auf einer Buchvorlage, zwei Titel auf einem Theaterstück, ein Titel auf einem Hörspiel und ein Titel auf einer ursprünglich elfstündigen O-Tondokumentation. Von den neun Titeln, die auf eine Buchvorlage zurückgehen, wurden drei als Hörspiel bearbeitet, zwei gekürzt, drei nicht gekürzt und bei einem Titel wird keine Angabe hierzu gemacht. Drei Titel haben keinerlei Vorlage, bei ihnen handelt es sich jeweils um ein Feature. Insgesamt sechs Titel wurden als Hörspiel dramatisiert oder von einem Sprecher interpretiert, daneben liegen drei Features und eine O-Tondokumentation vor. Es findet sich keine Autorenlesung unter den Darbietungsformen. Von den neun auf einer Buchvorlage basierenden Titeln stammen alle aus dem Bereich der Prosa, sieben Titel aus dem Bereich der Titel für Erwachsene, zwei aus dem für Kinder.

Die neun auf einer Buchvorlage basierenden Titel stellen den Bezug zum Buch durch ähnliche Covergestaltung her. Dabei gleicht das Hörbuchcover entweder dem des Buchs oder durch die Formatveränderung von Buch zu Hörbuch ergeben sich Fokussierungen auf wesentliche Coverelemente. So sind die Cover der Titel *Der Nazi und der Friseur* und *Jane Eyre* gleich, bei den Titeln *Lauf, Junge, lauf, Belgische Riesen* und *Tannöd* wirken die Hörbuchcover wie Nahaufnahmen der Buchcover. Hier wurden Details wie Personen oder Objekte herangezoomt. Ein Synergieeffekt durch zeitgleiche beziehungsweise zeitnahe Erscheinungsweise von Buch und Hörbuch ergab sich nur beim Titel *Tannöd*. Buch und Hörbuch erschienen jeweils im Jahr 2006, wobei die Monatsangaben nicht genau rekonstruierbar sind.

4.2.2   2013–2015

Die 16 in diesem Zeitraum analysierten Titel wurden von zwölf Anbietern produziert. Dabei stammen drei der prämierten Titel von Der Hörverlag und jeweils zwei von Der Audio Verlag und Tacheles. Für die restlichen neun Titel sind mit jeweils einem Titel die Hörbuchverlage Hörbuch Hamburg, Buchfunk und Audiobuch, die Kinderhörbuchverlage Silberfisch und Hörcompany, die Imprints Oetinger Audio, Hoffmann und Campe und Christoph Merian Verlag sowie das kleine Label Hörspielpark vertreten.

Im Zusammenhang mit den Buch- und Hörbuchverlagen zeigt sich, dass es von den 13 auf einer Buchvorlage basierenden Titeln bei zwei Titeln eine Übereinstimmung zwischen Buch- und Hörbuchverlag gibt. Der Titel *Schattengrund* erschien als Buch bei cbt, der Random House und damit der Verlagsgruppe Bertelsmann zugehörig ist. Als Hörbuch kam er zeitgleich bei Der Hörverlag heraus, der zur selben Verlagsgruppe gehört. Ähnlich verhält es sich mit dem Titel *Brennerova*, der als Buch und Hörbuch zeitgleich bei Hoffmann und Campe erschien, der Teil der Ganske Verlagsgruppe ist. Bei allen anderen Titeln fand Lizenzhandel zwischen den unterschiedlichsten Verlagen statt, wobei sich zeigt, dass es sowohl innerhalb der Buch- als auch der Hörbuchverlage eine verstärkte Konzernzugehörigkeit gibt, ohne dass jedoch die Titel als Buch und Hörbuch im selben Konzern verbleiben müssen.

Lediglich drei der 16 Titel basieren nicht auf einer Buchvorlage. Bei ihnen handelt es sich um die hörfunkeigenen Darbietungsformen O-Tondokumentation,

Feature und Hörspiel. Von den 13 auf Buchvorlagen basierenden Titeln wurden sieben gekürzt, vier nicht gekürzt und bei drei Titeln gab es keine Aussagen hierzu. Die Lesung als Darbietungsform dominiert: 13 der Titel werden gelesen, wovon zwei Titel vom Autor interpretiert werden. Von den 13 auf einer Buchvorlage basierenden Titeln dominiert wiederum die Umsetzung von Prosa, wobei sechs Titel aus dem Bereich der Erwachsenenliteratur und fünf Titel aus dem Bereich der Literatur für Kinder und Jugendliche stammen.

Die 13 Titel, die eine Buchvorlage akustisch umsetzen, stellen eindeutige Bezüge her, indem sie einerseits zeitgleich oder -nah, also nur wenige Monate versetzt zum Buch erscheinen und andererseits mit derselben Covergestaltung arbeiten. Insgesamt kommen elf Titel zeitgleich oder kurz nach dem Buch heraus und ebenfalls elf Hörbücher haben dasselbe Cover wie das Buch. Der bei Der Audio Verlag erschienene Titel *August* erschien mit nur einem Monat Zeitunterschied zur Buchvorlage, trägt jedoch ein anderes Cover. Beim Hörbuch ist die Autorin Christa Wolf in jüngeren Jahren abgebildet. Bei *Landgericht* sind Buch- und Hörbuchcover identisch, zwischen dem Erscheinen des Buchs und des Hörbuchs liegen jedoch vier Monate, was im Vergleich zu den anderen Titeln ein größerer zeitlicher Abstand ist. *Der heilige Pillendreher*, der im Jahr 2012 bei Buchfunk erschien, lässt keine eindeutige Zuordnung zu einem bestimmten Verlag und Erscheinungstermin zu.

4.3   Zusammenfassung

Der ‚stimmlich-artikulatorische Ausdruck‘ wurde im ersten Analysezeitraum seltener thematisiert als im Folgezeitraum. Gleichgeblieben ist dabei die Bedeutung der Artikulation für die Experten. Eine Verschiebung gab es im Zusammenhang mit der Sprechgeschwindigkeit. Diese wurden zwischen 2013 und 2015 deutlich häufiger thematisiert als zwischen 2005 und 2007. An Bedeutung gewonnen hat die Sprechtonhöhe.

Die funktionalen Aspekte sind demgegenüber für die Experten in beiden Zeiträumen von größerer Relevanz. Besonders die dramaturgische und die emotionale Ebene sind ihnen wichtig.

Der Sprecher als diejenige Person, die aus den in den meisten Fällen vorhandenen Buchvorlagen ein Sprechkunstwerk erzeugt, wird insofern als wichtig erachtet, als stets auf ihn eingegangen wird. Allerdings spielt es weniger eine Rolle, ob über den Sprecher und seine Stimme zum Ausdruck kommt, welche persönlichen Eigenschaften der Sprecher hat, sondern die Zuschreibungen an die Sprecher und damit ihr Können, stimmliche Eigenschaften und die Sprecherhaltung sind von Belang. Letztere ist von 2005–2007 zu 2013–2015 wichtiger geworden. Es wird somit verstärkt auf unaufdringliches Lesen geachtet, so dass klar wird, dass sich der Sprecher in den Dienst des Autors, dessen Text er interpretiert, stellt. Daraus lässt sich außerdem die zunehmende Bedeutung einer vorhandenen Buchvorlage ableiten. Auch die stimmlichen Eigenschaften eines Sprechers spielen eine wichtigere Rolle. Hieran lässt sich ablesen, dass es diese Merkmale sind, die ein Hörbuch zu etwas Besonderem machen, weil die Stimme des Sprechers etwas Herausragendes ist. Die charakteristische Stimme verhilft dem Hörbuch damit zu Alleinstellungsmerkmalen. Dass die Sprecherzuschreibungen in der frühen Analysephase am häufigsten und in der späteren Analysephase am zweithäufigsten erfolgen, zeigt, dass die Experten gerne auf das qualitativ hochwertige Medienprodukt Hörbuch hinweisen, das sich aus der sprecherischen Leistung ergibt.

Technische Aspekte spielen in beiden Phasen kaum eine Rolle. Dies ist vermutlich ein Resultat aus der stärkeren Hinwendung zur Lesung. Die Experten glauben offenkundig aus diesem Grund nicht beurteilen zu müssen, ob sich aufnahmetechnische Aspekte oder Schnitttechniken in besonderer Weise bemerkbar machen.

Bezüglich der Anbieter werden folgende Aspekte deutlich: Bei gleichgebliebener Anzahl der in den beiden Analysezeiträumen prämierten Anbieter kristallisiert sich eine Dominanz marktführender Anbieter heraus. Hörbuchanbieter mit einem großen Titelvolumen und entsprechenden Umsatzzahlen wie Der Hörverlag und Der Audio Verlag schaffen es mit einer etwas größeren Anzahl an Titeln in die Prämierungs- und Rezensionsorgane. Dennoch ist es nicht so, wie Freidel postuliert hat, dass es sich dabei vor allem um Anbieter handelt, die das Imprint eines Buchverlags sind. Stattdessen sind es im Zeitraum zwischen 2005 und 2007 vor allem kleine Anbieter, die Hörbücher in ihr Programm aufgenommen haben und deren Titel prämiert und besprochen wurden. Im zweiten Untersuchungszeitraum zeichnet sich die gegenwärtig vorherrschende Vielfalt der Organisationen ab, wobei reine Hörbuchverlage, die in der Buchbranche etabliert sind, dominieren. Weiterhin ist es auch nicht so, dass Hörbuchtitel, die auf Buchvorlagen basieren, innerhalb desselben Imprints oder derselben Verlagsgruppe erscheinen, sondern es findet Lizenzhandel zwischen unterschiedlichsten Anbietern des Buchmarkts statt. Allerdings muss hierbei berücksichtigt werden, dass diese Lizenzbeziehungen das Ergebnis vorher abgelaufener vielfältiger Verhandlungen sind.

Während in der ersten Untersuchungsphase die Bezugnahme auf eine zugrunde liegende Buchvorlage nicht zwangsläufig gesucht wurde, ändert sich dies in der zweiten Phase. Hier wird bewusst darauf geachtet, dass Buch und Hörbuch zeitgleich oder nur wenig versetzt erscheinen und dass sie sich im Cover ähneln, um einen Wiedererkennungseffekt zu erzielen. In den Jahren 2005–2007 wird eine zeitgleiche oder -nahe Erscheinungsweise von Buch und Hörbuch kaum erreicht, allerdings wird versucht, Synergieeffekte durch ähnliche Covergestaltung herzustellen. An dieser Tendenz lässt sich zweierlei ablesen: Erstens sind die Marketingstrategien der Hörbuchverlage ausgereifter geworden, so dass die Bezugnahme auf das Buch bewusst eingesetzt wird, weil es dieses Medium ist, das der Buchhandelsbesucher kennt. Zweitens drückt sich hierin jedoch ein Abhängigkeitsverhältnis zwischen beiden Medien aus.

Die Experimentierfreude von Seiten der Anbieter hat vom Zeitraum 2005–2007 zum Zeitraum 2013–2015 offensichtlich abgenommen. Dies zeigt sich zum einen daran, dass die prämierten Titel zunehmend auf Buchvorlagen aus dem Bereich der Prosa basieren und zum anderen, dass weniger mit den akustischen Darbietungsformen gearbeitet wird und stattdessen die Lesung die hauptsächliche Präsentationsweise ist. Die Lesung wird zunehmend auch für nicht-literarische Formen wie Sachbücher als Darbietungsform angewendet. Diese Dominanz führt wiederum dazu, dass Titel häufiger gekürzt werden. Dass die Hörbuchanbieter in einigen Fällen keine Angabe dazu machen, ob der auf einer Buchvorlage basierende Titel gekürzt wurde, kann auf schludrige Verlagsarbeit zurückzuführen sein oder darauf, dass sie ihr Produkt losgelöst vom Medium Buch betrachten und diese Angabe für nicht notwendig erachten.

5 Das Hörbuch am Rande seiner Möglichkeiten

Die Aussagen Eckardts machen deutlich, wo es Diskrepanzen gibt. Der Hörbuchsprecher soll einerseits einen Text zu seinem Text machen, worin die Bedeutung der emotionalen und dramaturgischen Ebene zum Ausdruck kommt. Andererseits soll er aber deutlich machen, dass er der Vermittler eines Texts ist. Hieran zeigt sich, warum Hörbücher in den meisten Fällen Buchvorlagen umsetzen. Zum postulierten gut verkäuflichen Buchhandelsgut werden Hörbücher auch deshalb, weil sie Buchvorlagen und hierbei vor allem solche, die bekannt sind, umsetzen. Weiterhin werden diese Hörbücher von den etablierten und zumeist großen Anbietern lanciert, die wiederum auf Sprecherstars setzen. Diese Sprecherstars sind es außerdem, die für das qualitativ hochwertige Produkt Hörbuch stehen, weshalb die Sprecherzuschreibungen und die stimmlichen Eigenschaften der Sprecher von so hoher Bedeutung sind. Die Bekanntheit der Sprecherstars sorgt wiederum für gute Verkaufszahlen. Das Hörbuch könnte somit das „originär für akustische Räume Gebaute" (Deutschmann 2007) sein, ist aber stattdessen vor allem das gut kalkulierbare Buchhandelsgut.

Quellen

Die Inhaltsanalysen der 32 Titel wurden im August 2015 durchgeführt. Die Analysegegenstände basieren, wie im Beitrag dargestellt, zu weiten Teilen auf online zugänglichen Quellen. Eine Liste dieser Quellen ist auf Anfrage sowohl bei der Autorin als auch bei den Herausgeberinnen des Bandes erhältlich, da eine vollständige Listung hier den Rahmen der Publikation sprengen würde.

Literatur

Bärmann, C. (2014): The Voice. In: Hörbuchmagazin 1, S. 40-43.

Bose, I. (2010): Stimmlich-artikulatorischer Ausdruck und Sprache. In: Deppermann, A./Linke, A. (Hrsg.): Sprache intermedial. Stimme und Schrift, Bild
und Ton (Institut für Deutsche Sprache. Jahrbuch 2009). Berlin/New York
2010, S. 29-68.

Das   Hörspielstudio: Leistungen.   http://dashoerspielstudio.de/leistungen2/
[2012/12.03.2016].

Deutscher Hörbuchpreis: Archiv: DHP 2012: Sonderpreis für das Lebenswerk:
Christian Brückner: Pressemitteilung. http://www.deutscher-hoerbuchpreis.de
/der-preis/aktuelles/aktuelles/article/christian-brueckner-erhaelt-preis-fuer-
sein-lebenswerk.html [04.01.2012/12.03.2016].

Deutschmann, C.: Wer fühlen will, muss hören. In: Frankfurter Allgemeine Zeitung online vom 29. Dezember 2007. http://www.faz.net/aktuell/feuilleton/
buecher/hoerbuecher-wer-fuehlen-will-muss-hoeren-1490156.html
[12.03.2016].

Eckardt, H. (2005): Hörproben mit einer Einführung von Hans Eckardt. 1 CD.
Marburg.

Eckardt, H. (2009): Die Kunst des Hörbuchsprechens. Kleine Einführung für
professionelle Sprecher, Lehrer und begeisterte Vorleser. 2 CDs. Marburg.

Freidel, M.: Brutaler Preiskampf. In: Frankfurter Allgemeine Zeitung vom
11. April 2015, Nr. 84, S. 18.

Kipphoff, P.: Der König der Vorleser. In: Die Zeit online vom 24. August 1984,
Nr. 35. http://www.zeit.de/1984/35/der-koenig-der-vorleser/komplettansicht
[12.03.2016].

Krech, E.-M. (1991): Wirkungen und Wirkungsbedingungen sprechkünstlerischer Äußerungen. In: Krech, E.-M. u.a.: Sprechwirkung. Grundfragen, Methoden und Ergebnisse ihrer Erforschung. Berlin, S. 193-213.

Lehmkuhl, T. (2005): Bloßer Bügelbegleiter? Über das Hörbuch. In: Merkur.
Deutsche Zeitschrift für europäisches Denken 4, S. 362-366.

Locke, S.: Mann im Ohr. In: Frankfurter Allemeine Zeitung online vom
12. August 2012. http://www.faz.net/aktuell/gesellschaft/menschen/christian-
brueckner-mann-im-ohr-11851237.html [12.03.2016].

Mayring, P. (2010): Qualitative Inhaltsanalyse. Grundlagen und Techniken.
11., aktual. und überarb. Aufl. Weinheim/Basel.

Rosenbach, M./Schulz, T.: Hört, hört! In: Spiegel 12 (2006), S. 194-197.

Schnickmann, T. (2007): Vom Sprach- zum Sprechkunstwerk. Die Stimme im
Hörbuch: Literaturverlust oder Sinnlichkeitsgewinn? In: Rautenberg, U.
(Hrsg.): Das Hörbuch – Stimme und Inszenierung (Buchwissenschaftliche
Forschungen 7). Wiesbaden, S. 21-53.

Stölzel, T.: Die Stimme, die jeder kennt. In: Die Welt online vom 20. April 2007.
http://www.welt.de/kultur/article823693/Die-Stimme-die-jeder-kennt.html
[12.03.2016].

Travkina, E. (2010): Sprechwissenschaftliche Untersuchungen zur Wirkung
vorgelesener Prosa (Hörbuch). Frankfurt am Main.

JULIA NEUMANN

Das geschulte Ohr – Überlegungen zu einer Systematik des sprecherzieherischen Zuhörens zum Zwecke der Schulung und Bewertung von Hörbuchsprechen

Zuhören ist eine komplexe Angelegenheit. In einigen Disziplinen ist darüber nachgedacht und geschrieben worden. Und wir wissen längst, dass es unmöglich ist, eine Systematik des Zuhörens „an sich" zu entwickeln, weil die Tätigkeit des Zuhörens notwendigerweise immer selektiv und interessegeleitet ist. Die Beschäftigung mit den Prozessen und Faktoren des Zuhörens kann also nur unter einem spezifischen Blickwinkel erfolgen, in unserem Fall: hinsichtlich dessen, was aus dem Hörbuchsprechen herausgehört werden soll.

Die nachfolgenden Überlegungen sollen dazu beitragen, ein Modell dieses besonderen Zuhörens zu entwickeln, damit wir erfassen, welche Voraussetzungen Sprecherzieherinnen und Sprecherzieher brauchen, wenn sie Hörbuchsprechen schulen bzw. bewerten wollen.

1 Standortbestimmung

Wenn wir uns mit dem Hörbuchsprechen beschäftigen, bewegen wir uns im Feld der Ästhetischen Kommunikation. Was Hörbuchsprecher_Innen tun, ist das, was Krech (1987) „Vortragskunst" nennt, Geissner (u.a. 1981) „interpretierendes Textsprechen" und wieder andere „sprechkünstlerisches Gestalten literarischer Texte" (Travkina 2010) oder kurz und traditionell in Abgrenzung zur Redekunst: „Sprechkunst".

In diesem Zusammenhang gibt es Modelle und methodische Überlegungen zur Erarbeitung einer Vortragsfassung eines literarischen Textes, die das sprecherzieherische Tun theoretisch fundieren. Für eine themenbezogen spezifizierte Modellbildung möchte ich auf einem in unserem Fach etablierten Modell des interpretierenden Textsprechens aufbauen, das Gutenberg (1985, S. 11f.) in Anlehnung an Geissner (1975) entwickelt hat. In zwei Stufen erschließt dieses einen Prozess, in dem auf der ersten Ebene ein „Autor" unter spezifischen situativen Bedingungen einen Text verfasst, welcher von einem „Leser" unter wiederum eigenen Situationsbedingungen rezipiert wird. Dieser „Leser" wird auf der zweiten Ebene zum „Sprecher" und adressiert den Text („Schallform" nach Gutenberg 2002, S. 405) an einen „Hörer". Beide Seiten verfügen über ein „mentales Konzept" bzw. eine „Idee" (Gutenberg 2001, 20), die auf der einen Seite notwendige Voraussetzung der Textproduktion und auf der anderen Voraussetzung der Schallform sind.

Schon die Anordnung der Anteile im Modell verdeutlicht, dass das Gehörte nicht mit der Schallform identisch ist, sondern ein eigenständiges mentales Produkt der zuhörenden Person: der Höreindruck – genauso wie beim Lesen in dem Leser/der Leserin ein ebenfalls eigenständiges WAS als mentales Produkt entsteht, ein „innerer Text", welcher Voraussetzung für die Sprechfassung ist.

Im besonderen Fall des Hörbuchs haben wir es mit einer Tonkonserve und insofern mit veränderten medialen Bedingungen zu tun, welche wir zusätzlich mitdenken müssen. Und es kommt noch eine dritte Ebene hinzu: Denn wenn es um die auditiven Kompetenzen von Sprecherzieher_Innen geht, wird produktiv, was in der zuhörenden Person entsteht: entweder zum Zwecke der Schulung in Form eines Feedbacks für die Sprecherin/den Sprecher, oder wir verfassen eine Hörbuchkritik, die sich dann an Radiohörer_Innen oder an eine Leserschaft in den entsprechenden Online- oder Printmedien richtet.

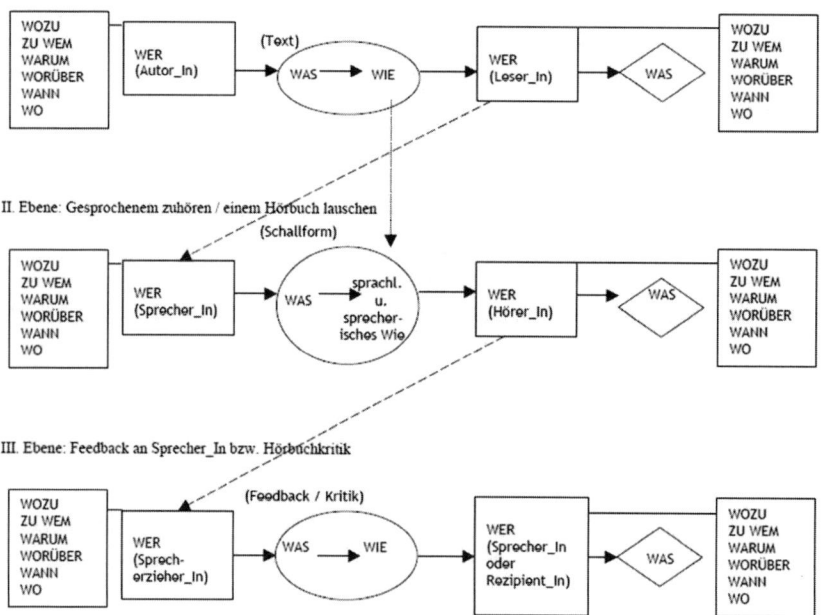

Abb. 1: Ebenen sprecherzieherischen Zuhörens im Kontext Hörbuchsprechen und Hörbuchkritik

2 Handwerkszeug für die sprecherzieherische Praxis

Wer das Hörbuchsprechen schult, trainiert bei den Sprecher_Innen die Elementarprozesse des Sprechens (also Eutonie, Atem- und Sprechspannung, Stimmgebung, Resonanz, Artikulation u.a.). Dies ist genuin sprecherzieherische Arbeit, die sich auf vielfältige Schulen und Lehrtraditionen mit diversen Methoden beziehen kann.

Des weiteren erarbeitet man sowohl Texterschließungs- als auch Vorlesetechniken und den gezielten Einsatz von Sprechausdrucksmitteln mit einer bewussten Wirkungsabsicht, erzeugt mit Bezug auf Vorstellungen und Bilder, die der sprechenden Person vorschweben und die in möglichst ähnlicher Form bei den Zuhörenden aufkommen sollen. Die Erschließung eines Textes zum Zwecke der Erarbeitung einer Sprechfassung gehört grundsätzlich ins Feld der Ästhetischen Kommunikation und ist praktisch wie theoretisch ebenfalls bereits auf vielfältige Weise durch unterschiedlichste Fachvertreter konzeptualisiert worden (vgl. etwa Gutenberg 1985). Im Praxisfeld der Vorlesetechniken von besonderem Nutzen sind z. B. Ockel (1985, 2000) mit Schulbezug und Wachtel (2009) für das Mediensprechen. Differenzierte Überlegungen und je nach Fragestellung und Bedarf unterschiedlich akzentuierte Kataloge von Sprechausdrucksmitteln finden sich u.a. bei Geissner (1989, 2010), Gutenberg (2001), Nebert/Neuber (2009), Travkina (2010). Die Phänomene werden dort unterschiedlich hierarchisiert und u.a. nach Funktion gebündelt – nicht alles Wahrnehmbare ist immer gleichermaßen relevant. Einen auf die Arbeit am Hörbuchsprechen zugeschnittenen Katalog liefert Breulmann (2011), dazu eine umfangreiche Übersicht mit weiteren Katalogen, extrahiert aus verschiedenen sprechwissenschaftlichen Studien.

Darüber hinaus sind Hörbuchsprecher_Innen mit den Besonderheiten des Mikrofonsprechens und der Studiotechnik vertraut zu machen. Grundsätzliches Handwerkszeug oder gar eine methodisch-theoretische Erschließung zu Mikrofonsprechen und Studiotechnik gibt es zwar m.W. nicht; verschiedene sprecherzieherische Arbeits- und Übungsbücher thematisieren dies aber neben anderen Aspekten mit, so z.B. Bernhard (2002), Wachtel (2009) oder Aich (2009).

Dass Hörbuchsprecher_Innen zudem individuelle Begabung und „stoffliche Voraussetzungen […] sprechkünstlerischer Fertigkeit" (Lotzmann 1997, 50) mitbringen müssen, nämlich kultur- und literaturwissenschaftliches Hintergrund- und Kontextwissen, verweist auf das Terrain der Kultur- und Literaturwissenschaft.

Festhalten können wir für dieses Feld unserer Arbeit also: Die Sprecherziehung verfügt über Methoden, Fachwissen und praxisbezogene Systematiken, um das Hörbuchsprechen zu schulen. Allerdings ist damit noch nicht erfasst, welche Voraussetzungen die Sprecherzieher_Innen mitbringen müssen, um am Hörbuchsprechen zu arbeiten bzw. Hörbücher in Form einer Hörbuchkritik fundiert beurteilen zu können. Hier geht es um das geschulte Ohr und die Beschäftigung damit erfordert einen Perspektivwechsel.

3 Das geschulte Ohr

Um sich bewusst zu machen, was wir leisten und worauf zu achten ist, wenn wir uns professionell mit dem Hörbuchsprechen befassen, benötigen wir zunächst einmal Kenntnisse über den Vorgang des Hörens und über das Zuhören. Gutenberg (2001, S. 126) etwa definiert „Hören" und damit die zentrale Leistung des Gehörsinns als die „Übersetzung akustischer Merkmale in auditive Muster menschlicher Wahrnehmung". Ausgangspunkt ist der Schall, und dann wird es auch schon subjektiv: Ein akustischer Reiz wird von jedem Menschen in jeder Situation unterschiedlich weiterverarbeitet. Beispielsweise empfindet schon ein einzelnes menschliches Gehör nicht alle akustischen Reize mit identischer Amplitude (also akustischer Lautstärke) auch als gleichermaßen laut oder gleichermaßen angenehm oder unangenehm. Das hängt von der Tonhöhe, dem Schalldruck und anderen akustischen Parametern, dazu aber auch einer Vielzahl von situativen und emotiven Faktoren ab. Hören ist somit nicht passiv, sondern produktiv. Dass Sprecherzieher_Innen grundsätzlich ein gesundes Hörfeld für Sprachlaute benötigen, ist dabei selbstverständlich.

Um etwas hörend wahrnehmen zu können, bedarf es der Selektion, einer Auswahl und Hierarchisierung der unaufhörlich auf unser Gehör einwirkenden akustischen Reize. Ohne dies wäre alle auditive Wahrnehmung ein Rauschen. Viele der Signale, die durch den Gehörgang gewandert sind, werden im Gehirn frühzeitig zurückgewiesen, also gar nicht weiterverarbeitet. Andere Reize, darunter verschiedene Arten von Störgeräuschen, gelangen nicht bis in unser Bewusstsein, können aber dennoch un- bzw. unterbewusst wirksam sein und beispielsweise Ablehnung, Stress oder Unbehagen auslösen. Nur ein Teil der akustischen Reize wird einer höheren kognitiven Verarbeitung zugeführt und zwar nur diejenigen, die entweder als Veränderung im Abgleich mit den vorherigen Reizen auffallen (reizgeleitet), oder solche, auf die wir gezielt unsere Aufmerksamkeit richten, weil wir ein bestimmtes Erkenntnisinteresse verfolgen. Dies erklärt auch, warum es nicht möglich ist, alles grundsätzlich Hörbare auch tatsächlich wahrzunehmen (vgl. Imhof 2003, S. 58).

Wer genau zuhören will, muss entscheiden, was in Erfahrung gebracht werden soll; somit steht am Anfang immer die „Intention zur Selektion" (Imhof 2003, S. 15), welche prägt, wie wir uns auf die auditive Wahrnehmung einlassen. Auf dieser Grundlage wird das, was für die Frage als relevant eingestuft wird, zu einem Höreindruck zusammengestellt. Damit das konzentrierte Zuhören gelingt, ist es zudem erforderlich, dieses „Selektionskriterium [...] über eine bestimmte Zeit aufrechtzuerhalten und gegen konkurrierende Reize und Handlungsimpulse abzuschirmen" (Imhof 2003, S. 57). Anders ist die Weiterverarbeitung akustischer Impulse zu komplexen Höreindrücken nicht möglich.

Auch über die Prozesse kognitiver Verarbeitung wissen wir dank Psycholinguistik, Neurophysiologie, Wahrnehmungspsychologie und anderen angrenzenden Disziplinen Bescheid:

„Dazu gehören [...] Segmentierung des Geräusch- oder Wortstroms, Identifikation von Begriffen, Aktivierung von vorhandenen mentalen Modellen, Integration der Information in die bestehende Wissensstruktur durch Verknüpfung der neuen Information mit Inhalten aus dem Langzeitgedächtnis, Umformung und Neukonstruktion von Schemata, Schlussfolgerungsprozesse, Interpretation, emotionale Reaktion und Bewertung des Gehörten." (Imhof 2003, S. 14)

Was wir hörend verstehen können, ist immer von präexistierenden Schemata, also Erfahrungen, abhängig, in die das Wahrgenommene eingefügt wird. Es wird somit auch gefiltert – und zwar durch das, was Geissner (1984, S. 35) als die individuell erworbenen „Hörmuster" bezeichnet. Vorerfahrungen prägen und beeinflussen nicht nur, was wir mögen und was uns stört. Wer professionell zuhört, hat spezifisches Musterwissen erworben und hörbuchspezifische Normen und Stile verinnerlicht. Zudem können einige Hörmuster „soziokultureller Natur" (Sendlmeier 2012a, S. 103) sein, wodurch sie innerhalb einer Sprachgemeinschaft als relativ homogen aufgefasst werden können.

Für die sprecherzieherische Hörbuchrezeption resultiert aus diesem Wissen nicht zuletzt der Auftrag, sich bewusst zu machen, wie selektiv, subjektiv und situationsabhängig ein jeder Höreindruck notwendigerweise ist; damit ist differenziert und verantwortungsvoll umzugehen. Das wiederum kann man nur durch reflektierte Erfahrung. Und so gilt professionelles Zuören in unserem Fach üblicherweise als eine Fertigkeit, die praktisch erworben werden muss und nur durch Zuhören selbst erlernt werden kann. Das stellen auch Aderhold/Wolf (1994) am Beispiel der „Fähigkeit, von dem Klang der Stimm- und Geräuschlaute auf die Art ihrer Bildung (auf die Funktion der Artikulationsorgane) zu schließen" (S. 14), und die angenommenen Ursachen so weit wie möglich von den Wirkungen getrennt zu beschreiben, heraus. Möglicherweise ist dieser erforderliche Praxisbezug allerdings auch ein Grund dafür, dass das sprecherzieherische Zuhören in der Sprechwissenschaft häufig als Komplementärvorgang zum Sprechen in wenigen Sätzen abgehandelt und nicht als eigenständiges Thema beachtet wird.

Aus dem notwendigerweise immer funktional spezifizierten Blick auf das Zuhören resultieren vielfältige Begrifflichkeiten in manigfaltigen Forschungsfeldern. Anregend scheint mir für die Differenzierung unseres Begriffsrepertoires beispielsweise die Unterscheidung „Hören – Horchen – Lauschen", wie sie in der hörtherapeutischen Tomatis-Methode verwendet wird (vgl. Wermke 1995). Der Begriffswahl liegt ein gestuftes Modell zugrunde, das von der auditiven Wahrnehmung bzw. auch auditiven Wahrnehmungsfähigkeit, dem Hören, über das gerichtete, intentionale Horchen als „Hin-Hören" bis zum Lauschen, definiert als „teilnehmendes, selbstvergessenes Zuhören" bei großer kreativer Erfahrungsbereitschaft reicht. Damit wird ein Spektrum von den mentalen und körperlichen Voraussetzungen über die Fähigkeit, einen Reiz isoliert zu erfassen bis zum ästhetischen Hörgenuss aufgemacht.

Stock (1991) beschreibt für das Feld der Sprechwirkungsforschung das Hören, verstanden als Oberbegriff („Perzeption"), in drei „interdependentiell verbundenen Verarbeitungsstufen" (S. 24): Die erste Stufe umfasst als „Audition" die Orientierung auf die Äußerung einerseits und den Sprecher andererseits sowie die Analyse des Schallereignisses und Identifizierung der kommunikativ relevanten Merkmale des Gesprochenen. Die zweite Stufe ist die mit der Merkmalsidentifizierung einhergehende „Bedeutungs- und Funktionszuschreibung". Auf der dritten Stufe lokalisiert Stock die bereits auf der vorangehenden Stufe einsetzende „Interpretation der Äußerung vor dem Hintergrund situativer Gegebenheiten auf ihren kommunikativen Sinn hin", dazu erforderlich ist die Bildung hörerinterner Informationen, die der Reaktion zugrunde liegen.

In beiden Fällen steht als Ausgangspunkt die auditive Wahrnehmungsfähigkeit; das Hin-Hören oder Horchen, das notwendigerweise aus kognitiver Bedeutungszuschreibung hervorgeht, folgt darauf. Besonders die Resultate aber unterscheiden sich deutlich und zeigen den jeweiligen Fokus hinsichtlich der Nutzung des Wahrgenommenen: in einem Fall der Hörgenuss, im anderen weitere Formen der Sinnkonstitution zum Zwecke einer Verständigungshandlung.

Wie Gesprochenes auf Zuhörende wirkt, ist für Überlegungen zum sprecherzieherischen Zuhören ebenfalls von besonderer Relevanz. Stock (1991, S. 31) fasst Sprechwirkung allgemein als das Ergebnis eines Rezeptionsprozesses auf, der von der Wahrnehmung und Interpretation der „Sprache", des „Sprechausdrucks" und der „Sprecherpersönlichkeit" durch die Zuhörenden ausgeht. Spezifiziert für die Beschäftigung mit dem Hörbuchsprechen lassen sich daraus drei Kategorien ableiten: Die „Sprache" im Hörbuch ist durch den geschriebenen Text vorgegeben, auf den das Hörbuch bezogen ist und immer auch verweist. Im „Sprechausdruck" wird das Paraverbale, der Einsatz stimmlich-sprecherischer Mittel zur Erzeugung einer Schallform relevant. Die Wahrnehmung der „Sprecherpersönlichkeit" einschließlich konsekutiver Mutmaßungen über diese und ihre spezifische Situation schließlich sind als dritter Gesichtspunkt von Bedeutung. Stock (1991) merkt zudem an, dass die Wirkung einer Äußerung auf Zuhörende maßgeblich auch durch die „Bewertung der Persönlichkeit und der emotionalen Befindlichkeit des Sprechers beeinflusst" (S. 17) werde. Als Besonderheit des ästhetischen Sprechens kommt m.E. hinzu, dass hier eine vorlesende Person auch den Figuren des Textes eine Stimme verleiht, so dass wir es zusätzlich mit Rollensprechen bzw. fiktionalen Charakteren zu tun haben.

Was die sprechende Person tut (Sprechausdruck) und was wir als Zuhörende wahrnehmen (Höreindruck) ist ebenso wenig identisch wie Ursache und Wirkung oder die akustisch bestimmbare, messbare Schallform und das Herausgehörte. Daher kann das Erfassen akustischer Daten und damit messbarer, objektivierbarer Angaben für Einzelphänomene nur bedingt weiterhelfen. Der Experimentalphonetiker Bergmann (1984) formuliert das so:

„Es lässt sich [an einer jeden Äußerung, J.N.] eine Vielzahl von phonetisch-akustischen Parametern nachweisen, doch ist mit der Feststellung dieser Parameter noch nichts darüber gesagt, ob sie auch Relevanz für den Hörer besitzen." (S. 70)

Die exakte Wirkung des Gesprochenen auf Zuhörende bleibt unvorhersagbar. Der Zusammenhang zwischen dem physikalischen Vorgang und dem Höreindruck ist nicht aus Einzeldaten rekonstruierbar, nicht „logisch", wie Pompino-Marschall (2003, S. 152) ausführt, immerhin aber „empirisch": Kombiniert man nämlich auditive und akustische Erhebungen und untersucht diese nach Korrelationen, lassen sich Konstanten in der Wirkung von Gesprochenem und Rückschlüssen auf die Sprecherpersönlichkeit und deren Befindlichkeit finden, die ihrerseits beispielsweise in der forensischen Phonetik, dem Audioprofiling der Kriminalistik (vgl. die Erhebungen des Bundeskriminalamtes Wiesbaden, etwa unter www.stimmenvergleich.de), bei der automatischen Spracherkennung oder synthetischen Sprachsystemen genutzt werden (vgl. Sendlmeier 2012b, S. 44ff.).

4 Kategorien professioneller Zuhörfertigkeiten bezüglich der Arbeit am Hörbuchsprechen

Aus den vorausgehenden Überlegungen wird deutlich, dass wir, ergänzend zum gründlichen Blick auf die Voraussetzungen und spezifischen, auch individuellen Bedingungen des geschulten Ohrs (und damit einem kritisch-reflektierten Bewusstseins für das „WER" auf zweiter und dritter Ebene, vgl. Abb. 1) drei Kategorien auditiver Fertigkeiten bestimmen können, über die Sprecherzieher_Innen verfügen müssen, um Hörbuchsprechen zu schulen. In der sprechwissenschaftlichen Literatur kursieren diesbezüglich viele Begriffe, die Vorgänge des Zuhörens erfassen sollen: Man findet aktives, konzentriertes, analytisches, fokussiertes, funktionelles, diagnostisches, etc.... Zuhören. Und oft werden die Begriffe nicht konsequent verwendet. Ich schlage vor, von ästhetischem, diagnostischem und analytischem Zuhören zu sprechen.

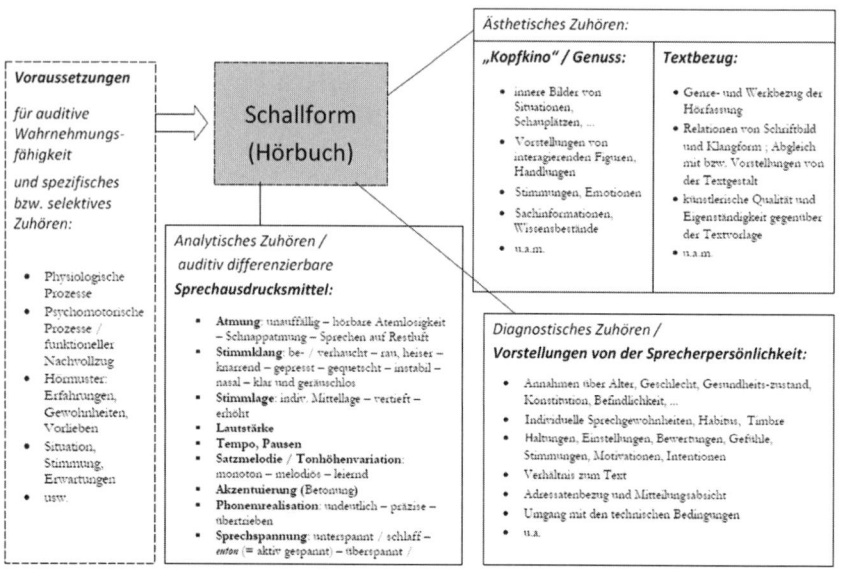

Abb. 2: Was hören wir beim Zuhören?

4.1 Ästhetisches Zuhören

Ästhetisches Zuhören konzentriert sich auf das „WAS" des Vortrags, das auf verbaler Ebene durch den schriftlich fixierten Text vorgegeben ist und im „WIE" auf paraverbaler Ebene durch die vortragende Person zur Schallform gestaltet wird (vgl. Ebene 1 in Abb. 1).

Stehen für Zuhörende der Hörgenuss und die Unterhaltung im Vordergrund und macht die vortragende Person ihre Sache gut, nimmt man das „WIE" kaum wahr. Die Sprecherpersönlichkeit prägt den Gesamteindruck maßgeblich mit, doch ohne besonders aufzufallen. So belegen verschiedene empirische Studien (z.B. Travkina 2010, Anders 2001, Giertler 2009, Schmehl 2015), dass Laien wie Hörbuchkritiker_Innen bei Gefallen vor allem einen allgemeinen Eindruck wiedergeben.

Oft wird von Hörer_Innen behauptet, einen „Text" zu hören, das Buch, auf dem das Hörbuch basiert, doch der Reiz des Lauschens besteht m.E. vielmehr darin, dass in uns ein innerer Film abläuft, der mit Lautzeichen nichts mehr zu tun hat. Wenn das gelingt, erleben wir eine Situation, stellen uns interagierende Figuren vor, imaginieren Orte, Schauplätze, Landschaften, durchleben Stimmungen usw. Das Gehörte zieht uns in seinen Bann und bereitet Genuss.

Wer Hörbuchsprechen schult, gibt sich dem nicht selbstvergessen hin – oder: nicht nur. Stimme und Sprechwerkzeuge sind das Instrument, der Text die Partitur, wie es schon Drach genannt hat – ein Bild, das u.a. auch Eckardt in seiner *Kunst des Hörbuchsprechens* (2009) übernimmt. Zur ästhetischen Dimension gehört also auch das Verhältnis zwischen Textvorlage und Vortragsfassung und damit einher gehend seitens der Sprecherzieher_Innen die Fertigkeit, ein begründetes Urteil über die Qualität der Produktion abgeben zu können. Hier stellen sich Fragen wie: In wiefern werden Vorgaben, sozusagen „Regieanweisungen" aus dem Text hörbar umgesetzt? Welche Freiheiten und Interpretationsspielräume erlaubt sich das Hörbuch? Auf welche Weise wird Mehrdeutigkeit aus dem Text getilgt und in eine einzige von vielen möglichen Gestaltungsinterpretationen überführt?

Auf diese Aspekte hat man lediglich zuhörend und ohne eigene Lektüre nicht unmittelbar Zugriff. Wird es wichtig, über flüchtige Eindrücke hinauszugehen, etwa weil eine Rezension verfasst werden soll, sollte man vergleichen können, das Buch kennen, am besten auch weitere Werke aus gleicher Hand, derselben Gattung, derselben Epoche usw. Dann ist zu bedenken, ob die Sprechfassung so angelegt ist, dass sie die viel diskutierten ästhetischen Kriterien erfüllt wie z.B. „Werkangemessenheit", „Gattungsadäquatheit" etc. Mit dieser Bewertungsdimension betreten wir folglich wieder das Terrain der Literatur-, Kultur- und Medienwissenschaften.

Nicht geschulte Hörerinnen und Hörer nehmen Details wie einzelne Parameter des Sprechausdrucks häufig erst wahr, wenn es zu Störungen bzw. Irritationen einer Erwartungshaltung kommt oder wenn es ihnen nicht mehr gelingt, den Reiz auszublenden. Wurde z.B. das Gesprochene nicht hörverständlich akzentuiert und gegliedert, müssen die Zuhörenden eine angenommene grammatikalische und logische Struktur rekonstruieren und damit eine zusätzliche kognitive Leistung erbringen, die sie vom Verfolgen des Handlungsverlaufs ablenkt. Werden Erwartungen an das Gehörte, sei es auf grammatikalischer oder sonstiger Ebene, nicht erfüllt, wird versucht, durch verschiedene Strategien das Verstehen abzusichern. Hörverständliches Sprechen im engeren Sinne allerdings gilt, obwohl es nicht immer gelingt, gemeinhin als Basiskompetenz von Hörbuchsprecher_Innen und damit als Voraussetzung für Sprechkunst:

> „Wenn diese aktiven Handlungen des Hörers allgemein auf die Hauptaspekte Audition, Bedeutungserfassung sowie Sinnfindung bezogen werden, dann sind […] spezifische Fragen, die für die künstlerische Kommunikation Bedeutung besitzen, noch nicht berücksichtigt." (Krech 1991, S. 207).

4.2 Diagnostisches Zuhören

Diagnostisches Zuhören ist ein Alltagsphänomen. Immer wenn jemand spricht, interpretieren wir das Gehörte in Bezug auf Informationen zur sprechenden Person. Meyer-Kalkus (2001, S. 451) bezeichnet dies als „physiognomischen Imperativ"; wir können offenbar gar nicht anders, und das prägt auch unseren Umgang mit den Medien. In den Zuhörenden entsteht also immer, mehr oder weni-

ger bewusst, ein Personenprofil der Sprecherin bzw. des Sprechers mit Mutmaßungen über Alter, Geschlecht, Gesundheitszustand, Bildungsgrad, Emotionen,
Persönlichkeitsmerkmale, regionale und soziale Herkunft usw. (vgl. Eckert La-
ver 1994, bes. Kap. 9; Sendlmeier 2012a, S. 99). Dabei ist die Möglichkeit der
Fehleinschätzung natürlich immer gegeben. Was Zuhörende in welchem Maße
wahrnehmen und was nicht, hängt erheblich davon ab, welche Voraussetzungen
sie selbst mitbringen. Trotzdem ist es beachtlich, dass das menschliche Gehör
offenbar mit relativ großer Treffsicherheit entscheidet, wer der Mensch hinter
der Stimme ist, und infolgedessen auch, wie man zu dieser Person steht:

> „Die Sprechausdrucksmerkmale mit ihrer Ausprägung bestimmen zu einem
> großen Teil sprecherbezogene Einstellungen, d. h. sie leisten einen Beitrag zur
> intuitiven Diagnose des Sprechers durch den Hörer" (Travkina 2010, S. 90).

Intuitiv haben alle Hörbuchkonsument_Innen eine Vorstellung davon, ob für sie
die sprechende Person mit den Eigenarten ihrer Stimmfärbung und Sprechweise
zu einem stimmigen Gesamtbild beiträgt. So fragt dann auch die Hörbuchkritik
oft ganz generell: „Passt die Stimme zum Text?" Und damit ist nicht nur gemeint, ob die stimmlich-sprecherische Vortragsgestaltung professionell ist, sondern, ob die sprechende Person insgesamt mit ihrem Temperament (oder dem,
was man ihr aufgrund stimmlich-sprecherischer Parameter unterstellt), den kon-
stitutionellen Voraussetzungen ihres Stimmorgans, ihrem ganzen Habitus, ihren
Artikulationsgewohnheiten, ihren lokal-regionalen Dialektfärbungen usw. geeignet ist, das hörbar zu machen, was man sich beim Lesen des Textes vorstellt.

Gelingt das Lauschen, wird die Persönlichkeit des Sprechers bzw. der Sprecherin
durch die genüsslich Zuhörenden in den meisten Fällen mit der Erzählinstanz des
Textes gleichgesetzt und kaum bewusst realisiert. Funktioniert für die Zuhörenden die Identifikation der Sprechstimme mit der Vermittlerrolle allerdings nicht,
dominiert das Unerwartete, als relevant eingestufter Reiz, den weiteren Wahrnehmungsprozess. Zuhörende stellen dann – mehr oder minder bewusst – Mutmaßungen über die Ursachen an. Anders gesagt: Sie horchen auf und wechseln
vom ästhetischen zum diagnostischen Zuhören, sobald sich eine Irritation hinsichtlich der sprechenden Person aufdrängt.

Gemeinhin werden beispielsweise so genannte „Selbstsprecher" (Sievers 1912,
S. 827) schnell als arrogant und aufdringlich erlebt, wenn sie, um aus dem Lager
der besonders Kritischen zu zitieren: „mit dem sprecherisch-stimmlichen Ausdruck ihrer Eigenanteile ihre Interpretationen bis zur Unkenntlichkeit des Textes
überlagern" (Ptok 2006, S. 229) oder, schlichter gesagt: sich vor den Text stellen
anstatt dahinter. Das erlauben Hörbuchhörer_Innen nur Prominenten, für deren
Persönlichkeit und Selbstinszenierung man sich auch interessiert.

In allen anderen Fällen ist es unsere Aufgabe als Sprecherzieher_Innen, eine eher
dialogisch gedachte Mitteilungshaltung anzuregen; die Zuhörenden entscheiden:

„Fühle ich mich angesprochen, als Adressat gemeint?" Wichtig ist in diesem Zusammenhang auch, Irritationen zu vermeiden, die sich auf die äußeren Umstände der Hörbuchproduktion beziehen: So besteht beispielsweise Handlungsbedarf, wenn diagnostisch Zuhörende zu dem Schluss kommen, dass die sprechende Person dem Text nicht gewachsen ist, keine Lust hat, ihn vorzutragen, den Text nicht mag, mit der Studiotechnik nicht zurecht kommt o.ä.

Eine Ursache dafür, dass wir aus dem Stimmklang und der Sprechweise Vieles über eine sprechende Person heraushören können, scheint zu sein, dass konzentriertes Zuhören mit sich bringt, dass wir die muskulären Spannungsverhältnisse der sprechenden Person übernehmen und so am eigenen Leib physisch wahrnehmen. Die Sprechwissenschaft und Sprecherziehung nennt dieses Phänomen „interne Simulation" (vgl. Eckert/Laver 1994, S. 5) oder funktionellen Nach- bzw. Mitvollzug; die Hirnforschung hat dies zwischenzeitlich mit den so genannten Spiegelneuronen zu erklären versucht (vgl. Rizzolatti/Signigaglia 2009).

Die adaptierende Wahrnehmung, die sich auch als Einfühlung beschreiben ließe, wird dann in einem weiteren Schritt der Reizverarbeitung im Gehirn klassifiziert und bewertet und damit gewissermaßen vom körperlichen Fühlen ins abstraktere Denken überführt: Wir bilden uns eine Meinung. Das eigene Erleben der Befindlichkeit des Gegenübers bewirkt als sekundäre Reaktion auf Hörerseite eine emotionale Haltung in Bezug auf die Sprecherpersönlichkeit, eine Positionierung auf der Beziehungsebene, die neben Gewichtungen auch Wertungen beinhaltet (Identifikation, Mitgefühl, Ablehnung u.a.). Das ist bei Sprecherzieher_Innen selbstverständlich nicht anders, weshalb es wichtig ist, sich diese Prozesse bewusst zu machen; denn eine solche Hypothesen- und Meinungsbildung trägt zu Geschmacksurteilen bei, die einer Begründung bedürfen.

4.3   Analytisches Zuhören

Analytisches Zuhören setzen wir ein, wenn wir selektiv nach dem WIE des Vortrags fragen, wenn wir die verwendeten stimmlich-sprecherischen Mittel im Einzelnen betrachten, z. B. um unsere Interpretationen und Bewertungen im Feedback oder im Rahmen einer Rezension zu begründen. Vom Wahrnehmungsprozess her heißt das offenbar, noch einmal einen Schritt zurück zu treten, gehen wir doch davon aus,

> „dass Sprache zunächst genauso wie Musik auf akustische Eigenschaften wie Tonhöhe und Tonhöhenvariation, Lautstärke, Stimmlage […], Intonationsverlauf, Akzente und Rhythmus analysiert wird." (Imhof 2003, S. 13)

Beim diagnostischen und ästhetischen Zuhören hingegen werden die analytisch selektierbaren Einzelmerkmale und Merkmalskomplexe des aus dem Sprechausdruck herausgehörten Höreindrucks funktional gebündelt, damit sich eine Deutung ergibt.

Dass geschulte Zuhörende die einzelnen Parameter recht gut heraushören können, ist abermals darauf zurückzuführen, dass Zuhören auch ein physisch reproduzierender Prozess ist. Das Adaptieren bzw. Spiegeln ermöglicht es, in unserem Feedback beispielsweise Aussagen über die Sprechspannung zu treffen, die wir genau genommen weniger gehört als körperlich selbst erlebt haben. Insofern ist es eine Aufgabe angehender Sprecherzieher_Innen, die eigene Wahrnehmungsfähigkeit und Durchlässigkeit zu trainieren.

Für Laien ist es erfahrungsgemäß schwer, bei einem gut gemachten Hörbuch, sich nicht in das Geschehen hineinziehen zu lassen. Damit fehlt auch die für eine kritische, argumentativ fundierte Bewertung erforderliche Distanz. Sprecherzieher_Innen aber sollten ihre Eindrücke begründen, am konkreten Beispiel verdeutlichen, was da passiert und erklären können, wie die Eindrücke zustande kommen. Wir brauchen also einen Gesamteindruck UND die Details. Dies wird beispielsweise in dem Katalog von Nebert/Neuber (2009) zur *Beurteilung und Bewertung stimmlich-sprecherischer und künstlerischer Leistungen* berücksichtigt.

Das analytische Zuhören anhand eines Merkmalkatalogs ohne funktionellen Fokus birgt indes in der Praxis die Gefahr, allzu kritisch zu werden. Das selektive Achten auf die Besonderheiten der Atemführung z.B. kann den Eindruck so verzerren, dass unangenehm störend auffällt, was niemandem auffallen würde, der sich ästhetisch lauschend auf das Handlungsgeschehen einlässt. Auch hier ist also ein reflektierter Umgang mit den Selektionspraktiken (Wozu höre ich das gerade heraus? Wie wichtig ist das im Gesamtbild?) und auch mit den eigenen Vorlieben gefragt.

5 Fazit

Sprecherzieherisches Zuhören ist bewusst und intentional bzw. interessegeleitet einzusetzen. Die Beschränkungen und Besonderheiten, die sich aus der je eigenen Subjektivität ergeben, sind dabei selbstkritisch zu reflektieren. Bestimmte Dinge sind uns wichtig, andere mögen wir nicht und darauf werden wir immer besonders achten, wohingegen uns andere akustische Parameter kaum auffallen. Was uns aufhorchen lässt, sollten wir benennen können, was uns zum Lauschen verführt auch. Um so ein geschultes Ohr zu erlangen, braucht es mehr als die Auseinandersetzung mit den Vorgängen, die auf Sprecherseite erfolgen.

Literatur

Aderhold, E./Wolf, E. (1994): Sprecherzieherisches Übungsbuch. Berlin.

Aich, J. (2009): Erfolgsgeheimnis Stimme. Besser sprechen – mehr erreichen. Mit Audio-CD mit Hörbeispielen und Anleitungen für Sprechübungen. Berlin.

Anders, Y. (2001): Merkmale der Melodisierung und des Spechausdrucks ausgewählter Dichtungsinterpretationen im Urteil von Hörern. Sprechwissenschaftlich-phonetische Untersuchungen. Frankfurt a.m. (= Hallesche Schriften zur Sprechwissenschaft und Phonetik; 4).

Bergmann, G. (1984): Vokale Kommunikation. Methoden, Ergebnisse und Probleme der Erforschung des Sprechausdrucks. In: Berger, L. (Hrsg.): Sprechausdruck. Frankfurt a. M. (= Sprache & Sprechen; 13). S. 69-82.

Bernhard, B. M. (2002): Sprechtraining. Professionell sprechen auf der Bühne und am Mikrofon. Mit CD. Wien.

Breulmann, J. (2011): Sprecherziehung und Hörbuchsprechen. Zur Beurteilung sprecherischer Leistung bei der Hörbuchproduktion. Unveröffentlichte Abschlussarbeit im Rahmen der Ausbildung zur Sprechwissenschaftlerin/Sprecherzieherin (DGSS). Münster.

Eckardt, H. (2009): Die Kunst des Hörbuchsprechens. Kleine Einführung für professionelle Sprecher, Lehrer und begeisterte Vorleser. Gelesen vom Autor. 108 Min. 2 Audio-CDs. Marburg.

Eckert, H./Laver, J. (1994): Menschen und ihre Stimmen. Aspekte der vokalen Kommunikation. Weinheim.

Geissner, H. (1984): Über Hörmuster. In: Gutenberg N. (Hrsg.): Hören und Beurteilen. Gegenstand und Methode in Sprechwissenschaft, Sprecherziehung, Phonetik, Linguistik und Literaturwissenschaft. Frankfurt a. M. (= Sprache und Sprechen; 12). S. 13-56.

Geissner, H. (1989): <o, oh> [o:]. Phonetisches – Prosodisches – Poetisches. In: Slembek, E. (Hrsg.): Von Lauten und Leuten. Festschrift für Peter Martens zum 70. Geburtstag. Frankfurt a. M. (= Sprache & Sprechen; 21).

Geissner, H. (2010): Sprechstimmen systematisch beurteilen. In: sprechen 49 (2010). S. 19-28.

Giertler, A. (2009): Potentielle Kriterien für die Beurteilung sprechkünstlerischer Leistungen in medienvermittelten Lesungen. In: Hirschfeld, U. / Neuber, B. (Hgg.): Aktuelle Forschungsthemen der Sprechwissenschaft 2. Phonetik, Rhetorik und Sprechkunst. Frankfurt a. M. (= Hallesche Schriften zur Sprechwissenschaft und Phonetik; 31). S. 71-89.

Gutenberg, N. (1985): Sprecherische Arbeit an Gedichten. Eine Methodenübersicht. In: Berthold, S. (Hrsg.): Gedichte sprechen und interpretieren. Konzepte und Beispiele für den Deutschunterricht ab 5. Schuljahr. Bonn. S. 11-23.

Gutenberg, N. (2001): Einführung in die Sprechwissenschaft und Sprecherziehung. Frankfurt a. M.

Gutenberg, N. (2002): Art. ‚Leselehre'. In: Glück, H. (Hrsg.): Metzler Lexikon Sprache. Elektronische Ressource. Berlin. S. 5478.

Imhof, M. (2003): Zuhören. Psychologische Aspekte auditiver Informationsverarbeitung. Göttingen.

Krech, E.-M. (1987): Vortragskunst. Grundlagen der sprechkünstlerischen Gestaltung von Dichtung. Leipzig.

Krech, E.-M. (1991): Wirkungen und Wirkungsbedingungen sprechkünstlerischer Äußerungen. In: Dies./Richter, G./Stock, E./Suttner, J.: Sprechwirkung. Grundfragen, Methoden und Ergebnisse ihrer Erforschung. Berlin. S. 193-250.

Lotzmann, G. (1997): Stimmliche Ausdrucksgestaltung in der Sprechkunst - Zeit- und Autorenstil, Grund- und Teilstimmung, Zeit- und Sprecherstil. In: Ders. (Hrsg.): Die Sprechstimme. Ulm u.a. S. 49-72.

Meyer-Kalkus, R. (2001): Stimme und Sprechkünste im 20. Jahrhundert. Berlin.

Nebert, A. U./Neuber, B. (2009): Beurteilung und Bewertung stimmlich-sprecherischer und künstlerischer Leistungen. In: DGSS aktuell 1/2009. S. 5-11.

Ockel, E. (1985): Zur Didaktik und Methodik des Vorlesens. In: Diskussion Deutsch, H. 85 (1985). S. 541-569.

Ockel, E. (2000): Vorlesen als Aufgabe und Gegenstand des Deutschunterrichts. Hohengehren (= Deutschdidaktik aktuell; 7).

Pompino-Marschall, B. (2003): Einführung in die Phonetik. Berlin / New York.

Ptok, G. (2006): Ästhetische und therapeutische Kommunikation mit Lautgedichten. Konzepte des Schreibens, Sprechens und Hörens parasemantischer Texte. St. Ingbert. (= Sprechen und Verstehen; 25).

Rizzolatti, G./Signigaglia, C. (2009): Empathie und Spiegelneurone. Die biologische Basis des Mitgefühls. Frankfurt a. M.

Schmehl, C. (2015): Beurteilung der Sprecherleistung im Hörbuch. Eine Untersuchung zu Beurteilungskriterien der hr2-Hörbuchbestenliste im Vergleich zu Beurteilungskriterien aus der Sprechwissenschaft und von Laienhörern. Masterarbeit im Fach Speech Science/Spezialisierung Sprechwissenschaft. Unveröff. Manuskript. Marburg.

Sendlmeier, W. F. (2012a): Die psychologische Wirkung von Stimme und Sprechweise – Geschlecht, Alter, Persönlichkeit, Emotion und audiovisuelle Interaktion. In: Bulgakowa, O. (Hrsg.): Resonanz-Räume – Die Stimme und die Medien. Berlin. S. 99-116.

Sendlmeier, W. F. (2012b): Der hörbare Spiegel. In: Hüls, R./Schaarschmidt, M. (Hrsg.): Hearing Stories. Geschichten, Gespräche und Gedichte über das Hören. Hamburg. S. 43-58.

Sievers, E. (1912): Rhythmisch-melodische Studien. Heidelberg.

Stock, E. (1991): Grundfragen der Sprechwirkungsforschung. In: Krech, E.-M./ Richter, G./Ders./Suttner, J.: Sprechwirkung. Grundfragen, Methoden und Ergebnisse ihrer Erforschung. Berlin. S. 9-58.

Travkina, E. (2010): Sprechwissenschaftliche Untersuchungen zur Wirkung vorgelesener Prosa (Hörbuch). Frankfurt a. M. (= Hallesche Schriften zur Sprechwissenschaft und Phonetik; 34).

Wachtel, S. (2009): Sprechen und moderieren in Hörfunk und Fernsehen. 6., überarbeitete Auflage. Konstanz.

Wermke, J. (1995): Hören – Horchen – Lauschen. In: Spinner, K. H.: Imaginative und emotionale Lernprozesse im Deutschunterricht. Frankfurt a.M. u.a. (= Beiträge zur Geschichte des Deutschunterrichts; 20). S. 193-216.

ORTWIN LÄMKE

Eine Reise in die Kindheit oder „Die Drei Fragezeichen" – Was die Hörbuchnutzung durch Studierende über Hörmuster und das (Hör-) Gedächtnis verrät

1 Einleitung

Heutige Studierende können als repräsentative Hörbuchnutzer gelten. Sie gehören wie alle Generationen seit den 1970er Jahren zu den von Annette Bastian so genannten „Kassettenkindern" (Bastian 2003). Wenn man sie zu ihren Hörgewohnheiten begfragt, stellt sich heraus, dass es dabei oft um mehr geht als um das Medium an sich. Vielmehr dienen Hörbücher häufig dazu, sich in eine erwünschte Stimmung zu versetzen, zu entspannen oder gar dazu, möglichst schnell einzuschlafen. Das Hören umfasst also motivationale, situative und emotionale Aspekte, die zum Teil als Gedächtnisinhalte abgelegt sind und aktualisiert werden können. Wenn wir auch noch nicht wissen, wie etwa das das Langzeitgedächtnis funktioniert, sind wir doch in der Lage, mehr über seine Wirkung zu erfahren, indem wir die kulturelle Praxis der Hörbuchrezeption genauer erfassen. Es lässt sich daran zumindest beobachten, wie Gedächtnisinhalte verkoppelt sind. Daher stelle ich hier die Ergebnisse einer Umfragefolge aus den Jahren 2010 bis 2015 vor, die ich unter Studierenden durchgeführt habe (Abschnitt 2). Die Auswertung der Daten zeigt, dass Hörbücher ganz bewusst zur Stimmungs- und Emotionsregulation eingesetzt werden, ob es sich nun um Kinderbücher und –hörspiele oder belletristische Lesungen handelt (Abschnitt 3). Wenn aber Hörgewohnheiten einen solch starken Einfluss haben, stellt sich die Frage nach dem (Hör-) Gedächtnis, seiner Entstehung und seiner Struktur. Diese Überlegung führt zum Rückgriff auf ein Konzept Hellmut Geißners, die „Hörmuster" und ihre Bedeutung, ein Konzept, das unser Hören an soziale Erfahrungen und Situationen, und somit letzlich an unsere „Kommunikationsbiographie" zurückbindet (Abschnitt 4). Teil unserer sozialen und kommunikativen Erfahrungen aber sind, und das wird am Beispiel der Hörbuchrezeption ganz offensichtlich, auch unsere medialen Hörerfahrungen. Mediale Stimmen werden nicht anders gehört und beurteilt als reale (Abschnitt 4 und 5).

2 Umfrage zur Hörbuchnutzung durch Studierende in Münster 2010-2015

Im Rahmen meiner Seminare und Übungen zu Themen rund um das Hörbuch wurden in den Jahren 2010 bis 2015 am Germanistischen Institut sowie am Centrum für Rhetorik, Kommunikation und Theaterpraxis der Westfälischen Wilhelms-Universität Münster 200 Studierende schriftlich zu Art, Umfang und Inhalten ihrer Hörbuchnutzung befragt, in der Regel zu Seminarbeginn. Zur quantitativen Erhebung kam stets eine qualitative hinzu, da die Ergebnisse im Laufe des Seminars vorgestellt und besprochen wurden. Weil davon auszugehen war, dass in der befragten Gruppe ein Vorinteresse am Thema Hörbuch bestand und die Referenzgruppe vergrößert werden sollte, wurde der Fragebogen im Sommer 2015 zusätzlich an 400 Studierende aus meinem Mailverteiler verschickt. Der Rücklauf von 160 verwertbaren Antworten erklärt sich aus der Tatsache, dass ich zu diesen Studierenden als Lehrender, Prüfer, Studienberater usw. in persönlichem Kontakt stand oder gestanden hatte, und die Studierenden eine hohe Verbindlichkeit empfanden, meiner Bitte um Teilnahme an der Umfrage nachzukommen. Teilnehmer der Hörbuchseminare wurden nicht wieder befragt. Es wurden also 360 Fragebögen ausgewertet. Dass zwei Drittel der befragten Studierenden Frauen und lediglich ein Drittel Männer sind, spiegelt die Verhältnisse im Studium der Germanistik bzw. Sprach- und Kulturwissenschaften wider und kann daher nicht als repräsentativ für den Bevölkerungsdurchschnitt gelten, zumal auch Bildungsstand und Alter der Befragten klar vom statistischen Durchschnitt abweichen und die WWU Münster darüber hinaus eine sozial homogenere Studierendenschaft aufweist als andere Hochschulstandorte in Nordrhein-Westfalen. Mit anderen Worten: Diese Umfrage stellt eine rein deskriptive Studie dar und erhebt nicht den Anspruch, sozialwissenschaftlichen Standards an eine statistische Erhebung zu genügen. Ihre Auswertung erlaubt es aber zumindest, einige Beobachtungen zur Hörbuchnutzung bei jungen Menschen im Alter von 20-30 Jahren festzuhalten. Diese Hörergruppe ist besonders interessant da sie nach den von Gerlinde Freis durchgemusterten Untersuchungen nicht nur vom Alter her „typische Hörbuchkäufer" repräsentieren dürfte, „aktive Kulturkonsumenten", die zu den 85 Prozent der Hörbuchrezipienten gehören, die „über das Fachabitur oder einen höheren Schulabschluss verfügen" (Freis 2008, S. 129). Die Ergebnisse meiner Umfrage bestätigen darüber hinaus einige der Tendenzen, die Sandra Rühr aus der Durchsicht aller zwischen 1992 und 2006 erschienenen Studien zur Hörbuchnutzung ableitet: Etwa, dass „Personen, welche als Kind bereits mit Hörspielserien aufgewachsen sind [...] sich generell offener gegenüber Hörbüchern" zeigen (Rühr 2008, S. 352), dass inzwischen „ein nahezu ausgewogenes Verhältnis zwischen exklusiver Hörbuchzuwendung und der Nutzung neben anderen Tätigkeiten" herrscht und dass „Hörbuchhören, wenn es zuhause erfolgt, an gemütlichen Orten wie dem Bett oder dem Sofa bevorzugt wird" (ebd., S. 353). Freis und insbesondere Rühr stellen alle wichtigen neueren Untersuchungen zur Hörbuchnutzung vor, daher lässt sich der Forschungsstand hier weiterführend nachlesen.

Auch wenn die Ergebnisse meiner Befragung nicht neu sind, mögen sie manch einen überraschen. Denn in welcher Marketingstudie zum Hörbuch wird nach seiner Qualität als Einschlafhilfe gefragt? Das wäre aber ein gutes Werbeargument, wie ich belegen kann. Hier die auf volle Prozentzahlen auf- und abgerundeten Umfrageergebnisse:

Befragte

N = 360 Studierende
271 weiblich, 89 männlich   (75 %/ 25 %)
Alter 20-30 Jahre   (95%)

Fragen und Antworten

Wo und bei welcher Gelegenheit höre ich Hörbücher?
(Mehrfachnennungen möglich)
beim Sport   21 %
im Wohnzimmer   34 %
in der Wohnung beim Kochen/ Putzen   41 %
beim Auto-/ Zugfahren   70 %
beim Einschlafen   76 %
im Schlafzimmer   79 %

Wann höre ich Hörbücher?
(Mehrfachnennungen möglich)
morgens   22 %
mittags   45 %
abends   76 %

Wie oft höre ich Hörbücher?
täglich   32 %
2-3 Mal pro Monat   36 %
2-3 Mal pro Woche   36 %

Welche Technik nutze ich beim Hören von Hörbüchern?
(Mehrfachnennungen möglich)
Cassette   27 %
Smartphone   40 %
PC/ Laptop/ Tablet   43 %
Player/ I-Pod   48 %
CD-Player   52 %

Zu welchem Genre gehören meine Hörbücher?
(Mehrfachnennungen möglich)
Ratgeber   0 %
Hörspiele   14 %
Krimi/ Thriller   45 %
Literarische Lesungen   69 %
Kinderbücher und Kinderhörspiele   77 %

3 Hörbuchrezeption als intendierte Stimmungs- und Emotionsregulation

Ganz offensichtlich spielt bei der Hörbuchnutzung die Tatsache der Verfügbarkeit in allen erdenklichen Speicherformen eine Rolle. Es fällt auf, dass sich jeder Befragte durchschnittlich betrachtet zweier unterschiedlicher Speichermedien bedient, um Hörbücher zu hören. Dabei nimmt die Bedeutung des Smartphones und von Downloads aus dem Internet in den letzten fünf Jahren stark zu. In der Regel kommen ein mobiles Gerät (wie Smartphone, Player) und ein fixes (wie CD-Player, Laptop) zum Einsatz. Das hängt von Ort, Art und Zeitpunkt der Nutzung ab. Die Nutzung als Begleitmedium scheint tendenziell an ein mobiles, die exklusive Hörbuchnutzung eher an ein fixes Gerät gebunden zu sein. Beim Sport hören die Studierenden zwar überwiegend Musik, meist über Handy oder Player, manchmal aber auch Hörbücher. Wie aus allen jüngeren Erhebungen bekannt, geht es auch für die Studierenden beim Hörbuch darum, die Zeit während des Putzens, Kochens, auf Zug- und Autofahrten etc. sinnvoll zu nutzen. Es ist also Begleitmedium. Überraschend für mich war das verbreitete Hören im Schlafzimmer, in dem sich auch die entsprechende fixe Technik findet (PC, CD-Player). Abends im Schlafzimmer und im Bett beim Einschlafen werden Hörbücher von den Studierenden am häufigsten rezipiert. Tatsächlich finden sich hier noch Kassettenabspielgeräte. In den Gesprächen mit den befragten Gruppen ergab sich dann: Ja, wir hören die alten Kinderkassetten, teils noch auf dem Abspielgerät aus dem eigenen Kinderzimmer. Wir sammeln diese Kassetten auf Flohmärkten und ersteigern sie bei E-Bay.

Das ist die Reise in die Kindheit, eine reine Einschlafgewohnheit. Die Qualität der Hörbücher spielt weder technisch noch inhaltlich eine Rolle. Für viele Studierende ist dabei die Hauptsache, dass es sich um die Hörspiele oder Hörbücher handelt, die sie schon als Kind kennen gelernt haben, und sei es auch „Bibi Blocksberg". Diese Erkenntnis ist nicht neu, Beena Ghosh konnte schon 2004 das Nutzungsmotiv „Einschlafhilfe" belegen (zitiert nach Rühr 2008, S. 349). Das Vorurteil, Eltern würden elektronische Medien nutzen, um nicht vorlesen zu müssen, kann ich durch die Aussagen meiner Studierenden nicht stützen, im Gegenteil. Deren Eltern legten,wie sich bei den Besprechungen der Umfrageergebnisse in den Seminaren herausstellte, überwiegend Wert auf das Vorlesen, haben anschließend das Licht gelöscht und ein Abspielgerät angestellt, damit die Kinder darüber einschlafen. Und diese Gewohnheit haben sie als Erwachsene beibehalten. Das klassische Hörspiel wird nur von einer Minderheit (14 %) unter den hörbuchinteressierten Studierenden rezipiert, findet aber noch seine Anhänger. Bei dieser kleinen Gruppe handelt es sich dann aber um eine bestens informierte, hoch spezialisierte Fangemeinde radiophoner Kunst, die oft selbst künstlerisch im Medium tätig ist.

Eine Mehrheit hört „TKKG" und vor allem „Die Drei Fragezeichen", die seit Jahrzehnten neben „Fünf Freunde" zu den erfolgreichsten Hörbuch-Krimiserien für Kinder zählen (vgl. Börder 2007, S. 109). Vielfach hat sie die CDs und Kassetten schon von ihren Eltern erhalten, denn zwei Drittel der Käufer von „Die Drei ???"-Hörspielen sind jenseits der 40 (vgl. *Die Welt* vom 26.8.2014). Wie im Fall von „TKKG" gibt es die Hörspiele bereits seit 1979. Laut *Wirtschaftswoche* wurden von den „Drei Fragezeichen" über 45 Millionen Tonträger verkauft, dazu 16 Millionen Bücher (vgl. *Wirtschaftswoche* 49 (2013), S. 47). Und *Die Welt* schreibt, noch heute werde jede Folge 150.000 Mal legal heruntergeladen, „gut eine Million pro Jahr". Auch von „TKKG" wurden in Deutschland 30 Millionen Tonträger abgesetzt (vgl. Weber 2014, S. 85).

Speziell zur Warengruppe Kinderkassette oder dem davon meist unterschiedenen Kinder- und Jugendhörbuch liegt, soweit ich sehe, keine aktuelle Nutzungsstudie vor. Gerlinde Freis nennt Gründe hierfür:

> „Der Kinderhörspielmarkt wird bei Untersuchungen des Hörbuchmarktes häufig ausgeklammert, da die Kinderkassetten oft nicht im Buchhandel vertrieben und deren Verlage auch nicht als Produzenten von Literaturtonträgern betrachtet werden. Häufig wird darüber hinaus auch zwischen dem Markt für Erwachsenenhörbücher und dem für Kinderhörbücher bzw. -tonträger unterschieden" (Freis 2008, S. 24).

Schon Heidemarie Eckhardt ging aus diesem Grund nicht auf den "nahen Verwandten des Hörbuchs, die Kinderkassette", ein (Eckhardt 1999, S. 251). Ältere Erhebungen belegen die Bedeutung der "Kinderkassetten": "Sie lagen 1995 mit 74,6 Prozent am Gesamtabsatz aller Hörbücher in Deutschland weit vor der Belletristik, die mit 8,8 Prozent daran beteiligt war." (Hennig 2002, S. 92-93).

Sarah Kerenkewitz und Klaus Martin Schulte sind im Jahr 2008 der Frage nachgegangen, was die Faszination der „Drei Fragezeichen"-Hörspiele gerade bei den jungen Erwachsenen ausmacht. Kerenkewitz hat dazu „Kassettenkinder" in „Tiefeninterviews" befragt. Die Verfasser stellen fest, dass in den Interviews auch deren „eigene Kindheit zum Thema" werde, „inklusive zum Beispiel des alten Kassettenrekorders, den man mal besessen hat, und ebenfalls Tätigkeiten, die man beim Hören ausführt: Aufräumen, Spülen, oder aber ein gemütliches 'Verkriechen' vor der Außenwelt" (Kerenkewitz/ Schulte 2008, S. 80). „Die angestrebte seelische Verfassung wird beschrieben als 'eine ganz bewusst fabrizierte Gemütlichkeit'" (ebd., S. 81). Das Fazit der Verfasser dazu lautet:

> „Beim Hören der Serie treten [...] der oder die Erwachsene und das Kind in den Hörerinnen und Hörern mit ihren gegensätzlichen Erlebens- und Sichtweisen in einen unterhaltsamen Dialog. So erlebt man einen 'gemütlichen Schauer', ein abgesichertes Risiko in einer rätselhaft-vertrauten Welt" (ebd., S. 84).

Man muss die These vom „seelischen Grundproblem" junger Erwachsener, das auf diese Weise bearbeitet werde, nicht teilen, um sich darüber klar zu sein, dass hier eine Stimmungs- und Emotionsregulation mit Hilfe von Kinderhörspielen stattfindet. Die medien- und kommunikationswissenschaftliche Forschung beschäftigt sich schon länger mit diesem Phänomen. Holger Schramm und Werner Wirth, die 2007 deren Begrifflichkeiten, Theorien und Befunde vorgestellt haben, gehen dabei insbesondere auf die Mood-Management-Theorie von Dolf Zillmann ein, die als empirisch gut bestätigt gilt. Zillmann kann nachweisen, dass gestresste Probanden beim Fernsehen mit „ruhigen, entspannten Programmen ihren Erregungslevel auf ein angenehmes, neutrales Niveau regulieren konnten" (Schramm/Wirth 2007, S. 16), wobei die Herzfrequenz als Indikator für Erregung gemessen wurde. Schramm und Wirth selbst unterscheiden darüber hinaus zwischen der Regulation von Stimmungen und Emotionen:

> „[…] im Gegensatz zu den von Zillmann modulierten unbewussten Prozessen bei der Regulation von Stimmungen ist davon auszugehen, dass Emotionen aufgrund ihrer stärkeren Intensität in das Bewusstsein der Probanden gelangen und in der Folge auch bewusster reguliert werden" (ebd., S. 17).

Beim Gebrauch von Kinderhörspielen als Einschlafhilfe, den meine Studierenden praktizieren, haben wir es nicht nur mit einer Stimmungs-, sondern überwiegend mit einer intendierten Emotionsregulation zu tun, indem die Hörer eine *„medieninhaltszuwendende und kognitive Strategie"* (ebd., S. 20) zur Entspannung und zur somatischen Selbststeuerung nutzen.

Die westdeutsche mediale Massengesellschaft (es ist ein Phänomen der alten Bundesländer) hat seit den 1980er Jahren mehrere Generationen hervorgebracht, zu deren literarischem Kanon diese Hörspiele gehören, sofern man sie der Kinder- und Jugendliteratur zurechnet. Die „Drei Fragezeichen"-Hörspiele werden heute in der ganzen Republik in großen Sälen live aufgeführt. Die Originalbesetzung (die Sprecher sind bekanntlich immer noch dieselben wie 1979) reiste für die „Phonophobia"-Tour des Live-Hörspiels 2014 jeweils mit vier Trucks für Bühnenaufbau, Band, Geräuschemacher und Technik an und ist im Sommer in der ausverkauften Berliner Waldbühne vor „rund 20.000 Zuschauern" aufgetreten (*Berliner Morgenpost* vom 10.8.2014). Auch hier findet eine Reise in die Kindheit statt, im öffentlichen Raum und live, d. h. personalisiert statt rein medial vermittelt. Wobei das gemeinsame Zuhören, die Zugehörigkeit zu einer Fangemeinde als Ausdruck einer Generationserfahrung erscheint.

Und sogar bei öffentlichen Veranstaltungen schläft das „Drei Fragezeichen"-Publikum ein, berichtet meine Kollegin Sarah Giese vom Centrum für Rhetorik, Kommunikation und Theaterpraxis der Universität Münster. Sie ist Teil eines fünfköpfigen Teams aus Schauspielern und Sprechern, das, lizensiert von Sony Europa und Kosmos-Verlag, Lesungen der Buchfassungen durchführt. Jährlich finden rund 30, stets ausverkaufte Auftritte im norddeutschen Raum und in Nordrhein-Westfalen an Veranstaltungsorten mittlerer Größe vor bis zu 500 Zuschauern statt. Die eine Hälfte der Besucher ist demnach zwischen 20 und 40

Jahren alt, die andere besteht aus Kindern im Alter von 10-15 Jahren, überwiegend Jungen, die über die Hörspiele zu den Büchern gekommen sind. Die Vorleser waren anfangs irritiert wegen eingeschlafener Zuhörer. Im Gespräch mit ihnen stellte sich aber heraus, dass die Gesamtsituation einfach so schön gemütlich war und auch die Schläfer gern wieder in die Lesungen kämen.

Dass die Hörspiele von der Generation der „Kassettenkinder" als Einschlafhilfe genutzt werden, ist, wie gesagt, seit längerer Zeit bekannt und wird von den Sprechern gern in den Medien kolportiert. So sagte Andreas Fröhlich, die Stimme von Bob Andrews, dem Magazin der „Süddeutschen Zeitung":

> „Mit 14 oder 15 waren die Drei Fragezeichen den meisten dann wohl ziemlich egal, und die Kassetten sind in den Müll oder auf den Dachboden gewandert. Dann aber wächst man in die Erwachsenenwelt hinein, der Stress beginnt, und man sehnt sich vielleicht in die Kindheit zurück, wo es keine Verpflichtungen gab, keine Verantwortung. Um abends runterzukommen, fangen einige dann mit Hilfsmittelchen an, mit Kiffen, Alkohol, Baldrian, und andere hören die Drei Fragezeichen, die Stimmen aus ihrer Kindheit, und träumen sich in diese Zeit zurück. Das ist der Heile-Welt-Faktor" (SZ-Magazin 38/2012).

Und Oliver Rohrbeck, die Stimme von Justus Jonas, stellte in der Talkshow „3nach 9" im NDR am 31.1.2014 fest: „Wir sind das beliebteste Schlafmittel Deutschlands." Ich habe inzwischen sogar von Ehepartnern dieser Generation gehört, die gemeinsam über Kinderhörspielen einschlafen.

Möglicherweise handelt es sich bei dieser bewussen Emotionsregulation aber gar nicht um regressive Tendenzen oder die Bearbeitung eines für junge Erwachsene typischen seelischen Grundproblems. Die Vorstellung, Kindheit sei per se mit dem Gefühl des Behütetseins verbunden, entspricht zwar einem gängigen Klischee, dieses Klischee entsteht aber aufgrund von selektiver Wahrnehmung der eigenen Kindheit. Kinder lassen sich im entsprechenden Alter von spannenden bis gruseligen (Vorlese-) Texten ansprechen, weil diese das Potential haben, sie von ihren alltäglichen Konflikten und Ängsten abzulenken. Denn die erleben Kinder offensichtlich intensiver, emotionaler als Erwachsene. Erwachsene verfügen in der Regel über eine höhere kognitive Autonomie und mehr emotionale Erfahrung im Umgang mit ihren Problemen. Vielleicht bearbeiten Kinder indirekt auch eigene Ängste beim Hören fremder Geschichten, das ist hier aber nicht die Frage. Das Hörspiel zieht die Kinder in seinen Bann, ihre Imagination wird auf das erzählte Geschehen gelenkt, sie fokussieren sich auf etwas, das außerhalb der eigenen Lebenswelt liegt, unterhaltsam ist, und dabei trotz aller Spannung zuverlässig nach dem gleichen Muster abläuft (Happy End). Insofern, das ist meine These, unterstützen Kinderhörspiele bereits die Kinder dabei, mittels einer medieninhaltszuwendenden kognitiven Strategie negative Tagesreste auszublenden, was ihnen das Einschlafen erleichtert. So entsteht aus der wiederholten Verbindung eines neutralen Stimulus (Kinderhörspiel) und einer konkreten Hörsituation (dem unkonditionierten Stimulus körperlicher Müdigkeit, dem Liegen im Bett und der damit einhergehenden sensorischen Wahrnehmung von Wärme, Dunkelheit etc.) eine Konditionierung. Die konditionierte Reaktion auf das Hörspiel, das Einschlafen, funktioniert offenbar noch Jahrzehnte später sehr zuverlässig. In diesem Fall geht es allerdings nicht um Sekunden, wie bei der klassischen Konditionierung, sondern um Minuten. Das erinnert an eine operante Konditionierung.

Bisher unbeachtet blieb die Tatsache, dass ein anderer, zumindest im Fall der befragten Studierenden kaum kleinerer Teil dieser mit dem Hörbuch aufgewachsenen Generation von „Kassettenkindern" (hier vor allem die Jahrgänge 1985 bis 1995), abends und zum Einschlafen statt Kinderhörspielen am liebsten literarische Lesungen auflegt. Auch diese Studierenden bleiben bei den Gewohnheiten aus der Kindheit, bevorzugen aber immer wieder neue Texte. Interessant daran: In diesem Fall sind Hörspiele und inszenierte Lesungen mit Musik oder O-Tönen verpönt. Hier wird die möglichst sonore Stimme von Sprecherinnen und Sprechern favorisiert, denn alles unerwartet Laute, jeder abrupte Wechsel kann beim Einschlafen stören. Von daher sollen auch die Sprecher nicht zu viel mit ihrer Stimme unternehmen, je gleichförmiger, desto besser. Sogar die Technik wird möglichst entsprechend gewählt: Geräte, bei denen laute Abschaltgeräusche entstehen, sobald die Lesung endet, werden gemieden, während die Play-Taste am Kassettenrecorder, die am Ende vernehmbar herausspringt, die wahren Kindheitsreisenden nicht stört.

Das Ergebnis meiner Umfrage zur Hörbuchnutzung überrascht den Philologen zunächst: Im Vordergrund stehen alte (Hör-) Gewohnheiten, nicht die Hörbücher selbst. Klassische oder Gegenwartsliteratur, Lyrik oder das moderne Hörspiel werden von Studierenden der Philologie kaum genutzt. Experimentelle Formen gefallen nur einer verschwindenden Minderheit von an Medienkunst Interessierter. Ein Blick auf den Markt im Internet, etwa auf das bei Spotify und Napster verfügbare Angebot, bestätigt die massive Präsenz der Kinder- und Jugendformate, die als Serien mit einer Vielzahl von Folgen auftreten. Es verhält sich nicht nur mediengeschichtlich so, wie Zymner treffend schreibt: „[D]ie Kindercassette ist sozusagen die Großmutter der Erwachsenen-Cassette" (Zymner 1999, S. 209). Das trifft auch individualgeschichtlich zu. Knapp die Hälfte der Studierenden aus Münster mag Krimis, Thriller und schlicht vorgetragene Kultromane, am besten als Autorenlesung, wegen der Aura der Stimme. Aber alle gehören sie zur „TKKG"- und „Die Drei Fragezeichen"-Generation. Und die Großmutter liest ihnen zum Teil immer noch die Kinderhörspiele vor.

Für Menschen, die dachten, Bildungsgüter wie aktuelle und klassische Literatur, moderne Hörstücke, radiophone Kunst ließen sich jetzt mit Hilfe des Hörbuchs problemlos in den Alltag integrieren und würden etwa von Studierenden der Philologien geschätzt und genutzt, könnten die Befunde aus meinen Befragungen eine Enttäuschung darstellen. Das wäre aber zu kurz gedacht. Denn das konzentrierte Zuhören, das komplexe Text- und Tonkunstwerke erfordern, ist eine anstrengende Sache. Von daher treffen die Studierenden, die im Alltag ständig mit wissenschaftlichen Texten umgehen, zu ihrer Entspannung die richtige Wahl.

4 Hörbuchstimme, Hörbuchtext und (Hör-) Gedächtnis

Tatsächlich offenbart insbesondere die Nutzung von Kinderhörspielen durch junge Erwachsene sowie Dreißig- und Vierzigjährige etwas Erstaunliches. Es belegt die Wirkmacht und Konditionierungsfähigkeit unseres (Hör-) Gedächtnisses, wenn Hörgewohnheiten nicht nur Gewohnheiten des Hörens sind, sondern das Hören in feste Rituale eingebunden wird, wenn es mithilft, uns psychisch und somatisch zu steuern und uns z. B. den Schlaf zu bringen vermag. Ich spreche hier nicht vom „auditiven Gedächtnis" oder „Hörgedächtnis", weil diese Begriffe in der Gedächtnisforschung („phonologische Schleife"), der Medizin oder in der Linguistik („phonologisches Arbeitsgedächtnis") mit der kurzfristigen Speicherung von akustischen Informationen im Sinne der Hör-Gedächtnis-Spanne verbunden sind (vgl. Leitlinie Auditive Verarbeitungs- und Wahrnehmungsstörungen der DGPP (2011), S. 5). Mir geht es aber um Inhalte des Langzeitgedächtnisses, die über die auditive Wahrnehmung entstehen, im Falle des Hörbuchs durch das Zuhören. Das Funktionieren des Langzeitgedächtnisses wird inzwischen von der Psychologie, Neurowissenschaft und Molekularbiologie untersucht. Trotz aller Fortschritte, die es gegeben hat, stellt Elke van der Meer zum Stand der interdisziplinären Forschung in diesem Bereich fest:

> „[Wir] wissen erst wenig darüber, wo spezifische Gedächtnisinhalte gespeichert sind und wie diese Inhalte anforderungsabhängig interagieren, wie Inhalte des deklarativen Gedächtnisses bewusst werden oder wie Verarbeitungsprozesse kodiert sind. Auch motivationale und emotionale Einflüsse auf das Langzeitgedächtnis sind erst rudimentär untersucht." (van der Meer 2006, S. 354f.).

Auch für Margarete Imhof spielen beim Zuhören motivationale und emotionale Einflüsse eine wichtige Rolle, nämlich als zweite und dritte Dimension des Zuhörens:

> „Zuhören kann beschrieben werden als die Selektion, Organisation und Integration verbaler und nonverbaler Aspekte akustisch vermittelter Information. Zuhö ren ist mehr als Sprachrezeption. Der Dekodierungsprozess beim Zuhören hat mindestens drei Dimensionen: die Verarbeitung der sprachlichen Botschaft, die Wahrnehmung des Sprechers und die Wahrnehmung der Situation." (Imhof 2003, S. 208).

Im Falle einer Hörbuchrezeption, wie sie oben beschrieben wurde, sind offenbar die beim ursprünglichen Hören abgespeicherte äußere wie innere Situation entscheidend. Diese wird bewusst angestrebt, eine Emotionsregulation durch Hören und Hörsituation vorgenommen. Die Rezeptionssituation scheint also im Langzeitgedächtnis als Ganzes, als Komplex aus Texthören, Hörsituation und Gefühlslage abgelegt und gemeinsam evozierbar zu sein. Texte, Situation, motivationale und emotionale Aspekte sind miteinander verschaltet. Der Begriff „Hörmuster", den Hellmut Geißner geprägt hat, bietet sich zur Beschreibung dieses Phänomens an. Geißner nennt solche Muster „ein soziales Faktum" (Geißner 1984, S. 14) und geht von „einer schier unendlichen Zahl situativer und formativer Hörmuster" aus, „aus denen der Einzelne je nach psycho- und soziostruktureller Dominanz seine Prioritäten wählt, d. h. nach den Regeln der 'selektiven Wahrnehmung' dauerhaft oder interimistisch verstärkt oder verdrängt" (ebd., S. 35). Unterschiedliche, aber eben sozial, medial usw. formierte Hörmuster gehören für ihn in die „Kommunikationsbiographie" jedes Menschen (ebd.).

Das (Hör-) Gedächtnis nutzt demnach erworbene Hörmuster und ist daher in der Lage, die zugehörigen Kontexte: Stimmungen, Emotionen, Situationen, Räume zu evozieren. Unsere auditive Erfahrung mit Stimmen entstammt der verbalen Kommunikation mit anderen Menschen, bei der Sehen und Hören intermodal verkoppelt sind. Daher leiten wir auch unser Urteil über medial vermittelte Stimmen aus der analogen Hörerfahrung ab. Beim Hörbuch hat man es nach Reinhart Meyer-Kalkus mit einer suspendierten Koexpressivität zu tun (vgl. Meyer-Kalkus 2001, S. 58). Da eine „physiognomische Ausdruckswahrnehmung" als soziales Orientierungswissen unverzichtbar ist (Meyer-Kalkus 2002, S. 56), beziehen wir im Alltag Personen und Körper stets aufeinander. „So suggestiv ist die Kraft der Vergegenwärtigung durch Stimmen, daß wir Körperbilder von Personen imaginieren, die wir nie gesehen haben" (Meyer-Kalkus 2001, S. 454). Eine eindimensionale Sinneswahrnehmung, in unserem Fall die auditive, wird „zum Körperbild refiguriert" (ebd., S. 58). Darüber hinaus gibt es nach der viel zitierten Beobachtung Roland Barthes keine neutrale Stimme, sie löst stets Emotionen beim Hörer aus (vgl. Barthes 1999, S. 270 f.).

Der Zuhörer arbeitet im hörenden Nachvollzug des Textes wie der Stimme ununterbrochen an einer Beziehung zwischen sich und dem Sprecher mit. Dabei rekonstituiert er auch im räumlichen Sinn eine Erzählerfigur nach seinen Erfahrungen aus der verbalen Kommunikation oder aus seinem von den audiovisuellen Medien gefütterten Gedächtnis. Er hört also nicht „die Stimme der Musen im Allgemeinen", wie Goethe und Schiller sich den idealen Rezitator vorstellen, der am besten hinter dem Vorhang läse, „so daß man von aller Persönlichkeit abstrahierte und nur die Stimme der Musen im Allgemeinen zu hören glaubte" (Goethe 1986, S. 128). Er hört, ganz im Gegenteil, einem in seiner Vorstellung unverwechselbaren Menschen zu. Die Klassiker unterliegen hier einer doppelten Täuschung, denn das, was Goethe vor dem Zuschauer verstecken möchte, um eine technisch noch nicht realisierbare Trennung der Stimme von der Person zu erreichen, sieht der Zuschauer immer schon vor seinem inneren Auge. Das innere Vorstellungsbild von dem zu einer Stimme gehörigen Körper lässt sich beim Hörer nicht ausblenden. Der Journalist Christoph Cadenbach, der zur Generation der „Kassettenkinder" gehört und angibt, regelmäßig über den „Drei Fragezeichen"-Hörspielen einzuschlafen, bestätigt dies implizit. Er musste erfahren, dass sein Interview mit dem Sprecher Andreas Fröhlich für das Magazin der „Süddeutschen Zeitung" unerwünschte Nebenwirkungen zeitigte, weil es das innere Vorstellungsbild und damit das Hörmuster störte:

> „Drei Tage nach meinem Treffen mit Andreas mache ich abends eine Drei Fragezeichen-Folge an – und sehe, sobald Bob etwas sagt, Andreas vor mir. Anstatt mich zu entspannen, denke ich darüber nach, was ich aus dem Interview, das ich mit Andreas geführt habe, am Ende für einen Text machen soll. Die heile Drei Fragezeichen-Welt ist kaputt, für etwa drei Wochen. Dann ist der Spuk vorbei und Bob wieder Bob." (SZ-Magazin 38/2012).

Nach einer gewissen Zeit setzt sich also das Hörmuster wieder durch. Diese Selbstbeobachtung belegt einerseits die Festigkeit der Hörmuster. Zugleich deutet sie an, dass Hörmuster auch beeinflussbar und damit veränderbar sind.

Man kann den Einfluss von Hörmustern relativ einfach an sich selbst feststellen. Das (Hör-) Gedächtnis entfaltet seine Wirkmächtigkeit bereits, wenn wir auf medial vermittelte Stimmen treffen. Solche Stimmen bleiben oft an den Kontext gebunden, aus dem wir sie kennen, etablieren sich also als Hörmuster. Nehmen wir als prominentes Beispiel die Stimme Christian Brückners, der, wie eine Rezensentin schon 1995 schrieb, „aus dem Telefonbuch vorlesen" könnte, „und es würde immer noch wundervoll klingen" (Broos 1995). Die Hörerfahrung meiner Studierenden aus den qualitativen Interviews, unter denen auch große Brückner-Fans waren, besagt zum Teil etwas anderes: Wer die Stimme von Christian Brückner wiederholt als Synchronstimme von Robert De Niro gehört hatte, für den blieb sie mit De Niro und seinem Körperbild verbunden. Für andere war Brückner die Kommentarstimme zu öffentlich-rechtlichen Fernsehdokumentationen von Guido Knopp. Diese Rezipienten sagen, sie könnten seine literarischen Lesungen nicht unvoreingenommen anhören. Die Stimme erinnere sie immer wieder an das NS-Thema. Das medial vermittelte Hörmuster kann umgekehrt natürlich auch positiv besetzt sein: Jan Josef Liefers liest Heinrich Heines „Wintermärchen" und spricht den Text teils so im Stakkato wie seine Tatort-Rolle im Fernsehen? Welch ein Vergnügen, Börne trägt Heine vor! (Vgl. Lämke 2015, S. 285f.).

5 Fazit

Unsere zum Teil medial gefütterte auditive Wahrnehmung wird also durch im (Hör-) Gedächtnis, d. h. durch im Langzeitgedächtnis als Hörmuster abgespeicherte auditive Inhalte mit gesteuert und bewertet. Diese Hörmuster sind offenbar intermodal mit visuellen und weiteren, etwa sensorischen, Inhalten sowie mit Stimmungen und Emotionen verknüpft.

Der Einfluss der Hörmuster ist jedenfalls so stark, dass die Stimmen fiktiver Figuren genauso behandelt werden wie die realer Personen. Das nicht nur schlagfertige, sondern auch Nazis niederboxende Känguru bei Marc-Uwe Kling, dem die studentischen Hörer begeistert folgen, hat bei einem Teil von ihnen überraschend jeden Kredit und seine imaginierte Identität verloren, seitdem Kling ihm beim Vorlesen eine andere „Stimme" verliehen hat (im Vergleich anzuhören auf „marcuwekling.de/werke", Abfrage 30.3.2016). Die Abneigung gegen die neue „Stimme" des Kängurus ist bei manchen der Studierenden so groß, dass sie sich nicht mehr für die jüngsten Produktionen Klings interessieren, gerade weil sie das Känguru aus den früheren Folgen so lieben. Das Känguru passt nicht mehr zum vorhandenen Hörmuster. Damit erzeugt die neue „Stimme" dieser reinen Phantasiefigur einen ausgesprochen starken emotionalen Respons. So wirkt sich das (Hör-) Gedächtnis direkt auf unsere ästhetischen Urteile und indirekt auf das Kaufverhalten bei Hörbüchern aus. Hörbuchverlage gehen daher bei der Auswahl von Sprecherinnen und Sprechern besonders sorgfältig vor.

Und wer nicht einschlafen kann, der legt „Die drei Fragezeichen" auf. Er schafft sich eine spezielle Hörsituation und bedient sich des in dieser Situation vielfach rezipierten Hörmusters. Eine so konditionierte Form der bewussten Emotionsregulation ist an sich völlig unschädlich und aus gesundheitlichen Gründen der Einnahme von Schlaftabletten oder Drogen wie Alkohol vorzuziehen. Aber nicht nur der erwachsene Hörer profitiert vom Kinderhörspiel. Die pädagogische Psychologie hat „tatsächlich stützende Evidenz für die Annahme einer sprachfördernden Wirkung von Kinderhörkassetten" gefunden, wenn diese „ein sprachlich wohlgeformtes Angebot beinhalten und zudem vielfach wiederholt rezipiert werden" (Ennemoser 2008, S. 301). Oliver Rohrbeck, Jens Wawrczeck und Andreas Fröhlich, das Sprecherteam dieser *Mutter aller Hörspiele*, wie es aus der Jury hieß, hatte den Deutschen Hörbuchpreis 2016, als Sonderpreis für das Lebenswerk, deshalb im Grunde schon lange verdient.

Literatur

Barthes, R. (1990): Der entgegenkommende und der stumpfe Sinn. Kritische Essays III, aus dem Französischen von Dieter Hornig. Frankfurt a.M., S. 249-311.

Bastian, A. (2003): Das Erbe der Kassettenkinder…ein spezialgelagerter Sonderfall. Brühl.

Börder, M. (2007): Hörbuch-Krimis für Kinder. In: Josting, P./Maiwald, K. (Hrsg.): Kinder- und Jugendliteratur im Medienverbund. Grundlagen, Beispiele und Ansätze für den Deutschunterricht. München, S. 108-119. (= kjl&m extra).

Broos, S. (1995): Literatur spricht. In: Journal Frankfurt. Nr. 21 vom 6.-19.10.1995.

Cadenbach, C. (2012): Das dritte Fragezeichen. In: Süddeutsche Zeitung Magazin 38. http://sz-magazin.sueddeutsche.de/texte/anzeigen/38511/Das-dritte-Fragezeichen (Abfrage 30.3.2012).

Eckhardt, H. (1999): Das Hörbuch. Mehr als ein Lektüreersatz. In: Bohnsack, P./ Foltin, H.-F. (Hrsg.): Lesekultur. Populäre Lesestoffe von Gutenberg bis zum Internet. Marburg, S. 247-256. (= Schriften de Universitätsbibliothek Marburg, Bd. 93).

Ennemoser, M. (2008): Zeitbudget und Mediennutzung. Time Budget and the Use of Different Media. In: Schneider, W./Hasselhorn, M. (Hrsg.): Handbuch der Pädagogischen Psychologie. Göttingen, Bern, Wien, Paris, Oxford, Prag, Toronto, Cambridge, MA, Amsterdam, Kopenhagen, S. 299-302. (= Handbuch der Psychologie, Bd. 10).

Freis, G. (2008): Der Hörbuchmarkt im deutschsprachigen Raum. Struktur und Ökonomie einer vielversprechenden Branche. Hamburg.

Geißner, H.(1984): Über Hörmuster. Gerold Ungeheuer zum Gedenken. In: Gutenberg, N. (Hrsg.): Hören und Beurteilen. Gegenstand und Methodik in Sprechwissenschaft, Sprecherziehung, Phonetik, Linguistik und Literaturwissenschaft. Frankfurt am Main, S. 13-56. (= Sprache und Sprechen, Bd. 12).

Goethe, J. W. (und Schiller, F.) (1986): Über epische und dramatische Dichtung von Goethe und Schiller. In: J. W. Goethe: Sämtliche Werke nach Epochen seines Schaffens. München (= Münchener Ausgabe, Bd. 4. 2.), S. 126-128.

Ghosh, B. (2004): Der Hörbuchboom – Eine Ursachenanalyse. Wissenschaftliche Hausarbeit zur Erlangung des akademischen Grades eines Magister Artium der Universität Hamburg. Hamburg.

Hennig, U. (2002): Der Hörbuchmarkt in Deutschland. Münster.

Imhof, M. (2003): Zuhören. Psychologische Aspekte auditiver Informationsverarbeitung. Göttingen.

Kerenkewitz, S./Schulte, K. M. (2008): Die rätselhaft-vertraute Welt der Hörspielserie Die drei ???. In: merz H 2, S. 80-84.

Leitlinie Auditive Verarbeitungs- und Wahrnehmungsstörungen der Deutschen Gesellschaft für Phoniatrie und Pädaudiologie (2011) https://www.google.de/search?q=H%C3%B6rged%C3%A4chtnis&ie=utf-8&oe=utf-8&gws_rd=cr&ei=efD7VrSzEtPXsAHE7LioDw#q=H%C3%B6rged%C3%A4chtnis+P%C3%A4daudiologie (Abfrage 30.3.2016)

van der Meer, E. (2006): Langzeitgedächtnis / Long Term Memory. In: Funke, J./Frensch, P. A. (Hrsg.): Handbuch der Allgemeinen Psychologie – Kognition. Göttingen, Bern, Wien, Toronto, Seattle, Prag, S. 346-355. (= Handbuch Psychologie, Bd. 5).

Meyer-Kalkus, R. (2001): Die Sprechkünste im 20. Jahrhundert. Berlin.

Meyer-Kalkus, R. (2002): Koexpressivität von Stimme und Blick. In: Bayerdörfer, H.-P. (Hrsg.): Stimmen – Klänge – Töne. Synergien im szenischen Spiel. Tübingen, S. 51-68.

Lämke, O. (2015): Hörbuchstimme – Hörbuchtext. Die Stimme im Lyrik-Hörbuch als Medium des 'lyrischen' Ich? In: Herrmann, B. (Hrsg.): Dichtung für die Ohren. Literatur als tonale Kunst. Berlin, S. 273-290.

Rühr, S. (2008): Tondokumente von der Walze zum Hörbuch. Geschichte – Medienspezifik – Rezeption. Göttingen.

Schramm, H./Wirth, W. (2007): Stimmungs- und Emotionsregulation durch Medien. In: merz 4, S. 14-22.

Weber, M. (2014): Abschied vom Macho: TKKG-Tim im Wandel. In: kids+media 2, S. 62-85.

Zymner, R. (1999): Lesen hören. Das Hörbuch. In: ders. (Hrsg.): Allgemeine Literaturwissenschaft – Grundfragen einer Disziplin. Herausgegeben von Rüdiger Zymner. Berlin, S. 208-215.

CHRISTIANE MIOSGA

Stimme und Leseverhalten in Eltern-Kind-Interaktionen mit Bilderbüchern und/ oder digitalen Medien?

1 Einleitung

Frühe Erfahrungen mit Büchern, insbesondere das interaktive gemeinsame Lesen, sind wichtig für den Spracherwerb und den späteren Leseerfolg. Diese Erfahrungen werden in unserer mediatisierten Gesellschaft zunehmend über elek - tronische Medien gemacht. Kinder im Vorschul- und Kleinkindalter kommen daher immer häufiger mit elektronischen Konsolen, CD-ROM-Büchern und e-book-Apps in Kontakt. Allerdings ist die Qualität der Nutzung nicht systematisch erforscht. Die hier vorgestellte Studie soll diese Lücke schließen. Sie untersucht den dialogischen Lesestil und das Geschichtenverständnis in Eltern-Kind-bzw. Erzieherinnen-Kind-Dyaden mit jeweils elektronischen oder traditionellen Büchern. Die bisherigen Ergebnisse weisen darauf hin, dass sowohl das Dialogische Lesen als auch das Geschichtenverständnis durch das Vorhandensein von elektronischen Funktionen beeinflusst wird. Möglichkeiten, wie e-books gestaltet sein müssten, um die Entwicklung von Fähigkeiten der Literacy zu fördern, werden diskutiert.

2 Dialogisches Bilderbuchlesen: ein bewährter Weg zur Förderung früher Sprach- und Literacy-Fähigkeiten

Bilderbücher können es Erwachsenen und Kindern ermöglichen, in eine andere Welt einzutreten und gemeinsam zu fantasieren. Sie bieten die Möglichkeit zum Aufbau eines gemeinsamen sprachlichen Rituals. Bruner (1987) spricht hier vom Format, das zur Entstehung und Pflege einer positiven Bindung zwischen Eltern/ pädagogischer Fachkraft und Kind beitragen kann. Gleichzeitig kann eine intensive Auseinandersetzung mit dem Medium Schrift und mit einem schriftsprachlichen Register stattfinden, welches sich in z.B. Abstraktheit und grammatischer Struktur deutlich von der Alltagssprache unterscheidet. Bereits Cummins hat mit der Aufteilung sprachlicher Fähigkeiten in BICS („basic interpersonal communicative skills") und CALPS („cognitive academic language proficiency"), auf diese Unterschiede hingewiesen (vgl. Cummins 2004), wenn gleich recht allgemein und unbestimmt (vgl. Tracy 2008). Mit dem Begriff der „Emergent Literacy" werden in der Regel jene Fähigkeiten bezeichnet, die sich das Kind in der

Zeit zwischen seiner Geburt und den ersten schulisch-konventionellen Lernerfahrungen zum Schreiben und Lesen aneignet. Er beinhaltet nicht nur die Fähigkeit, Buchstaben zu benennen und phonologische Bewusstheit zu entwickeln, sondern auch u.a. erste Kritzeleien anzufertigen, Lieblingsbücher und generell ein Interesse an schriftsprachlichen Medien zu haben (vgl. Kassow 2006). Die Auseinandersetzung mit Bilderbüchern kann die Aneignung von CALPS und die Vorläuferfertigkeiten der litracy unterstützen. Das ist auch über verschiedene Sprachen hinweg (vgl. Niklas & Schneider 2015) und für den Zweitspracherwerb (vgl. Hünnekens & Xu 2016) nachgewiesen.

Methodisch betrachtet lässt sich das Dialogisches Bilderbuchlesen (DBL) als eine Mischung aus freiem Erzählen und Vorlesen bestimmen (vgl. Miosga & Fuchs 2014). Insbesondere beim freien Erzählen findet sich eine besonders hohe Zuhörerorientierung, da der Verlauf, die Protagonisten und das zu lösende Problem der erzählten Geschichte genau auf die emotionalen, kognitiven und kommunikativen Fähigkeiten der Zuhörenden abgestimmt werden können. Der/die Erzählende kann je nach Reaktionen der Zuhörenden Spannung etc. erzeugen oder sie lösen. Durch diese Verflechtung von Erzählendem/r und Zuhörendem/r können geübte Erzählende eine enge emotionale Beziehung zu den Zuhörenden aufbauen (vgl. Claussen 2005). Aber gerade diese Freiheit des/der Erzählenden verlangt zuhörenden Kindern eine hohe Abstraktionsfähigkeit, Aufmerksamkeit und Beherrschung der deutschen Sprache ab, da als außersprachlicher Orientierungspunkt nur der/die Erzählende (z.B. Gestik, Mimik, Prosodie) zur Verfügung steht.

Beim direkten Vorlesen von Bilderbüchern tritt die Alltagssprache dagegen vermehrt zu Gunsten eines schriftsprachlichen Registers zurück. Redewendungen und Formulierungen, die der Schriftkultur entnommen sind, werden präsentiert und Schrift wird als Medium zur Speicherung von Wissen erkennbar. Die Kinder erfahren, dass der Text eines Bilderbuches sich nicht verändert, unabhängig davon, wer ihnen dieses Buch vorliest (vgl. Sassenroth 2003). Dies ist eine wichtige Erkenntnis auf dem Weg zur Schrift. Darüber hinaus belegen Untersuchungen, dass während des Vorlesens eines Bilderbuches schichtspezifische sprachliche und kommunikative Unterschiede ausgeglichen werden (vgl. Grimm 1999). Eine Aspekt, der Bilderbücher besonders für die Sprachförderung und die Einbindung der Eltern bzw. Bezugspersonen in die Förderung interessant macht. Die Bilder erleichtern das Herstellen eines gemeinsamen Aufmerksamkeitsfokus und können das Sprachverstehen sichern helfen.

In einer modernen Industrie- und Mediengesellschaft kann das nicht oder nur partielle Verfügen über schriftsprachliche Kompetenzen zu einer erheblichen Einschränkung von Bildungschancen führen. Besonders Kinder aus Familien die von sozioökonomischen Unsicherheiten und einer relativen Bildungsferne betroffen sind, die also unter marginalisierten Bedingungen leben, haben seltener die literalen Vorerfahrungen, die Grundschule heute häufig erwartet (vgl. Korat & Shamir 2007; Nickel 2007). Umso bedeutsamer wird die Frage von Qualität und Quantität der vorschulischen Literacy-Erfahrungen, die ein Kind macht (vgl. Kassow 2006). Es muss davon ausgegangen werden, dass sowohl die Quantität als auch die Qualität dieser Erfahrungen von Bedeutung ist. Literacy-Erfahrungen sollten zu einem Teil des kindlichen Alltags werden und dies so früh wie möglich in der kindlichen Entwicklung. Die Qualität dieser Erfahrungen ist dabei eine Notwendigkeit. Es stellt sich die Frage, wie genau Eltern mit ihren Kindern sprechen, wenn sie gemeinsam Bilderbücher anschauen, damit die Fähigkeiten der Literacy wie z.b. Geschichtenverständnis bei Kindern im Klein-kindalter gefördert werden. Antworten zur interpersonellen Sprechkommunikation beim gemeinsamen Lesen finden sich in der Entwicklungspsychologie und in der Sprechwissenschaft.

3 Stimme und Leseverhalten beim Dialogischen Bilderbuchlesen

In Stimme und Leseverhalten beim Dialogischen Lesen wird die sog. „intuitive elterliche Didaktik" im „kognitiven Modellieren" und im „Multimodalen Motherese" hörbar und sichtbar.

Whitehurst et al. (1988) haben die Sprachlehrstrategien, die im Rahmen der natürlichen Eltern-Kind-Interaktion im sog. „Motherese" (vgl. u.a. Grimm 1999, Klann-Delius 1999, Weinert & Lockl 2008) intuitiv zur Anwendung kommen, für die bewusste Anwendung beim „dialogic reading" in Sprachfördersituationen zusammengefasst: Zu den wesentlichen Prinzipien des Dialogischen Lesens gehört der Einsatz von Fragen (vgl. Arnold & Whitehurst 1994; Whitehurst et al. 1988). So stellen Eltern bzw. pädagogische Fachkräfte Ergänzungsfragen und offene Fragen sowie vertiefende Nachfragen auf Antworten des Kindes, um das Kind zum Denken und Sprechen anzuregen. Sie veranlassen die Kinder dazu, die Inhalte in ihren Worten zu beschreiben und mit ihren Erfahrungen und Fragen in Verbindung zu bringen. Sie involvieren die Kinder in die Geschichte, setzen sie in Beziehung zu den Protagonisten, sie strukturieren die Handlung und den zeit-lichen Verlauf und sie aktivieren zum Problemlösen. Das tun sie, indem sie sich auf das Kind und sein Entwicklungsniveau einstellen und es in die „Zone der nächsten Entwicklung" (Wygotski 1986) führen.

Diese „intuitive elterliche Didaktik" (Papousek & Papousek 1987; Papousek 2001) gilt in der Forschung zu elterlichen Sprachlehrstrategien als besonders geeignet, um Kindern implizite Kenntnisse über die Funktion und Struktur der Sprache zu vermitteln (vgl. Weinert & Lockl 2008). Daneben werden die Bezüge zur Lebenswelt des Kindes und eine involvierte, unterhaltsame Gestaltung als förderlich erachtet (vgl. Ritterfeld, Niebuhr, Klimmt & Vorderer 2006).

„When adults prompt children with questions pertaining to the text, label objects, and encourage them to discuss the book contents in terms of their own experiences and curiosities, this elicits increased verbalization by the child and can lead to improved vocabulary and overall language development" (Chiong et al. 2012, S. 1)

Als Gestaltungsmittel stehen ihnen dabei sprachliche, prosodische und nonverbale Mittel zur Verfügung. Dabei zeigt sich, dass

„für ein gelingendes Bilderbuch-Gespräch nicht nur verbal-sprachliche Aspekte der Erzieherin eine Rolle spielen, sondern ein flexibler, variantenreicher, situations- und partnerbezogener Umgang mit dem stimmlich-artikulatorischem Ausdruck ebenso bedeutungsvoll ist" (Bose & Kurtenbach 2014, S. 158).

Die Ergebnisse einer Studie im Bereich vorschulischer Bildung zeigen, dass die pädagogischen Fachkräfte dabei oft mit sehr expressiven stimmlich-artikulatorischen Ausdrucksgestaltungen agieren, die auf externe Beobachter übertrieben wirken können. Die Analysen zeigen jedoch, dass gerade solche Gestaltungen, sofern sie flexibel und punktuell responsiv eingesetzt werden, ganz besonders die Aufmerksamkeit der Kinder wecken und sie vor allem zu eigenen Produktionen anregen (vgl. Bose et al. 2013).

Diese interpersonelle Vermittlung und Abstimmung durch eine feinfühlig reagierende Bezugsperson findet nicht nur sprachlich und prosodisch statt. Auch auf den Ebenen der Bewegung bzw. Handlungen („Motionese"), der Mimik („Facial Expression") und der Gestik („Gestural Motherese") können solche Abstimmungsprozesse beobachtet werden. Wobei die Redundanz, der auf den unterschiedlichen Ebenen vermittelten Information gerade für junge Kinder eine wichtige Voraussetzung ist. Es kann also davon ausgegangen werden, dass feinfühlige Bezugspersonen einen Sprachlernrahmen, oder auch ein Format (vgl. Bruner 1987), für ihre Kinder schaffen, der es denen ermöglicht, unter zu Hilfenahme vielfältiger Modalitäten, Sprache zu erwerben. In diesem Sinne kann von einem „Multimodalen Motherese" gesprochen werden (vgl. Jungmann, Miosga, Fuchs & Rohlfing 2009). Als übergeordnete Kategorie kann das „Emotionese", also die emotionale Abstimmung, angenommen werden (ebd.). Sie schafft die motivationale Grundlage für den sprachlichen Lehr-Lern-Prozess. In einer Pilotstudie konnten erste Hinweise darauf gefunden werden, dass Eltern-Kind-Dyaden mit SSES-Risikokindern abweichende Abstimmungsprozesse zeigen (vgl. ebd.). Für die frühe Sprachförderung und Elternberatung muss also davon ausgegangen werden, dass eine Reflexion der genannten Prozesse von wesentlicher Bedeutung ist. Gerade Kinder unter drei Jahren unterscheiden häufig noch nicht zwischen Inhalts- und Beziehungsaspekt in der Kommunikation. Daher ist die Kongruenz bei kommunikativen Prozessen für sie besonders bedeutsam.

Besonders entscheidend für eine entwicklungsförderliche Interaktion ist daher eine involvierte/ involvierende, inhaltsstrukturierende und auf das Kind abgestimmte Sprechgestaltung. Die stimmlich relevanten Mittel reichen von einer variablen Intonationskontur bis hin zu einer Pausengestaltung, die Sinn- und Handlungsschritte gliedert (vgl. Miosga 2006).

4 Digitale Medien im Klein- und Vorschulalter - Stand der Forschung

Hinsichtlich der Quantität und des Beginns der Nutzung digitaler Medien findet sich in der Forschung ein geteiltes Bild. Laut amerikanischer Studien haben viele Kleinkinder schon im ersten Lebensjahr regelmäßig Umgang mit digitalen Medien. Jedes siebte Kleinkind nutzt mobile Geräte bereits mehr als eine Stunde am Tag, so zeigt es eine US-amerikanische Studie (vgl. Kabali 2015). Die Forschung zu den Chancen dieser sehr frühen Nutzung hat gerade erst begonnen (vgl. z.B. das TABLET Projekt (2015), das den Einfluss digitaler Medien auf die kognitive Entwicklung bei 6-36 Monate alten Kleinkindern untersucht). Im Gegensatz dazu stehen die Ergebnisse neurobiologischer Forschung, wonach der frühe Umgang mit Tablets die Lernentwicklung bei Kleinkindern sogar verlangsamt, da wichtige Lernaspekte, wie z.B. die Emotion fehlen (Hüther in „Die Welt" 2012). Auch die Bundeszentrale für gesundheitliche Aufklärung (BZgA) empfiehlt vor dem 3. Lebensjahr keine digitalen Medien und ab dem 3. Lebensjahr nur in limitierter Form.

Neben der kontroversen Diskussion gegen und für die frühe Nutzung von digitalen Medien zeigen aktuelle Studien auch für den deutschsprachigen Raum, dass die Nutzung digitaler Medien im Kleinkindalter rasant zunimmt (vgl. miniKim, mpfs 2012, 2014/ U9-Studie „Kinder in der digitalen Welt", DIVSI 2015). Die Gruppe der 1-3 jährigen ist daher erstmals 2012 in die KIM-Studie im Sonderteil „mini-KIM" aufgenommen wurden. Laut der Vorlesestudie der Stiftung Lesen (2012) verfügen 81% der Haushalte mit Kindern über ein Touchscreen Gerät. Dabei nutzen inzwischen 12% der 2-3 jährigen und 25% der 4-5 jährigen das Tablet alleine (vgl. miniKIM 2014, S. 24) – Tendenz steigend.

Die Ergebnisse der Studien zeigen aber auch, dass die neue Technik das Buch beim Vorlesen nicht ablöst, sondern ergänzend genutzt wird: Eltern differenzieren bewusst. So wird die Bilderbuch-App eher unterwegs auf Reisen genutzt, und das traditionelle Buch zum Kuscheln zu Hause. "The context influenced parents' perceptions, so that e-books were as likely to be used or even preferred over traditional storybooks while traveling or commuting" (Tausch 2013, S.1). Viele Eltern sehen in Apps ein zusätzliches Motivationspotenzial und eine spannende Erweiterung zum Buch – aber viele Eltern sind (noch) zurückhaltend (vgl. Miosga & Fuchs 2014). Die Vorlesestudie verweist auf neue Chancen der digitalen Technik, Vorlesen noch selbstverständlicher und vielfältiger in den Alltag von Familien integrieren zu können – auch in Situationen, in denen bisher mit einem gedruckten Buch nicht vorgelesen werden konnte. Sie haben zudem das Potenzial, bildungsferne Schichten und auch Väter, die bisher deutlich seltener vorlesen als Mütter, mit Vorleseangeboten zu erreichen und zu motivieren (vgl. Stiftung Lesen 2012).

Darüber hinaus finden sich auch zur Qualität der Nutzung in Studien zum Leseverhalten mit e-books kontroverse Forschungsergebnisse (vgl. Barnett & Crowe 2008). Die Frage, ob e-books Fähigkeiten der Literacy wie Geschichtenverständnis bei Kindern im Vorschulalter gleichermaßen fördern wie das gemeinsame Lesen traditioneller Bücher kann noch nicht hinreichend beantwortet werden. In einigen Studien konnte festgestellt werden, dass es zwar zu einem unterschiedlichen Leseverhalten bei e-books, insbesondere bei „enhanced e-books" und klassischen Bilderbüchern kommt (vgl. Chiong et al. 2012; Tausch & Rvachew 2013), dass aber bezogen auf den Erwerb verschiedener Aspekte der Literacy keine Unterschiede zu erwarten sind, bzw. dass bei „enhanced e-books" sogar ein besseres Geschichtenverständnis erreicht werden kann und mehr Informationen zum Verhältnis Schrift - Sprache für die Kinder vermittelt werden (Korat & Shamir 2007). Im Gegensatz dazu konnte in anderen Studien festgestellt werden, dass gerade die übermäßige Verwendung von „hotspots" in „enhanced e-books" dazu führen kann, dass ein Verständnis der gesamten Geschichte bei den Kindern erschwert wird und dass das gemeinsame Lesen gegenüber der Aufmerksamkeit auf Spiele und andere Ablenker verloren geht (vgl. De Jong & Bus 2003).

Auch verschiedene App-Typen (direktiv vs. offen) können unterschiedliche Interaktionsformen und Konversationsstile initiieren: Sandvik et al. (2012) zeigen auf, welche Apps es Kindern ermöglichen, Erfahrungen aus Bücher zu übertragen und damit ihre literacy-Kompetenzen unter Einbezug digitaler und multimodaler Ressourcen zu entwickeln.

So scheint die Qualität der verwendeten e-books und des Leseverhalten einen erheblichen Einfluss auf die zu erwartenden Ergebnisse zu haben. In der Konsequenz muss die stimmliche Gestaltung bzw. die multimodale Abstimmung der Eltern-Kind-Interaktionen genauer betrachtet werden.

5 Stimme und Leseverhalten beim Dialogischen Lesen mit digitalen Medien – Eine Studie zum Vergleich von e-books und traditionellen Bilderbüchern

In einer Pilotstudie des SpeechLabs der Leibniz Universität Hannover wurde untersucht, ob es Unterschiede im Leseverhalten und in der Sprechgestaltung beim gemeinsamen Lesen eines traditionellen Bilderbuchs bzw. eines e-books mit Kindern im Kleinkindalter gibt. Bei dem e-book handelt es sich um eine digitale App-Variante des gleichen Buchs mit interaktiven Funktionen („enhanced e-book").

Methode

Es wurden 13 Elternpaare oder nahe Bezugspersonen (Tagesmütter, Erzieherinnen) gebeten, zusammen mit ihrem zwei Jahre alten Kind ein Buch und ein e-book mit der gleichen Geschichte anzuschauen, wie sie es sonst auch tun.

Eine Hälfte der Eltern-Kind-Dyaden sollte zuerst die Geschichte im Buch und dann die Geschichte im e-book (ipad app jeweils mit und ohne digitale Vorlesefunktion) anschauen, bei der anderen Hälfte war es umgekehrt. Die Dyaden wurden den Bedingungen per Zufall zugeordnet. Anschließend sollten vorgegebene Fragen zum Geschichtenverständnis, z.b. zu den Protagonisten oder den Handlungsmotiven gestellt werden („Wer macht bei der Geschichte mit? Wer wohnt alles im Haus? Was macht das Schwein im Haus? Warum darf das Schwein bleiben? Vor wem haben die Monster Angst? etc.) gestellt werden. Das Dialogische Lesen wurde auf Video aufgezeichnet und transkribiert und dann von zwei unabhängigen Beobachtern nach einem dafür entwickelten Kategoriensystem analysiert und codiert. Es ging dabei insbesondere um inhaltsbezogene und handlungsbezogene Äußerungen und eine multimodale Interaktionsanalyse der interpersonellen Abstimmung.

Erste Ergebnisse

Es zeigen sich zunächst Unterschiede in der *Interaktionsdauer* und in der *Quantität der Äußerungen* sowohl bei der Bezugperson als auch beim Kind. Die gesamte Interaktionsdauer ist beim e-book länger. Die meisten Äußerungen werden bei der Interaktion mit dem traditionellen Bilderbuch, die wenigsten Äußerungen bei der Interaktion mit der Bilderbuch-app ohne Vorleser getätigt. Wird der Bilderbuchtext auch digital gelesen, steigen die Äußerungen bei Bezugsperson und Kind wieder an.

Betrachtet man die *Qualität der Äußerungen* von Bezugsperson und Kind, so zeigen sich prinzipielle Unterschiede, die sich als inhaltsbezogene Äußerungen (Inhalt der Geschichte) beim Bilderbuch vs. handlungsbezogene Äußerungen (Hot spots, Funktionen im Fokus) beim e-book auszeichnen:
Beim traditionellen Bilderbuch werden von der Bezugsperson viele lange Äußerungen verwendet, welche überwiegend inhaltsbezogen sind, beim e-book sind kürzere Äußerungen, welche handlungsbezogen (in Bezug auf das Medium) zu beobachten: *"Drück mal hier drauf"*, *"Warte, noch nicht drücken"*, *"Ich glaube am Pantoffel hat's auch geblinkt, drück mal da drauf"*, *"Da" (beim Auftauchen von Hotspots)*, *"Nein, warte noch, noch nicht drücken"*, *"Schau mal, da kannst du noch drauf drücken"*, *"Versuch mal"*, *"Oh! Nicht so schnell"*, *"Oh, vielleicht hätten wir wo drücken können"* / Kind: *"Da, und da,..."*, *"Da drauf drücken"*. Auch das Kind hält sich beim e-Book mit (inhaltsbezogenen) Äußerungen stark zurück. Beim Bilderbuch stehen häufige inhaltsbezogene Äußerungen im Fokus, es entstehen wesentlich mehr Dialoge und Sprecherwechsel.

Durch auftauchende Hotspots wird das Vorlesen häufig unterbrochen, so dass die Bezugspersonen schneller lesen und versuchen, immer wieder die Aufmerksamkeit auf die Geschichte zu lenken. Der Fokus des digitalen Vorlesens liegt damit auf der Technik. Das hat zur Konsequenz, dass das Wissen der Kinder über den Inhalt der Geschichte im Gegensatz zur Nutzung eines klassischen Bilderbuches geringer ausfällt. Diese Technikfokussierung der Äußerungen ist auch in weiteren bestehenden Studien (vgl. Muratovic 2014, Chiong et al. 2012) bestätigt.

Die kognitive und sprachliche Modellierung, die als erfolgreiche Sprachlehrstrategien beim Dialogischen Lesen fungieren, sind entsprechend häufiger beim traditionellen Bilderbuchlesen zu beobachten: Dazu gehören Fragen nach den Protagonisten, Referenzbezügen, Fragen zur räumlich-zeitlichen Orientierung, Nachfragen nach eigenen Erfahrungen: *"Es kletterte hinauf und schlief gleich ein, so wie du"*, *"Hast du das auch gemacht?"*

Insgesamt werden inhaltlich mehr Bezüge zur Lebenswelt des Kindes hergestellt. So verwundert es nicht, dass in der Kategorie „Joint Attention" die größten Unterschiede auszumachen sind: Die Versuche der Bezugsperson, einen gemeinsamen Aufmerksamkeitsfokus mit dem Kind herzustellen, sind in der Interaktion mit dem traditionellen Bilderbuch am stärksten. Dies geschieht multimodal, sowohl verbal, prosodisch, gestisch und/oder mimisch.

Betrachtet man die prosodische Ebene, so zeigen sich folgende prägnante Unterschiede in der *stimmlichen Gestaltung* beim Dialogischen Lesen:
Beim traditionellen Bilderbuch sind wesentlich mehr Variationen in der prosdischen Gestaltung vorhanden, insbesondere beim Wechsel vom Lesen zum Dialog und bei der Markierung der wörtlichen Rede. Durch stimmliche Variation (z.B. flüstern, rauher Stimmklang etc.) versetzt sich die Bezugsperson beim traditionellen Bilderbuchlesen stärker in die Protagonisten hinein; beim e-Book übernehmen Hot spots überwiegend die Funktion der wörtlichen Rede. Oft versucht die Bezugsperson durch erhöhte Lautstärke gegen die Hot spots anzukommen.

Die stimmliche Gestaltung kann beim traditionellen Bilderbuch als *involvierter, kindorientierter* und *inhaltsstrukturierender* bezeichnet werden (zur funktionalen Klassifikation der prosodischen Merkmale und Komponenten, vgl. Miosga 2006). Die folgenden Übersichtstabellen zeigen die präferierten stimmlichen Gestaltungsmerkmale der lesenden Bezugsperson in Bezug auf ihre Involviertheit, ihre Orientierung am Kind und die Geschichten- und Handlungsstrukturierung im Vergleich der Medien Buch und e-book:

Involviertheit

Buch	e-book
- variable Intonationskontur	- monotone/ isotone Intonationskontur
- viele Gliederungs- und Spannungspausen mit vorhergehenden gleichbleibenden Kadenzen (z.b. bei Pointen, vor und nach wörtlicher Rede)	- keine/kaum Spannungspausen, kaum Gliederungspausen und insgesamt schnelleres Lesetempo
- bei wörtlicher Rede variable Stimmungen und Persönlichkeiten durch Stimmklang-, Stimmlage-, Lautstärke-, und Tempovariation	- bei wörtlicher Rede kaum Variation
- mehr Mimik und Gestik (sich in Protagonisten und Situationen hinein versetzen)	- weniger Mimik und Gestik
- stärkere Tonhöhenvariation (eigene Wertungen z.b. entrüstet sein..., Identifikation mit den Bildern oder Personen)	- weniger Wertungen, mehr Leseintonation (isoton)

Tab. 1: Involviertheit

Kindorientierung

Buch	e-book
- Bezugsperson vergewissert sich bei erzählenden Passagen durch Blickkontakt, Gestik und Pausen der Reaktion des Kindes (mit Spannungspausen vor Pointen, mit steigenden Kadenzen bei Ansprache, mit längeren Pausen am Ende eines Abschnittes zur Verarbeitung des Gesagten und zur Einstellung auf neuen Gedanken), Aufmerksamkeit wird durch Akzente auf Sinnschwerpunkte gelenkt	- weniger Blickkontakt zu dem Kind, gleichförmige Pausengestaltung, schnelleres Sprechtempo
	- lange Pausen beim Betätigen der „hot spots"
	- Anfangsakzentuierung, steigende Kadenzen zur Wiederherstellung von Aufmerksamkeit: *„Pass mal auf"*
- Bezugsperson regt das Kind zu inneren Vorstellungsbildern an, Berücksichtigung der Vorkenntnisse, stellt Bezüge zu seinen Erfahrungen her *"Es kletterte hinauf und schlief gleich ein, so wie du"*, *"Hast du das auch gemacht?"*	- Bezugsperson regt das Kind zu Handlungen an: *"Drück mal hier drauf"*

- Bezugsperson stellt mehr Nähe her, joint und shared attention, emotionale Abstimmung (multimodal), Kind übernimmt Flüstern - „leise" (Spiegelung) - bei negativer Zuhörerreaktion (Mißverstehen, Aufmerksamkeitsverlust) revidiert/verändert die Bezugsperson ihre Äußerungen durch gefüllte, spannungsvolle Pausen, Tempovariation, Satzrevisionen	- Kind orientiert sich weniger zur Bezugsperson, mehr zum Medium

Tab. 2: Kindorientierung

Geschichten- und Handlungsstrukturierung	
Buch	**e-book**
- viele steigende Kadenzen bei Fragen zur geistigen Ordnung der Geschichte (Fragen zu Protagonisten, Referenzbezügen, zur räumlich-zeitlichen Orientierung: *"Oh was'n das?", "Was gibt's denn hier eigentlich?", "Was macht denn das Schwein?"*)	- viele Anweisungen zur Handlungsstrukturierung durch Anfangsakzentuierung: *"Nein, warte noch, noch nicht drücken", "Schau mal, da kannst du noch drauf drücken", "Versuch mal", "Oh! Nicht so schnell", "Oh, vielleicht hätten wir wo drücken können"*
- die interne Gliederungsstruktur des Gesagten ist durch Gliederungspausen markiert (inhaltliche Einheiten und Grenzen innerhalb eines Abschnittes werden markiert, Anfang und Ende eines Abschnittes durch längere Pau-sen zur Verarbeitung klar markiert)	- längere Pausen, Unterbrechungen, Satzabbrüche bei Handlungen mit dem Medium - mehr isotone Konturen
- Akzente werden auf neue/ wichtige Worte/ Informationen (Sinnschwerpunkte) gesetzt	- viel Endbetonung, Zeigegesten

Tab. 3: Geschichten- und Handlungsstrukturierung

Die Analysen zeigen aber auch eine hohe interindividuelle Variation in Bezug auf den Vorlesestil. So bleibt ein flexibler, variationsreicher Vorlesestil ebenso wie ein eher starrer, isotoner Stil unabhängig vom Medium tendenziell erhalten.

6 Fazit und Diskussion

Im Vergleich zum e-book sind die Merkmale des multimodalen Motherese beim Dialogischen Lesen mit dem traditionellen Bilderbuch durch eine involvierte, kindorientierte und inhaltsstrukturierende Gestaltung deutlicher zu finden, was möglicherweise auch zu einem besseren Geschichtenverständnis beiträgt. Die Gegensätze variable vs. isotone Intonationskontur sind besonders prägnante Unterschiede bei der vergleichenden Betrachtung der Mediennutzung.

Zu bedenken gilt, dass die Studie nur eine kleine Stichprobe aus einem ähnlichen sozialen Milieu und einen Ist-Zustand erfasst. Es bedarf weiterer Studien zum Verlauf des Umgangs mit dem e-book. Es bleibt offen, ob Eltern im Laufe der Zeit nicht auch lernen könnten, entwicklungsförderlich mit dem e-book umzugehen. Desweiteren sind Milieuunterschiede stärker einzubeziehen.

Neben den hier erfassten Nachteilen des e-books, bietet es aber auch Potenziale, wie die o.g. Studien zum Nutzungsverhalten von e-books aufzeigen: Eltern sind in Bezug auf das Vorlesen mit Apps aufgeschlossen, viele Väter und Eltern aus bildungsfernem Milieu könnten mit dem elektronischen Lesen erreicht werden. Elektronische Leseangebote bieten zudem eine große Chance für die Leseförderung im Kontext von Mehrsprachigkeit (DaF/DaZ), da viele e-books mit Schrift- und Aussprache-Features in vielen Sprachen zur Verfügung stehen.

Vor dem Hintergrund der zunehmenden Mediatisierung der Gesellschaft und der ansteigenden Nutzung digitaler Medien, stellt sich die Frage, wie entwicklungsförderliche Lesestrategien auch für e-books nutzbar gemacht werden können. Es kann in jedem Fall davon ausgegangen werden, dass eine Analyse der multimodalen Abstimmungsprozesse Erwachsene, also Eltern und auch pädagogische Fachkräfte, darin unterstützen kann, eine für das jeweilige Kind, die jeweiligen Kinder hilfreiche Kommunikationsstrategie zu etablieren und Sprache motivational positiv zu inszenieren. E-books können hierbei auch unterstützend wirken. Zum einen weisen sie als digitales Medium ohnehin für Kinder einen hohen Aufforderungscharakter auf. Gerade für Kinder, die nur geringe literale Vorerfahrungen haben und denen sprachliche Kommunikation Schwierigkeiten bereitet, erleichtert dies eine Annäherung. Zum anderen können sie durch besondere Features z.B. eine farbige Hinterlegung des gelesenen Textes die Entwicklung von Fähigkeiten der „emergent Literacy" unterstützen (vgl. Korat & Shamir 2007). „Enhanced e-books" bieten andere Möglichkeiten für gemeinsame Leseaktivitäten als gedruckte Bücher und „basic e-books" (vgl. Chiong et al. 2012). Allerdings sind viele der zu Verfügung stehenden Apps ungeeignet, da entwicklungspsychologische Erkenntnisse bei der App-Entwicklung nicht berücksichtigt werden. Bei der Auswahl der e-books ist darauf zu achten, dass die zusätzlichen Aktivitäten entweder nicht zu sehr von der eigentlichen Geschichte ablenken, oder dass es die Möglichkeit gibt, diese nach Wusch auch zu deaktivieren. Denn besonders bei jüngeren Kindern führen diese Ablenkungen dazu, dass die Geschichte in den Hintergrund tritt und damit der positive Effekt auf den Wortschatzerwerb, das Verständnis des Ablaufs der Geschichte und der phonologischen Bewusstheit verloren geht (vgl. Korat & Shamir 2007). Darüber hinaus bieten sie aber eine gute Möglichkeit, auch solche Kinder an gemeinsame Lesesequenzen heranzuführen, die bisher erst wenig literale Erfahrungen gemacht haben, da sie für sie einen deutlich höheren Aufforderungscharakter haben als gedruckte Bücher (vgl. Chiong et al. 2012). In den USA wurden in einem „Sesameworkshop" (2012) bereits Richtlinien für die Entwickler von e-books erstellt. Diese reichen von Hinweisen zur Gestaltung des interaktiven Designs bis hin zur Sprach- und Tongestaltung. Auf einen eigenen Unterpunkt, der notwendige Tipps für die Eltern zur Handhabung des multimedialen Mediums enthält wird besonderer Wert gelegt.

Weiterführende Untersuchungen, wie sich das elterliche bzw. professionelle Kommunikationsverhalten bei der Verwendung von e-books verändert, sind nach dem jetzigen Forschungsstand zwingend notwendig.

Literatur

Arnold, D. S./Whitehurst, G. J. (1994): Accelerating language development through picture book reading: A summary of dialogic reading and its effect. In: Dickinson, D.K. (Hrsg.): Bridges to literacy: Children, families, and schools. Malden: Blackwell Publishing. S. 103-128.

Barnett, R./Crowe, L.K. (2008): Traditional versus electronic storybooks during adult-toddler interaction. In: Undergraduate Research Journal for the Human Science, 7. http://www.kon.org/urc/v7/barnett.html. [Zugriff am: 21.01.16]

Bose, I./Kurtenbach, S. (2014): Stimmlich-artikulatorischer Ausdruck in der Kita: Erzieherinnen betrachten mit zwei- und vierjährigen Kindern ein Bilderbuch. In: Barth-Weingarten, D./Szczepek-Reed, B. (Hrsg.): Prosodie und Phonetik in der Interaktion - Prosody and phonetics in interaction. Mannheim, S. 136-16.

Bose, I./Kurtenbach, S./Nixdorf, S. (2013): Formen und Funktionen des Sprechausdrucks in Gesprächen zwischen Erzieherinnen und Kindern. In: Kurtenbach, S./ Bose, I. (Hrsg.): Gespräche zwischen Erzieherinnen und Kindern. Beobachtung, Analyse, Förderung. (=HSSP 47). Frankfurt a.M. u.a.: Peter Lang, S. 67-100.

Bruner, J . (1987): Wie das Kind sprechen lernt. Bern, Göttingen, Toronto, Seattle: Huber.

Bundeszentrale für gesundheitliche Aufklärung (BZgA): Umgang mit Medien: 0-3 Jahre. http://www.kindergesundheit-info.de/themen/medien/alltagstipps/ medienwahrnehmung/medienumgang-0-3-jahre/ [Zugriff am: 21.01.16]

Chiong, C./Ree, J./Takeuchi, L./Erickson, I. (2012): Print books versus e-books: Comparing parent-child co-reading on print, basic and enhanced e-book platforms. In: The Joan Ganz Cooney Center (Hrsg.). New York. http://www.joanganzcooneycenter.org/publication/quickreport-print-books-vs-e-books/ [Zugriff am: 21.01.16]

Claussen, C. (2005): Lauter gute Gründe, Kinder Geschichten zu erzählen. In: Grundschule Deutsch 8/2005, S. 36–39.

Cummins, J. (2004): Language, Power and Pedagogy. Bilingual Children in the Crossfire. Clevedon: Multilingual Matters.

De Jong, M.T. / Bus, A.G. (2003): How well suited are electronic books to supporting literacy?. In: Journal of Early Childhood Literacy Vol. 3(2), 147 – 164.

Deutsches Institut für Vertrauen und Sicherheit im Internet (2015): DIVSI U9-Studie: Kinder in der digitalen Welt. Hamburg. https://www.divsi.de/wp-content/uploads/2015/06/U9-Studie-DIVSI-web.pdf [Zugriff: 30.01.2016]

Grimm, H. (1999): Störungen der Sprachentwicklung. Göttingen, Bern, Toronto, Seatlle: Hogrefe.

Hüther, G. (2012): Bücher für Kinder besser als Tablet-Computer. In: Die Welt. Wissen Hirnforschung vom 08.11.12 http://www.welt.de/wissenschaft/article110795090/Buecher-fuer-Kinder-besser-als-Tablet-Computer.html [Zugriff am 20.9.2015]

Hurrelmann, B. (2004): Informelle Sozialisationsinstanz Familie. In: Groeben, N./Hurrelmann, B. (Hrsg): Lesesozialisation in der Mediengesellschaft. Ein Forschungsüberblick. Weinheim: Juventa, S. 169-20.

Jungmann, T./Miosga, C./Fuchs, A./Rohlfing, K. J. (2009): Konzeption eines Elterntrainings auf der Grundlage der Befunde der multimodalen Motherese-Forschung. In: Langen-Müller, U./Hielscher-Fastabend, M./Kleissendorf, B. (Hrsg.): Sprachtherapie lohnt sich?! Zum aktuellen Stand der Evaluations- und Effektivitätsforschung in der Sprachtherapie. Tagungsbericht zum 10. Wissenschaftlichen Symposium des dbs e.V. Köln: ProLog.

Kabali, H.K./Irigoyen, M.M./Nunez-Davis, R./Budacki, J.G./Mohanty, S.H./Leister, K.P./Bonner, R.L. (2015): Exposure and Use of Mobile Media Devices by Young Children. In: Pediatrics 2015 Dec;136(6), S. 1044-50.

Kassow, D.Z. (2006): Parent-child shared book reading: Quality versus quantity of reading between parents and young children. In: Talaris Research Institute, Volume 1, Number 1, S. 1 – 9.

KIM-Studie (2012): Kinder + Medien, Computer + Internet. Basisuntersuchung zum Medienumgang 6- bis 13-Jähriger in Deutschland. Stuttgart: Medienpädagogischer Forschungsverbund Südwest.

Klann-Delius, G. (1999): Spracherwerb. Stuttgart, Weimar: Metzler.

Korat, O./Shamir, A. (2007): Electronic books versus adult readers: effects on children's emergent literacy as a function of social class. In: Journal of Computer Assisted Learning 23, S. 248 – 259.

Kurtenbach, S./Bose, I./Thieme, T. (2013): Gemeinsam ein Bilderbuch anschauen. Untersuchung zum Gesprächsverhalten von Erzieherinnen. In: Kurtenbach, S./Bose, I. (Hrsg.): Gespräche zwischen Erzieherinnen und Kindern. Beobachtung, Analyse, Förderung. (= HSSP 47). Frankfurt a.M. u.a.: Peter Lang, S. 23-50.

miniKIM (2012): Kleinkinder und Medien. Basisuntersuchung zum Medienumgang 2- bis 5-Jähriger in Deutschland. Stuttgart: Medienpädagogischer Forschungsverbund Südwest.

miniKIM (2014): Kleinkinder und Medien. Basisuntersuchung zum Medienumgang 2- bis 5-Jähriger in Deutschland. Stuttgart: Medienpädagogischer Forschungsverbund Südwest.

Miosga, C. (2006): Habitus der Prosodie - Die Bedeutung der Rekonstruktion von personalen Sprechstilen in pädagogischen Handlungsfeldern. Frankfurt am Main u.a.: Peter Lang.

Miosga, C./Fuchs, A. (2014): Eltern-Kind-Interaktionen mit Bilderbüchern und / oder Tablet PC? In: Sallat, S./Spreer, M./Glück, C.W. (Hrsg.): Sprache professionell fördern: kompetent-vernetzt-innovativ. S. 66-73.

Muratovic, B. (2014): Vorlesen digital : Interaktionsstrukturierung beim Vorlesen gedruckter und digitaler Bilderbücher. Berlin/Boston: Walter de Gruyter GmbH & Co KG.

Näger, S. (2013): Mit Bilderbüchern Sprachstrukturen entdecken. Kindergarten heute 11-12, S. 44-45.

Nickel, S. (2007): Familienorientierte Grundbildung im Sozialraum als Schlüsselstrategie zur breiten Teilhabe an Literalität. In: Gortlütsch, A./Linde, A. (Hrsg.): Literalität. Grundbildung und Lesekompetenz? Beiträge zu einer Theorie-Praxis-Diskussion. Waxmann, S. 182 – 192.

Niklas, F/Tayler, C./Schneider, W. (2015): Home-based literacy activities and children's cognitive outcomes: A comparison between Australia and Germany. International Journal of Educational Research, 71, S. 75-85.

Huennekens, M.E./Xu, Y. (2016): Using dialogic reading to enhance emergent literacy skills of young dual language learners. In: Early Child Development and Care. Vol. 186, Iss. 2, S. 324-340.

Papousek, H./Papousek, M. (1987): Intuitive parenting: A dialectic counterpart to the infant's integrative competence. In: Osofsky, J.D. (Hrsg.): Handbook of infant development (2nd Edition) New York: Wiley, S. 669-720.

Papoušek, M. (2001): Intuitive elterliche Kompetenzen: Eine Ressource in der präventiven Eltern-Säuglings-Beratung und -Psychotherapie. In: Frühe Kindheit 4, 1, S. 4–10.

Ritterfeld, U./Niebuhr, S./Klimmt, C./Vorderer, P. (2006): Unterhaltsamer Medienengebrauch und Spracherwerb: Evidenz für Sprachlernprozesse durch die Rezeption eines Hörspiels bei Vorschulkindern. In: Zeitschrift für Medienpsychologie, 18, S. 60–69.

Sandvik, M./Smordal, O./Österdal, S. (2012): Exploring I-pads in Practitioners' Repertoires for Language Learning and Literacy Practices in Kindergarten. In: Nordic Journal of Digital Literacy 7, 3, S. 204-220

Sassenroth, M.. (2003): Schriftspracherwerb (5. Aufl.). Bern, Stuttgart, Wien: Haupt.

Sesameworkshop (2012): Best Practices: Designing Touch Tablet Experience for Preeschoolers. http://www.sesameworkshop.org/assets/1191/src/Best%20Ptactice%20Document%2011-26-12.pdf [Zugriff am 19.09.2015]

Stiftung Lesen (Hrsg.) (2012): Vorlesestudie 2012: Vorlesen mit Bilder- und Kinderbuch-Apps. Repräsentative Befragung von 250 Vätern und 250 Müttern. Mainz http://www.stiftunglesen.de/download.php? type = document-pdf&id=752 [Zugriff am: 22.01.2016]

TABLET project (2015): A scientific study of the early use of touchscreen devices. http://www.bbk.ac.uk/tablet_project/aboutus [Zugriff am 25.4.2016]

Tausch, C. (2013): Parents' Perceptions of Digital Media. February 20, 2013 https://digitalmediaprojectforchildren.wordpress.com/2013/02/20/parents-perceptions-of-digital-media/ [Zugriff am 19.09.2015]

Tausch, C./Rvachew, S. (2013): What do parents and children talk about when reading e-books. http://digitalmediaprojectforchildren.wordpress.com/ [Zugriff am 19.09.2015]

Tracy, R. (2008): Wie Kinder Sprachen lernen (2. Auflage). Tübingen: Francke.

Weinert, S./Lockl, K. (2008): Sprachförderung. In: Petermann, F. (Hrsg.): Angewandte Entwicklungspsychologie. Göttingen: Hogrefe, S. 91–134.

Whitehurst, G.J./Falco, F.L./Lonigan, C./Fischel, J.E./DeBaryshe, B.D./Valdez-Menchaca, M.C. et al. (1988): Accelerating language development through picture book reading. Developmental Psychology, 24, S. 552–559.

Wygotski, L.S. (1986): Denken und Sprechen. Frankfurt am Main: Fischer.

JOSÉ FERNÁNDEZ PÉREZ

Zum produktionsorientierten Einsatz des (post) modernen Bilderbuchs im Deutschunterricht – Vom Bilderbuch zum Hörspiel

1 Einleitung

In Folge der Diskussion um bundesweite Vergleichbarkeit der Schulleistungen wurden seit 2003 sogenannte Bildungsstandards erarbeitet. Die Formulierung der Standards folgte einem kompetenztheoretischen Ansatz, der das Lernen als grundlegende, für das gesamte Leben unverzichtbare Kompetenz definiert und damit den selbstständigen motivierten Lerner zum Ziel hat. Lernende sollen in der Lage und motiviert sein, die in der Schule erworbenen Kompetenzen für ihre persönliche Lebensgestaltung, für ihren weiteren Bildungsweg und für ihr berufliches Leben zu nutzen (vgl. Weinert 2001, S. 27 f.). Es war in diesem Kontext von einem „schulpolitischen Paradigmenwechsel" die Rede (Kämper-van den Boogaart, zitiert nach Gansel 2008, S. 254), der von der „Politik der sogenannten Output-Orientierung" geprägt war (Kämper-van den Boogaart 2008, S. 8). Für den Deutschunterricht stehen, seit je und nicht erst seit der Einführung der Bildungsstandars, die Literaturvermittlung und die Erziehung der Lernenden durch Literatur auf dem Programm. Durch die Einführung eines kompetenzorientierten Unterrichts geraten jedoch sowohl der produktive als auch der rezeptive Anteil der literarischen Kompetenz der Lernenden gemeinsam in den Unterrichtsfokus. In diesem Kontext erfüllen produktions- und handlungsorientierte Verfahren wie das Transformieren eines Textes in ein anderes Medium oder die akustische Gestaltung eines Textes eine wichtige Funktion. Klaus Maiwald plädiert dafür, die Medienverbünde zum Gegenstand des Unterrichts zu machen und weist zurecht auf die Notwendigkeit einer medienerzieherischen Arbeit mit einer erweiterten literaturdidaktischen Perspektive hin, bei der die unterschiedlichen Medien miteinander verknüpft und verglichen werden (Maiwald 2010, S. 148). Ergänzend zu der allgemein existierenden Annahme, dass Bilderbücher eine Art „Prä- und Protoliteratur" darstellen, verweist Gina Weinkauff angesichts der neuen Bilderbuchentwicklungen auf „die Erweiterung der Sozialisationsfunktion des Mediums" Bilderbuch (Weinkauff/v. Glasenapp 2010, S. 186). Im Folgenden wird zunächst das pädagogische Potenzial der Bilderbücher im Hinblick auf diese erweiterte Sozialisationsfunktion für das Fach Deutsch skizziert. In einem zweiten Schritt soll es zentral darum gehen, wie man das Bilderbuch „Rosa Weiss" von Roberto Innocenti zu einem Hörspiel adaptieren kann. Abschließend wird es um die Frage nach dem pädagogischen Mehrwert solcher Projekte gehen.

2 Zum Einsatz des (post)modernen Bilderbuchs in der Sekundarstufe

Allgemein bekannt ist, dass Bilderbücher eine entscheidende Rolle im literarischen Sozialisationsprozess seit der frühen Kindheit spielen. Sie werden vorrangig zu pädagogischen Zwecken eingesetzt und neben der Förderung der ästhetischen, sprachlichen und literarischen Kompetenz dienen sie unter anderem zur Vermittlung ethischer und moralischer Werte (vgl. Weinkauff/v. Glasenapp 2010, S. 182 ff.). Sie erfüllen wie die allgemeine Literatur eine Funktion als Beobachtungsinstanz und demzufolge spiegeln sie häufig die in der Gesellschaft dominierenden Erziehungsvorstellungen sowie die existierenden Probleme wider. „Mit Bilderbüchern wächst man besser" so lautet der Titel eines von Nicola Bardola herausgegebenen Textes, in dem die Bedeutung dieser Texte deutlich gemacht wird (Bardola 2009). Ein Blick in das Inhaltsverzeichnis offenbart einige Argumente, warum es sich lohnt, Bilderbücher zu rezipieren. An dieser Stelle seien exemplarisch zwei Kapitelüberschriften zitiert: „Ein Bilderbuch lädt dazu ein, die Welt zu begreifen. Wie Bilderbücher aufs Leben vorbereiten" und „Ein Bilderbuch macht Lust, sich eigene Geschichten auszudenken. Wie Bilderbücher die Fantasie beflügeln" (ebd., S. 5). Anhand dieser Überschriften wird erstens klar, warum Bilderbücher in der Schule präsent sein sollten, denn schließlich soll die Schule Menschen aufs Leben vorbereiten. Zweitens werden die Vorzüge dieses Mediums für kreative Aufgaben implizit angesprochen. Die für das Bilderbuch charakterisierende „Wechselbeziehung von Bild und Text" (Thiele 2011, S. 217) bzw. das existierende dialogische Verhältnis zwischen der verbalen und piktoralen Ebene eröffnet eine Reihe von abwechslungsreichen Einsatzsmöglichkeiten für den (Literatur)unterricht und sorgt für ein besonders polyvalentes Deutungspotenzial der Texte, das mit Gewinn im didaktischen Kontext genutzt werden kann. Bilderbücher eignen sich eher als längere epische Texte für eine Hörspielproduktion, weil sie in der Regel durch ihren überschaubaren Umfang die Aufgabe erleichtern. Darüber hinaus geben sie, wie Bernd Maubach richtig feststellt, Strukturen vor, lassen den Lernenden aber „Raum für eigene kreative Gestaltungsmöglichkeiten, denen literarische und medienästhetische Lernprozesse zugrunde liegen" (Maubach 2014, S. 14). Betrachtet man die pädagogische Landschaft der Sekundarstufe, sind Bilderbücher ein seltener Gegenstand im Deutschunterricht. Dieser Umstand ist um so erstaunlicher, wenn man bedenkt, dass bei vielen modernen Bilderbüchern der Primäradressat nicht mehr der kindliche Leser ist, sondern der Erwachsene (vgl. Thiele, 2002). Beobachtet man die Entwicklung dieses Mediums, stellt man eine Korrespondenz mit den Veränderungen des Kinder- und Jugendromans sowohl auf einer formalen als auch auf einer inhaltlichen Ebene fest. Die Entwicklung des problemorientierten Bilderbuchs ist mit der seit den 1970er Jahren in der KJL allgemein zu beobachtenden „stofflich-thematische[n] Weitung" (Gansel, 2010, S. 111) in Verbindung zu bringen. Insbesondere seit den 1980er Jahren lassen sich sowohl neue und

komplexe Erzählformen als auch eine Enttabuisierung bisher ausgesparter The-
menbereiche beobachten. Infolgedessen entstehen zahlreiche Texte, die der problemorientierten Kinder- und Jugendliteratur zugeordnet werden können. Zu diesen Texten gehören Bilderbücher wie „Rosa Weiss" von Roberto Innocenti,
„Otto. Autobiographie eines Teddybären" von Tomi Ungerer und „Die letzte
Reise. Doktor Korczak und seine Kinder" von Irène Cohen-Janca und Maurizio
A. C. Quarello, in denen das Thema der Judenverfolgung thematisiert wird.
Ebenso dazu gehören aber auch Texte wie „Die Insel" von Armin Greder, in dem
die Auswanderung, die Begegnung mit dem Fremden und die damit zusammen-
hängenden Ängste und Vorbehalte thematisiert werden. Des Weiteren finden
sich auch Texte wie „Das Mädchen in Rot" von Roberto Innocenti und Aaron
Frisch oder „Aufstand der Tiere oder Die neuen Stadtmusikanten" von Jörg Müller und Jörg Steiner, in denen klassische Märchen neu aufgearbeitet und auf die
heutige Wirklichkeit der Lernenden übertragen werden. Hier werden gezielt
Filmtechniken eingesetzt, um unter anderem die Welt der Werbung und der
Konsumgesellschaft vor Auge zu führen. Durch den Vergleich der unterschiedlichen Texte oder Medien können die Lesenden gezielt für die Besonderheiten
unterschiedlicher literarischer Formen sensibilisiert werden.

Beobachtet man genau die Entwicklungstendenzen auf dem Bilderbuchmarkt,
findet man zum einen eine sogenannte doppelsinnige Literatur, bei der eine zweite Bedeutungsebene existiert, die nur für den erwachsenen Leser zugänglich ist.
Zum anderen findet man sogenannte postmoderne Bilderbücher, die sich unter
anderen durch eine Hybridisierung literarischer Formen und Gattungen, durch
metafiktionale Aspekte wie z.B. Intertextualität oder durch die Öffnung des
Adressatenkreises kennzeichnen und die, wie Gina Weinkauff zurecht beklagt,
bis heute in der Pädagogik unerklärlicherweise weitgehend unentdeckt geblieben
sind (Weinkauff/v. Glasenapp, 2010, S. 187). In diesem Kontext kann man den
Text „Rosa Weiss" von Roberto Innocenti sowie weitere von ihm produzierte
Texte wie „Das Hotel zur Sehnsucht" oder „Das Mädchen in Rot" einordnen.

An dieser Stelle soll auf die Handlung und auf die Besonderheit des Textes „Rosa Weiss" kurz eingegangen werden: In einer kleinen Stadt in Deutschland lebt
ein junges Mädchen namens Rosa Weiss. Sie beobachtet zu Beginn des Zweiten
Weltkrieges, wie sich die Soldaten, umjubelt von den Stadtbewohnern, voller
Begeisterung für die Ziele des Führers einsetzen. In diesem Ambiente wird es
zufällig Zeugin, wie ein Junge ihres Alters aus einem geschlossenen Lastwagen
zu fliehen versucht. Sein Fluchtversuch wird vom Bürgermeister der Stadt und
den Soldaten vereitelt. Der Junge wird anschließend mit Gewalt abtransportiert.
Neugierig folgt Rosa Weiss den Militärfahrzeugen und entdeckt so, außerhalb
der Stadt, ein Konzentrationslager im Wald. Frierende, abgemagerte Kinder in
Häftlingskleidung mit einem gelben Stern starren sie hinter einem elektrisch
geladenen Zaun an. Die Protagonistin bringt ab diesem Zeitpunkt regelmäßig
heimlich Essen zu den Häftlingen. Inzwischen hat sich die Situation an der Front

verändert: Flüchtlinge und verletzte Soldaten ziehen durch die Stadt, der Bürgermeister sucht das Weite. Als Rosa ein letztes Mal zum Lager geht, findet sie
das verwüstete Gelände, aber keine Gefangene mehr. Während sie am zerstörten
Stacheldraht über das Geschehene nachdenkt, wird sie vermutlich von den ab-
ziehenden deutschen Soldaten erschossen. Soldaten der Roten Armee ziehen in
die Stadt ein. Mit ihnen kehren ehemalige Stadtbewohner zurück, die wegen der
Nazi-Verfolgung geflohen waren und jetzt vergeblich nach Freunden suchen.
Beim letzten Bild werden die von Gras und Blumen überwachsenen Überreste
des Lagers gezeigt und die vergeblich wartende Mutter von Rosa Weiss erwähnt.

Das Buch präsentiert den Alltag der Mitläufer und Zuschauer, setzt diese in Szene und zeigt, wie sie mit ihrem Verhalten auch zu Mittätern werden. Auf der
visuellen Ebene findet der Leser deutliche Nazi-Symbole, insbesondere die zahlreichen Hakenkreuzfahnen, und Bildzitate aus der NS-Propaganda: „Deutschland
siegt an allen Fronten" oder „Den Krieg gewinnen wir und kein anderer", sowie
interpikturale Bezüge zur historischen Realität des Konzentrationslagers und des
Warschauer Ghettos. Das Buch bearbeitet außerdem ein gängiges Motiv in der
Holocaust-Literatur, nämlich das Motiv der Kinderfreundschaft (vgl. unter anderen „Der Junge im gestreiften Pyjama" von John Boyne). Jens Thiele betont die
Suggestionskraft der Darstellung in „fotorealistischer Genauigkeit und Intensität" (Thiele 1988, S. 138) und spricht dem Text ein pädagogisches und dokumen-
tarisches Potenzial zu, da das Bilderbuch „Kindern in einer fiktiven Geschichte
die schrecklichen Phänomene des Hitlerregimes wie Konzentrationslager, Krieg
und Mitläufertum beispielhaft vor Augen führt" (ebd., S. 144).

3 Zur Erstellung eines Hörspiels

Der Umgang mit Bilderbüchern im Deutschunterricht eröffnet interessante Möglichkeiten für die Unterrichtsgestaltung. Bilder können einzeln oder zusammen
mit Texten als Grundlage für kreative Aufgaben sinnvoll eingesetzt werden, um
die Vorstellungsbildung sowie die aufmerksame Wahrnehmung der piktoralen
Zeichenebene zu fördern, und tragen zur Schulung der *visual literacy* bei. Darüber hinaus können die Lernenden durch produktive Medienarbeit ein Bilderbuch in ein anderes Medium transformieren und dadurch wichtige „Aspekte des
literarischen Lernens" erfahren (vgl. Spinner 2006, S. 8 ff.). Im Folgenden werden in Kürze einzelne Schritte erläutert, die für eine Adaption eines Bilderbuchs
zu einem Hörspiel im Unterricht notwendig sind. Die im Anschluss präsentierten
technischen und medialen Anforderungen sowie die geforderten empathischen
Fähigkeiten können in der Regel sinnvoll von einer Zielgruppe ab einem Alter
von fünfzehn oder sechzehn Jahren gewährleistet werden.

Zuerst soll das Bilderbuch im Plenum vorgestellt werden. Dies kann zum Beispiel über ein Bilderbuchkino erfolgen. Die Lehrkraft muss darauf achten, dass
die einzelnen Bilder richtig wahrgenommen werden, da die Arbeit mit den Bil-

dern für die Entstehung des Drehbuches entscheidend ist. An dieser Stelle erhält die Anschlusskommunikation eine besondere Bedeutung, zumal sie zur aktiven Verarbeitung des Gesehenen beiträgt. Vor dem Schreiben des Drehbuchs bietet sich an, dass die einzelnen Arbeitsgruppen Ideen zur Umsetzung sammeln. Wichtig ist, dass sich die Lernenden über die bi-codale Darstellung des Textes bewusst sind und sowohl die verbale als auch piktorale Zeichenebene genau wahrnehmen und das dialogische Verhältnis zwischen beiden bei ihrem Adaptionsprozess berücksichtigen. Hierbei besteht häufig die Gefahr, die piktorale Ebene auf eine Veranschaulichungsfunktion zu reduzieren und die Handlung nur aus dem sogenannten „Erzähler-Text" zu entnehmen. Es versteht sich von selbst, dass eine erfolgreiche Adaption des Bilderbuches immer eine differenzierte Analyse der literarischen Vorlage voraussetzt. Dieser Moment der Analyse darf in der Arbeitsgruppe auf keinen Fall zu kurz kommen. Will man aber der Komplexität eines narrativen Textes auf die Spur kommen, bietet es sich an, mit dem Zwei-Ebenen-Modell von Peter Wenzel zu arbeiten. Demnach lassen sich in Erzähltexten die Ebene des Dargestellten, das sogenannte „*Was des Erzählens*", und die Ebene der Darstellung, das sogenannte „*Wie des Erzählens*" unterscheiden. Auf der Ebene des „*Was des Erzählens*" stellen sowohl der diegetische Raum als auch die diegetischen Figuren wichtige Elemente einer Textanalyse dar (Wenzel 2004, S. 15). Insbesondere bei der Bestimmung dieser Kategorien bedarf es einer differenzierten Berücksichtigung der piktoralen Ebene. Dies gilt auch für die Bestimmung der Handlung, zumal oft die piktorale Ebene nicht nur die verbale Zeichenebene konkretisiert, sondern über deren Aussage hinausgeht.

Bei dem Adaptionsprozess muss den Lernenden bewusst werden, dass es sich um einen Medienwechsel handelt, der die Berücksichtigung spezifischer Gesetze des neuen Mediums verlangt und unter anderem mit formalen Veränderungen einhergeht. Die Erstellung eines Skripts oder Drehbuchs stellt einen wichtigen Arbeitsschritt in der Hörspielproduktion dar, bei dem folgende Frage eine entscheidende Rolle spielt: Wie können die sinnlich wahrnehmbaren Elemente des Hörspiels (Stimme bzw. Sprache, Geräusche, Musik und Stille) sinnvoll eingesetzt werden, sodass die Handlung, die diegetischen Figuren, die diegetische Zeit und der diegetische Ort für den Rezipienten vorstellbar und verständlich werden, ohne auf die literarische Vorlage des Bilderbuchs zurückgreifen zu müssen (vgl. Böckelmann 2002, S. 47). Bekanntlich entsteht die Gesamtwirkung einer Hörspielproduktion immer durch das Zusammenwirken der sprachlichen Zeichen (Wortwahl, Syntax, Sozio-, Dia- oder Ideolekte, u. ä.) mit den prosodischen Mitteln, mit Musik, Geräuschen und anderen Gestaltungsmitteln. Es geht also um folgende Fragen und medialästhetische Aspekte:

1) Wie können prosodische Elemente wie der Akzent, die Intonation, die Sprechpausen, das Sprechtempo, der Tempuswechsel oder der Sprechausdruck sinnvoll eingesetzt werden, um die Handlungsmotive der einzelnen Figuren

nachvollziehbar zu machen oder um den emotionalen Zustand der Figuren sowie deren Entwicklung unmissverständlich darzustellen?

2) Wie kann die piktorale Ebene des Bilderbuches in der Hörspielbearbeitung aufgearbeitet werden? Oder anders gefragt, mit welchen Mitteln kann eine Wandlung von visuellen Räumen zu Hör-Räumen erfolgen? Bei der Adaption von Innocentis Werk stellt sich insbesondere die Frage, wie sich die kontrastierenden Räume der Kleinstadt, die eine trügerische Normalität ausstrahlt, und das abgelegene Konzentrationslager akustisch darstellen lassen. Darüber hinaus ist zu beachten, wie die Szenen- oder Raumwechsel gestaltet werden, sodass die Kontinuität der Handlung und der Rezeptionsprozess des Hörers nicht beeinträchtigt werden.

3) Welche Funktion können Musikelemente und Geräusche in dem Hörspiel erfüllen? Hier geht es insbesondere darum, dass den Lernenden bewusst wird, dass Musikelemente und Geräusche eine semantische oder symbolische Bedeutung transportieren, die beispielsweise durch das Entstehen einer Stimmung oder durch außermusikalische Assoziationen vermittelt wird. Darüber hinaus müssten sie erfahren, dass Musik und Geräusche unter anderem zur Gliederung des Hörspiels, zur Erzeugung von Stimmungen sowie zur Charakterisierung von Figuren dienen können (vgl. Böckelmann 2002, S. 95 – 119). Hierbei gilt es vor allem zu vermeiden, dass es zu einem überproportionalen Einsatz von Musik und Geräuschen kommt, die zu einer semantischen Überlagerung bzw. zu einer Störung im Rezeptionsprozess führen könnte.

4) Welche Funktionen kann der Erzähler im Hörspiel übernehmen und wie kann die Präsenz des Erzählers so reduziert werden, dass der dramatische Charakter des Hörspiels zur Geltung kommt?

5) Welche Funktionen können in diesem Kontext Monologe oder Dialoge übernehmen? Hierbei geht es darum, dass die Lernenden unterschiedliche Monologtypen, wie z.b. einen Reflexionsmonolog oder einen lyrischen Monolog bewusst einzusetzen wissen. Darüber hinaus soll ihnen bewusst werden, dass Dialoge eine expressive, eine referentielle und eine appellative Funktion haben können und dementsprechend gezielt eingesetzt werden können (vgl. Pfister 2001, S. 153 ff.). Bei Innocentis´ Werk „Rosa Weiss" handelt es sich um eine Geschichte, in der die Kinderperspektive dominiert. Deswegen liegt bei der Adaption die Herausforderung darin, die Darstellung der Ereignisse dementsprechend sprachlich zu gestalten, ohne banal zu wirken.

6) Wie kann eine dramatische Geschichte sinnvoll aufgebaut werden? Das klassische Muster aus der Antike mit Exposition, Spannungsaufbau, Höhepunkt und Lösung kann als Orientierung dienen. Durch die Vorlage des Bilderbuchs ist der Aufbau zwar vorgegeben, im Verlauf des Adaptionsprozesses können gegebenenfalls aber neue Aspekte hinzugefügt werden. Insbesondere bei postmodernen

Bilderbüchern ergibt sich aufgrund der häufigen Nonlinearität und der möglichen Mehrsträngigkeit der Erzählung die Notwendigkeit der Anpassung der Erzählweise, zumal sich die anachronischen Elemente auf den Rezeptionsprozess des neuen Mediums negativ auswirken können.

7) Des Weiteren ist von Bedeutung, dass die Lernenden ein Bewusstsein für die Funktion von Raffungen und Dehnungen der erzählten Zeit entwickeln und diese adäquat in ihrem kreativen Prozess einsetzen. Hierbei sollen unterschiedliche Mittel für die Gestaltung einer Raffung bzw. Verlängerung der erzählten Zeit ausprobiert werden und ihre Wirkungsmöglichkeiten überprüft werden (vgl. Böckelmann 2002, S. 51 ff.)

8) Wie bereits angesprochen, findet beim Adaptionsprozess ein Medienwechsel statt, bei dem nicht nur medienspezifische Produktionsvorgaben existieren, sondern auch medienspezifische Rezeptionsmuster zu beachten sind. Hierbei ist bei der Produktion des Hörspiels darauf zu achten, dass der Hörer auch die Möglichkeit hat, das Gehörte durch Pausen während des Hörspiels zu verarbeiten (vgl. ebd., S. 49).

Vor der Aufnahme sollte die Lehrkraft die Lernenden durch gezieltes Stimmtraining unterstützen. Hierbei ist es wichtig, dass die Lehrkraft über Kompetenzen im Bereich des Stimmcoachings verfügt. Denn im Rahmen des Projekts sollten in der Lerngruppe gezielt Techniken zur bewussten Stimmführung bzw. Stimmmodulation trainiert werden, damit diese wirkungsvoll bei der Aufnahme eingesetzt werden können. Des Weiteren sollte den Lernenden auch klar gemacht werden, wie Mimik, Gestik und Körperhaltung aktiv unterstützend beim Sprechen mitgeführt werden können, um eine gewollte Aussagewirkung herbeizuführen. Darüber hinaus sollte sich die Lehrkraft in der technischen Gestaltung von Podcasts auskennen. Für das Gelingen einer Aufnahme müssen mehrere Aspekte beachtet werden, wie z. B. die Raumauswahl, die technischen Voraussetzungen sowie diverse Aufnahmebedingungen. Die Auswahl sowohl qualitativer Peripheriegeräte als auch eines entsprechenden Audiointerfaces sowie die Raumakustik sind für die Tonqualität entscheidend. Für das Erreichen einer besseren Raumakustik sind kleine, möblierte Räume mit Teppichboden und einer geringen Fensteranzahl, die keinen äußeren Geräuschen ausgesetzt sind, zu bevorzugen. Für die Aufnahme werden mindestens ein Laptop mit einem Aufnameeditor (z.B. Audacity oder GarageBand), ein oder zwei Mikrofone mit Mikrofonständer und eventuell externe Lautsprecherboxen benötigt, um die Aufnahmen in den Gruppen anzuhören und zu überprüfen.

In den Gruppen sollte es nach Möglichkeit immer ein oder zwei Experten geben, die sich entweder mit einer Editor-Software auskennen oder sich während der Arbeitsgruppe intensiv damit auseinandersetzen, um die Aufnahme erfolgreich zu gestalten. Darüber hinaus können sie die digitale Suche nach passenden Geräuschen und Musikelementen übernehmen. Je nach den Vorerfahrungen der

Lerngruppe mit Adaptionsprozessen und der Vertrautheit mit der Bearbeitungssoftware muss die zeitliche Planung konzipiert werden. Das Aufgabenformat umfasst eine große Anzahl von Teilaufgaben, sodass eine differenzierte Einbindung der einzelnen Schülerinnen und Schüler mit ihren Vorlieben und Fähigkeiten möglich ist. Die technikaffinen Lernenden, die häufig am Literaturunterricht wenig Freude finden, können bei diesen technischen Fragen eine wichtige Funktion übernehmen.

Die bereits präsentierte Auflistung soll einerseits die Komplexität der Aufgabe darstellen, andererseits dokumentiert sie in aller Deutlichkeit, welche Aspekte der literarischen, medialen, sprachlichen und persönlichen Kompetenz mit diesem Aufgabenformat gefordert und gefördert werden können. Diese Fragen können in einer abgewandelten Form als Orientierung für die Gruppenarbeit während des Adaptionsprozesses dienen. Darüber hinaus kann aus dieser Auflistung von Fragen ein Kriterienkatalog entwickelt werden, der in Form einer Checkliste zur Auswertung der Ergebnisse produktiv gemacht werden kann. Für den Einsatz mit jüngeren Klassen hat Karla Müller ein differenziertes und praxistaugliches Modell zur Untersuchung der Elemente eines Hörspiels sowie zur Analyse einer Hörspielfassung eines Erzähltextes entwickelt (Müller 2012, CD-Materialien).

4 Zu den pädagogischen Zielen und zur Auswertung des Projekts

Siebzig Jahre nach Ende des Zweiten Weltkrieges gehen die Zeitzeugen dieses massiven Zivilisationsbruchs, die Weltkrieg und Holocaust, Flucht und Vertreibung noch in ihrem Erfahrungsgedächtnis haben, verloren. Das *kommunikative Gedächtnis* im Sinne von Aleida Assmann kann die Erinnerung an diese Geschehnisse nicht mehr aufrechterhalten (vgl. Assmann 2007, S. 25 ff.). Um so wichtiger wird deswegen der Beitrag der Bildungsinstitutionen, um *das kollektive Gedächtnis* zu pflegen. Auf einer erzieherischen Ebene besteht die Notwendigkeit, Jugendlichen das Verhalten der Zuschauer und Mittäter sowie die Möglichkeiten für menschliches Verhalten zu vermitteln. Insbesondere die Figur Rosa Weiss bietet sich als Identifikationsfigur an und mit ihrer couragierten Haltung verdeutlicht sie eine Widerstandshaltung, an der sich Jugendliche orientieren können, um Werte menschlichen Verhaltens abzuleiten, die auf ihre Wirklichkeit übertragbar sind. Durch die aktive literarische Auseinandersetzung wird gleichzeitig *das kulturelle Gedächtnis* gefestigt. Zu beachten ist aber, dass man der Aufgabe, eine Hörspielfassung des Bilderbuches „Rosa Weiss" zu erstellen, nur gerecht werden kann, wenn genügend mediale Kompetenz seitens der Lernenden existiert. Ist das nicht der Fall, dann besteht die Gefahr, dass die Hörspiel-Erstellung mit ihren technischen Herausforderungen so sehr in den Vordergrund gerät, dass die Auseinandersetzung der Lernenden mit dem Schicksal der

Figuren nicht tiefgehend genug erfolgt. Dadurch bestünde die Gefahr, einen der Vorzüge des handlungs- und produktionsorientierten Literaturunterrichts zu verspielen, nämlich das Potenzial zur Perspektivenübernahme und zum Fremdverstehen. Des Weiteren wäre das Vorhaben, den Opfern eine Stimme zu verleihen, gescheitert. Für die ersten Produktionsversuche medialer Hörtexte sollte man lieber Texte auswählen, bei denen das historische Lernen keine so wichtige Rolle spielt und nicht die Gefahr der Bagatellisierung des historischen Unrechts besteht.

Die Lernenden erweitern im Rahmen des Projekts ihre mediale und literarische Kompetenz, da sie bewusst mit Fiktionalität umgehen, indem sie erstens Bilder betrachten und deuten, zweitens selbständig narrative Muster entwickeln, drittens bewusst mit der literarischen Sprache umgehen, sich viertens mit den Handlungsmotiven der einzelnen Figuren auseinandersetzen, und fünftens ein spezifisches Wissen über die Produktionsweisen und die Wirkung von Hörmedien sowie die klangliche Seite literarästhetischen Sprachgebrauchs erwerben.

Auf der sprachlichen Ebene geht es vor allem darum, eine Sensibilität und ein Bewusstsein für die verbale und paraverbale Kommunikation zu entwickeln. Durch einen aktiv-produzierenden Umgang mit Hörspielen erlernen Schüler und Schülerinnen, wie man Stimmführung und Sprechausdruck bewusst einsetzt, um bestimmte Wirkungen zu erzeugen, und erweitern demzufolge ihre persönliche Kompetenz. Diese Aspekte stehen im Einklang mit den im Kompetenzbereich „Sprechen und Zuhören" der KMK-Standards für den Mittleren Schulabschluss formulierten Zielen (vgl. KMK 2003, S. 10). Darüber hinaus geht es darum, dass die Lernenden in Zukunft die Gemachtheit und Konstruiertheit solcher Produktionen erkennen. Die kritische Wahrnehmung von Hörmedien setzt allerdings Kenntnisse über sprecherische Gestaltungsmittel und ihre Verwendung voraus. Diese werden durch einen handlungs- und produktionsorientierten Ansatz und die entsprechende kritische Reflexion vermittelt. Gleichzeitig eröffnet die Erstellung eines eigenen Hörspiels durch die Prozessorientierung und Offenheit der Aufgabe die Möglichkeit, personale, soziale und handlungsbezogene Kompetenzen zu fördern.

5 Fazit

Zusammenfassend kann festgehalten werden, dass die Produktion von Hörmedien eine interessante Abwechslung zu dem häufig textfixierten Literaturunterricht darstellt. Insbesondere durch die freie Gestaltung der Arbeitsprozesse trägt der Deutschunterricht dem menschlichen Grundbedürfnis nach Autonomie und Kompetenzerleben Rechnung und erhöht dadurch die Motivation und Identifikation der Lernenden mit dem Unterrichtsgegenstand (vgl. Brohm 2012, S. 17). Dass dabei auch mediales und literarisches Lernen im Sinne von Karl Spinner nicht zu kurz kommt, ist der Mehrwert einer differenzierten, kritischen pädagogischen Praxis, die gerade bei der Erstellung eines Hörspiels äußerst fruchtbar sein kann und zu einem integrativen Kompetenzerwerb führt. Mit akustischen Elementen, insbesondere mit Stimme und Sprechausdruck, bewusst zu arbeiten, fördert die Wahrnehmungskompetenz der Lernenden und ist die Basis für die Erkenntnis, dass die paraverbalen Zeichen einen wichtigen Faktor der zwischenmenschlichen Kommunikation darstellen und dass der Ton ein wichtiger Aspekt bei der Herstellung von Bedeutung ist, schließlich „macht der Ton die Musik". Bei diesen Aufgaben geht es darum, zur Entwicklung der Mediensozialisation der Lernenden sowie zu ihrer literarischen Sozialisation beizutragen.

Betrachtet man den Werdegang der meisten Lehramtskandidaten, dann stellt man fest, dass oft sprecherzieherische Aspekte zu einer Randerscheinung in der Wahrnehmung der zukünftigen Pädagogen mutiert sind, zumal sie häufig in der Modulkonzeption der Lehramtsstudiengänge nicht genügend berücksichtigt werden. Welche Folgen sich für die Schulpraxis ergeben, kann anhand des hier präsentierten Projektes ansatzweise erkannt werden. Um so wichtiger ist es, dass die Universität im Rahmen von Fortbildungsveranstaltungen den Pädagogen die Möglichkeit eröffnet, ihre sprecherzieherische Kompetenz zu optimieren oder dass die Schulen bei der Konzeption der eigenen pädagogischen Tage diesen Defiziten Rechnung tragen und Angebote für Sprechtraining durch einen professionellen Stimm-Coach organisieren. Nur so kann die Umsetzung und Betreuung von medialen Projekten im Deutschunterricht professionell erfolgen und nur so kann erwartet werden, dass das, was den Lernenden im Deutschunterricht begegnet, Spuren hinterlässt, die langfristig zu ihrer literarischen und medialen Bildung beitragen.

Primärliteratur

Boyne, J. (2007): Der Junge im gestreiften Pyjama. Frankfurt am Main.

Cohen-Janca, I./Quarello, M. A. C. (2015): Die letzte Reise. Doktor Korczak und seine Kinder. Berlin.

Innocenti, R. (1992): Rosa Weiss. Frankfurt am Main.

Innocenti, R. (2002): Das Hotel zur Sehnsucht. Düsseldorf.

Innocenti, R./Frisch, A. (2013): Das Mädchen in Rot. Hildesheim.

Ungerer: T. (1999): Otto. Autobiographie eines Teddybären. Zürich.

Greder, A. (2002): Die Insel. Frankfurt am Main.

Müller, J./Steiner, J. (1990): Aufstand der Tiere oder Die neuen Stadtmusikanten. Aarau/Frankfurt am Main.

Sekundärliteratur

Assmann, A. (2007): Der lange Schatten der Vergangenheit. Erinnerungskultur und Geschichtspolitik. Bonn.

Bardola, N./Hauck, S./Jandrlich, M./Wengeler, S. (2009): Mit Bilderbüchern wächst man besser. Stuttgart/Wien.

Böckelmann, A. (2002): Hörspiele für Kinder. Oberhausen.

Brohm, M. (2012): Motivation lernen. Das Trainingsprogramm für die Schule. Weinheim/Basel.

Gansel, C. (2008): Bologna-Prozess, Kompetenzorientierung und integrativer Deutschunterricht. In: Ders. (Hrsg.): Der Bologna Prozess. Konsequenzen für die germanistische Ausbildung im internationalen Rahmen. Baltmannsweiler, S. 253 - 275.

Gansel, C. (2010): Moderne Kinder- und Jugendliteratur. Vorschläge für einen kompetenzorientierten Unterricht. Berlin.

Kämper-van den Boogaart, M. (Hrsg.) (2008): Deutschdidaktik. Leitfaden für die Sekundarstufe I und II. Berlin.

KMK (2003): Bildungsstandards im Fach Deutsch für den Mittleren Schulabschluss. In:
http://www.kmk.org/fileadmin/Dateien/veroeffentlichungen_beschluesse/200 3/2003_12_04-BS-Deutsch-MS.pdf [Stand 15.03.16]

Maiwald, K. (2010): Literatur im Medienverbund unterrichten. In: Rösch, Heidi (Hrsg.): Literarische Bildung im kompetenzorientierten Deutschunterricht. Freiburg, S. 135 - 156.

Maubach, B. (2014): Achtung Aufnahme! Eine Hörspielproduktion zum Bilderbuchklassiker „Wo die wilden Kerle wohnen". In: Grundschulunterricht Deutsch 3 (2014), S. 14 -18.

Müller, K. (2012): Hörtexte im Deutschunterricht: Poetische Texte hören und sprechen. Stuttgart.

Pfister, M. (2001): Das Drama. München.

Spinner, K. H. (2006): Literarisches Lernen. In: Praxis Deutsch Heft 200 (2006), S. 6 - 16.

Thiele, J. (1988): Von den Schwierigkeiten, den Holocaust im Bilderbuch darzustellen. In: Antisemitismus und Holocaust. Ihre Darstellung und Verarbeitung in der deutschen Kinder- und Jugendliteratur. Oldenburg, S. 137 - 147.

Thiele, J. (2011): Das Bilderbuch. In: Lange, G. (Hrsg.): Kinder- und Jugendliteratur der Gegenwart. Baltmannsweiler, S. 217 – 230.

Thiele, J. (2002): Wenn Geschichten zerfallen. Brauchen wir wieder „kindgemäße" Bilderbücher, die ihre Leser an die Hand nehmen? In: http://www.zeit.de/2002/49/KJ-Bilderbuch2, ZEIT online 49 [Stand 28.07.2016]

Weinkauff, G./v. Glasenapp, G. (2010): Kinder- und Jugendliteratur. Stuttgart.

Wenzel, P. (Hrsg.) (2004): Einführung in die Erzähltextanalyse. Trier.

Weinert, F. (2001): Leistungsmessungen in Schulen. Weinheim/Basel.

CHRISTA M. HEILMANN

Von der Lippen- zur Gestensynchronisation

1 Geschichtliches

Die Entwicklung des Films ist durch eine erste Phase der Stummfilmproduktion („silent film") charakterisiert. Zunächst kannte man, aus der Fotografie entwickelt, bewegte Bilder, bis am 20. Mai 1893 Thomas Edinson seine Erfindung des Kinematographen vorstellte. Nach Aufführungen nur in geschlossenen Gesellschaften, Clubs oder Salons begann der Durchbruch des Films mit der ersten Kinovorführung am 20. Mai in New York durch die Familie Lathan, am 1. November des gleichen Jahres in Berlin im „Wintergarten" und schließlich am 28. Dezember in Paris durch die Brüder Lumière.

Damit war der Stummfilm „geboren", der eine Handlung zeigte, die zum Verständnis des Geschehens keines Textes bedurfte. Zu den bekanntesten Beispielen gehören zweifellos die Stummfilme mit Charly Chaplin in der Hauptrolle. Als begnadeter Darsteller vermochte er alle Höhen und Tiefen menschlicher Bewegtheit körperlich auszudrücken, hier eine Szene aus „Lion's Cage":

Abb. 1

Zunächst wurde der Stummfilm durch Live-Musik begleitet, sei es durch ein Orchester, ein Piano, ein Pianole, ein Harmonium oder später auch durch ein Grammophon. Die Musiker befanden sich im Vorführraum und unterstützten das Geschehen musikalisch. In der heutigen Zeit gehört es zu den „Highlights" von Kinoaufführungen, wenn Stummfilme von Live-Musikern begleitet dargeboten werden.

Auf diese Weise erfuhren die Filme keine Aufführungseinschränkungen, wie sie Sprachbarrieren darstellen. Hielten es die Filmregisseure bei komplexeren Filmen als reinen Handlungsdarstellungen für notwendig, sprachliche Erklärungen beizufügen, so ermöglichte das ein muttersprachlicher „Erklärer", direkt im Vorführraum anwesend, als Sprecher.

Auch einzelne erläuternde Untertitel, die in einigen Filmen bereits eingesetzt wurden, waren schnell übersetzt und stellten demnach ebenfalls keine Sprachbarriere für die Aufführungspraxis dar. Erst die sensationelle Erfindung des Tonfilms änderte die Situation deutlich: Die Filmentwicklung ermöglichte, dass handelnde Personen gleichzeitig Dialoge sprachen, was zu einer interessanten Verdichtung der Handlung und metasprachlichen Reflexionen im Film führte, gleichzeitig jedoch die Bindung des Films an eine konkrete Sprachgemeinschaft bedeutete. Diese Situation kann als „Geburtsstunde" der Synchronisation bezeichnet werden, da nur mit ihrer Hilfe Filme weiterhin international gezeigt und verstanden werden konnten (vgl. v. Laguna 2015).

2 Prozess der Synchronisation

2.1 Unterschiedliche Synchronisationsansätze

Synchronisation bedeutete in den Anfängen, dass den jeweiligen Filmen eine muttersprachliche Bearbeitung zuteil wurde.

> „Die Reaktion auf den Austausch der Originalstimme durch ein deutsches Ersatzorgan reichte von kindlichem Erstaunen – ,Es ist wie im Märchen, da ein Zauberer Schlafenden die Gehirne vertauscht' – bis zum handfesten Ärger derjenigen, die sich unter ästhetischen Gesichtspunkten mit dieser Art von Filmübersetzung nicht abfinden mochten." (Bräutigam 2001, S. 10)

Obwohl die Publikumsreaktionen derart different ausfielen und die Synchronisation noch erhebliche technische Mängel aufwies, setze sie sich in Deutschland flächendeckend gegen die Konkurrenz von deutschsprachiger Untertitelung bzw. das „Voice-over-Verfahren" durch.

So nahm das Paradoxon seinen Lauf: Auf der Leinwand agieren Personen im Milieu der Ausgangskultur, der situationale Kontext entspricht der Originalumgebung, Kleidung, Schmuck und Körperausdruck entsprechen den kulturellen Gepflogenheiten des Herkunftslandes, die Handelnden sprechen jedoch die Muttersprache der Zuschauerinnen und Zuschauer. Bei aller Verbesserung der Synchronisationsmöglichkeiten, technischer Verfeinerungen, sprecherischer Intensität – diese Divergenz bleibt erhalten und ist nicht auflösbar.

> „Der durchschnittliche Filmkonsument in unserem Sprachraum wächst mit synchronisierten Filmen auf, die für ihn eine Selbstverständlichkeit sind und deren grundsätzliche Absurdität er nicht hinterfragt." (Pisek 1994, S. 6)

Auf die damit außerdem verbundene Problematik, dass deutschsprachige Filmzuschauer/-innen auf diese Weise nicht gewohnt sind, Fremdsprachiges hörend aufzunehmen, sei hier nicht näher eingegangen. Auch soll die Tatsache, dass die Synchronisation vielfache Möglichkeiten der Manipulation im Sinne von Verfälschungen eröffnet (wie in der Vergangenheit vielfach belegt), hier nicht unerwähnt bleiben (vgl. u.a. Bräutigam 2001).

Der methodologische Ansatz zur Synchronisation war verschiedenen Wandlungsprozessen unterworfen. Zunächst gilt es die grundsätzliche Entscheidung zu treffen, ob die Synchronisation als sichtbarer kultureller Bruch vollzogen werden soll oder als Produkt höchstmöglicher Illusion von Authentizität. Im „soziokulturellen Ansatz" bleiben Brüche erkennbar, dem Zuschauer wird gezeigt, dass er sich mit seiner eigenen Sprache in einem kulturell anders geprägten Raum bewegt, er soll sich nicht in einer illusionären Empfindung verlieren. Die von Pisek (1994, S. 12ff.) beschriebenen weiteren Ansätze folgen in unterschiedlicher Ausprägung und Differenzierung eher dem Konzept der Illusion.

Mit dem „strukturalistischen Ansatz" wird eine größtmögliche Identität zwischen dem Originaltext und seiner lautlichen Struktur im Vergleich mit der synchronisierten Variante angestrebt. Im Zentrum der Bearbeitung stehen demzufolge der Text und die lautliche Bearbeitung, was eine sehr hohe Beachtung der Lippensynchronität zur Folge hat.

Im Film „Reality Bites" („Voll das Leben") in der Regie von Ben Stiller (USA 1994) suggeriert sich der Sprecher vor seinem Bühnenauftritt, mit der Maske allein in einem Sessel sitzend und wiederholend, bis die Regie ihn abholt: „Ich bin völlig ruhig und ausgeglichen". Der erste Teil [a] des Diphthongs im Anlaut von „ausgeglichen" erfolgt passgenau auf die zu sehende Mundposition, gleichgültig, was der Originalsprecher gerade sagt. Diese starke Orientierung an den Lippenbewegungen muss andere Aspekte in den Hinter-

Abb. 2

grund treten lassen. Gelingt diese Isochronie nicht, können beim aufmerksamen Betrachten Irritationen entstehen, wie die nachfolgende Abbildung zeigt. Im gleichen Film begrüßt der Moderator seine Zuschauerinnen in der Synchronfassung mit „Guten Morgen, meine Damen!", ist frontal zu sehen, wir erkennen jedoch beim [ɑ:] der Damen keine Lippenposition, welche dieser Lautproduktion entspräche:

Der „prototypologische Ansatz" berücksichtigt ebenfalls eine Beachtung der lautlichen Ebene, aber eher unter dem Fokus der Sprechbarkeit, ausgehend von der Voraussetzung, dass es bei der Textsorte „Bühnenübersetzung" um die Interaktion

Abb. 3

handelnder Personen geht, also die Dialogizität im Vordergrund steht. Die auf diese Weise entstehenden alltagsnahen Fassungen bedingen gleichzeitig ebenfalls eine große Lippengenauigkeit. Im Gegensatz dazu steht im „texttypologischen Ansatz" die Wirkung des Textes im Fokus der Betrachtung, d.h. Originalfassung und Synchronfassung sollen im bühlerschen Sinne gleiche Wirkungen hervorrufen, was in verschiedenen kulturellen Kontexten möglicherweise zu unterschiedlich starken textuellen Ausarbeitungen dieser Zeichenfunktion führen muss, was sowohl Lippensynchronität als auch Satzstrukturidentität in den Hintergrund treten lässt.

Das Komplexphänomen mündliche Kommunikation eines Films berücksichtigt am ehesten der „filmspezifische Ansatz", der eine Isochronie zwischen Text und allen Parametern der para- und extraverbalen Ebene verlangt. Dieser filmspezifische Ansatz abverlangt dem Synchronisationsprozess höchste Genauigkeit in der Ko-Orientierung aller Phänomene: Einerseits sind die Übereinstimmung der Lippenbewegungen zwischen Original und Synchronfassung zu beachten, andererseits wird hervorgehoben, dass insbesondere eine Isochronie zwischen artikulatorischen und gestischen Hervorhebungen herzustellen ist. Diese diffizilen Abstimmungen ermöglichen im Falle des Gelingens ein hohes Maß an Illusion von Authentizität, bringen jedoch die Synchronisateure in enorme Schwierigkeiten, wenn Sprechdynamik und Gestendynamik nicht harmonisierbar sind.

So bleibt die Aufgabe, wenn auf gute Synchronisation Wert gelegt wird, für die Zuschauenden ein Maß an Natürlichkeit zu erzeugen, das vergessen lässt, einen synchronisierten Film zu sehen.

Bezogen auf die Voraussetzung, dass es sich in der Interaktion in mündlichen Kommunikationsprozessen um Sprechhandlungen handelt, erscheint die Isochronie von sprecherischer und gestischer Dynamik von dominanter Bedeutung. Das verengt den Anspruch der Lippensynchronität auf Bildeinstellungen, in denen die Akteure in Großaufnahme und im Profil oder frontal zu sehen sind und verschiebt sich schwerpunktmäßig auf die Gestensynchronizität. Das nachfolgende Bild zeigt, wie im Film „La Boum" („Eltern unerwünscht") in der Regie von Claude Pinoteau (Frankreich 1980), die Schwester von Samantha sozusagen verzweifelt betont, dass sie schon 10 Jahre lang ihre „Gouvernante" spiele und jetzt genug davon habe. Die Handgeste liegt auf der Sprechdynamik von „zehn":

Wenn wir davon ausgehen, dass mündliche Kommunikation – und damit auch filmisches Handeln – seine Wirkung auf allen Zeichenebenen entfaltet, nimmt es nicht Wunder, dass bezüglich des Sprechens die Forderung nach Lippensynchronität ergänzt

Abb. 4

wurde um die Notwendigkeit, die Isochronie sowohl auf verbaler als auch auf paraverbaler und der Ebene des Körperausdrucks herzustellen bzw. zu beachten. Ein Ausschnitt nochmals aus „La Boum" zeigt, dass es sich dabei nicht nur um eine Isochronie von Wortbetonung und Betonungsgeste handeln kann, sondern auch in Bezug auf den Text, der hier synchron zu einer ikonischen Geste („riesiger Bauch") passen muss:

Es zeigt sich, dass die naive Erwartung, dass es sich bei der Synchronisation einfach um die Übersetzung von Filmdialogen in die eigene Muttersprache handelt, dieser hohen Komplexität in keinster Weise gerecht wird. Die Entwicklung von der Beachtung der Text- und Lautgenauigkeit, die mit der sog. Lippensynchronisation einher geht, zu einer Isochronie von Sprech- und Körperdynamik, ist verbunden mit einem veränderten Verständnis der Funktion von Synchronisation, in welchem das Zusammenspiel von kulturellen Prägungen, situativen und kontektbezogenen Einbettungen, der Charaktere der Darzustellenden und der Handlungsprozesse in ihrer Komplexität in den Fokus genommen werden. So ist Hickethier in jeder Weise zuzustimmen, wenn er formuliert, dass „[…] erst das Zusammenspiel von körperlichem Ausdruck und sprachlicher Bedeutung, von körperlicher Präsenz und Kamerablick das Bedeutungsspektrum im Film sichtbar [macht]" (1996, S. 167), wobei unter körperlichem Ausdruck sowohl die Ebene von Mimik und Blickkontakt als auch von Gestik und Kinesik als auch von artikulatorischen Räumen gemeint sein kann. Im nachfolgenden Beispiel erklärt im Film „Willkommen bei den Sch'tis" (Regie Dany Boon, Frankreich 2008) ein Vater seinem Sohn, der beruflich aus dem Süden in den Norden Frankreichs ziehen muss, welche Lebensverhältnisse im „Norden" herrschen, wobei der das [o] langzieht.

Abb. 5

So gesehen handelt es sich bei der Synchronisation um einen Transfer komplexer Handlungsprozesse in kulturell neue Kontextsituationen, wobei nur die verbale und die paraverbale Ebene

Abb. 6

zum Gelingen dieser Leistung zur Verfügung stehen, da die visuelle Seite des Handlungsgeschehens vorbestimmt bleibt.

2.2 Der Prozess des Synchronisationssprechens

Ist die Entscheidung, dass ein Film synchronisiert werden soll, gefallen, erhält das Synchronisationsstudio in der Regel vom Filmverleih drei digitale Dateien (früher Bänder): die Originalkopie des zu synchronisierenden Films, ein sog. I.T.-Band, das die Filmgeräusche und die Filmmusik enthält, jedoch keine Dialoge, und das Dialogbuch. Im Dialogbuch befindet sich die Originalversion des Dialogs, losgelöst vom bildnerischen Geschehen und ohne den Zusammenhang mit den Geräuschen.

Das Synchronstudio erhält also sozusagen neben der Originalfassung die Retroversion der Einzelbestandteile.

Anhand der Dialoge wird von einem Übersetzer/ einer Übersetzerin eine Rohfassung des Textes in der Zielsprache (ohne Kenntnis des Films) angefertigt, unabhängig von den oben dargestellten Problemen der Lippen- oder Gestensynchronisation. Indem so wortgetreu wie möglich übersetzt wird, bleiben für spätere Bearbeitungen Spielräume.

Sodann wird die Originalkopie des Films in kleine Sequenzen geschnitten, sog. Takes, deren Länge vom jeweiligen Dialog abhängt. Diese Takes werden als Einheiten synchronisiert, oftmals so, dass ein Sprecher „seine" Takes nacheinander synchronisiert, also ohne Handlungskonsistenz und ohne Dialogpartner/-innen. Während des Einsprechens achten Dialogregie, Technik und Cutterin auf die Isochronieanforderungen. Sie greifen gegebenenfalls ändernd in den Text ein.

Sind alle Takes synchronisiert, werden sie von der Cutterin synchron zum Originalfilm geschnitten. In einem allerletzten Arbeitsschritt wird die Sprechfassung wieder mit der Geräuschedatei verbunden.

Die Beschreibung des Synchronisationsprozesses lässt bereits deutlich werden, dass der profane Arbeitsprozess oftmals den hohen Synchronisationsanforderungen nicht gerecht werden kann. Isoliertes Einsprechen einer nicht zusammenhängenden Folge von Takes ohne Dialogpartner kann die gewünschte Isochronie und Intentionalität nur schwer entstehen lassen. So nimmt es nicht wunder, dass aufwändige Filme in der Synchronisation teuer werden, sobald das Miteinander-Sprechen in der Dialogizität, der Kontext und die Isochronie beachtet werden und nicht die ökonomisch günstigste Variante bevorzugt wird. Neben der Qualifikation der Beteiligten ist die Güte einer Synchronisation also durchaus auch geld- und zeitabhängig.

3 Synchronisation im Verständnis des Sketch-Modells

Wenn der Isochronie von Sprech- und Körperdynamik für die Synchronisation eine derart prägnante Bedeutung zugewiesen wird, ist zu fragen, in welchem Bezug beide Ebenen im Hervorbringungsprozess gesprochener Sprache stehen. Der Zusammenhang zwischen Gesten und Lautproduktion wird in unterschiedlichen Modellen abgebildet, so auch im sog. Sketch-Modell von de Ruiter (1998), der einerseits davon ausgeht, dass Gesten aus kommunikativen Gründen produziert werden und andererseits der Zusammenhang von Gesten und Sprechen bereits auf der Ebene des Conceptualizers (Konzeption der Äußerung) und nicht erst auf der Ebene des Formulators (Produktion der Äußerung) hergestellt wird.

Ein nach de Ruiter entwickeltes Modell für die hier skizzierten Überlegungen soll die Vorstellungen verdeutlichen:

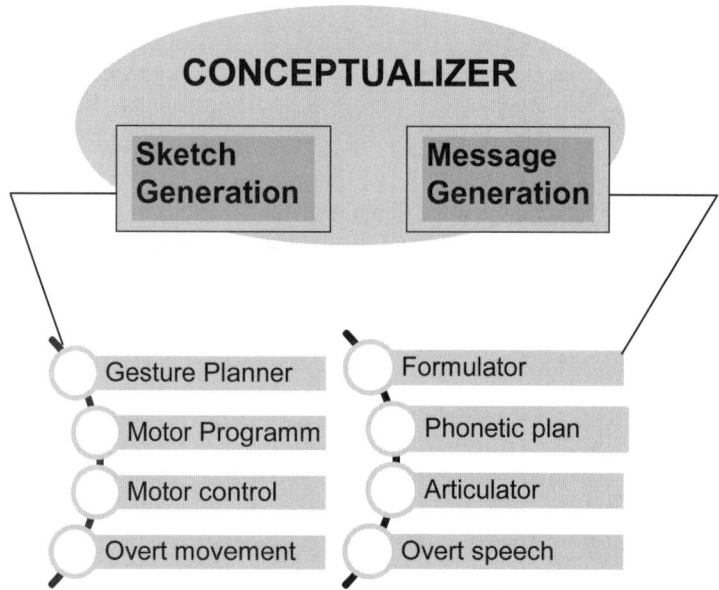

Abb. 1: Sketch-Modell nach de Ruiter (1998), modifiziert von Heilmann

Am Modell ist erkennbar, dass Gestenproduktion und Lautproduktion parallel verlaufen und beide im Conceptualizer geplant werden. Das erklärt die Isochronie von Lautäußerung und Gestik in natürlichen muttersprachlichen Sprechprozessen und lässt gleichzeitig verstehbar werden, warum asynchrone Verläufe in synchronisierten Filmen zu Irritationen führen. Die aus der Muttersprache erwartbare Ko-Orientierung beider Ebenen wird als Sehgewohnheit auch auf den synchronisierten Film transponiert.

Diese Überlegungen werden durch weitere Arbeiten zum Zusammenhang von Mimik und Gestik, Körperausdruck und Sprache, Stimme und Gestik gestützt. So konnte Mehrabian (1967) in einer Studie zeigen, dass die konsistente Darbietung auf mehreren Kanälen die kommunizierte Einstellung verstärkt. Auch Kalverkämper (1995) belegt, dass die Ausdrucksbedeutung eher erschließbar ist, wenn sie auf mehreren Kanälen ausgedrückt wird. Bezogen auf die Synchronsituation können diese Ergebnisse so verstanden werden, dass eine fehlende Ko-Orientierung nicht nur zu Irritationen, sondern sogar zu mangelhaftem Verständnis der Ausdrucksbedeutung des Gesagten/ Gezeigten führen könnten. Der bisher nicht widerlegten Sicker-Theorie (nonverbal leakage) von Ekman/Friesen (1969) folgend, wird dem am schwersten kontrollierbaren Kanal zuerst vertraut, wobei sie die Reihung mit Stimme – Körper – Mimik – verbaler Inhalt angeben und die Stimme als das Merkmal markieren, das am schwierigsten zu maskieren sei. Das kann als Hinweis verstanden werden, nicht nur die artikulatorischen Lippenbewegungen in ihrer Synchronität zu beachten, sondern auch das Zusammenspiel von Gestik und Körperbewegungen des Originals einerseits und dem Stimmklang der Synchronfassung andererseits. Braun/Heilmann (2012) konnten mit ihrer Studie zeigen, dass die Versuchspersonen am Erkennen von Emotionen im synchronisierten Film dann am deutlichsten eingeschränkt waren, wenn ein Mismatch zwischen Handlungsdynamik und stimmlicher Gestaltung bestand. Dieses Ergebnis stärkt eine Studie von Fehrmann (2010), die zeigen konnte, dass Gesten holistisch wahrgenommen werden und nicht als diskrete Einzelbewegungen. Demzufolge bedarf es, dem Sketch-Modell folgend, einer auf diese Komplexität bezogenen Artikulationsbewegung.

Interessant im hier erörterten Zusammenhang ist auch das Ergebnis einer Arbeit von Kühn (2002), die zeigen konnte, dass bei einem Mismatch zwischen verbaler (Begriff) und extraverbaler (Geste) Ebene die VPn der Geste „glaubten" (in dem Falle der ikonischen Darstellung eines Schildes) und das dazu präsentierte „falsche" Wort (Schwert) korrigierten.

Bezogen auf die Synchronsituation ist demzufolge anzunehmen, dass die Filmzuschauer/-innen der Originalbewegung im Film mehr vertrauen, wenn diese in einem Mismatch zu einem übersetzten Begriff steht, als dem Begriff ihrer Muttersprache.

Aus all diesen Überlegungen und Untersuchungen zum Zusammenhang zwischen Stimme und Gestik, Sprache und Stimme, Mimik und Körper ist bezogen auf die Synchronisation originalsprachlicher Filme zu konstatieren: Synchronisation muss der wechselseitigen Beeinflussung von „Imago" (Gestik, Mimik, Kameraperspektive, Bildaufbau) einerseits und „Vox" (Text, Stimme, Geräusche, Musik) andererseits folgen. (Plack 2009, S.4)

4 Schlussfolgerungen für Sprecherzieher/-innen

Das Synchronsprechen unterscheidet sich vom „normalen" Textsprechen in
zweierlei Hinsicht: Erstens handelt es sich in der Mehrzahl der Fälle nicht um
einen zusammenhängenden Text, da die Originalkopie des Films in sog. „Takes"
zergliedert wird, die einzeln synchronisiert werden. Oftmals sogar nicht in einer
chronologischen Reihenfolge, weil Synchronsprecher/-innen alle Takes ihrer
Rolle beim jeweiligen Aufnahmetermin nacheinander sprechen. Die Interaktion
der Handelnden ist damit außer Kraft gesetzt. Zum zweiten sind Synchronspre-
cher/-innen darauf angewiesen, wie oben dargestellt, „auf das Original" mit
dessen Lippenbewegungen „draufzusprechen".

Während in der Hörspielproduktion die Handelnden miteinander agieren und
auch körperlich präsent sind, ist das Synchronsprechen deutlich isolierter.
Die oben beschriebenen Zusammenhänge zwischen Sprechdynamik und Körperdynamik, Stimme, Artikulation und Gesten weisen jedoch darauf hin, dass alle
Ebenen des Sprechens aufeinander bezogen, in gewisser Weise sogar voneinander abhängig sind.

Soll also die Isochronie von Sprech- und Körperdynamik im Sinne der sog.
„Gestensynchronisation" gelingen, müssen auch die Sprechenden im Synchronstudio mit dieser Ko-Orientierung arbeiten, auch wenn es „nur" um die stimmlich-sprecherische Bearbeitung der übertragenen sprachlichen Vorlage gehen
kann.

Sprecherzieherische Arbeit sollte sich daher an dem Sketch-Modell orientieren,
das zeigt, dass Gesten- und Artikulationsentwicklung bereits beim Konzipieren
der sprecherischen Äußerung gemeinsam geplant werden. Die Sprechgestaltung
des zu Sagenden wird in ihrer Ausdrucksmöglichkeit durch das gesamtkörperli-
che Gestalten - wie bei jeder anderen Textgestaltung - so natürlich auch beim
Synchronsprechen gefördert und intensiviert. Sprecherzieherische/ sprechgestaltende Arbeit mit Synchronsprecher/-innen darf demzufolge nicht auf „Leselehre"
beschränkt sein, sondern beginnt mit der Wahrnehmung der Isochronie von
Sprech- und Körperdynamik, bezogen auf das filmische Original.

Sprecherzieherisch Tätige haben in ihrem jeweiligen Studium und der Wahrnehmung vielfacher Weiterbildungsmöglichkeiten unterschiedlichste Konzepte
der Textarbeit kennengelernt. Mit dem Grad der Vertrautheit mit dem jeweiligen
Ansatz mögen sich auch individuelle Präferierungen herausgearbeitet haben.
Übergreifend lässt sich jedoch konstatieren, dass im Sinne einer Isochronie zwischen Körperausdruck und gesprochenem Text zunächst nicht am Text selbst,
sondern am Körperausdruck des Textgestus' zu arbeiten ist (vgl. Ritter 1999 und
[2]2003). So ist für den Prozess des Synchronsprechens zunächst eine reflektierte
Auseinandersetzung mit den nicht-eigenen kulturellen Mustern und ihrer körper-
lich/ stimmlichen Darstellung notwendigerweise unumgänglich, um sie anschließend in das eigene kulturelle Muster „übersetzen" zu können. Damit Emotionen,
Nuancen, Einstellungen und Intentionalitäten vom Gegenüber wahrgenommen

werden können, bedarf es, wie das Sketch-Modell zeigt, der ko-orientierten stimmlich-sprecherischen-körperlichen Performanz. Völlig unabhängig davon, ob der Körperausdruck auch real sichtbar werden kann oder, wie in der Situation des Synchronisierens, unsichtbar bleibt. Hier sollte sprecherzieherische/ sprechgestaltende Arbeit ansetzen.

Quellen der Bilder

Bild 1: The Chaplin Collection: Circus. DVD. PPN: 302500987, Neu-Produktion Warner-Bros-Entertainment 2003.

Bilder 2 und 3: Reality Bites (dtsch: Voll das Leben). Regie Ben Stiller, USA 1994. DVD. PPN: 316121576, Universal Studios 2003.

Bilder 4 und 5: La Boum (dtsch: Eltern unerwünscht). Regie Claude Pinoteau, Frankreich 1980. DVD. PPN: 480309051, Universum Film München 2003.

Bild 6: Bienvenue chez les Ch'tis (dtsch: Willkommen bei den Sch'tis). Regie Dany Boon, Frankreich 2008. DVD. PPN: 843288434, Hirsch-Pathe-Renn Production.

Literatur

Braun, A./Heilmann, C.M. (2012): SynchronEmotion. Frankfurt/M.

Bräutigam, T. (2001): Lexikon der Film- und Fernsehsynchronisation. Berlin.

de Ruiter, J-P. (1998): Gesture and Speech Production. Wageningen.

Ekman, P./Friesen, W.V. (1969): The Repertoire of Nonverbal Behavior: Categories, Origins, Usage, and Coding. In: Semiotica, 1(1969), S. 49-98.

Fehrmann, G. (2010): Hand und Mund. Zwischen sprachlicher Referenz und gestischer Bezugnahme. In: Sprache und Literatur, 41(2010), S. 18-36.

Hickethier, K. (1996): Film- und Fernsehanalyse. Stuttgart/Weimar.

Kalverkämper, H. (1995): Kultureme erkennen, lehren und lernen. Eine kontrastive und interdisziplinäre Herausforderung an die Forschung und Vermittlungspraxis. In: Fremdsprachen lehren und lernen 24(1995), S. 138-181.

Kühn, I. (2002): Körper-Sprache. Frankfurt/M.

Laguna, K. v. (2015): „Per sonare": Rollentypen und Stimmwirkung im Synchronland Deutschland. Aachen.

Mehrabian, A./Wiener, M. (1967): Decoding of inconsistent communications. In: Journal of Personality and Social Psychology 6(1967), 109-114.

Pisek, G. (1994): Die große Illusion: Probleme und Möglichkeiten der Filmsynchronisation; dargestellt an Woody Allens „Annie Hall", „Manhattan" und „Hannah and her sisters". Trier.

Plack, I. (2009): Filmsynchronisation: Die Kunst des tönenden Trugbilds. In: Zeitschrift für Angewandte Linguistik 51(2009), S. 3-44.

Ritter, H. M. (^{2}2003): Wort und Wirklichkeit auf der Bühne. Münster.

Ritter, H. M. (1999): Sprechen auf der Bühne: Ein Lehr- und Arbeitsbuch. Berlin.

KATRIN VON LAGUNA

Rollentypen als Stimmbeschreibungsparameter

1 Ausgangssituation

Die Tatsache, dass in Deutschland sozusagen ganz Hollywood deutsch spricht, ließ sich für die im Folgenden skizzierte Untersuchung zur Beschreibung von Stimmklängen optimal nutzen. Egal aus welchem Ursprungsland ein Film stammt, die Filmfiguren auf der Leinwand oder auf dem Bildschirm sprechen meist deutsch. Dabei werden innerhalb der deutschen Synchronisation bestimmte Rollentypen mit für sie markanten Stimmtypen besetzt. Stellt man sich visuell einen „klassischen" Cowboy aus Spielfilmen vor, so hat man meist das Bild vom sonnengegerbten, schmutzig-staubigen, gebräunten, von harter Arbeit gezeichneten, Tabak kauenden, starken Mann vor Augen[1]. Wie klingt die passende Stimme zu diesem „klassischen" Cowboy? Stereotyp konnotiert, passen die deutschen Synchronstimmen zu diesem Cowboybild: Henry Fonda beispielsweise in „Spiel mir das Lied vom Tod" (1968) spricht mit einer tiefen, rauen, knarrenden, dynamischen, resonanzvollen Stimme – in der deutschen Synchronisation gesprochen von Wilhelm Borchert. Ähnlich klingen Clint Eastwood in „Eine Hand voll Dollar" (1964), gesprochen von Klaus Kindler oder Bud Spencer, z.B. in „Die rechte und die linke Hand des Teufels" (1970), gesprochen von Wolfgang Hess[2].

Höreindrücke, die durch Stimme(n) hervorgerufen werden, sind oft schwer zu formulieren. Es gibt keine eindeutigen Beschreibungskategorien oder –begriffe, die eine nahezu einheitliche Vorstellung erzeugen, und die darüber hinaus für Experten und Laien gleichermaßen verständlich sind. Individuelle, sensible, durch verschiedenste Erfahrungen geprägte Empfindungen spielen im Themenkomplex Stimme und Stimmwirkung eine entscheidende Rolle.

Die deutsche Filmsynchronisation ermöglicht eine rollenunterstützende stimmliche Besetzung: Der Schauspieler in der Kunstfigur auf der Leinwand hat „nur" seine eigene Stimme zur Verfügung, die er zwar inszenieren kann, die aber festgelegten Grundvoraussetzungen (z.B. Körperbau, Alter) und somit auch Grenzen unterlegen ist. Durch den Einsatz eines speziell ausgewählten Synchronschauspielers mit seiner für den zu besetzenden Rollentyp markanten Stimm- und

---

[1] Selbst scheinbar "schicke" Cowboys, z.B. gespielt von James Dean oder Rock Hudson, tragen ebenfalls Anteile des oben beschriebenen Cowboytyps in sich.

[2] Es wurden ausnahmsweise visuelle Vergleiche herangezogen, da Hörbeispiele an dieser Stelle nicht möglich sind.

Sprechart wird eine Verdeutlichung bzw. Intensivierung des Rollentyps möglich. Diese Tatsache lässt sich nutzen, um einen stimmlichen Höreindruck mit Hilfe einer Rollentyp-Nennung beschreibbar zu machen.

Bei der durchgefürten Untersuchung stand folgende Frage im Fokus: Ist es möglich, über die Einordnung in einen Rollentyp eine konkrete Vorstellung über den entsprechenden Stimmklang hervorzurufen?

2 Forschungsstand

Der Themenkomplex *Stimmwirkung und Filmsynchronisation* bietet kaum eigenständige Forschungsliteratur. Zwar existiert eine Reihe von Arbeiten rund um die Filmsynchronisation, jedoch erscheint die Auseinandersetzung mit dem Thema Stimme und/oder Stimmwirkung eher oberflächlich. Otto Hesse-Quack (1969) führte in den sechziger Jahren sozio-kulturelle Untersuchungen rund um die deutsche Filmsynchronisation durch, bei denen er bereits konstatierte, dass bei der Entscheidung für oder gegen einen Synchronsprecher die Analogie zum Rollentyp im Vordergrund steht. Konkrete Betrachtungen zur Stimme und Stimmwirkung innerhalb des Synchronisationsprozesses fehlen. Thomas Herbst (1994) operiert mit den Begriffen „Persönlichkeitsmerkmal" und „Persönlichkeitseigenschaft" sowie „Charakter" in Verbindung mit Stimme, nimmt jedoch in diesem Zusammenhang keine trennscharfe Definition zwischen Privatperson, Schauspieler, Synchronschauspieler oder der Figur auf der Leinwand vor. Gerade hier liegt jedoch eine Notwendigkeit, vor allem, wenn es um die sensible Thematik der Beurteilung und Bewertung stimmlicher Höreindrücke geht. Auch Guido-Marc Pruys (1997) beschäftigt sich nur am Rande mit dem Phänomen Stimme in der Synchronisation und konzentriert sich auf synchronisationsbedingte Konsequenzen durch die fremdsprachliche Übersetzung. Wolfgang Meier (1997) und aktuell Sabine Pahlke (2009) zeichnen detailliert die praktische Arbeit während des Synchronisationsprozesses nach; Stimme oder Stimmwirkung werden in diesem Zusammenhang nur wenige Zeilen gewidmet. Eine konkrete Stimmwirkungsbetrachtung innerhalb des synchronisierten Film- und Fernsehmaterials liegt erstmals bei Angelika Braun und Christa Heilmann (2004, 2012) vor. Ihr Fokus liegt auf der interkulturellen Stimmanalyse in Bezug auf Basisemotionen. Hier wird deutlich, wie relevant das Forschungsfeld von Stimm(wirkung) und Filmsynchronisation ist. Die Dissertation von Dagny Trägler (2014) ist für die hier vorliegende Untersuchung besonders erwähnenswert, wie bereits der Titel ihrer Arbeit deutlich macht: „Der Einfluss der Synchronstimme auf die Charakterdarstellung". Es werden stimmliche Parameter und deren Einfluss auf die Person im Film analysiert. Ihre Forschungsergebnisse bestätigen, dass ein Erkennen von Rollentypen über Stimme bzw. Stimmtypen möglich ist. Die vorliegende Untersuchung nutzt quasi diese Tatsache, um die Nennung von Rollentypen als Instrumentarium zur Beschreibung von Stimmeindrücken zu etablieren.

3 Allgemeiner Untersuchungsablauf

Bei der Verwendung von deutsch synchronisierten Filmsequenzen als Untersuchungsgrundlage liegt ein quasi-authentisches Sprechmaterial vor, welches möglichst nah an natürlicher Kommunikation angelehnt ist und somit keinen reinen „laboratory speech"-Charakter hat, d.h. einen weniger künstlichen, gestellten Einruck impliziert. Natürliche kommunikative Situationen werden innerhalb der deutschen Filmsynchronisation nahezu authentisch nachempfunden. Dies scheint auf den ersten Blick paradox, denn gerade im Bereich des (Synchron)Schauspiels ist eine Inszenierung zwingend. Dennoch entspricht dieses Material eher der „authentic-speech" als der im Labor erzeugten Sprechweise, bei der Sätze einzeln eingesprochen werden ohne kommunikativen sowie interaktiven Zusammenhang.

In einer ersten fragebogenbasierten Untersuchungseinheit mit konkreten Hörbeispielen wurde ermittelt, wie Laien ausgewählte Stimm-Eindrücke formulieren und ob es einheitliche Wahrnehmungsausdrücke gibt. Des Weiteren wurde festgestellt, ob durch den vermittelten Höreindruck ein Rückschluss auf den Rollentyp dahinter vorgenommen werden kann. Bei der zweiten, daran anschließenden, ebenfalls fragebogenbasierten Einheit, wurde eruiert, ob eine konkrete Stimmklangvorstellung zu einem vorgegebenen Rollentyp (ohne Hörbeispiel) existiert und wie dieser imaginäre Stimmklang beschrieben wird. Letztlich wurden die Ergebnisse miteinander verbunden bzw. verglichen, indem herausgearbeitet wurde, ob sich die Stimmklangbeschreibungen der tatsächlich gehörten Stimmen spezieller Rollentypen mit der Stimmklang-Vorstellung vorgegeber Rollentypen[3] decken. Die zu erwartende Menge an Adjektiv-Nennungen bei der Höreindrucksbeschreibung sowie bei den Rollentyp-Nennungen wurde mit Hilfe der Prototypenbildung bewältigt. Die Prototypensemantik aus der Linguistik ist vor allem entstanden

> „[...] im Zusammenhang mit psychologischen Untersuchungen zu kognitiven Prozessen der Kategorienbildung bzw. Kategorisierung von Wahrnehmungsobjekten [...]". (Busse 2009, S. 51)

Da es sich bei stimmlichen Eindrücken ganz klar um sinnlich-wahrnehmbare Eindrücke handelt, liegt mit der Prototypenbildung ein sinnvoller modus operandi vor. Es musste keine perfekte Eindeutigkeit erzielt werden, sondern eine Assoziationskongruenz, um die erwartete große Anzahl an Nennungen greifbar und auswertbar zu machen. Dazu wurden drei weitere Experten (Dipl.-Sprechwissenschaftler) herangezogen.

---

[3] Diese vorgegebenen Rollentypen ergaben sich aus den Nennungen von Rollentypen zu den gehörten Stimm-Beispielen innerhalb der ersten Untersuchungseinheit durch die Probanden.

Die Probanden sollten alle zur gleichen Zeit am gleichen Ort sein, damit die Voraussetzungen wie Lautstärke, Klangqualität, Gesamtverfassung durch die Tageszeit oder Erläuterungen durch die Versuchsleiterin für alle identisch sind. Die Probanden sollten ungefähr gleichen Jahrgangs sein, um beispielsweise filmhistorisch ähnlich geprägt zu sein. Zudem sollte ein ähnlicher Intellekt vorliegen, so dass das Auswahlvokabular zur Stimmklangbeschreibung vergleichbar bleibt. Die geeignete Versuchsgruppe bildeten Studierende des Faches Sprach- und Kommunikationswissenschaften (in der ersten Testreihe 110 Probanden, in der zweiten Testreihe ein Semester später 105 Probanden) an der Rheinisch-Westfälisch-Technischen Hochschule Aachen zu Beginn einer Vorlesung in einem großen Hörsaal.

4 Konkretes Untersuchungsbeispiel

Untersuchungseinheit 1:
Den Probanden wurden vier Hörbeispiele (zwei männliche Sprecher, zwei weibliche Sprecherinnen) vorgespielt. Es handelte sich jeweils um Zusammenschnitte einer Filmfigur eines deutsch synchronisierten Spielfilms mit einer jeweils markanten, aber nicht bekannten Stimme, bei denen sich kein Inhaltszusammenhang erkennen ließ und keine Hintergrundgeräusche sowie Musik zu hören sind.
Dauer: jeweils ca. 30 Sek.
Der Zusammenschnitt des ersten Hörbeispiels soll hier exemplarisch abgebildet werden:

„Hör mal, unser Geld, unsere Träume, unsere Zukunft"
„Ja, wenn Du meinst, na gut, aber ich weiß nicht"
„Hey, Mann, pass doch auf! Jetzt hast du meinen Freund aufgeweckt!"
„Das hat er heut' morgen schon gesagt. (lachen) Wirklich, das sagt er den ganzen Tag."
„Mann, sieh' dir das an! Muscheln!"
„Hey Mann, hey! Wenn wir los wollen, dann los! Also los!"

„Verstehst'e?! Verstehst'e?!"
„Wisst ihr überhaupt, wer das ist, Mann?! Ihr lest wohl keine Zeitung?! Die Leute reißen sich um uns!"
„Nein, nein, Mann, also weißt du, Mann, wirklich, ich hab' da nämlich eben so'n Ding gesehen."
„Ich finde ... Willst du wissen, was ich davon halte? Ich halte das für Spinnerei!"

Folgende Filmfiguren wurden ausgewählt:

Hörbeispiel 1
Billy (gespielt von Dennis Hopper) aus „Easy Rider" (1969), deutsche Synchronstimme von Thomas Braut

Hörbeispiel 2
Isabelle Woods (gespielt von Rebecca Rosso) aus „Natürlich Blond 3" (2009),
deutsche Synchronstimme von Maja Döring

Hörbeispiel 3
Dr. Brackish Okun (gespielt von Brent Spiner) aus „Independence Day" (1996),
deutsche Synchronsstimme von Michael Pan

Hörbeispiel 4
Barbara Covett (gespielt von Judy Dench) aus „Tagebuch eines Skandals"
(2006), deutsche Synchronstimme von Gisela Fritsch

Die Probanden beschrieben u.a. ihren individuellen Höreindruck. Dabei sah das
Ergebnis nach der Prototypenbildung wie folgt aus[4]:

	Stimmklang-beschreibung visuelle/auditiv/taktil	Stimmklang-beschreibung emotional/affektiv
Hörbsp. 1	rau (49) laut/kräftig (47) tief (22) hoch (10)	aggressiv (64) männlich-bestimmend (16) schnell (15) aufgeregt (8) angenehm (7)
Hörbsp. 2	hoch (73) weiblich (13) sanft (9) jung (8)	aufgedreht (63) lebensfroh (23) aufgesetzt (18) nervig (15) freundlich (10) naiv (8) selbstsicher (6)
Hörbsp. 3	hoch (42) brüchig (14) stockend (12) wechselhafte Tonhöhe (12) schnell (7)	aufgeregt (78) unsicher (36) heiter (17) zerstreut (16) frech (11) unangenehm (6)
Hörbsp. 4	rau (60) tief (43) laut (8)	fürsorglich (47) reif und weise (44) hart (24) selbstbewusst (23) beherrscht (8)

Tab. 1

Interessant waren neben den reinen Stimmklangbeschreibungen die Vorstellungen der Probanden, welcher Rollentyp sich hinter der gehörten Stimme verber-
gen könnte. Hier wurden die Nennungen ebenfalls prototypisiert.

---

[4] Die Einteilung in „visuell/auditiv/taktil" und „emotional/affektiv" ergab sich bei der
Prototypenbildung und erleichterte die Kategorisierung sowie die spätere Auswertung.

	Rollentyp
Hörbsp. 1	Der Bösewicht (58) Der Chef (17) Der Cowboy (16)
Hörbsp. 2	Der Highschool-Teenie (53) Die junge, naive Frau (24)
Hörbsp. 3	Der verrückter Wissenschaftler (50) Der Unterwürfige (35)
Hörbsp. 4	Die Großmütterlich-Vertraute (41) Die taffe Geschäftsführerin (37)

Tab. 2

Tatsächlich entsprachen die Rollentypen, die zu den jeweiligen Höreindrücken genannt wurden, den Typen im ausgewählten Film. Da hier keine Hörbeispiele als Vergleich möglich sind, wird ausnahmsweise der visuelle Eindruck als eine Art „Rollen-Bestätigung" aufgeführt, denn – wenn auch klischeehaft – lässt sich so der Rollentyp manifestieren:

Hörbeispiel 1:
Billy – „Bösewicht"/„Cowboy"

Hörbeispiel 2:
Isabell Woods – „Junge, naive Frau"/
„Highschool-Teenie"

Hörbeispiel 3:
Dr. Brackish Okun (rechts) –
„Unterwürfiger"/
„Verrückter Wissenschaftler"

Hörbeispiel 4:
Barbara Covett –
„Taffe Geschäftsfrau"/
„Großmüttlerlich-Vertraute"

Untersuchtungseinheit 2:

Diese Rollentypen wurden für den zweiten Fragebogen genutzt, der quasi als Kontrolltest diente: Konstituiert sich über einen genannten Rollentyp eine konkrete Stimmvorstellung ohne Hörbeispiel? Wieder erfolgten intuitive, individuelle Adjektivbeschreibungen zu einem (diesmal) imaginären Stimmklang / einer imaginären Sprechweise. Erneut wurden sie mit Hilfe der Prototypenbildung kategorisiert. Heraus kamen folgende Ergebnisse (hier exemplarisch für den Rollentyp „Highschool-Teenie"/„Junge, naive Frau"):

	Stimmklang-beschreibung visuell / auditiv / taktil	Stimmklang-beschreibung emotional / affektiv
„Der Highschool-Teenie"	*hoch* (114) laut (15) klar und *sanft* (12) schnell (12)	fröhlich-aufgeregt (19) *jung* (15) *freundlich* (15) *nervig* (8) *naiv* (8)
„Die junge naive Frau"	*hoch* (76) leise (15) laut (8) klar (7)	fröhlich-aufgeregt (24) *kindlich-naiv* (20) verunsichert (17) lieb (16) zierlich (9)

Tab. 3

An dieser Stelle ist der Vergleich mir den Stimmklangbeschreibungen des ersten Tests, bei dem das konkrete Hörbeispiel einzuschätzen war aufschlussreich:

Es ist ersichtlich, dass der tatsächlich gehörte Stimmeindruck mit der reinen Vorstellung einer Stimme zu einem bestimmten Rolltentyp an vielen Stellen korrespondiert. Im Folgenden werden die beiden Auswertungstabellen zum zweiten Hörbeispiel/Rollentyp gegenübergestellt:

	Stimmklang-beschreibung visuell / auditiv / taktil	Stimmklang-beschreibung emotional / affektiv
„Der Highschool-Teenie"	*hoch* (114) laut (15) klar und *sanft* (12) schnell (12)	fröhlich-aufgeregt (19) *jung* (15) *freundlich* (15) *nervig* (8) *naiv* (8)
„Die junge naive Frau"	*hoch* (76) leise (15) laut (8) klar (7)	fröhlich-aufgeregt (24) *kindlich-naiv* (20) verunsichert (17) lieb (16) zierlich (9)

	Stimmklang-beschreibung visuell / auditiv / taktil	Stimmklang-beschreibung emotional / affektiv
Hörbeispiel	*hoch* (73) weiblich (13) *sanft* (9) *jung* (8)	aufgedreht (63) lebensfroh (23) aufgesetzt (18) *nervig* (15) *freundlich* (10) *naiv* (8) selbstsicher (6)

Tab. 4: Stimmklangbeschreibung mit Hörbeispiel (links)

Tab. 5: Stimmklangvorstellung nach Rollentyp (rechts)

Anhand der fettgedruckten, kursiv markierten Adjektive ist offenkundig, dass deutliche Assoziationskongruenzen vorliegen. Der Rollentyp der Isabelle Woods in „Natürlich Blond 3" wird durch und mit seiner Synchronstimme von Manja Döring als „Highschool-Teenie" (bzw. „Junge naive Frau") identifiziert. Die ihm zugeschriebenen Adjektive sind bei der Beschreibung eines imaginären Stimmklangs zum Rollentyp „Highschool-Teenie" nahezu identisch.

5 Schlussbetrachtung

Welche Vorteile lassen sich aus den Ergebnissen bei der Beschreibung von Stimmeindrücken ableiten?

Handelt es sich um bekannte, gängige Rollentypen, können diese als Stimmbeschreibungs-Parameter sinnvoll genutzt werden. Es scheint eine schablonenhafte, relativ einheitliche Vorstellung der Stimme „dahinter" zu geben. Durch deutlich weniger zahlreiche Nennungen unterschiedlichster Adjektive liegt eine eindeutigere und weniger missverständliche Stimmbeschreibungsmöglichkeit vor. Dies wird an folgenden Zahlen deutlich:

Beim ersten Hörbeispiel des ersten Fragebogens (Billy aus „Easy Rider") wurden 103 verschiedene Formulierungen für die Beschreibung eines stimmlichen Höreindrucks gezählt. Bei der Assoziation mit einem bestimmten Rollentyp waren es immerhin nur noch 68 Nennungen. Nach der Protoypenbildung werden die Zahlen sowohl bei der Adjektivnennung als auch bei den Rollentypnennungen überschaubarer: insgesamt 9 Prototypen zu den insgesamt genannten Adjektiven (rau, laut/kräftig, tief, hoch, aggressiv, männlich-bestimmend, schnell, aufgeregt, angenehm) und nur 3 zu den insgesamt genannten Rollentypen, die auffallend nah beieinander liegen (Bösewicht, Chef, Cowboy). Bei den anderen drei Hörbeispielen sogar nur 2 Proto-Rollentypen.

Des Weiteren zeigte sich bei der vorliegenden Untersuchung, dass die spontanen, assoziativen Laieneindrücke sich mit wissenschaftlichen Ergebnissen der Stimmwirkungsforschung decken (vgl. Eckert/Laver [1994], Trägler [2014], Wittlinger/Sendlmeier [2005]). Dies macht die folgende Gegenüberstellung der Stimmeigenschaften des Rollentyps „Highschool-Teenie" / „Junge, naive Frau" deutlich:

stimmliche Attribute für den Rollentyp des «Highschool-Teenies» (durch die imaginäre Vorstellung [!] eines stimmlichen Höreinrucks)	stimmliche Attribute für den Rollentyp der «jungen, naiven Frau» (durch die imaginäre Vorstellung [!] eines stimmlichen Höreinducks)	Einschätzung der Stimmeigenschaft nach Eckert und Laver (1994, S. 162 ff.)	Einschätzung der Stimmeigenschaft nach Wittlinger und Sendlmeier (2005, S. 71 ff.)
hoch	hoch	„Kleine-Mädchen"-Stimme, untergeordnete Rolle	untergeordnet, weniger kompetent, sogar unglaubwürdig, weniger fähig, jünger, heiterer, unreifer
laut	laut	Vitalität, Dominanz, Extravertiertheit	
	leise	schüchtern oder angenehm	
klar und sanft	klar		
schnell			aktiv, sympathisch
fröhlich-aufgeregt	fröhlich-aufgeregt		
jung	kindlich-naiv		
freundlich			
	verunsichert		
	lieb		
	zierlich		

Tab. 6

Der Laie scheint ein Gespür für stimmliche Höreindrücke zu haben, nimmt diese intuitiv auf und erlangt mit Hilfe von Rollentypen ein greifbares transparentes Instrumentarium zur Beschreibung von Stimme. Dabei dient die Verwendung von Rollentypen als Schablone. Die Vorstellung, über ein Klischee stereotype Vorurteile zu bedienen, erlischt nahezu. Vielmehr handelt es sich um Klischee im Sinne eines gewollten, berechenbaren Stilelementes, dessen sich nicht zuletzt die Synchronmaschinerie in Deutschland bedient. Geprägt ist unser Gehör nicht erst seit der deutschen Synchronkultur durch stimmlich prägnant besetzte Rollentypen. Selbst bei Märchenerzählungen aus längst vergangen Zeiten sind Hexen, Prinzessinnen oder starke Ritter mit typisierten Stimmklängen besetzt. So wird die Hexe im Märchen *Hänsel und Gretel* vom Erzähler Hans Paetsch entsprechend angekündigt mit den Worten: „Plötzlich aber hörten sie eine krächzende Stimme aus der Stube rufen"[5] (vgl. hierzu entsprechend die Sprecherin der Hexe Erika Bramslöw[6]). In der deutschen Synchronisation wird eben nicht der fremdsprachige Schauspieler stimmlich besetzt, sondern die Kunstfigur im Film mit einer rollenkonstituierenden Synchronstimme. Es lässt sich einwenden, dass der Publikumswunsch besteht, „daß ‚sein‘ Schauspieler eine optisch-vokale Einheit bildet, jetzt und in der Erinnerung" (Nawroth 1981, S. 233). Dadurch wird die Stimmauswahl rein nach Rollentyp eingeschränkt. Hier ist demnach von einer Priorisierung auszugehen, dass die Beibehaltung der Einheit von Stimme und Person beispielsweise bei Hollywoodstars mit einer deutschen „Stammstimme" wichtiger ist als die stimmlich perfekte Rollentyp-Besetzung. Der Austausch von Stimmen könnte in diesem Fall dem Gesamtfilmerlebnis schaden. Letztlich darf in diesem Zusammenhang die Professionalität eines Synchronschauspielers nicht unterschätzt werden, der durchaus in der Lage ist, seine Stimm- und Sprechweise gemäß der unterschiedlichen Rollentypen „seines" Originalschauspielers zu varriieren. Die Erfahrung der am Synchronisationsprozess beteiligten Personen wird die Entscheidung für eine kontinuierliche Stimmverleihung oder eine rollentypgetreue Stimmauswahl beeinflussen und im Idealfall in die für den Filmrezipienten adäquate Richtung lenken.

Wo kann die Forschungsreise in der Zukunft hingehen? Drei Froschungsfelder erscheinen im Zusammenhang Stimmwirkung und Filmsynchronisation als besonders erwähnenswert:

a) Es gibt Länder, in denen eine deutlich weniger ausgeprägte Synchronisationstradition vorherrscht (z.B. Niederlande oder Finnland). Zwangsläufig stellt sich die Frage, ob dort dennoch derart stimmlich konnotierte Rollentypen existieren und zugeordnet werden können? Und wenn ja, wodurch werden sie geprägt?

---

[5] *Hänsel und Gretel*, Minute 11:46, Hörspiel in „Schatztruhe der Märchen. Zauberhafte Hörspiele auf 20 CDs", Fono Team GmbH, M.A.T., Nr. 4

[6] u.a. bezeichnenderweise auch zu hören in den Rollen der bösen Stiefmutter bei *Aschenputtel*, der Hexe in *Das blaue Licht* oder Fräulein Rottenmeier in *Heidi*

b) Eine weitere Frage im Rahmen interkultureller Untersuchungen ist, wie Rollentypen in anderen Ländern klingen oder ob sie „international" sind.

c) Besonders reizvoll erscheint das Forschungsfeld rund um den Zeichentrick- bzw. Animationsfilm. Hier handelt es sich sowohl in der Ursprungs- als auch in der Synchronfassung um eine Art Leer-Fassung, die nicht zuletzt durch den Einsatz von Stimmen zum Leben erweckt wird. Die Stimmte dient hier als Unterstützung zur Erzeugung der Vermenschlichung von Menschen, Tieren oder auch Gegenständen. Rollentypen erfahren ihre Entsprechung in einer Form von Klar- und Reinheit wie sie im realen Spielfilm weniger existiert. Durch Überspitzungen werden Rollentypen so greifbar, dass Analysen im Spannungefeld Animationsfilm – Synchronisation – Stimmwirkung – Rollentypen besonders aufschlussreiche Ergebnisse liefern könnten.

Durch die Übertragung fremdsprachiger Filme ins Deutsche und den Einsatz der „geliehenen Stimme" innerhalb der Filmsynchronisation besteht die Möglichkeit, Stimme und Person zu einer neuen Einheit verschmelzen zu lassen: „Die Stimme verleiht einer Person nicht nur die Sprache, sondern auch ihre Identität" (Pahlke 2009, S. 107). Eine stimmlich manifestierte Rollen-Identität als Stimmbeschreibungsparameter zu nutzen, macht Stimmwirkung „ausdrückbar" und plastisch.

Verwendete Filme

Easy Rider, BBS-Gruppe, 1969
Natürlich Blond 3 – Jetzt geht's doppelt weiter, 20th Century Fox, 2009
Independence Day, 20th Century Fox, 1996
Tagebuch eines Skandals, 20th Century Fox, 2006

Quellen der Bilder

Billy aus "Easy Rider":
http://www.tokeofthetown.com/2010/01/ailing_dennis_hopper_seen_shopping_a t_marijuana_di.php, gefunden am 28.06.2014
Isabelle Woods aus "Natürlich Blond 3":
http://www.alloy.com/life/lifeslides/9413/1/, gefunden am 30.06.2014
Dr. Brackish Okun aus "Independence Day":
http://www.listal.com/list/mr-scientist, gefunden am 30.06.2014
Barbara Covett aus "Tagebuch eines Skandals":
http://www.themoviescene.co.uk/reviews/notes-on-a-scandal-2006/notes-on-a-scandal-2006.html, gefunden am 30.06.2014

Literatur

Braun, A./Heilmann, C. M. (2004): Identität und Imitation. Konstruktion von Emotionen im synchronisierten Film. In: Kopfermann, T. (Hrsg.): Das Phänomen Stimme. 5. Internationale Stuttgarter Stimmtage. Stuttgart, S. 111-122

Braun, A./Heilmann, C. M. (2012): SynchronEmotion. In: Anders, L. (et al): Hallesche Schriften zur Sprechwissenschaft und Phonetik, Bd. 41. Frankfurt a.M.

Busse, D. (2009): Semantik. Paderborn.

Eckert, H./Laver, J. (1994): Menschen und ihre Stimmen. Weinheim.

Herbst, T. (1994): Linguistische Aspekte der Synchronisation von Fernsehserien. Phonetik, Textlinguistik, Übersetzungstheorie. Tübingen.

Hesse-Quack, O. (1969): Der Übertragungsprozeß bei der Synchronisation von Filmen. Eine interkulturelle Untersuchung. München.

Laguna, K. von (2015): „per sonare" – Stimmwirkung und Rollentypen im Synchronland Deutschland. Aachen.

Meier, W. (1997): Spielfilmsynchronisation. Frankfurt a.M.

Nawroth, D. (1981): Der Schauspieler in der Filmsynchronisation. In: Schumacher, E. (Hrsg.): Darsteller und Darstellungskunst. Berlin.

Pahlke, S. (2009): Handbuch der Synchronisation. Von der Übersetzung zum fertigen Film. Leipzig.

Pruys, G.-M. (1997): Die Rhetorik der Filmsynchronisation. Wie ausländische Spielfilme in Deutschland zensiert, verändert und gesehen werden. Tübingen.

Trägler, D. (2014): Der Einfluss der Synchronstimme auf die Charakterdarstellung. In: Sendlmeier, W. (Hrsg.): Mündliche Kommunikation, Bd. 9. Berlin.

Wittlinger, I./Sendlmeier, W. (2005): Stimme und Sprechweise erfolgreicher Frauen – eine akustische und auditive Analyse. In: Sendlmeier, W. (Hrsg.): Sprechwirkung – Sprechstile in Funk und Fernsehen. In: Mündliche Kommunikation, Bd. 3, Berlin, S. 71-117

OLIVER HERBST

Mir schwelt da eine Frage im Gebeiß – Ursprünglich gesprochene Äußerungen aus der Serie „Die 2" in schriftlichen Medien

1 Euer Lordschuft und Einweg-Adam

Sleep well in your Bettgestell (Norman 1971/ 2006, TC 13'59"). – *Euer Lordschuft stehen wieder da wie ein Einweg-Adam* (Guest 1971/ 2006, TC 7'00"). – *Ich bin der Danny Wilde, der immer zu den Partys eilt* (Dearden 1971/ 2006[2] 1971/ 2006, TC 23'26"). Viele kennen das eine oder andere Textzeugnis aus der britischen Fernsehserie „Die 2". Sie ist Anfang der 70er Jahre zumindest in der Bundesrepublik Deutschland zum „Straßenfeger" geworden und hat Kultcharakter erreicht.

Dies hat in erster Linie an der deutschsprachigen Synchronisation von Rainer Brandt gelegen. Mit dieser soll sich dieser Beitrag befassen. Von Interesse ist der Sprachgebrauch in dieser Serie, der mehr als 40 Jahre nach der Erstausstrahlung der meisten Folgen teilweise bis heute aktiv verwendet wird – und zwar nicht nur in mündlichen, sondern auch in schriftlichen Texten. Aus dem mündlichen Phänomen ist auch ein Schriftphänomen geworden. Es geht in dem Beitrag um ursprünglich gesprochene Äußerungen aus der Serie „Die 2" in schriftlichen Medien.

2 Die Synchronisation ließ den Kult entstehen

Über die Fernsehserie „Die 2" schreibt Trapmann: „Zu sehen sind zwei attraktive Playboys in ihren Vierzigern: Tony Curtis als Danny Wilde, ein amerikanischer Öl-Millionär, und Roger Moore als Brett Sinclair, ein englischer Lord. Sie sollen im Auftrag eines pensionierten Richters Kriminalfälle lösen" (Trapmann 2013, o.S.). Trapmann zufolge machte „erst die deutsche Synchronfassung, die sich nicht um werkgetreue Übersetzung scherte" (ebd.), aus der Vorlage eine Kultserie. Der eigentliche Star für die deutschen Fernsehzuschauer war Rainer Brandt (vgl. ebd.). Er war, wie Felgenhauer schreibt, „verantwortlich für Texte und Dialogregie" (Felgenhauer 2008, o.S.).

Brandt sprach in der Synchronfassung auch Danny Wilde alias Tony Curtis (vgl. ebd.) und „ersann neue Dialoge in dem für ihn typischen Schnodder-Sprech" (Trapmann 2013, o.S.). Was ist dieses Schnodderdeutsch? Berghahn schreibt z.B. von einer „Mischung aus Kneipenjargon, Jugendsprache der Siebziger und literarischen Anspielungen" (Berghahn 2012, o.S.). Es „ist ein Mischmasch. Zusammengewürfelt aus Berlinismen, Jiddisch, ein bisschen Unterwelt und etwas Gosse. Und sehr viel Humor gepaart mit Fantasie" ([taz] 2005, o.S.). Das Schnodderdeutsch, wie Brandt es selbst nannte, trugen „begeisterte Rezipienten am nächsten Tag in Bus, Bahn und Büro" (Felgenhauer 2008, o.S.). Beispiele für den Sprachgebrauch in der Synchronfassung sind die Anrede *Euer Durchlocht* in *Na, Euer Durchlocht, koveniert nicht, was?* (Dearden 1971/ 2006[1], TC 42'23") für die Serienfigur Lord Brett Sinclair oder der durch ein Wortspiel variierte Phraseologismus *Jetzt fliegen mir doch die Suppenhühner von den Augen* (Hunt 1971/ 2006, TC 22'16"). Ungeachtet „des großen Erfolges sendete das ZDF bei der Deutschland-Premiere 1972/73 nur 15 Folgen, zwei weitere kamen bei der dritten Ausstrahlung 1984 hinzu. Erst 1994 bei Kabel 1 liefen auch die restlichen sieben der insgesamt 24 Episoden" (Felgenhauer 2008, o.S.).

Fortgefahren wird mit Angaben zum Thema Mündlichkeit und Schriftlichkeit. Die „mediale" Seite des Unterschieds zwischen Mündlichkeit und Schriftlichkeit ist für Söll die phonische bzw. grafische Präsentation von Sprache, die „konzeptionelle" Seite die ursprüngliche Formulierung; das Entscheidende ist der konzeptionelle Unterschied (vgl. Söll 1985, S. 17ff., Schwitalla 2012, S. 20). Koch/ Oesterreicher gehen in ihrem Mündlichkeits-/Schriftlichkeitsmodell von einem Kontinuum mit einem Mündlichkeits- und einem Schriftlichkeitspol aus (vgl. Koch/ Oesterreicher 1994, S. 588, Dürscheid 2016, S. 45). „Sie ordnen die Beispiele einerseits dem medial mündlichen bzw. schriftlichen Bereich zu, andererseits positionieren sie sie im Kontinuum zwischen konzeptioneller Mündlichkeit und Schriftlichkeit" (ebd.). Der konzeptionelle Mündlichkeitspol erhält dabei den Begriff „Nähe", der Schriftlichkeitspol dagegen den Begriff „Distanz" (vgl. Dürscheid 2016, S. 46). „Nähe und Distanz beziehen sie auf die situativen Bedingungen der Kommunikation" (ebd.). Dürscheid (2016, S. 47) erklärt, sie habe „auf die Kennzeichnung der Eckpunkte mit den Termini ‚Nähe' und ‚Distanz' verzichtet, da diese eine Korrelation nahelegen, die bei näherer Betrachtung nicht existiert". Unter dem Blickwinkel der Konzeption verwenden Burger/ Luginbühl statt schriftlich/mündlich die Dichotomien formell/informell, standardsprachlich/umgangssprachlich und spontan/vorbereitet (vgl. Burger/ Luginbühl 2014, S. 173f.).

Schwitalla (2012, S. 150) erklärt zur Lexik der gesprochenen Sprache: „Bei vielen Substantiven, Verben und Adjektiven stehen sich (konzeptionell) gesprochene und geschriebene Normalformen gegenüber"; bei den Substantiven z.B. *Glotze* – 'Fernsehapparat', bei den Verben z.B. *kucken* – 'sehen', bei den Adjektiven z.B. *belämmert* – 'töricht/dumm'. „Oft werden dabei die konnotativ-emotiven Bedeutungsanteile verstärkt" (ebd.). In der Privatheit mündlicher Kommunikation erweisen sich lexikalische Formen von Drastik und Expressivität als eher erlaubt als in Bereichen konzeptioneller Schriftlichkeit, wenngleich immer mehr Sprecher und Schreiber auch in öffentlichen Situationen und geschriebenen Medientexten saloppe bis derbe Lexeme des Alltags, auch der Jugendsprache, nutzen (vgl. ebd.).

Bei den Phraseologismen zeichnen sich beim Sprechen ebenfalls „Übertreibungen bis zum Derben aus" (ebd.). Schmitz (2005, S. 1617) stellt mit Blick auf „Massenkommunikation und Sprachwandel" fest: „Zwischen den früher eher getrennten Bereichen von Mündlichkeit und Schriftlichkeit [...] entwickeln sich immer mehr Misch- und Übergangsformen." In den vergangenen Jahrzehnten wurden immer mehr Formen des Gesprochenen auch in schriftlichen Medien gebraucht, „z.b. in Tageszeitungen [...], noch stärker in den neuen elektronischen Medien" (Schwitalla 2012, S. 17). Medien transportieren sämtliche sprachlichen Varietäten und tragen fortwährend zu vielfältigen sprachlichen Neuerungen bei (vgl. Schmitz 2005, S. 1618).

3 Schnoddriges in schriftlichen Medien

In diesem Teil des Beitrags geht es um sprachliche Belege aus der Serie und um ihr Vorkommen in schriftlichen Medien. Wie sieht es nun über 40 Jahre nach der Erstausstrahlung der meisten Folgen im ZDF aus? Drei exemplarisch ausgewählte Textbelege aus der Serie „Die 2" sollen in diesem Beitrag untersucht werden. Das Thema bietet sich für eine korpuslinguistische Herangehensweise an. Als Textkorpora für diese erste Annäherung des Autors an das Thema werden Zeitungskorpora des Digitalen Wörterbuchs der deutschen Sprache (DWDS) zu Rate gezogen (vgl. [DWDS] 2016[1]): das der Berliner Zeitung (mit 252 Millionen Tokens in online erschienenen Artikeln von Januar 1994 bis Dezember 2005), des Tagesspiegels (mit 170 Millionen Tokens in online erschienenen Artikeln zwischen 1996 und Juni 2005), der Zeit (mit rund 225,8 Millionen Tokens in Artikeln in Zeit-Ausgaben, soweit sie auf http://www.zeit.de bereitstehen, von 1946 bis heute sowie in Artikeln, die nur auf http://www.zeit.de online erschienen sind; einige Artikel wurden allerdings aus technischen Gründen aussortiert) und der Potsdamer Neuesten Nachrichten (mit rund 15 Millionen Tokens in online erschienenen Artikeln zwischen 2003 und Juni 2005; vgl. [DWDS] 2016[2], o.S.). Um Belege aus dem World Wide Web abzufragen, findet überdies eine einfache Google-Websuche statt (die übrigens jeweils nur eine ungefähre Trefferzahl hervorbringt).

Nicht gewertet werden sollen für diesen Beitrag Textbelege, die aus Texten stammen, die sich mit der Fernsehserie als solcher beschäftigen. Hier ist die Frequenz sprachlicher Belege des Schnodderdeutschen natürlich sehr hoch. Ein Beispiel dafür ist folgendes: Der Text „Kult-Sportwagen: Dieser gelbe Aston Martin hat blaues Blut" von Viehmann aus dem Jahr 2014 stammt aus Focus online und beschäftigt sich mit einem Auto aus der Serie, das zur Versteigerung stand. Der Text enthält beinahe eins zu eins ein Zitat aus „Die 2", und zwar folgendes: *Mir schwelt da eine Frage im Gebeiß* (Baker 1971/ 2006, TC 36'27'").

Im Focus-online-Text heißt es: *Mir schwellt* [!] *da eine Frage im Gebeiß*": *Die Serie „Die 2" mit Roger Moore und Tony Curtis wurde mit ihren Sprüchen Kult. Jetzt kann man den Aston Martin DBS aus der Serie ersteigern – mit einer Überraschung im Kofferraum* (Viehmann 2014, o.S.). Im Laufe des Artikels sind noch weitere Zitate aus der Fernsehserie zu lesen.

Der Phraseologismus *Mir schwelt da eine Frage im Gebeiß* aus der zweiten „Die 2"-Episode „Geschäfte mit Napoleon" wird jedoch auch außerhalb des Kontextes der Fernsehserie gebraucht. In der Serie selbst verwendet Danny Wilde alias Tony Curtis bzw. Synchronsprecher Rainer Brandt diese Formulierung in einer Szene. Das ZDF hat die Folge am 10. Oktober 1972 erstausgestrahlt. Die DWDS-Zeitungskorpora-Abfrage bringt keinen Treffer für den Phraseologismus *mir schwelt (da) eine Frage im Gebeiß* als solchen; auch variierte syntaktische Konstruktionen, also zumindest mit den Wortformen *schwelt* und *Gebeiß* oder *Frage* und *Gebeiß*, sind nicht feststellbar (vgl. [DWDS] 2016[1]; nach *schwelt* und *Frage* wurde bei den Zeitungskorpora, wie unten bei Google, nicht gefragt, weil Formulierungen wie *Eine Frage schwelt* als gängig bezeichnet werden können).

Allerdings finden sich, wie die Google-Abfrage zeigt, in elektronischen Medien Jahrzehnte nach der Erstausstrahlung der Serie viele sprachliche Belege für den Phraseologismen, wortwörtlich oder variiert. Für Google-Suchanfragen, die zwingend *schwelt*, *Frage* und *Gebeiß* wortwörtlich enthalten (unter den Google-Suchoptionen ist also „Wortwörtlich" eingestellt), finden sich laut der Suchmaschine ungefähr 162 Treffer (vgl. Google 2016). Bei den Suchanfragen nach variierten Belegen sind es, wenn sie zwingend *schwelt* und *Gebeiß* wortwörtlich enthalten sollen, ungefähr 170, bei *Frage* und *Gebeiß* ungefähr 1020 (vgl. ebd.). So schreibt in einer Art Bilderforum der Modelleisenbahner-Seite „Railroad24" der Benutzer „Altburger" (2009, o.S.) z.B.: *Zum 1. Bild drückt mich aber auch noch eine Frage im Gebeiß*. Allerdings müsste bei einer größeren, systematischen Untersuchung die Relevanz der Google-Belege jeweils mit Blick darauf überprüft werden, ob hier wirklich die satzwertige Einheit *mir schwelt (da) eine Frage im Gebeiß* variiert wird. Außerdem müsste jeweils nachgesehen werden, ob es sich nicht um Zitate handelt, die sich direkt auf die Seriensynchronisation beziehen.

Ein recht aktuelles relevantes Beispiel, das *schwelt*, *Frage* und *Gebeiß* enthält, findet sich im Modellbauforum „Das Modellboard – Der Treffpunkt für Modellbauer – Seit Oktober 2001": Unter der Rubrik „Weltraum & Science Fiction" heißt es am 16. September 2015 in einem Beitrag des Benutzers „Modeler's [!] Apprentice" (2015, S. 1) unter der Überschrift *Re: Wer kann mir Abziehbilder (Decals) von cardassianischen Symbolen drucken?*:

> *Zu umständlich! Er macht's* [!] *nicht. Aber hartmann wandelt's* [!] *um.* [...] *Und zur Vektorrechnung: Ja, ich erinnere mich seeeeeeeehr schwaaaaaaaaach.* [...] *Wenn hier soviele Ahnung von Computer usw. haben, dann vielleicht auch von*

CGI? Denn zu dem Thema schwelt mir noch eine Frage im Gebeiß: Ich wollte
nämlich schon immer mal wissen, wie das mit den CGI-Raumschiffen ist. Da ja
so ein Computerbild immer aus eckigen Polygonen und Pixeln besteht, dürfte
doch z.B. die Untertasse der Enterprise ziemlich eckig sein, je näher man an die
Hülle kommt. [...] Bin ich hier völlig auf dem Holzweg oder liege ich mit meiner
Vermutung richtig?

Dieser Beleg stammt aus einem Internetforum. Für Neue Medien wie ein solches
kann das Publikum sehr klein sein, „und oft ist interaktive oder wechselseitige
Kommunikation üblich" (Schmitz 2005, S. 1615), wohingegen gilt: Klassische
Massenkommunikation (Presse, Hörfunk und Fernsehen) „funktioniert typi-
scherweise als einseitige Verteilung von Informationen an ein großes Publikum"
(ebd.). Allerdings: „Die herkömmliche Grenze zwischen Individual- und Massenkommunikation ist durch Digitalisierung, Multifunktionalisierung, Verkleine-
rung und Verbilligung der technischen Grundlagen durchlässig geworden"
(ebd.). Bei den Forentexten handelt es sich, nach Koch/ Oesterreichers Klassifi-
zierung, natürlich um einen medial schriftlichen Text. Was die konzeptionelle
Unterscheidung betrifft, offenbart das Textzeugnis aus dem Modellbauforum auf
der Mündlichkeits-/Schriftlichkeitsskala, dass es dem Mündlichkeitspol gewiss
näher ist als dem der Schriftlichkeit. Dies zeigen z.B. Lautanpassungen (vgl.
Siever 2006, S. 81) wie *wandelt's* [!] statt *wandelt es* oder die Simulation ge-
dehnter Aussprache mit Iteration wie in *seeeeeeeehr* (vgl. Siever 2006, S. 78f.).
In diesem Umfeld bewegt sich die satzwertige Einheit *zu dem Thema schwelt mir*
noch eine Frage im Gebeiß, die ironisiert und Witz als Stilelement deutlich werden lässt. Stein (2007, S. 221) schreibt von „der Dominanz der Mündlichkeit in
der Phraseologie".

Als weiteres Lexem soll hier *Schmusebacke* aus der ersten Episode der Serie,
„Schwesterchens Muttermal", präsentiert werden. Danny Wilde ruft hier: *Hallo*
Sie, Schmusebacke, würden Sie Ihren Kachelofen freundlichst beiseitestellen?
Man möchte passieren (Dearden 1971/ 2006[1], TC 05:26). Die Erstausstrahlung
im ZDF war am 11. Juli 1972. *Schmusebacke* ist durch Wortbildung entstanden
(Determinativkompositum). Das Substantiv war gewiss zu Beginn eine Ad-hoc-
Bildung. Wenn man eine Metonymie voraussetzt, kann die Bedeutung in ironi-
sierender Weise etwa als 'männliche Person mit großen Qualitäten im Bereich
Zärtlichkeit' dargestellt werden. Als Ad-hoc-Bildungen werden Wortbildungen
bezeichnet, die man noch nie gehört hat, die in keinem der großen Wörterbücher
als Stichwort gebucht sind und die man dennoch versteht (vgl. Wolf 2002, S.
65). Eine Ad-hoc-Bildung „wurde speziell für diesen Kontext gebildet" (ebd.).
Lange nach der Erstausstrahlung wird das Lexem *Schmusebacke*, offenbar losgelöst vom Serienkontext, immer noch verwendet, sowohl in klassischen massen-
medialen Zusammenhängen (wobei natürlich auch in den hier betrachteten
DWDS-Zeitungskorpora online veröffentlichte Texte gewertet werden) wie auch
in Neuen Medien.

Die Abfrage in den vier oben genannten DWDS-Zeitungskorpora bringt folgende Treffer für *Schmusebacke*: je einen für den Tagesspiegel und für die Zeit, in der Berliner Zeitung und in den Potsdamer Neuesten Nachrichten keinen (vgl. [DWDS] 2016[1]). Der Beleg aus dem Tagesspiegel stammt vom 20.05.2003:

> *Jeder hat seine Fans, auf den handgemachten Schildern und Plakaten tobt eine Bekenntnisschlacht, wer der Beste, wer die Süßeste ist. Alexander, Schmuseba-cke Nr. 1, lässt die Herzen vieler Mädchen – und auch Frauen im Dieter-Boh-len-Alter – höher schlagen. Und wenn sich der Superstar der Superstars das Ja-ckett von den Schultern schält und im Muscleshirt von Liebe – erfüllter oder nicht – singt, dann wird im weiblichen Block untergehakt und von Liebe ge-träumt, die sich hoffentlich bald erfüllt* ([DWDS] 2016[1], Der Tagesspiegel, 20.05.2003).

Der Text wirkt ironisierend, u.a. durch die Ad-hoc-Bildung *Dieter-Bohlen-Alter*, die 'Alter des Musikproduzenten und TV-Jurors Dieter Bohlen' bedeutet, und durch das Stilmittel Polyptoton *Superstar der Superstars*. Das Lexem *Schmuse-backe* stimmt in diese Ironisierung ein. Verstärkt wird die Wirkung des Lexems dadurch, dass es in der Wortgruppe *Schmusebacke Nr. 1* erscheint. Ähnlich ver-hält sich die Wirkung bei dem Treffer aus der Zeit vom 05.02.2016:

> *Pi kreist um den eigenen Bauchnabel und inszeniert seine Erkenntnisse zu päpstlich-pathetischer Erbauungsmusik. Das ist ungeheuer brav, aber nur dann wirklich ärgerlich, wenn Schmusebacke Philipp Dittberner den Refrain von 1,40 m singt* ([DWDS] 2016[1], Die Zeit, 05.02.2016).

Auch hier fügt sich *Schmusebacke* in weitere Formen der Ironisierung ein. Die *Schmusebacke*-Expressivität spricht eigentlich eher für die „Privatheit mündli-cher Kommunikation" (Schwitalla 2012, S. 150), also für konzeptionelle Münd-lichkeit, als für die konzeptionelle Schriftlichkeit. Ironisierung zeigt sich zudem u.a. in der Wortgruppe *päpstlich-pathetische Erbauungsmusik*, die die Ad-hoc-Bildung *päpstlich-pathetisch* (Kopulativkompositum) enthält. Frequent ist *Schmusebacke* überdies in den Neuen Medien. Die wortwörtliche Google-Suche ergibt ungefähr 67300 Ergebnisse (vgl. Google 2016). Ein Beispiel ist ein Bei-trag über eine zu vermittelnde Hündin auf der Internetseite der Tierhilfe Odena e.V. (2016, o.S.): Er trägt den Titel *Nicole – supersüße Schmusebacke*. Eine Ironisierung kann hier ausgeschlossen werden. Eher hat das Lexem besonders starken Appellcharakter, was das attributiv gebrauchte Adjektiv *supersüß* unter-streicht.

Die kleine Beispielreihe soll mit einer Wortgruppe enden, die viele mündlich schon einmal gehört oder sogar selbst verwendet haben: *zum Bleistift*. In der Serie erscheint die Wortgruppe in diesem Umfeld: *Tja, das kömmt sich drauf an. Zum Bleistift: Wie hoch ist denn die Gage von dem Nasenigel hier?* (Dearden 1971/ 2006[2], TC 41'14"). Danny Wilde verwendet *zum Bleistift* in der fünften Folge der Serie, die das ZDF am 26. September 1972 erstausgestrahlt hat. Der Witz offenbart sich hier durch das Wortspiel, das sich durch die lautliche Ähnlichkeit der Lexeme *Beispiel* und *Bleistift* ergibt, was in seiner Expressivität für eine starke konzeptionell mündliche Markierung spricht. Was die Abfrage in den genannten DWDS-Zeitungskorpora betrifft, ergeben sich für *zum Bleistift* folgende Treffer: fünf für die Berliner Zeitung, vier für den Tagesspiegel, 18 für die Zeit und keiner für die Potsdamer Neuesten Nachrichten (vgl. [DWDS] 2016[1]). Bereinigt werden muss diese Liste aber von Beispielen, in denen die Wortgruppe *zum Bleistift* in einem anderen Kontext gebraucht wird, der hier nicht von Relevanz ist, z.b.: *Dann greift der Leser noch einmal zum Bleistift und streicht an, was ihm zunächst unwichtig gewesen war* ([DWDS] 2016[1], Berliner Zeitung, 07.11.2000). Damit bleiben noch zwei Treffer für die Berliner Zeitung, einer für den Tagesspiegel und sechs für die Zeit übrig.

In nur einem dieser Fälle wird die Wortgruppe offenbar verwendet, um allein ironisierend zu wirken. Der Beleg stammt aus der Berliner Zeitung und ist vom 24.01.1996: *Aber es gibt ja jede Menge Radios in und um Berlin. Zum Bleistift die Welle „94 3 r.s. 2"* ([DWDS] 2016[1], Berliner Zeitung, 24.01.1996). In allen anderen Fällen soll *zum Bleistift* wohl überdies in der Weise erscheinen, dass sich die Emittenten von derartigem Sprachgebrauch schlechthin distanzieren, z.B. in einem Beitrag aus der Zeit (14.11.1997): *Eine Anleitung, in der all die trendigen Sprüche verzeichnet sind, die mir, wenn's drauf ankommt, leider nie einfallen. An der Ampel, zum Bleistift, wenn da vor mir einer träumt und das Gaspedal* [!] *nicht findet – meinen Sie, mir fiele auch nur einmal rechtzeitig der witzige Satz „Grüner wird s nicht!" ein* ? ([DWDS] 2016[1], Die Zeit, 14.11.1997). Dies kann bis zur deutlichen Sanktion solchen Sprachgebrauchs gehen, wie ein weiterer Beleg aus der Zeit zeigt (20.05.2010): *Manchmal wäre der Wörterbericht lieber ein Wörternachruf. Zum Bleistift jetzt* ([DWDS] 2016, Die Zeit, 20.05.2010).

Die wortwörtliche Google-Suche bringt ungefähr 97800 Treffer hervor (vgl. Google 2016), wobei die Liste aufgrund der Fülle an Ergebnissen noch nicht von irrelevanten Fällen, die oben beschrieben wurden (wie etwa *Dann greift der Leser noch einmal zum Bleistift*), bereinigt ist. Auch bei den Internetbelegen kann der Witz in *zum Bleistift* sprachkritisch sanktioniert werden, z.B. als *Ganz schlechter und uralter Wortwitz des Ursprungs „zum Beispiel"* ([MundMische] o.J., o.S.). In einem nicht distanzierten bzw. sanktionierenden Sinn wird *zum Bleistift* z.B. in einem Forum gebraucht, das sich mit bestimmten Kleinbussen auseinandersetzt, dem „VW Bus Portal" [!] („ww.t4forum.de"). Da schreibt Benutzer „Joe RHC" am 26.02.2014 in einer Überschrift: *Wichtige Mitreisende Ersatzteile beim Diesel? ACV zum Bleistift* („Joe RHC" 2014, S. 1). Der ironische Witz durch das Wortspiel soll auch bei diesem technischen Thema durchscheinen. Deshalb nutzt der Autor dieses Stilelement. Diese häufig mündlich verwendete Wortgruppe verbreitet gewiss auch ein Stück konzeptionelle Mündlichkeit. Der Serienkontext scheint bei den hier dargestellten Beispielen von *zum Bleistift* nicht durch.

4 Ergebnisse: Sprachwandel durch „Die 2"

Zum Schluss können folgende Ergebnisse zusammenfassend festgehalten werden:

1. In der jahrzehntelangen Rezeptionsgeschichte der Fernsehserie „Die 2" haben sprachliche Elemente aus der deutschsprachigen Synchronisation offenbar zum Sprachwandel beigetragen. Die Äußerungen sind längst nicht mehr nur ein Phänomen der medialen Mündlichkeit, sondern auch der Schriftlichkeit. In schriftlichen Medien finden sich heute noch viele sprachliche Belege, die auf die Synchronisation zurückgehen.

2. In den dargestellten Beispielen geht es den Emittenten ganz gewiss nicht um direkte Zitate des „Die 2"-Sprachgebrauchs, sondern sie bedienen sich dessen indirekt, da die sprachlichen Belege ihren Weg offenbar in den allgemeinen Sprachgebrauch gefunden haben.

3. Bei der konzeptionellen Unterscheidung zwischen Mündlichkeit und Schriftlichkeit finden sich diese sprachlichen Belege klar näher am Mündlichkeitspol positioniert, und sie können ironisierend wirken. Teils distanzieren sich Emittenten über die Thematisierung in schriftlichen Medien von Sprachgebrauch, der in der Seriensynchronisation seinen Ursprung hat, bzw. sie sanktionieren ihn.

Quellen

„Altburger" (2009): Schwenkbares Modul für den Durchgang. In: Railroad24, Erscheinungsdatum: 27.05.2009, URL: http://www.railroad24.de/modellbah nbilder/bilder.php?id=1138, Zugriffsdatum: 26.04.2016.

Baker, R. W. (1971/2006): Geschäfte mit Napoleon [Episode 2]. In: Dearden, B. et al.: Die 2. Folgen 1-6. 2-DVD Set [!; DVD]. Planegg/Rottenmann/St. Gallen.

Dearden, B. (1971/2006[1]): Schwesterchens Muttermal [Episode 1]. In: Dearden, B. et al.: Die 2. Folgen 1-6. 2-DVD Set [!; DVD]. Planegg/Rottenmann/St. Gallen.

Dearden, B. (1971/2006[2]): Die tote Tänzerin [Episode 5]. In: Dearden, B. et al.: Die 2. Folgen 1-6. 2-DVD Set [!; DVD]. Planegg/ Rottenmann/St. Gallen.

[DWDS] Berlin-Brandenburgische Akademie der Wissenschaften (Hrsg., (2016[1]): Digitales Wörterbuch der deutschen Sprache, URL: http://www.dwds.de, Zugriffsdatum: 26.04.2016.

Google (2016), URL: http://www.google.de, Zugriffsdatum: 26.04.2016.

Guest, V. (1971/2006): Festival der Mörder [Episode 10]. In: Baker, R.W. et al.: Die 2. Folgen 7-12. 2-DVD Set [!; DVD]. Planegg/Rottenmann/St. Gallen.

Hunt, P. (1971/ 2006): Der Mann mit dem Köfferchen [Episode 11]. In: Baker, R.W. et al.: Die 2. Folgen 7-12. 2-DVD Set [!; DVD]. Planegg/ Rottenmann/St. Gallen.

„Joe RHC" (2014): Wichtige Mitreisende Ersatzteile beim Diesel? ACV zum Bleistift. In: VW Bus Portal [!]. www.t4forum, Erscheinungsdatum: 26.02.2014, URL: http://www.t4forum.de/wbb3/board19-technik-bereich/board120-umbauten-tuning/board8-tipps-und-tricks/201784-wichtige-mitreis ende-ersatzteile-beim-diesel-acv-zum-bleistift, Zugriffsdatum: 26.04.2016.

„Modeler's [!] Apprentice" (2015): Re: Wer kann mir Abziehbilder (Decals) von cardassianischen Symbolen drucken? In: Das Modellboard – Der Treffpunkt für Modellbauer – Seit Oktober 2001, Erscheinungsdatum: 16.09.2015, URL: http://modellboard.net/index.php?topic=54304.0, Zugriffsdatum: 26.04.2016.

[MundMische] N.N. (o.J.): Bedeutungen und Synonyme für Wortwitz. In: MundMische – Spaß an Umgangssprache und Sprichwörtern, Erscheinungsdatum: unbekannt, URL: http://www.mundmische.de/synonyme/Wortwitz, Zugriffsdatum: 26.04.2016.

Norman, L. (1971/2006): Daniel, der Bombenjunge [Episode 8]. In: Baker, R.W. et al.: Die 2. Folgen 7-12. 2-DVD Set [!; DVD]. Planegg/Rottenmann/St. Gallen.

Tierhilfe Odena e.V. (2016): Nicole – supersüße Schmusebacke. In: Tierhilfe Odena e.V., Erscheinungsdatum: 26.03.2016, URL: http://www.tierhilfe-odena.de/mittelgrosse-hunde/item/472-nicole-supersuesse-schmusebacke#, Zugriffsdatum: 26.04.2016.

Viehmann, S. (2014): Kult-Sportwagen: Dieser gelbe Aston Martin hat blaues Blut. In: Focus online, Erscheinungsdatum: 14.03.2014, URL: http://www.focus.de/auto/gebrauchtwagen/oldtimer/aston-martin-dbs-aus-die-2-vergessen-sie-james-bond-autos-dieser-aston-martin-ist-ein-echter-lord_id_3685240.html, Zugriffsdatum: 26.04.2016.

Literatur

Berghahn, C. (2012): Legendäre Serie: Rainer Brandts Synchronisation machte „Die Zwei" zum Fernseh-Hit. In: Neue Osnabrücker Zeitung, Erscheinungsdatum: 17.08.2012, URL: http://www.noz.de/deutschland-welt/medien/artikel/61083/legendare-serie-rainer-brandts-synchronisation-machte-die-zwei-zum-fernseh-hit#gallery&0&0&61083, Zugriffsdatum: 26.04.2016.

Burger, H./Luginbühl, M. (2014): Mediensprache. Eine Einführung in Sprache und Kommunikationsformen der Massenmedien. 4., neu bearb. u. erw. Aufl. Berlin/Boston.

[DWDS] N.N. (2016²): Ressourcen – Korpora. In: Berlin-Brandenburgische Akademie der Wissenschaften (Hrsg.): Digitales Wörterbuch der deutschen Sprache, Erscheinungsdatum: unbekannt, URL: http://www.dwds.de/ressourcen/korpora, Zugriffsdatum: 26.04.2016.

Dürscheid, Chr. (2016): Einführung in die Schriftlinguistik. Mit einem Kapitel zur Typographie von Spitzmüller, J. 5., akt. u. korr. Aufl. Göttingen/Bristol (CT).

Felgenhauer, U. (2008): „Die Zwei" und das Schnodderdeutsch. In: Die Welt, Erscheinungsdatum: 26.03.2008,URL:http://www.welt.de/fernsehen/article1 821562/Die-Zwei-und-das-Schnodderdeutsch.html,Zugriffsdatum:26.04.2016

Koch, P./Oesterreicher, W. (1994): Schriftlichkeit und Sprache. In: Günther, H./ Ludwig, O. (Hrsg.): Schrift und Schriftlichkeit/ Writing and Its Use. Ein interdisziplinäres Handbuch internationaler Forschung/ An Interdisciplinary Handbook of International Research. Zusammen mit/ Together with Baurmann, J. [et al.]. 1. Halbbd. Berlin/New York (= Handbücher zur Sprach- und Kommunikationswissenschaft/ Handbooks of Linguistics and Communication Science; Bd. 10.1), S. 587-604.

Schmitz, U. (2005): Sprache und Massenkommunikation/ Language and Mass Communication. In: Ammon, U. [et al.] (Hrsg.): Sociolinguistics/ Soziolinguistik. An International Handbook of the Science of Language and Society/ Ein internationales Handbuch zur Wissenschaft von Sprache und Gesellschaft. 2., vollst. neu bearb. u. erw. Aufl. 2. Teilbd. Berlin/ New York (= Handbücher zur Sprach- und Kommunikationswissenschaft/ Handbooks of Linguistics and Communication Science; Bd. 3.2), S. 1615-1628.

Schwitalla, J. (2012): Gesprochenes Deutsch. Eine Einführung. 4., neu bearb. u. erw. Aufl. Berlin (= Grundlagen der Germanistik; Bd. 33).

Siever, T. (2006): Sprachökonomie in den „Neuen Medien". In: Schlobinski, P. (Hrsg.): Von *hdl* bis *cul8r*. Sprache und Kommunikation in den Neuen Medien. Mannheim [et al.] (= Thema Deutsch; Bd. 7), S. 71-88.

Söll, L. (1985): Gesprochenes und geschriebenes Französisch. Bearb. v. Hausmann, F. J. 3., überarb. Aufl. Berlin (= Grundlagen der Romanistik; Bd. 6).

Stein, St. (2007): Mündlichkeit und Schriftlichkeit aus phraseologischer Perspektive. In: Burger, H. [et al.] (Hrsg.): Phraseologie/Phraseology. Ein internationales Handbuch zeitgenössischer Forschung/ An International Handbook of Contemporary Research. 1. Halbbd. Berlin/New York (= Handbücher zur Sprach- und Kommunikationswissenschaft/ Handbooks of Linguistics and Communication Science; Bd. 28.1), S. 220-236.

[taz] N.N. (2005): Best of Brandt. In: die tageszeitung (taz), Erscheinungsdatum: 16.08.2005, URL: http://www.taz.de/1/archiv/?dig=2005/08/16/a0118, Zugriffsdatum: 26.04.2016.

Trapmann, P. (2013): Die Zwei – Brüllant, brüllant. In: Stuttgarter Nachrichten, Erscheinungsdatum: 09.09.2013, URL: http://www.stuttgarter-nachrichten. de/inhalt.unvergessene-tv-serien-die-zwei-bruellant-bruellant.c70f91f3-bd33-4912-8888-15f5f719f233.html, Zugriffsdatum: 26.04.2016.

Wolf, N.R. (2002): Wörter bilden. Grundzüge der Wortbildungslehre. In: Dittmann, J./Schmidt, C. (Hrsg.): Über Wörter. Grundkurs Linguistik. Freiburg i. B. (= Rombach Grundkurs; Bd. 5), S. 59-86.

MELANIE HANSELMANN

Ein informierender Gestus als Schlüssel zum Erfolg beim Sprechen von Audiodeskriptionen

1 Einleitung – Eine Hinführung

Wenn wir kommunizieren so findet dies immer in einem situativen Rahmen statt. Bereits Hellmut Geißner sagte: „Es gibt kein neutrales Sprechen". Ähnlich sah es auch Roland Barthes, ein französischer Philosoph, Schriftsteller und Literaturkritiker des 20. Jahrhunderts, als er äußerte: „...il n'y a pas de voix neutre" – „...es gibt keine neutrale Stimme". (Krämer 2003). Beim Sprechen gibt es immer ein Gegenüber (und sei es nur sich selbst) sowie einen Grund und eine Absicht. Hierbei spielt der Aspekt der Bewertung einer Situation, eines Gegenstandes oder einer Person eine entscheidende Rolle. Denn meistens können wir unsere Wertungen, die wir ständig im Alltag bewusst oder unbewusst vollziehen, dabei nicht außen vor lassen und „neutral" in einer (Sprech-)Situation handeln, sondern geben diese durch den Stimmklang oder durch die Art und Weise der Betonung preis. Beim Gegenüber wird jede noch so geringe Wertung wahrgenommen und interpretiert. Streng genommen kann folglich eine Person nicht neutral sein.

Und doch wird immer wieder die Forderung nach einem neutralen Sprecher laut. Sei es beim Einsprechen von Nachrichten oder von sachlichen Texten, die Aufforderung des Tontechnikers: „Sprich es mal neutral." ist dem einen oder anderen Studiosprecher nicht neu. Auch im Bereich der Audiodeskription – dem Hörfilm für Blinde – spielt das neutrale Sprechen eine entscheidende Rolle. Hier fordern Linguisten und Geisteswissenschaftler, dass ein Audiodeskriptionssprecher neutral sprechen soll.

Im Rahmen der DGSS Fachtagung 2015 zum Thema „Stimme – Medien – Sprechkunst" in Marburg stieß die Audiodeskription auf große Nachfrage. In einem Vortrag wurden die auf einer Studie basierenden, bereits 2015 veröffentlichten Parameter, die ein Sprecher einer Audiodeskription beachten sollte, vorgestellt. In einer anschließenden Diskussion bekam ein Parameter eine besondere Aufmerksamkeit: „Sachlich, neutral, distanziert und ohne Emotion beschreiben." Die Frage, ob und in wieweit ein Sprecher neutral sein kann, gab den Anlass, noch einmal explizit auf diesen Aspekt den Fokus zu legen.

Nach einer kurzen Definition des Themas Audiodeskription werden gezielt sowohl die Aussagen der Blinden und Sehbehinderten als auch der aktuelle Forschungsstand in Hinblick auf die Neutralität beim Sprechen untersucht. Am Ende folgt eine Differenzierung der bisherigen Parameter sowie eine Hilfestellung für das Einsprechen von Audiodeskriptionen. Dem Sprecher wird eine Möglichkeit aufgezeigt, wie er sich über einen bestimmten Gestus einen situativen Rahmen schaffen kann, in dem er die Stimme etwas emotional einfärben kann, ohne die tendenziell „neutrale" Wirkung zu verlieren, da er den Fokus auf den Inhalt und den Akt des Informierens legt.

2 Audiodeskription – Eine Begriffserklärung

Die deutsche Hörfilm e.V. hat den Begriff „Audiodeskriptionen" treffend als das „hörbare Beschreiben von visuellen Eindrücken" (http://www.hoerfilmev.de/index.php?id =117, letzter Zugriff am 07.01.2015) definiert. Zusätzliche akustische Bildbeschreibungen ergänzen ausschließlich visuelle Eindrücke. Diese finden vor allem beim Medium Film Anwendung und ermöglichen ein besseres Verständnis für blinde oder sehbehinderte Menschen, die die Zielgruppe und die Rezipienten von Audiodeskriptionen sind. Laut der Deutschen Hörfilm GmbH nutzen 80% von ihnen Fernsehen als Informations- und Unterhaltungsmedium (www.hoerfilm.de, letzter Zugriff am 07.01.2015). Das Ziel von Audiodeskriptionen ist es also, das Verständnis der Handlung zu unterstützen, um einen barrierefreien Zugang zu Filmen und Serien zu ermöglichen. Hierfür dient ein ergänzender, beschreibender Text, der sich auf den Ort und die Zeit der Handlung, beteiligte Personen sowie deren Verhalten, Gestik und Mimik bezieht und möglichst in den Dialog- und Geräuschpausen des Films gesprochen werden sollte. In Kombination mit den Dialogen und den Geräuschen sowie der Musik bezeichnet man die Audiodeskription auch als Hörfilm (Jüngst 2010, S. 103-104). Seit dem Behindertengleichstellungsgesetz von 2002 gibt es immer mehr Filme, Serien und Dokumentationen, vor allem in den öffentlich-rechtlichen Fernsehanstalten, die mit einer Audiodeskription versehen sind. Somit bildet der Bereich der Audiodeskriptionen sowohl für freiberufliche Sprecher als auch für Sprecherzieher ein wachsendes und interessantes Arbeitsfeld.

3 Audiodeskriptionssprecher – Erwartungen v. Blinden

Im Rahmen einer Studie (Hanselmann 2014) diskutierten Blinde und Sehbehinderte gemeinsam darüber, wie ein Audiodeskriptionssprecher sprechen sollte. Das Ergebnis zeigte auf, dass zwei wesentliche Aspekte in Bezug auf den Audiodeskriptionssprecher im Vordergrund stehen: „Der Sprecher soll ganz normal sagen, was er sieht" und dabei „neutral" sein. Der Aspekt der Neutralität nimmt somit einen großen Stellenwert ein, denn die zu sehenden Personen, Gegenstände, sowie die Handlung sollen neutral und sachlich beschrieben werden. Der Sprecher sollte dabei nicht „schauspielern", also weder gefühlsbetont sprechen noch seine Stimme verstellen. Im Vordergrund sahen die Befragten eindeutig die Vermittlung des Inhalts, so dass sie der Situation und der Geschichte des Films oder der Serie folgen können. Des Weiteren sollte der Audiodeskriptionssprecher nicht kommentieren und nicht bewerten, sondern vielmehr objektiv beschreiben. „Durch diese natürliche Sprechweise", so die Rezipienten, „werde der Film durch den Sprecher weder verändert oder beeinflusst, noch manipuliert" (vgl. Hanselmann 2014). Dadurch sei gewährleistet, dass dem Hörer genügend Raum für seine eigene Interpretation und Vorstellungen gegeben wird. Würde der Sprecher mit zu vielen Emotionen sprechen, so würde er dem Hörer eine Interpretation dessen aufdrücken, was zu sehen ist. Ein häufig verwendeter Begriff in diesem Zusammenhang ist der des „Kopfkinos", d. h. es soll im Kopf des Zuhörers ein eigenes, lebendiges Bild entstehen. Die Imagination wird dabei weniger beeinflusst, wenn die Stimme tendenziell neutral ist. Der ausdrückliche Wunsch der Blinden und Sehbehinderten war es also, nur eine Beschreibung dessen zu bekommen, was sie nicht sehen, ohne dabei in ihrer Vorstellungskraft beeinflusst zu werden. Die Blinden und Sehbehinderten grenzten den Begriff der „Neutralität" dahingehend ein, dass der Sprecher jedoch nicht in ein monotones Sprechen verfallen sollte. Wäre dies der Fall, so würde die Lust zum Zuhören abnehmen. Dementsprechend sollte das Gesagte ansprechend klingen und Lust auf mehr machen. Über den Aspekt, wie weit ein Sprecher sich vom Film beeinflussen lassen dürfte, wurde ebenfalls diskutiert. Eine kleinere Gruppe der Blinden und Sehbehinderten hatte ein weniger enges Verständnis von „neutral". Sie sagten, dass es auch in Ordnung sei, wenn sich der Sprecher situationsbedingt an die jeweilige Situation des Filmes anpasse. Darunter verstanden sie, dass sich der Sprecher an die Spannung sowie die Geschwindigkeit des Films oder einzelner Szenen minimal im Sprechen anpassen könnte. Dieser Ansicht wollte sich nach langer Diskussion allerdings nur eine Minderheit anschließen. Die Mehrheit bestand darauf, dass der Sprecher sachlich und neutral bleiben sollte. Auch wenn dieser Aspekt nur von einer kleineren Gruppe geäußert wurde, solle dieser im Gesamtergebnis der wissenschaftlichen Arbeit nicht unbeachtet bleiben. Somit wurde das Kriterium, dass ein Sprecher „Spannungen gegebenenfalls halten oder ausgleichen sollte." (Hanselmann 2014) mit aufgenommen. Beispielsweise soll der Sprecher gemäß der Befragten bei einem Actionfilm, der ein schnelles Tempo aufweist, ein schnelleres Sprechtempo wählen. Analog dazu solle er bei einer traurigen Szene, nicht nur dem Tempo, sondern auch der Stimmung des Films sprecherisch folgen. Auf diese Weise wird der Hörfilm zu einem Gesamterlebnis. Der Hörer setzt also gewisse Grenzen, welche jedoch nicht als fix zu sehen sind, sondern als Raum, indem sich der Audiodeskriptionssprecher situationsbedingt Freiräume nehmen kann. Zusammenfassend lässt sich sagen, dass der Aspekt der neutralen Sprechweise bei der Rezipientengruppe zwar im Vordergrund steht, jedoch nicht absolut zu sehen ist, da ein gewisser Grad an Interpretationsspielraum gegeben sein sollte. Dies begründet sich vor allem durch die divergierenden, subjektiven Sichtweisen und Vorlieben der Blinden.

4 Forschungsstand – Neutralität in Audiodeskriptionen

Die bisherige Fachliteratur in Bezug auf Audiodeskriptionen beschäftigt sich vorwiegend mit wissenschaftlichen Themen, etwa wie ein Audiodeskriptionstext aus linguistischer Sicht zu schreiben ist oder wie die Audiodeskription entstanden ist. Wie ein Sprecher sprechen sollte, wird hingegen oft nur angerissen. Hierbei liegt der Schwerpunkt bei der Wirkung des Endprodukts und in diesem Zusammenhang auch bei der Wirkung des Sprechers. Bei fast allen Publikationen, die auf das Sprechen eingehen, ist der Begriff der Neutralität zu finden. Meistens handelt es sich bei den Beschreibungen nur um wenige Sätze, die im Folgenden zitiert werden. In Heike Elisabeth Jüngst 2010 veröffentlichten Artikel in „Audiovisuelles Übersetzen" behandelt sie nur kurz den Sprechstil und das Thema inwieweit der Audiodeskriptionssprecher neutral, emotional involviert oder prominent sein sollte:

> „Der neutrale Sprecher ist der typische, ursprüngliche Audiodeskriptionssprecher. Er gehört nicht zu den Schauspielern, die in dem Film auftreten. Die Stimme ist klar und deutlich wie die eines Nachrichtensprechers, nicht dialektal verfärbt. Der Vortragsstil ist zwar prosodisch klar gegliedert, aber frei von Emotionen." (vgl. Jüngst 2010, S. 118).

Auch Ulla Fix und Henrike Morgner vergleichen in ihrem Artikel zum Thema „Narration im Hörfilm – Theorie und Analyse" den Audiodeskriptionssprecher mit einem Erzähler, der möglichst neutral und kommentarlos bleiben soll (Fix/Morgner 2005, S. 119). Durch die neutrale Sprechweise könne sich der Rezipient einer Audiodeskription, so Fix und Morgner, besser in die Situation hineinversetzen und fühle sich so, als ob er vor Ort des Geschehens sei. Der Zuhörer wird somit nicht von der Emotionalität des Sprechers beeinflusst, sondern kann seine eigene Imaginationsfähigkeit entfalten. Dies wurde bereits durch die Blinden und Sehbehinderten bestätigt (s.o.). Ebenfalls im Gespräch mit den Blinden und Sehbehinderten stellte sich heraus, dass sich manche einen Sprecher wünschen, der abhängig vom Film oder des Genres der Spannung des Films folgt und dies bedingt in der Sprechstimme hörbar macht. Diesen Aspekt greift auch Marion Weißbach in ihrem Kapitel „Audiodeskription", welches in „Filmübersetzung" 2012 veröffentlicht wurde, auf. Auch sie verwendet dabei den Begriff „neutral":

> „Viele Zuschauer wünschen sich einen neutralen und diskreten Beschreiber, andere wiederum befürworten eine lebendige Beschreibung und „den Einsatz von Sprechern, die mit dem Handlungsverlauf des Films entsprechend mitgehen" (Hörfilm e.V., Rubrik Entstehung der Hörfilme).

> „Ob der Sprecher oder inwieweit er nun durch seine Stimme das Gesprochene werten soll, wird bei jedem Film individuell entschieden. Bei Komödien und Kinderfilmen bietet sich oftmals eine emotionale Beschreibung an. Allgemein wird jedoch beispielsweise auch bei Krimis oder Dramen vorzugsweise die neut-

rale Variante gewählt. Das Hauptkriterium für die Wahl der Sprechweise ist dabei, dass die Beschreibung und der Film im Einklang zueinander stehen." (Weißbach 2012, S. 359).

Die einzige Publizistin, die nicht den Begriff „neutral" verwendet, ist Hannelore Poethe. Sie beschreibt in ihrem Artikel „Audiodeskription – Entstehung einer Textsorte" das Sprechen als ein

> „sachbetonte[s] Informieren durch Beschreiben von Vorgängen und Handlungen, Situationen, Orten und Personen, was aber erlebnisbetontes Informieren, Wiedergeben von Eindrücken durch die meist als „Schildern" bezeichnete Sprachhandlung nicht völlig ausschließt."(Poethe 2005, S. 46-47).

Ihrer Meinung nach sollte die

> „Sprechweise für den Audiodeskriptionstext […] sachlich-informierend sein, d.h. kaum Variationen in der Klangfarbe der Stimme und der Sprechspannung, nur geringe Variationen in Tempo, Lautheit, Artikulationspräzision, flachere Melodiebögen, Akzent und Gliederung entsprechend den Regeln für die Sachaussage aufweisen. Damit hebt sich die Stimme des Sprechers deutlich von den Dialogstimmen und ggf. von der Erzählerstimme ab." (ebd.).

Dies erfüllt wiederum den Aspekt, dass der Zuhörer eines Hörfilms nicht zu sehr beeinflusst wird, sondern durch die Stimme lediglich eine Orientierung erhält und dem Film so folgen kann.

Das oberste Ziel ist also der Gesamteindruck des Hörfilms. Ein Sprecher sollte sich in den Film so einfügen, dass er nicht störend ist, sondern den Film ergänzt. Dies deckt sich mit den Aussagen von Blinden, die mit ihrer Forderung nach einem neutralen Sprecher eine klare Trennung zwischen dem Audiodeskriptionssprecher und den Filmschauspielern fordern (vgl. Hanselmann 2014). Die bestehende Fachliteratur bezieht sich, wie oben dargestellt, vorwiegend auf die Wirkung des Sprechers. In den meisten Publikationen ist hierbei von „neutral" die Rede. Wenn wir die sachlich-neutrale Sprechweise betrachten, so finden wir bei der Sprechwissenschaftlerin Kerstin Reinke folgende Definition:

> „Das Adjektiv sachlich bedeutet, dass man seine Aufmerksamkeit ohne persönliche Voreingenommenheit auf die Sache richtet, dass man sich objektiv (und nicht subjektiv) verhält. Die Synonyme zu diesem Lexem zeigen, dass mit der Bezeichnung sachlich meist die Abwesenheit von Emotionen gemeint ist…"

Weiter schreibt sie:

> „Auch in der sprechsprachlichen Kommunikation wird das Attribut sachlich verwendet, wenn gesprochene Texte hinsichtlich der erforderlichen und anzustrebenden Sprechweise […] charakterisiert werden (vgl. Glück 2000, Stichwort Textsorte). […] Auch frei gesprochene Äußerungen können das Attribut sachlich erhalten, wenn soziale bzw. kulturelle Normen dies vorgeben […] Ebenso kann in einem ansonsten nicht grundsätzlich sachlichen Text eine sachliche Sprechweise bewusst eingesetzt werden, um eine besonders abstandhaltende und emotionslose Einstellung des Sprechers (z.B. zum Inhalt) zum Ausdruck zu bringen." (Reinke 2010, S. 158).

Kerstin Reinke stellt also in ihrer Veröffentlichung der sachlich-neutralen Sprechweise die emotionale Sprechweise gegenüber. Aber nicht nur Kerstin Reinke, sondern auch andere Sprechwissenschaftler sprechen von sachlich-neutraler Sprechweise wie beispielsweise Ines Bose (Reinke 2010, S. 158). Also wird dieser Begriff auch von Sprechwissenschaftlern verwendet.

5 Sprechen von Audiodeskriptionen– Situativer Rahmen

In einer früheren Forschungsarbeit zum Thema Audiodeskription (Hanselmann 2014) wurden 15 Kriterien herausgearbeitet, die für den signifikanten Klang einer Audiodeskriptionsstimme verantwortlich sind. Diese sind das Ergebnis einer Forschungsarbeit, die auf Aussagen von Blinden und Sehbehinderten sowie auf mehrere Hospitationen von Audiodeskriptionsproduktionen beim ZDF sowie der Deutschen Hörfilm GmbH in Berlin basiert. Durch Gespräche mit Rezipienten von Audiodeskriptionen sowie dem Beobachten von professionellen Audiodeskriptionssprechern konnten wesentliche Aspekte, die ein Sprecher einer Audiodeskription beachten sollte, erfasst werden. Dabei ist zu berücksichtigen, dass die erarbeiteten Parameter nicht absolut zu sehen sind, sondern eine Orientierung geben, was ein Sprecher von Audiodeskriptionen beachten sollte. Vor allem der Aspekt, dass das Sprechen an sich ein sehr komplexer Vorgang und ganzheitlich zu verstehen ist, verdeutlicht, dass es schwierig ist, die Kriterien isoliert zu betrachten. So trägt beispielsweise eine „tendenziell sachliche, neutrale und distanzierte Beschreibungsweise" auch dazu bei, dass sich ein Sprecher „zurück nimmt und im Hintergrund hält". Nur das Zusammenspiel aller Parameter sowie darüber hinaus der Inhalt und die Gesamtaussage des Films, etc. spielen eine entscheidende Rolle für das Entstehen des Endprodukts. Somit sind die vorliegenden Kriterien ein Versuch, die einzelnen Parameter zu erfassen und sie ermöglichen es zudem, eine differenzierte Betrachtung einer guten Audiodeskription zu erhalten. Die Kriterien lassen sich in zwei große Gruppen gliedern. Zum einen die Parameter, die sich auf den Vorgang des Einsprechens von Audiodeskriptionen beziehen (1-11), zum anderen allgemeine Qualifikationen, die ein Sprecher mitbringen sollte (12-15):

1. Das Timing einhalten
2. Sachlich, neutral, distanziert und ohne Emotion beschreiben
3. Sich zurücknehmen und im Hintergrund halten
4. Variationsfähigkeit unter Berücksichtigung der Wahrung von Neutralität
5. Spannungen (abhängig vom Film) gegebenenfalls halten oder ausgleichen
6. Szenenwechsel hörbar machen
7. Das richtiges Maß an Präsenz am Mikrofon zeigen
8. Mit einem angenehmen Stimmklang sprechen
9. Mit einer deutlichen und verständlichen Aussprache sprechen
10. Mit Leichtigkeit sprechen

11. Eine abgelesene Sprechweise vermeiden
12. Routiniert vorbereiten
13. Reaktionsschnell handeln
14. Konzentriert arbeiten / hohes Maß an Konzentrationsfähigkeit haben
15. Ein ausgeprägtes Sprachgefühl besitzen

Aufbauend auf dieser Arbeit wurde eine weitergehende Untersuchung durchgeführt, um die Wirkung der einzelnen Punkte zu analysieren. Hierzu wurden Audiodeskriptionen von einer ausgebildeten Sprecherin im Studio in mehreren, unterschiedlichen und gegensätzlichen Varianten eingesprochen und später einem Zielpublikum vorgestellt. Um den Aspekt der Sachlichkeit besser herauszustellen, ist es beispielsweise möglich, eine Szene (1) sehr emotional bis dramatisch, (2) sachlich-neutral und (3) tendenziell gelangweilt zu sprechen. Die Wahl dieser drei Adjektive zeigt das Spannungsfeld auf, in dem das Adjektiv „sachlich-neutral" eingeordnet werden kann. In der aristotelischen Auffassung gibt es von einem positiven, anzustrebenden Zustand immer zwei Extreme, die einmal ein „zu viel" und ein „zu wenig" aufweisen (vgl. Flashar 2013). Aristoteles bezieht dieses Spannungsfeld auf die Tugenden und stellt beispielsweise die Tapferkeit zwischen Tollkühnheit („zu viel") und Feigheit („zu wenig"). Das gute Maß, den Mittelwert, gilt es nicht nur bei den Tugenden anzustreben, sondern auch bei der Sprechweise einer Audiodeskription. Die Extreme zeigen, dass sowohl eine zu starke Emotionalisierung als auch eine zu deutliche Distanz der Sprechweise negative Auswirkungen auf den Gesamteindruck „Hörfilm" haben. Als diese drei Varianten dem Publikum des Fachvortrags in Marburg vorgespielt wurden, war eine ähnlich Reaktionen bei den Zuhörern festzustellen. So war zu beobachten, dass die Zuhörern sowohl bei der dramatischen als auch bei der distanzierten Variante Reaktionen wie ein kurzes Auflachen oder ein Stirnrunzeln zeigten. Dies verdeutlicht, dass eine kurze Irritation auftrat oder ein Ausgleich von wahrgenommenen Spannungen stattgefunden hat. Das Publikum erläuterte später in der Diskussion, dass der Audiodeskriptionssprecher bei der emotionalen Variante stark in den Vordergrund trete und der Film sowie die Handlung in den Hintergrund rücke. Die Sprecherin hat also durch das „zu viel" an Emotionen vom Film abgelenkt und die Aufmerksamkeit auf sich gezogen. Bei der fast gelangweilt wirkenden Sprecherin fehlte den Zuhörern die Motivation, dem Film und der Handlung zu folgen. Somit überträgt sich die gelangweilte Haltung der Sprecherin auch auf die der Zuhörer. Die Kontrastierung der Sprechweisen zeigt also, dass nur ein gutes Maß einer neutralen-sachlichen Audiodeskription mit dem Film zusammen eine Einheit bildet, in der sich die zusätzliche Audiodeskriptionsstimme in den Film einfügt und das Gesamtergebnis Hörfilm ermöglicht. Doch ungeklärt bleibt die Frage, ob ein Sprecher vollkommen neutral sein kann oder wie es ihm gelingt, eine neutrale Wirkung zu erzielen. Nach Geißner lässt sich mit Hilfe der sogenannten W-Fragen jede Situation näher beschreiben: Wann passiert die Szene? Wer ist beteiligt? Warum und wozu handeln die betroffenen Personen? Egal, ob im Alltag, beim Schauspielen oder beim Sprechen von Texten befindet sich jede handelnde und sprechende Person in einem situativen Kontext und kann damit nie ausschließlich neutral sein. Geißner nimmt dieses Modell als Basis jeglicher Kommunikation. Annette Lepschy und Thomas Grießbach kombinieren in ihrem Buch „Rhetorik der Rede" (Grießbach/Lepschy 2015, S. 38-40) die Faktoren der Sprechsituation mit dem des Organonmodells:

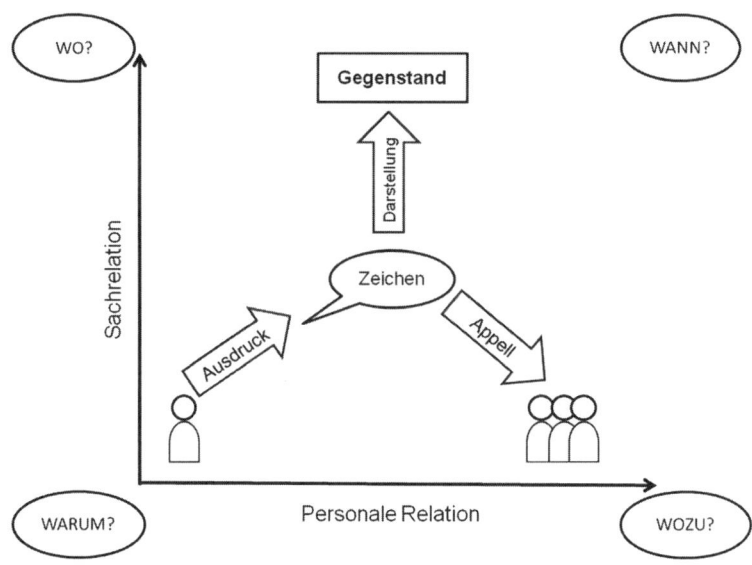

Abbildung 1: Faktoren der Sprechsituation (nach Grießbach und Lepschy 2015)

Eine Sprechsituation lässt sich immer durch eine örtliche und zeitliche Angabe sowie einem Anlass und einem Ziel definieren. Diese vier Aspekte bilden somit den Rahmen einer Situation, die durch die vier Aspekte Zeit (Wann?), Ort (Wo?), Anlass (Warum?) und Ziel (Wozu?) gesteckt werden. Wenn eine Person mittels Zeichen (also beispielsweise mittels Sprache oder dem Körperausdruck) mit einer oder mehreren Personen über einen Gegenstand wie beispielsweise ein Gesprächsthema kommuniziert, so kann eine Person drei Ziele verfolgen: Erstens sie kann ihre Meinung in Form eines Ausdrucks kundtun, zweitens sie kann eine andere Person mit einem Appell veranlassen oder überzeugen, etwas zu tun oder sie kann drittens den Gesprächspartner informieren, indem sie den Gegenstand sachlich darstellt. Auf der personalen Relation ist nun entscheidend, welche Personen miteinander kommunizieren (also wer mit wem? spricht). Hierbei kann es zu unterschiedlichen Konstellationen kommen. Beispielsweise kann es dazu führen, dass ein Gespräch zwischen Personen mit unterschiedlichem Status anders geführt wird als ein Gespräch zwischen gleichgestellten Partnern. Die Sach-

relation entscheidet maßgeblich über das „Was?", also den Inhalt, über den gesprochen wird. Abhängig von Anlass und Ziel kann der Sprecher an sein Gegenüber appellieren, eine eigene Meinung kundtun oder den anderen informieren. Je
nachdem, welcher Aspekt in den Vordergrund rückt und wie die beiden Personen
zueinander stehen, verändert sich das „Wie" des Sprechens; d. h. auf welche Art
und Weise der Sprecher seine Sprechweise bewusst oder unbewusst wählt. Auf
Basis dieses Situationsmodells kann der Sprecher also den Sachgegenstand in
den Vordergrund setzen, d. h., dass der Sprecher den Akt des Informierens in den
Vordergrund rückt. Durch die übrigen Faktoren wird seine Sprechweise beeinflusst, so dass genaugenommen kein emotionales Sprechen möglich ist. Übertragen auf den Audiodeskriptionssprecher bedeutet dies, dass der Audiodeskriptionssprecher als Gegenüber immer den Blinden und Sehbehinderten anspricht,
der womöglich zu Hause in seinem Sessel sitzt und dem Hörfilm lauscht, um
barrierefrei das Medium Film zu nutzen. Der Anlass des Sprechens ist das Ergänzen der Audiospur durch einen Text, der alles das, was nur visuell sichtbar
ist, erklärt und somit den Film und den Kontext der einzelnen Szenen einem
Blinden erschließbar macht. Das verfolgte Ziel ist es darum, dass der Blinde oder
Sehbehinderte den Film hören und ihm in seiner Gesamtheit inhaltlich folgen
kann. Auf der Sachebene erhält der Rezipient also alle notwendigen Informationen. Der Fokus der vorliegenden Kommunikationssituation liegt somit auf der
Sachrelation, also dem Informieren über den Gegenstand. In anderen Worten,
liegt die Aufmerksamkeit eher auf dem „Was" des Gesagten als auf dem „Wie".
Der Inhalt wird dabei in den Vordergrund gestellt, damit die Geräusche des
Films sowie alles Unhörbare in einen verständlichen Kontext gebracht werden.
Dieses Informieren geht in die Richtung von Nachrichtensprechen, aber unterscheidet sich darin, dass sich beim Nachrichtensprechen die Stimme weder auf
zusätzliche Geräusche noch auf die Filmmusik oder Dialogpausen einstellen
muss. Durch die Tatsache, dass der Audiodeskriptionssprecher das Gesagte in
den Dialogpausen sprechen muss und dabei von der Musik oder des Tempos des
Films beeinflusst wird, kann es vorkommen, dass sich unbewusst die Stimme
dem Film oder der Szene anpasst. Trotzdem bleibt dabei der Fokus des Informierens im Vordergrund. Daraus ergibt sich eine interessante Erkenntnis. Die Erweiterung des Situationsmodells durch Einteilung in Sachrelation und personale
Relation kann der Sprecher für seine Sprechweise nutzen. Statt der neutralen
Sprechweise kann der Sprecher einen bestimmten Gestus verwenden und somit
das Gesagte situativ in einen Kontext zu stellen. Unter Gestus beschrieb Bertolt
Brecht unter anderem:

> „Aussagen, welche ein Mensch an einen oder mehrere Menschen richtet. Der
> Gestus wird durch die Kommunikationssituation und die sich durch sie erge-
> benden Handlungsziele hinsichtlich eines oder mehrerer Kommunikations-
> partner bestimmt und ergibt sich aus der gedanklichen und emotionalen Einstel-
> lung, die zwingend zu einer ganzkörperlichen Haltung und der an sie gebunde-
> nen sprechsprachlichen Äußerung führt" (Schmidt 2010, S. 161)

Beispielsweise kann der Audiodeskriptionssprecher beim Sprechen die Absicht verfolgen, dem Blinden oder Sehbehinderten, den Film zu beschreiben. Er nimmt dabei eine informierende Haltung ein. Beim Sprechen kann er folgenden Subtext, also die zugrunde liegende Botschaft, die über den Stimmklang und die jeweilige Betonung vermittelt wird, denken und somit auch hörbar werden lassen. Ein geeigneter Subtext, also ein unausgesprochener, aber hörbar gemachter Unterton, für den Schauspieler könnte sein: „Das, lieber Blinder, würdest du jetzt sehen." oder „Ja genau, das ist hier zu sehen." oder „Genau, so ist es.". Der Audiodeskriptionssprecher sollte diesen Grundgestus beim Sprechen von Audiodeskriptionen beachten und den Fokus immer auf die Informationsweitergabe legen. Mittels des informierenden Gestus wird die Sachrelation in den Vordergrund gerückt. Durch den informativen Schwerpunkt ist es dem Schauspieler nun möglich, sich vorwiegend informierend an das Gegenüber, also den Blinden oder Sehbehinderten, zu wenden, aber trotzdem in einer gewissen Art der jeweiligen Situation der Szene zu folgen, um sich somit in das Gesamtkunstwerk Hörfilm einzufügen. Denn es ist ganz natürlich, dass sich ein Sprecher, wenn er den Film sieht oder wenn er den Text liest, nicht vollständig emotional abkoppeln kann. Nahezu jeder Impuls, den wir Menschen empfangen, wird vom Gehirn verarbeitet. Wird ein Mensch beeinflusst und sei es nur minimal, so ist dies auch in der Stimme sowie der Sprechweise zu hören. Durch den Gestus, der in den Vordergrund gerückt wird, kann der Fokus von der Emotionalität auf die Sachebene verlagert werden. Mit dieser Technik erreicht der Sprecher, dass er zwar tendenziell „neutral" klingt, aber sich innerhalb einer Situation einen sachlichen Rahmen schafft, in dem er sprechen und auch geringfügig werten kann. Die Zuhörer werden dabei in den meisten Fällen einen „neutralen" Sprecher hören.

6 Fazit und Ausblick

Blinde und Sehbehinderte sowie Personen, die sich mit Audiodeskriptionen beschäftigen, fordern häufig vom Sprecher eine „neutrale Sprechweise". Da sich jedoch jeder Mensch, wie das Situations- und Organon-Modell verdeutlicht, immer in Situationen befindet, in denen wir mindestens ein Gegenüber und eine Absicht sowie einen Grund haben, kann es eine reine Neutralität nicht geben. Zu einem gewissen Teil wird ein Sprecher bewusst oder unbewusst vom Dialog, der Musik oder dem Gesamtzusammenhang des Films emotional beeinflusst und wird somit nie vollkommen neutral sein können. Um den emotionalen Anteil beim Sprechen gering zu halten, empfiehlt es sich, den Schwerpunkt auf die sachliche Darstellung des Inhalts zu verlagern und den Gestus des Informierens zu wählen. Dadurch rückt der Inhalt des Gesprochenen, also die Sachebene, in den Vordergrund, ohne dass die Ansprechhaltung oder der Kontakt zum Gegenüber verloren geht. Im Hinblick auf die Parameter, die ein Audiodeskriptionssprecher beachten sollte, empfiehlt es sich also, den Aspekt der neutralen Sprechweise zu relativieren und etwas abzuschwächen: „Möglichst sachlich neutral, distanziert und ohne Emotion beschreiben" oder die Verwendung des Adjektivs „neutral" ganz zu vermeiden. Am Ende steht immer das Gesamtkunstwerk Hörfilm im Vordergrund, wie es bereits die deutsche Hörfilm GmbH auf ihrer Homepage veröffentlicht hat: „Eine gute Audiodeskription ist, wenn der Sprecher sich in das Filmgeschehen so gut einfügt, dass man ihn im Verlaufe des Films nicht mehr als Zusatz empfindet, sondern als Bestandteil des Films." (http://www.hoerfilmev.de/index.php?id=146&HPSESSID=26849abbe45cb72ab 29ef593, letzter Zugriff am 20.03.2014)

In der Sprechwissenschaft gibt es in Hinblick auf Audiodeskriptionen noch viele weitere Forschungsbereiche. Zukünftig wird die Anzahl der Audiodeskriptionen im Fernsehen, sei es bei den öffentlich-rechtlichen Fernsehanstalten oder bei privaten Fernsehsendern, immer weiter steigen und so die Welt für Blinde und Sehbehinderte barrierefreier gestalten. Dabei lässt sich ein Trend, weg vom Berufssprecher und hin zum Einsprechen durch den Verfasser der Audiodeskription beobachten. Diese Tendenz zeigt sich insbesondere bei kleinen Beiträgen in den Nachrichten oder sonstigen Sendungen. Die Redakteure sprechen ihre Beiträge heutzutage meist selbst ein. Neben den Berufssprechern, die sich auf diesem Gebiet spezialisiert haben, gibt es somit ein neues Feld für Coaching-Möglichkeiten, für das die aufgestellten Kriterien kombiniert mit dem informierenden Gestus ein wichtiger Anhaltspunkt sind.

Literatur

Bose, I. (2001): Methoden der Sprechausdrucksbeschreibung am Beispiel kindlicher Spielkommunikation. Gesprächsforschung in Online-Zeitschrift zur verbalen Interaktion (ISSN 1617-1837), Ausgabe 2, Seite 262-303.

Flashar, H. (2013): Aristoteles – Lehrer des Abendlandes. München.

Grießbach, T./Lepschy, A. (2015): Rhetorik der Rede. St. Ingbert.

Hanselmann, M. (2014): Sprecherische Anforderungen bei Audiodeskriptionen (Darstellung der verschiedenen Parameter anhand einer ZDF-Produktion), Staatliche Hochschule für Musik und Darstellende Kunst, Stuttgart. (unveröffentlichte Abschlussarbeit)

Hanselmann, M. (2015): Audiodeskription – Hörfilm für Blinde – Sprecherische Anforderungen. In: Sprechen, Hrsg.: R. Wagner, Heidelberg.

Jüngst, H. E. (2010): Audiovisuelles Übersetzen. Ein Lehr- und Arbeitsbuch. Tübingen.

Krämer, S. (2003): Negative Semiologie der Stimme. Reflexionen über die Stimme als Medium der Sprache, http://www.gespraechsforschung ozs.de/heft2001/ga-bose.pdf, letzter Zugriff am 01.03.2016.

Reinke, K. (2008): Zur Wirkung sachlich intendierter Sprechweise bei Deutsch sprechenden Russen. In: Hallesche Schriften zur Sprechwissenschaft und Phonetik. Frankfurt am Main.

Schmidt, V. (2010): Gestisches Sprechen. In: Lektionen 4 Schauspielen Ausbildung, Theater der Zeit, Berlin, S.158-168.

Weißbach, M. (2012): Audiodeskription und Hörfilme, in: Panier, A./Brons, K./ Wisniewski, A./Weißbach, M. (Hrsg.): Filmübersetzung – Probleme bei Synchronisation, Untertitelung, Audiodeskription. Frankfurt am Main.

http://www.hoerfilmev.de/index.php?id=117, letzter Zugriff am 07.01.2015
http://www.hoerfilm.de, letzter Zugriff am 07.01.2015
http://www.hoerfilmev.de/index.php?id=146&PHPSESSID=26849abbe45cb72a b29ef59, letzter Zugriff am 20.03.2014

CLARA LUISE FINKE

„Haben Sie eigentlich heute an den Weltunter-gangstag geglaubt?" – Radio-Moderationen im Sendervergleich

1 Zur Relevanz und Funktion von Radio-Moderationen

Radiohören ist Teil einer Alltagskultur – es gehört für viele Menschen zum Tag und begleitet sie durch verschiedene Situationen und Stimmungen. Allein in Deutschland gibt es mehr als 400 verschiedene Radiosender. Die meisten Menschen haben (einen oder mehrere) Lieblingssender oder wissen, welchen Sender sie auf keinen Fall hören wollen. Für die Wiedererkennbarkeit und Akzeptanz eines Programms spielt insbesondere die Moderation eine entscheidende Rolle. Denn die ModeratorInnen sind die „Stimme des Senders bzw. der Sendung". Sie verleihen Identität und Individualität. In diesem Spannungsfeld zwischen Sender-identität und ModeratorInnen-*Personality* befinden sich auch die an sie gestellten Anforderungen: Zum einen sollen die ModeratorInnen die Programm-Identität repräsentieren und damit die Wiedererkennbarkeit des Programms garantieren. Dabei soll die erzeugte Senderidentität den Nerv des Zielpublikums treffen, d. h. Hörernähe hergestellt werden. Zum anderen sollen die Moderato-rInnen unverkennbar sein und auf möglichst individuelle Weise zwischen Programm und HörerInnen vermitteln. Dazu gehört auch, mit ihrem Sprach- und Sprechstil das Zielpublikums zu erreichen. Sie sollen eine Atmosphäre der direkten Kommunikation simulieren und tatsächliche Hörerbeteiligung ermöglichen.

2 Aktuelle Untersuchung zu Radio-Moderationen

Die akademische Wissenschaft hat sich dem Medium Radio verhältnismäßig wenig gewidmet. Es existieren vorrangig Studien zur Programmstruktur oder zu Radioformen und -konzepten, die meist im Auftrag verschiedener Sendeanstalten durchgeführt wurden (vgl. z. B. Bucher/Klingler/Schröter 1995, Volpers/Salwiczek/Schnier 2003 oder Schorb/Hartung 2003). In den bisherigen Forschungsarbeiten zum Wortanteil im Radio wurden vor allem inhaltsanalytische Untersuchungen mit den Schwerpunkten Verständlichkeit des (Nachrichten) Sprachstils und Beurteilung journalistischer Qualität durchgeführt (vgl. z. B. Bose/Schwiesau 2012 oder Spang 2006). Zudem existieren einige wenige Rezipientenbefragungen zu Nutzungsgewohnheiten und -motiven (vgl. z. B. Vowe/Wolling 2004 oder Lindner-Braun 1998). Weitaus größer ist die Anzahl anwendungsorientierter Publikationen, sogenannter Ratgeber. Produktanalysen, insbesondere zur (zielgruppenspezifischen) Umsetzung sowie zum ästhetischen Erscheinungsbild von Radio-Moderationen im Sendervergleich, sind bisher kaum vorhanden. Ebensowenig wurden methodische Instrumente zur systematischen Erfassung und differenzierten Beschreibung entwickelt.

Hier setzt eine aktuelle Forschung an, in der analysiert wird, wie die ModeratorInnen in Morgensendungen verschiedener Sender konzeptionell-strukturell, sprachlich und stimmlich-sprecherisch in dem oben beschriebenen Spannungsfeld aus Senderidentität und Moderatoren-*Personality* agieren (vgl. Finke 2012). Dazu wurde vom 18. bis 24. Dezember 2012 ein themengebundenes Korpus von Radio-Morgensendungen erhoben (60 Sender aus Deutschland, Österreich und der Schweiz, jeweils an 5 Werktagen, Primetime zwischen 7 und 9 Uhr, insg. über 550 Stunden Sendezeit; vgl. ausführlich Finke 2014). In allen mitgeschnittenen Sendungen wird über gleich zwei gesprächswerte Themen geredet: über Weihnachten und Weltuntergang (gemeint ist das Ende des Mayakalenders am 21.12.2012). Anhand dieser beiden Themen ist nun ein Sendervergleich möglich. Die Analyse orientiert sich dabei an folgenden Fragen, die die Anforderungen an die ModeratorInnen (s. Kapitel 1) in den Fokus stellen:

- Wie gehen die ModeratorInnen mit den beiden Themen um?
- Worin unterscheidet sich die Themenaufbereitung bei den verschiedenen Sendern (und was bedeutet das für die jeweils anvisierte HörerInnen-Zielgruppe)?
- Welche ModeratorInnen-*Personalities* werden inszeniert?
- Inwiefern tragen die ModeratorInnen damit zu einer Herstellung bzw. Umsetzung der geforderten Senderidentität bei?

3 Exemplarische Analyse am Beispiel „Weltuntergang"

Für diesen Aufsatz wurde das Thema „Weltuntergang" herausgegriffen. Anhand dessen wurden die Aufnahmen von zwölf Sendern vom 21. Dezember 2012 (dem Tag des angeblichen Weltuntergangs) analysiert. Es handelt sich um die zwölf meistgehörten deutschen Sender im Korpus (vgl. AGMA 2012 und Schröder 2012), die alle einen Schwerpunkt auf der Musik haben (d. h. der Musikanteil liegt bei etwa 70%, der Wortanteil bei etwa 30% der Sendung). Die durchgeführte Analyse umfasst zwei Schritte: Zunächst wurde ermittelt, wie oft das Thema Weltuntergang in den Sendungen behandelt wird, d. h. wie viel Raum das Thema jeweils einnimmt. Die Berechnungen wurden im Analyse-Programm PRAAT (vgl. Boersma/Weenink 2010) vorgenommen und werden hier tabellarisch zusammengefasst dargestellt (s. Kapitel 3.1). Anschließend wurden auf Basis dieser Ergebnisse zwei Sender herausgegriffen und miteinander verglichen (s. Kapitel 3.2). Durch den Vergleich wird im zweiten Analyseschritt nun zum einen sichtbar, wie die ModeratorInnen der beiden Sender jeweils mit dem Thema Weltuntergang umgehen (welche Aspekte des Themas werden herausgegriffen, wer äußert sich zu welchem Themenaspekt etc.). Zum anderen zeigen die Analyse-Ergebnisse, wofür die ModeratorInnen das Thema Weltuntergang in Hinblick auf die oben genannten ModeratorInnen-Anforderungen nutzen (Herstellen von Nähe und Hörerkontakt, Festigen der ModeratorInnen-*Personality*, Repräsentieren der Senderidentität etc.). Die Audiodateien zu den Beispieltranskripten in Kapitel 3.2 sind online zu hören unter: http://www.sprechwiss.uni-halle.de/publikationen/materialien/. Die Verschriftung in den Beispieltranskripten erfolgte nach GAT 2 (vgl. Selting et al. 2009).

3.1 Themenumfang

Die Ergebnisse des ersten Analyseschritts zeigen, dass bei allen zwölf analysierten Sendern über den Weltuntergang gesprochen wird[1]. Es bestätigt sich also, dass es sich um ein gesprächswertes Thema handelt. Unterschiede zeigen sich jedoch beim Umfang. Wie in Tabelle 1 dargestellt, liegen (bezogen auf die Gesamtaufnahme) die jeweiligen Extrempole bei 1% (Sender 17) und bei 12% (Sender 3).

Sender	01	02	03	05	06	07	08	12	13	14	15	17
in Min.	9	13	16	5	3	4	5	11	2	12	8	1
in %	7	10	12	4	2	3	4	8	2	9	6	1

Tabelle 1: Umfang des Themas in den Gesamtaufnahmen

Betrachtet man den Themenumfang ausschließlich innerhalb der Moderationen, so verschiebt sich das Ergebnis ein wenig. Die Extrempole liegen nun bei folgenden Sendern (s. Tabelle 2): Am meisten über das Thema Weltuntergang gesprochen wird bei Sender 2 (69%); bei Sender 6 (4%) wird am wenigsten darüber gesprochen.

Sender	01	02	03	05	06	07	08	12	13	14	15	17
in Min.	5	9	7	3	0,4	2	4	5	1	1	5	0,4
in %	29	69	33	20	4	17	21	45	10	10	24	8

Tabelle 2: Umfang des Themas in den Moderationen

---

[1] Anm.: auch bei allen anderen Sendern des Korpus ist dies der Fall.

Ein Blick auf die anvisierten Zielgruppen der jeweiligen Sender zeigt, dass sich die Sender des einen Extrempols klar von den Sendern des anderen Extrempols unterscheiden. Die Sender 2 und 3 senden für eine jüngere Zielgruppe im Alter von 14 bis 29 Jahren (Sender 2) bzw. 14 bis 49 Jahren (Sender 3). Das Musikformat *CHR* (= *Contemporary Hit Radio*) bedient ausschließlich aktuelle Musik aus den Charts (Sender 2). Das Musikformat *AC* (= *Adult Contemporary*) spielt neben aktuellen Hits aus den Charts auch die besten Rock- und Popsongs der vergangenen Jahrzehnte (Sender 3; ausführlicher zu den einzelnen Musikformaten vgl. Kleinsteuber 2012, S. 185; Karepin 2011, S. 14; Rau 2008, S. 219; Raff 2007, S. 30). Die Sender 6 und 17 senden hingegen für eine ältere Zielgruppe im Alter von „40 Jahren plus" (Sender 6) bzw. „50 Jahren plus" (Sender 17). Das Musikformat bedient die Musikrichtungen Schlager und Oldies (Sender 6) sowie DOM (= deutsch-orientierte, melodiöse Musik; Sender 17). Aus diesem Ergebnis lässt sich die Hypothese ableiten, dass das gesprächswerte Thema Weltuntergang für das jüngere Publikum genutzt wird, um für Unterhaltung zu sorgen. Für die ältere Zielgruppe hingegen scheint es aus Sicht der Sender dagegen nicht zu passen bzw. nicht relevant zu sein.

3.2   Qualitativer Vergleich zweier Sender

Für den zweiten Analyseschritt, die exemplarische qualitative Analyse, wird jeweils ein Sender der beiden Extrempole herausgegriffen: es handelt sich hierbei um die beiden Sender, bei denen es innerhalb der Moderationen am häufigsten bzw. am wenigsten um den Weltuntergang geht.

Sender 2
Bei Sender 2 ist der Weltuntergang ständig Thema. Die folgenden vier Beispiele zeigen, dass das Thema im Sinne der ModeratorInnen-Anforderungen vielfältig eingesetzt wird. In Beispiel 1 findet eine **Selbstpositionierung** statt: nach dem *Show Opener* nutzt der Moderator (M1) das Thema um darzustellen, dass er Humor und eine positive Lebenseinstellung hat. Seine Ko-Moderatorin (M2) stellt eine „klassische" weibliche *Sidekick*-Moderatorin dar, die M1 bei dessen Selbstpositionierung unterstützt, indem sie lacht und das, was er macht, prinzipiell toll findet. Durch ihre Art gibt sie „dem Moderator eine Tiefe" und „mehr Personality" (Schwabeneder 2009, S. 145; vgl. außerdem La Roche/Buchholz 2013, S. 67). Hier (s. Transkript 1) beschreibt sie lachend den Kinder-Pullover mit weihnachtlichem Motiv, den M1 zum Tag des Weltuntergangs trägt (Z037-045). M1 kommentiert ihre Beschreibung belustigt (Z040 und Z046-047) und macht damit deutlich, dass er sich selbst nicht immer ernst nimmt. Er verwendet dabei einen patronisierenden Sprechstil, als spreche er mit einem Kind oder jedenfalls nicht mit einem ebenbürtigen Partner (secondary baby talk; vgl. Sachweh 2000). Zusätzlich rahmt er die Pullover-Beschreibung von M2 mit einer Einleitung, in der er explizit auf seine positive Lebenseinstellung verweist (Z032), sowie mit einem erklärenden Nachsatz, in dem er erneut betont, dass

seine Kleiderwahl ihn zu einer *Personality* macht, die Humor hat, gelegentlich
etwas verrückt ist und sich mit ihrem (oft überdrehten) Verhalten aus allem einen
großen Spaß macht (Z047-048).

```
028   EV:   Musikbett                                           118.800
029   M1:   also GEHT die welt nun UNter, |
030         GEHT sie NICH unter- |
031         JA, ||
032         °h ICH hab HEUT n äh LEbensbejahenden
            PULli an, ||
033         [LIsa beSCHREIB den] mal, ||
034   M2:   [hehehe          ]
035   M1:   ja, |
036         was hab ich AN, ||
037   M2:   er ist BLAU:, |
038   M1:   (hm/jo)
039   M2:   daRAUF ist ein SCHNEEmann zu SEHen, |
040   M1:   <<Kopfstimme>J:A: ||>
041   M2:   UND-
042   M1:   (guck der) (...); ||
043   M2:   °h der SCHAL is <<lachend>sogar
            drei DE; ||>
044         <<lachend>HE; |
045         der ´GUCKT he`RAUS. ||>
046   M1:   JA. ||
047         GAN:Z verRÜCKT. ||
048         °h ich WOLLte WENN dann schon Untergehen
            dann  WEnigstens in einem ´WUNderschö:n
            äh äh FRÖHlichen PULli. ||=
049         =SO; ||                                              134.518
```
Transkript 1: „Lebensbejahender Pulli"

Desweiteren wird das Thema Weltuntergang zur **Hörerbeteiligung** genutzt. Der
Moderator ruft die HörerInnen während der Sendung dazu auf, anzurufen oder
auf Facebook zu posten, welche Missgeschicke am heutigen Weltuntergangstag
bereits passiert sind. In Beispiel 2 (s. Transkript 2) berichtet eine Hörerin (HW)
von ihrem schlechten Tagesstart und zählt (in den hier ausgesparten Zeilen 196-
229) diverse Pannen auf, die sie in den ersten Stunden des Tages bereits erlebt
hat. M1 beginnt das Gespräch mit einer Begrüßungfloskel, die zwischen Freunden üblich ist (Z191), und verwendet umgangssprachliche Formulierungen
(Z192, Z230-232, Z247, Z251). Damit stellt er eine Nähe zur Hörerin her. Nach
den Ausführungen von HW fasst er einige Resultate des missglückten Morgens
zusammen (Z230-231) und neckt HW humorvoll-rabiat (Z232-233). HW steigt

darauf ein und alle gemeinsam (M1, M2 und HW) lachen über den Witz, den M1 gemacht hat (Z242-244). M2 übernimmt hier erneut die klassische *Sidekick*-Funktion, indem sie den Witz sogar noch einmal wiederholt (Z245). Anschließend schlägt M1 der Hörerin vor, Gummibäume zu pflanzen, damit ihr nichts mehr passiert (Z246-247). Mit dieser Äußerung gibt M1 erneut Hinweise auf seine Moderatoren-*Personality*: Indem er einen Vorschlag macht, der einer Phantasiewelt entstammt und nichts mit der Realität zu tun hat, positioniert er sich als eine Art Showmaster. Gleichzeitig stellt er sich damit über die Hörerin und verlässt die gleichberechtigte freundschaftliche Ebene. Die Hörerin steigt auf das realitätsferne Gewitzel ein (Z250) und das Gespräch wird mit weiteren humorvollen Späßen fortgesetzt. Im Vordergrund der Hörerbeteiligung steht somit neben dem Herstellen von Hörernähe auch das Repräsentieren der Senderidentität: Die Sendungsinhalte werden humorvoll, unernst, gelegentlich etwas überdreht, vor allem aber „harmlos" (d. h. ohne Tiefgründigkeit) dargestellt.

```
190   EV:    Musikbett                          4221.047
191   M1:    <<rufend>NA meine liebe; |>=
192          =wie WAR (dein/der) tach bisHER. ||
193   HW:    °h ALso. |
194          ERST ma: ausm BETT geplumpst- |
195          ich bin VI:EL zu spät AUFgestanden. ||
(...)
230   M1:    [°h jetz HAST] n kaPUTten ZEH? |
231          ne: TASse ohne HENkel? |
232          wie LEBST n du jetz WEIter wenns
             morgen DOCH noch weiter gehen sollte. ||
233          °h [ä:h zeh ZEH am]puTIEren, |
234   HW:       [((lacht))     ]
235   M1:    oder WAS? ||
236   HW:    JA:- |
237          KEIne !AH!nung. |=
238          =FEST<<engl.>tapen>. |
239          IRgendwie- |
240          WEISS ich nich; ||
241          einfach WEIterleben. ||
242   M1:    [((lacht))        ]
243   M2:    [oh (joijoi/je:) he]hehe
244   HW:                       [((lacht))]
245   M2:                       [°h       ]
             mit A_bm ZEH; ||
246   M1:    ich PFLANze GUMmibäume <<acc>bei dir
             in der nähe, |>=
247          =da KANN nix mehr pasSIERN, |
```

```
| 248          JA, ||                                          |
| 249          °h [UN:D ]                                      |
| 250   HW:      [OH ja] BITte. ||                             |
| 251   M1:    [UND ich MEIne äh WEISSte] mit NEUN             |
|              zehen kann man AUCH leben. |                    |
| 252   HW:    [((lacht))                    ]                 |
| 253   M1:    ja, |=                                          |
| 254          =OBS jetzt ZEHN oder NEUN sind- |               |
| 255          es IS auch eGAL. ||                             |
| (...)                                           4283.502     |
```
Transkript 2: „Gummibaum"

Grundsätzlich fällt bei Sender 2 auf, dass das Thema Weltuntergang oft genutzt wird, um **Spannung** zu erzeugen. Der Moderator weist permanent darauf hin, dass der Weltuntergang kurz bevor steht, dass die HörerInnen live dabei sind und dass jeden Moment etwas passieren kann (s. stellvertretend Transkript 3). Die Spannung wird dabei zum einen durch die sprecherische Gestaltung erzeugt (z. B. Flüstern, Rufen, Lautdehnungen, Pausensetzungen, Überakzentuierungen etc.). Zum anderen wird mit Musikbetten gearbeitet, die dramatisierende Funktion haben (hier z. B. Streichorchester-Klänge kombiniert mit Militärtrommeln (*Snare Drums*) und Hubschrauber-Rotorengeräuschen, die an Filmmusiken aus Abenteuer-Action-Filmen erinnern).

```
| 054   EV:   Musikbett                          560.432       |
| 055   M1:   <<flüsternd>UND es ist !GANZ!                    |
|             S:PANnend->=                                     |
| 056         =<<rufend>DENN- >                               |
| 057         °h der WELTuntergang <<rufend>/STEHT            |
|             !AN!geblich; |>                                  |
| 058         ja, |=                                           |
| 059         =<<rufend>!KURZ! BEVOR- ||>                     |
| 060         °h Aber; |                                       |
| 061         wie IS es denn nun tatSÄCHlich. ||=             |
| 062         =wir ham ein weltUNtergangsexPERten, |=         |
| (...)                                           568.777      |
```
Transkript 3: „Spannung"

Gleizeitig wird durch den überzogenen, reizstarken Einsatz von spannungserzeugenden Elementen deutlich, dass am Ende vor allem eines bei Sender 2 im Vordergrund steht: der **Spaß**. Es ist immer *Action* angesagt, alles ist lustig und so wird auch aus dem Weltuntergang eine große Party gemacht (s. Transkript 4).

```
(...)                                                    2859.884
137   EV:   Musikbett
138   M1:   <<rufend>IN DEInem !RA!dio, ||
139         AM tag des ANgeblichen (.)
            !WELT!UNtergangs- ||>
141         UND äh- |
142         °h was machen <<rufend>WIR daraus- ||>
143         °h wir MAchen eine (.) PARty daraus. ||=
144         =<<rufend>was HÄLTST du daVON, ||>
145   EV:   Einspieler
146         DAS ist eine GUte iDEE. ||
147   M1:   DAS find ich AUCH. ||=
148         =DESwegen (.) <<rufend>FEIern wir
            HEUte ab NEU:Nzehn UHR? |=
149         =die weltUNtergangs (.) GAUdi? |>
(...)                                                    2873.268
```

Transkript 4: „Party"

Die Beispiele 3 und 4 stehen stellvertretend für den Großteil der Sendung und zeigen, dass die **Senderidentität** in den Moderationen durchaus umgesetzt wird. Es wird eine junge Zielgruppe angesprochen, die unterhalten werden soll. Die HörerInnen werden passend zur jungen Zielgruppe geduzt und es wird viel umgangssprachlich und humorvoll wie unter Freunden gesprochen.

Sender 6

Bei Sender 6 wird der Weltuntergang äußerst selten thematisiert und wenn, dann meist nur in einem kurzen Nebensatz. Die Moderatorin lässt das Thema Weltuntergang als tagesaktuelle Erwähnung in die Sendung einfließen, baut es aber nicht aus. Dennoch wird auch hier das Thema mehrfach und divers in Bezug auf die ModeratorInnen-Anforderungen eingesetzt. Beispielsweise taucht das Thema Weltuntergang in einem „Kollegentalk" auf. Eigentlich geht es in dem Gespräch darum, dass vor Weihnachten stets so wenig Zeit ist. Darum probiert ein Kollege aus dem Sender ein Rezept für einen „schnellen Kuchen" aus. Während der Kollege der Moderatorin (KM) also in der Redaktionsküche bäckt, spricht die Moderatorin (M3) mit ihm über die Zubereitung des Kuchens. In diesem Beispiel (s. Transkript 5) ist eine **Selbstpositionierung** festzustellen. Nämlich diese, dass die Moderatorin das Thema Weltuntergang nebensächlich, belanglos und uninteressant findet und ihr das Thema Weihnachten wichtiger ist. Tatsächlich ist es hier auch nicht sie, die das Thema Weltuntergang einbringt, sondern ihr Kollege (Z185). Die Moderatorin geht darauf nicht näher ein, sondern ignoriert den thematischen Impuls mit ihrer knappen Antwort regelrecht (Z187) und lenkt das Gespräch anschließend zurück zum Geschehen, indem sie in Hausfrauen-Manier über Kuchen-Zutaten spricht (ab Z189).

```
(...)                                                    2728.125
180    EV:    Musikbett
181    M3:    °h aber saCH ma, |
182           mit VIER ESSlöffeln MEHL KOMMT man
              nicht weit; ||
183    KM:    <<:-)>da-> hehehehe
184           °h das ist der SCHNELle kuchen für
              zwischenDRIN. ||
185           (.) der SCHNELle kuchen zum
              WELTuntergang. ||
186    KM:    °h [Ä:H       ] so DREI esslöffel ÖL, |
187    M3:       [m_hm; |||]
188    KM:    DREI esslöffel MILCH komm AUCH noch
              rein? ||
(...)                                                    2733.935
```
Transkript 5: „schneller Kuchen"

Auch bei Sender 6 wird das Thema Weltuntergang zur **Hörerbeteiligung** genutzt. Im folgenden Beispiel (s. Transkript 6) handelt es sich um einen kurzen Ausschnitt aus einem Hörertalk. Die Moderatorin fragt hier gezielt nach dem Weltuntergang und die Hörerin (HW) antwortet. Interessant sind dabei zwei Dinge: Die Moderatorin verwendet in ihrer Frage die Vergangenheitsform (Z054). Für sie ist das Ereignis also schon vorbei und die Spannung ist raus (im Gegensatz zur Inszenierung bei Sender 2). Das Thema ist nicht mehr aktuell, es wird unaufgeregt erwähnt. Zudem wird deutlich gemacht, dass der Weltuntergang eh nicht stattfindet; zumal es ein weit wichtigeres Thema neben dem Weltuntergang gibt: Weihnachten. Das Gespräch wird also vom Weltuntergang weg hin zum sendungsbestimmenden Thema Weihnachten gelenkt (Z064-067). Das Thema Weihnachten macht bei Sender 6 übrigens rund 60% der Moderationen aus, d. h. fast soviel wie bei Sender 2 das Thema Weltuntergang. Daraus lässt sich schlussfolgern, dass die Themenauswahl bzw. die Gewichtung der Themenumfänge zielgruppenspezifisch erfolgt ist. Weihnachten scheint aus Sicht des Senders für die ältere Zielgruppe ein wichtigeres Thema zu sein als der vermeintliche Weltuntergang[2].

```
(...)                                                    1060.161
054    M3:    HAben sie eigentlich heute an den
              WELTuntergangstag geglaubt? ||
055           Oder SAgen sie- |
```

---

[2] Für die jüngere Zielgruppe hingegen braucht es spannendere Themen als das besinnlich-romantische und familiär-geprägte Weihnachten.

```
056              DAS is sowieSO alles quatsch, ||
057    HW:       (-) °hh also ich perSÖNlich hab
                 NICHT dran geGLAUBT, |
058              (--) WEIL:- |
059              (--) ich SACH ma:; |
060              wenns UNter geht geht se UNter:, |=
061              =Aber- |
062    M3:       aber JETZT noch NICHT. ||
063    HW:       <<:-)>JETZT noch NICHT. ||>
064    M3:       AUßerdem
                 [steht WEIHnachten- |
065    HW:       [(is EH noch) noch weihnachten      ]
066    M3:                       <<:-)>eh> °hh]
                 RICHtig. ||=
067              =AUßerdem steht WEIHnachten vor der
                 tür- |=
(...)                                       1076.289
```

Transkript 6: „geglaubt"

Bei Sender 6 steht also das Weihnachtshema im Vordergrund, das Thema Weltuntergang wird nur **nebenbei** erwähnt. In den seltenen Momenten, in denen es um den Weltuntergang geht, wird inhaltlich immer wieder zum Thema Weihnachten gedreht (s. oben). In den Vordergrund gestellt werden dabei vor allem die stressigen Weihnachtsvorbereitungen (vgl. Transkript 7, Z160-161) und die Vorfreude auf die besinnlichen Stunden und Tage. Auch in diesem Beispiel macht die Moderatorin Anspielungen auf klassische Hausfrauen-Tätigkeiten (an anderer Stelle spricht sie sogar explizit davon, dass „für jede Hausfrau vor dem Fest noch viel zu erledigen" sei). So wird insgesamt ein sehr konservatives Weltbild produziert.

```
153    EV:   Musikbett                      2670.267
154    M3:   °hh ZEHN minuten nach halb ACHT, |
155          heute ist FREItag der EINundzwanzigste
             deZEMber- |
156          es ist KURZ vor WEIHnachten, |
157          °h die WELT soll untergehen. |=
158          =WAS sie natürlich nicht TUT, |
159          UND es ist auch noch der KÜRzeste TAG
             des JAHres; ||
160          °hh du MEIne güte. ||
161          ne GANze menge noch zu erLEdigen:; ||
(...)                                       2681.287
```

Transkript 7: „Weihnachtsvorbereitungen"

Die Verabschiedung der Moderatorin zum Ende der Sendung (s. Transkript 8) steht noch einmal exemplarisch für die gesamte Sendung. Das Thema Weltuntergang wird nur am Rande behandelt und nicht weiter ausgebaut (Z394). Im Vordergrund stehen die weihnachtliche **Besinnlichkeit** (Z395) und das Ideal einer „heilen Welt" (im Gegensatz zu Sender 2, der den Fokus auf Spannung setzt).

```
(...)                                                        7243.843
393    EV:    Musik wird eingefadet
394    M3:    <<creaky>n !GANZ! schönen freitag
              O:Hne weltUNtergang wünsche ich
              ihnen- |
395           °hh und einen verZAUberten (.)
              VIERten adVENT:. ||>
396           <<all>und FALLS wir uns nicht mehr
              WIEderhören? |>
397           (.) frohe WEIHnachten:- ||            7250.185
```
Transkript 8: „Weihnachtszauber"

4 Zusammenfassung und Ausblick

Die Analyse hat gezeigt, dass dem Thema Weltuntergang als tagesaktuelles Geschehen bei allen Sendern des Korpus Raum gegeben wird, jedoch in deutlich abweichendem Umfang. Entscheidend für die Art der Themenaufbereitung ist jeweils die anvisierte Zielgruppe. Dies hat der exemplarische Sendervergleich bestätigt. Desweiteren konnte gezeigt werden, dass die ModeratorInnen die an sie gestellten Anforderungen umsetzen. Der Sendervergleich zeigt, dass beide Sender das Thema nutzen, um die ModeratorInnen-*Personality* zu festigen, das Senderprofil zu verdeutlichen und Hörerkontakt herzustellen – und zwar je nach Zielgruppe auf unterschiedliche Weise. Dass die inszenierte ModeratorInnen-*Personality* dabei nicht zufällig entsteht, sondern klar auf das Senderprofil zugeschnitten ist bzw. diesem entspricht, zeigt die zusammenfassende Gegenüberstellung der beiden analysierten Sender (s. Tabelle 3):

	Sender 2	Sender 6
ModeratorInnen- *Personality*	„Spaßvogel" (komisch, humorvoll, überdreht)	„bürgerliche Normalo-Frau" (seriös, gestanden, konservativ, wohlwollend)
Senderprofil	dramatisierend und überdreht, aber dennoch „harmlos" da unernst und humorvoll	unaufgeregt und „harmlos" im Sinne einer wohlwollenden, fröhlichen, harmonischen Grundstimmung

Umgang mit HörerInnen	freundschaftlich, spaßig, dynamisch, laut, überdreht	liebevoll, freundlich, mütterlich

Tabelle 3: Umsetzung der ModeratorInnen-Anforderungen

Im Rahmen der sendervergleichenden Untersuchung von Radiomoderationen werden die Erkenntnisse aus den Sendungsanalysen zusätzlich mit den Selbstbeschreibungen auf den jeweiligen Sender-Homepages abgeglichen. Betrachten wir die Selbstbeschreibungen der zwei hier vorgestellten Sender, so bestätigen sich die Analyseergebnisse: Sender 2 beschreibt sein Programm als „schnell, jung und authentisch – genau wie seine Hörer". Es fällt auf, dass mehrfach englisches (jugendsprachliches) Vokabular verwendet wird: Sender 2 „setzt die Trends" und „liefert heißeste News aus Musik, Mode und Showbiz" (vgl. Knallwach 2012). Zudem sind über die ModeratorInnen Charakterzuschreibungen zu finden, die teilweise sogar in den Namen eingebaut sind: Ko-Moderatorin M2 wird durchgängig „Gute Laune Lisa" genannt (vgl. Steckbrief 1 2012). Sender 6 bezeichnet sich als „Aufstehradio mit guter Laune, viel Musik und wichtigen Themen des Tages aus den Regionen" (vgl. Guten Morgen Sachsen-Anhalt 2012). Die Moderatorin M3 stellt sich als Familienmensch dar, sie begeistert sich für romantische und schöngeistige Dinge und arbeitet schon sehr lange bei Sender 6 (vgl. Steckbrief 2 2012).

Der Abgleich zeigt, dass die Selbstbeschreibungen mit dem, was in den Sendungen passiert, gut zusammenpassen. D. h. Sendungen und Charaktere werden zur Senderidentität passend inszeniert. Interessant ist, dass bei den beiden analysierten Sendern die Senderidentität stärker im Vordergrund steht als die ModeratorInnen-Individualität. Es sind nicht so sehr die ModeratorInnen-*Personalities*, die das Senderprofil ausmachen, sondern stärker die Inhalte bzw. deren Darstellung. Zwischen den beiden hier untersuchten Sendern, die sich an unterschiedliche Zielgruppen richten, zeigen sich klare Unterschiede in der inhaltlichen Gestaltung. Doch wie sieht es bei Sendern mit ähnlicher Zielgruppe aus? Gerade die sogenannten *Mainstream*-Sender (Begleitprogramme mit *AC*-Musikformat und HörerInnen-Zielgruppe im Alter von 14 bis 49 Jahren) werden oftmals ob ihrer Gleichheit kritisiert. Es stellt sich also die Frage, ob auch bei Sendern mit gleichem Format Unterschiede zu erkennen sind. Möglicherweise wird bei diesen Sendern ein stärkerer Fokus auf die ModeratorInnen-*Personality* gerichtet, um eine Wiedererkennbarkeit herzustellen.

Im Rahmen der aktuellen Untersuchung wird u.a. diesen Fragen nachgegangen und aufgezeigt, welche Unterschiede es gibt, aber auch durch welche Gemeinsamkeiten sich die Mehrzahl der Sender im Korpus auszeichnet (z. B. Weltanschauungen, Gesellschaftsbilder, ModeratorInnen-Stereotype etc.). Eine Gemeinsamkeit, die für das Gros der Sender im Korpus gilt, ist beispielsweise die „Stimmästhetik" der ModeratorInnen (vgl. Bose/Finke 2016). Für den in diesem Aufsatz vorgenommenen Vergleich lässt sich als Charakteristikum beider Sender festhalten, dass der Grundsatz einer „harmlosen" Morgensendung ohne irgend-welche Zumutungen gilt – nur wird diese Haltung je nach Zielgruppe anders ausgedrückt.

In diesem Aufsatz wurde exemplarisch das Vorgehen der aktuellen Untersu-chung gezeigt. Ziel ist ein differenzierter Vergleich von Moderationsstilen in gegenwärtigen Radio-Morgensendungen. Dies gelingt zum einen durch die Be-sonderheit eines großen und themengebundenen Korpus und zum anderen durch eine multimodale und interdisziplinäre methodische Herangehensweise. Die Analyseergebnisse können Hinweise darauf liefern, welche Kriterien die Anmu-tung eines Radiosenders ausmachen und speziell, anhand welcher Moderations-eigenschaften HörerInnen (bei gleichem Musikformat) möglicherweise ihren Lieblingssender aussuchen.

Literatur

AGMA (2012): ma 2012 II - Gesamtauswertung für Deutschland. <http://www.vprt.de/thema/marktentwicklung/medienmessung/radio-messung/ma-radio/ma-2012-ii/content/ma-2012-ii-gesamtausw?c=0>

Boersma, P./Weenink, D. (2010): Praat. Doing phonetics by computer. <www.praat.org>

Bose, I./Finke, C. L. (2016): Radiostimmen. Zur stimmlichen Ästhetik in aktuel-len Morning Shows. In: Voigt-Zimmermann, S./Kurtenbach, S./Finkbeiner, G./Bergt, A. /Mainka, W. (Hrsg.): Stimmstörungen – ein Fokus der Klini-schen Sprechwissenschaft. Berlin, S. 67-92.

Bose, I./Föllmer, G. (2015): Forschungen zur Anmutung des Radios. In: Bose, I. (Hrsg.): Radio, Sprache, Klang. Forschungen zur Radioästhetik und Radio-identität. (= SPIEL Neue Folge. Eine Zeitschrift zur Medienkultur. Jg.1 (2015), Heft 1/2). Frankfurt am Main, S. 13-76.

Bose, I./Schwiesau, D. (Hrsg.) (2012): Nachrichten schreiben, sprechen, hören. Berlin.

Bucher, H.-J./Klingler, W./Schröter, C. (1995): Radiotrends. Formate, Konzepte und Analysen. Baden-Baden.

Finke, C. L. (2014): Das Hallesche Morningshow-Korpus. In: Ebel, A. (Hrsg.): Aussprache und Sprechen im interkulturellen, medienvermittelten und päda-gogischen Kontext, S. 93-104. (Online-Publikation: http://nbn-resolving.de/urn:nbn:de:gbv:3:2-24373)

Finke, C. L. (2012): Vorüberlegungen zur Konstanz und Varianz von Mornings-how-Moderationen im gegenwärtigen Radio. In: Rundfunk und Geschichte 1-2/2012, S. 90-91.

Guten Morgen Sachsen-Anhalt (2012): Die Morgensendung bei MDR Sachsen-Anhalt.

<http://www.mdr.de/mdr-sachsen-anhalt/programm/artikel471-48.html>
(abgerufen am 16.12.2014)

Karepin, R. (2011): Die Radiolandschaft Deutschlands. In: Wie funktioniert Radio? In: Müller, D. K. /Raff, E. (Hrsg.): Praxiswissen Radio. Wie Radio gemacht wird - und wie Radiowerbung anmacht. 2., aktualisierte und erweiterte Auflage. Wiesbaden, 9-16.

Kleinsteuber, H. J. (2012): Radio. Eine Einführung. Wiesbaden.

Knallwach (2012): Die Morgensendung bei 89.0 RTL.
<http://www.89.0rtl.de/sendungen/890-rtl-knallwach>
(abgerufen am 01.03.2013)

La Roche, W. v./Buchholz, A. (Hrsg.) (2013): Radio-Journalismus. 10. Auflage. Wiesbaden.

Lindner-Braun, C. (1998): Moderatorentest für den Hörfunk. In: Lindner-Braun, C. (Hrsg.): Radioforschung. Opladen.

Raff, E. (2007): Wie funktioniert Radio? In: Müller, D. K./Raff, E. (Hrsg.): Praxiswissen Radio. Wiesbaden, 25-36.

Rau, H. (2008): Qualität in einer Ökonomie der Publizistik. Betriebswirtschaftliche Lösungen für die Redaktion. Wiesbaden.

Sachweh, S. (2000): "Schätzle, hinsitze!": Kommunikation in der Altenpflege. Frankfurt am Main.

Schorb, B./Hartung, A. (2003): Gewalt im Radio. Eine Untersuchung zur Wahrnehmung, Bewertung und Verarbeitung von Unterhaltung im Hörfunk. Berlin.

Schröder, J. (2012): Radio-MA: der Blick auf alle Bundesländer.
<http://meedia.de/2012/07/17/radio-ma-der-blick-auf-alle-bundeslander/>

Schwabeneder, S. (2009): Moderation Popradio. In: Overbeck, P. (Hrsg.) (2009): Radiojournalismus. Konstanz, 135-146.

Selting, M. et al. (Hrsg.) (2009): Gesprächsanalytisches Transkriptionssystem 2. (GAT 2). In: Gesprächsforschung – Online-Zeitschrift zur verbalen Interaktion. Ausgabe 10, S. 353-402. <www.gespraechsforschung-ozs.de>.

Spang, W. (2006): Qualität im Radio. St. Ingbert.

Steckbrief 1 (2012): Steckbrief von Gute Laune Lisa.
<http://www.89.0rtl.de/knallwach/steckbrief-von-gute-laune-lisa>
(abgerufen am 30.01.2015)

Steckbrief 2 (2012): Steckbrief von Sabine Küster.
<http://www.mdr.de/mdr-sachsen-anhalt/sabine-kuester-104.html>
(abgerufen am 16.12.2014)

Volpers, H./Salwiczek, C./Schnier, D. (2003): Hörfunklandschaft Niedersachsen 2001. Berlin.

Vowe, G. /Wolling, J. (2004): Radioqualität – was die Hörer wollen und was die Sender bieten. München.

MARTHA KUHNHENN

Sprachliche Spuren der Identitätsgestaltung – Eine Analyse zu interaktiven Positionierungen beim Thema Vegetarismus

1 Vorüberlegungen

Menschen konstruieren, verhandeln und reproduzieren ihre Identitäten anhand verschiedener Medien und Zeichen: Kleidung, Accessoires, die Wahl von Verkehrsmitteln, Ernährungsgewohnheiten und Hobbys sind Möglichkeiten, mit denen wir unsere Identität bewusst wie unbewusst, strategisch wie weniger kalkuliert anzeigen. In Zeiten von Ernährungsberatungen, vegetarischen und veganen Lebensstilen wird die Frage der persönlichen Nahrungsaufnahme für den Ausdruck der eigenen Identität zunehmend bedeutsamer. Persönliche Ernährungsweisen werden in sozialen Kontakten diskutiert und verteidigt; Sprache wird somit auch zum Vehikel der Darstellung vom Veganer-(Da)Sein, Vegetarismus oder der dezidierten Darstellungsweise als FleischesserIn. Der verbale Sprachgebrauch stellt ohnehin ein zentrales Medium für die Konstitution von Identität dar. Seine Relevanz ergibt sich aus verschiedenen Gründen. Zunächst ist Sprache wohl *das* Medium schlechthin für den menschlichen Kontakt, wir teilen beispielsweise Informationen und betreiben Beziehungsaufbau mit ihr (zu weiteren Funktionen von Sprache vgl. Jakobson 1960). Zudem ist menschliche Kommunikation profan und universell, d. h. sie begegnet uns alltäglich und in allen Lebensbereichen (vgl. Merten 1999). Somit ist der verbale Sprachgebrauch auf den ersten Blick ein niederschwelliges und für Mitglieder einer Sprachgemeinschaft leicht zugängliches Mittel, um ihre Identitäten zu konstituieren. Der individuelle Sprachgebrauch steht in Wechselbeziehungen mit der sozialen Umwelt der SprecherInnen. Ein/e SprecherIn vermag im Gespräch mit dem Großvater ganz anders zu interagieren als im Gespräch mit der Vorgesetzten oder der langjährigen Freundin (zur Relevanz des Kontextes vgl. beispielhaft Gumperz 1982). Damit einhergehen Selbst- und Fremdpositionierungen der InteraktantInnen (vgl. Hitzler 2012, S. 119).

Mit Blick auf den Themenbereich Ernährungsgewohnheiten stellen sich nun die Fragen: Welche sprachlichen Mittel dienen der Identitätsarbeit als VegetarierIn im Gespräch? Wie realisieren SprecherInnen solche Positionierungen auf sprachlicher Ebene? Um diese Fragen zu beantworten, wird zunächst der Begriff der Identität konturiert (Kapitel 2). Anschließend wird am Transkript eines authentischen Gesprächs der Versuch unternommen, die interaktiven Identitätsentwürfe und Positionierungen von (Nicht-)VegetarierInnen nachzuzeichnen (Kapitel 3). Abschließend werden die Beobachtungen diskutiert (Kapitel 4).

2 Zu den Begriffen der Identität und Positionierung

Der Begriff Identität geht auf das lateinische *idem* zurück, was „dasselbe" bedeutet. In der Sozialpsychologie wird darunter das „innere Sich-Selbst-Gleichsein" verstanden (vgl. Fuchs-Heinritz et al. 2011). Die moderne Identitätsforschung geht davon aus, dass die Identität weder statisch noch unveränderbar ist (vgl. Bucholtz/Hall 2005). Stattdessen scheint man sich einig zu sein, dass Identitäten narrativ ausgehandelt werden (vgl. Lucius-Hoehne/Deppermann 2002) und Menschen über Patchworkidentitäten verfügen. Mit Letzterem meint der Psychologie Keupp (vgl. 2010, S. 13): „In ihren Identitätsmustern fertigen Menschen aus den Erfahrungsmaterialien ihres Alltags patchworkartige Gebilde und diese sind Resultate der schöpferischen Möglichkeiten der Subjekte." Der Sprachgebrauch nimmt für diesen schöpferischen Prozess eine entscheidende Rolle ein:

> „Identity is the active negotiation of an individual´s relationship with larger social constructs, in so far as this negotiation is signaled through language and other semiotic means." (Mendoza-Denton 2002, S. 475)

Identität ist folglich nicht a priori gegeben, sondern ein Produkt der Interaktion (vgl. Langfeldt/Nothdurft 2007, S. 154-155; Locher 2008, S. 512). Die Aushandlungsprozesse zwischen einer Binnen- und Außenperspektive beim Aufbau von Identität beschreibt grundlegend George Herbert Mead (1934) in *Mind, Self and Society*. Mead differenziert zunächst zwischen dem I und dem ME eines Individuums:

> „The 'I' is the response of the organism to the attitudes of the others; the 'me' is the organized set of attitudes of others which one himself assumes. The attitudes of the others constitute the organized 'me'." (Mead 1934, S. 175)

Während das I die wenig kontrollierten und impulsiven Reaktionen eines Menschen darstellt, ist das ME geprägt von gesellschaftlichen Erwartungen. Reibereien zwischen diesen beiden Dimensionen führen zu reflexiven Prozessen des Individuums, was letztlich zur Identitätskonstitution (self) führt (vgl. Mead 1934, S. 178). Die Aushandlung von Identität lässt sich damit folgendermaßen skizzieren:

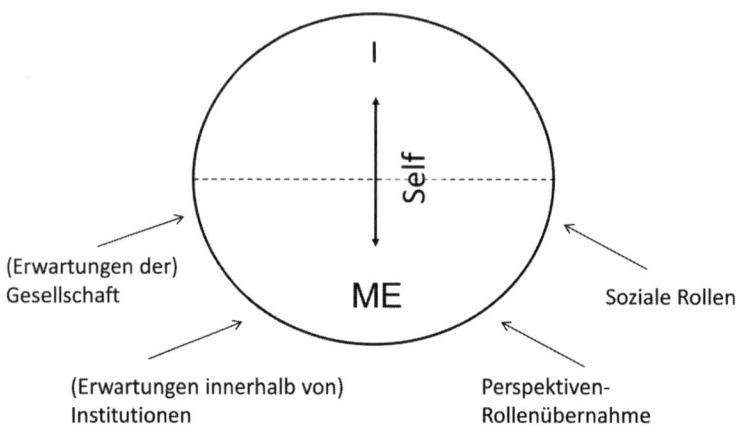

Abbildung 2: Dialog zwischen I und ME führt zum Self (angelehnt an Mead 1934)

Das ME sieht sich verschiedenen Erwartungen gegenübergestellt und muss in unterschiedlichen Kontexten diverse soziale Rollen erfüllen. Das I sind hingegen die impulsiven Reaktionen des Individuums. I und ME stehen in einem ständigen Dialog miteinander.

In Anschluss an Erving Goffman versteht Bausch (2001) in ähnlicher Weise die Identität als Ergebnis einer Triade zwischen Ich-, sozialer und persönlicher Identität. Die soziale Identität erfolgt anhand der Zuschreibungen durch Andere, oftmals auf Basis von sozialen Kategorien wie Alter oder Geschlecht. Die persönliche Identität setzt sich aus für das jeweilige Individuum typischen Erkennungszeichen zusammen, Bausch (2001, S. 217) zählt hierzu beispielsweise die „zerrissene Jeans" einer Schülerin, durch die auf die soziale Identität „politische Aktivistin" geschlossen werden kann. Die Ich-Identität verweist auf die Binnenperspektive des Individuums und die „Gestaltungsmöglichkeiten des Individuums bezüglich seiner sozialen und persönlichen Identität" (Bausch 2001, S. 217). Als ein verwandtes Konzept zum Image oder eine relevante Dimension im Rahmen der Identitätskonstruktion wird oft das Image nach Goffman bemüht. Goffman (1978, S. 10, Hervorhebung im Original) definiert Image wie folgt:

> „Der Terminus *Image* kann als der positive soziale Wert definiert werden, den man für sich durch eine Verhaltensstrategie erwirbt, von der die anderen annehmen, man verfolge sie in einer bestimmten Interaktion. Image ist ein in Termini sozial anerkannter Eigenschaften umschriebenes Selbstbild [...]"

Das Image ist somit für die Identitätsarbeit relevant. Dabei liegt jedoch die Vermutung nahe, dass es sich beim Image oder auch der Imagearbeit um etwas Strategisches handelt, während die Identitätskonstruktion auf der einen Seite strategisch und auf der anderen Seite weniger taktisch zu geschehen vermag.

Der verbale Sprachgebrauch eines Individuums, so die vorliegende Annahme, hat das Potenzial Einblicke in die Binnenperspektive zu ermöglichen. Dabei ist Langfeld/Nothdurft (2007, S. 155, Hervorhebung im Original) zuzustimmen:

> „Alles, was wir sagen und tun, wird von den Beteiligten daraufhin interpretiert, *wer* wir sind und als was wir gelten. Auf der Grundlage solcher Wahrnehmungen und Interpretationen bilden die Anderen sich ihren Eindruck davon, wer wir sind und reagieren entsprechend. Und wir selbst wiederum erfahren aufgrund dieser Reaktionen, für wen wir gehalten werden – ob es uns passt oder nicht."

Die Relevanz sprachlicher Mittel wird beim Konzept der narrativen Identität zusätzlich gestärkt. Lucius-Hoene und Deppermann (2002, S. 55, Hervorhebung im Original) verstehen unter der narrativen Identität *„die Art und Weise, wie ein Mensch in konkreten Interaktionen Identitätsarbeit als narrative Darstellung und Herstellung von jeweils situativ relevanten Aspekten seiner Identität leistet."* Um im Gespräch eine situative Identität aufzubauen, bedienen sich Sprecher Selbst- und Fremdpositionierungen. Hitzler (vgl. 2012, S. 119) versteht Positionierung als die Verortung der Interaktionsbeteiligten in einem sozialen Netzwerk. Positionierung ist damit stets als relationale Kategorie zu verstehen, die Sympathien und Antipathien oder soziale Distanz verdeutlicht.

Wie gestaltet sich nun der narrative Prozess der Identitätsaushandlung in Interaktionen? Welche verbalen (und ggf. paraverbalen) Ressourcen können als Hinweise für die Binnenperspektive der Identität einer Sprecherin/eines Sprechers interpretiert werden? Am Beispiel eines privaten Gesprächs wird im Folgenden das identitätsstiftende Potenzial der Sprache vorgestellt und diskutiert.

3 Sprachliche Spuren der Identitätsarbeit und Positionierung – Analyse

Das nachstehende Transkript stellt einen Ausschnitt aus einem Gespräch zwischen fünf Kommilitoninnen dar. Die Studentinnen sind zwischen 19 und 21 Jahre alt. Das Gespräch wurde zwar für ein gesprächsanalytisches Projekt[1] und als offene Aufnahme aufgenommen, jedoch fand die Aufnahme im privaten Kontext statt, sodass insgesamt von einer authentischen Gesprächssituation ausgegangen werden kann (vgl. hierzu Henne/Rehbock 1995, S. 32-38). Wegen der offenen Aufnahme sind Effekte eines Beobachterparadoxons dennoch nicht auszuschließen (vgl. hierzu Brinker/Sager 2010, S. 31). In der vorliegend relevanten Sequenz interagieren vor allem die Sprecherinnen Carolin (CH), Emma (ES), Tamara (TF) und Mona (MW) über das Thema „Veganismus". Carolin und Mona sind Vegetarierinnen, Emma ernährt sich vegan und Tamara ernährt sich weder vegetarisch noch vegan. Bei solch einer heterogenen Zusammensetzung

---

[1] Katharina Geiger, Alma Knispel und Lea Rebensburg danke ich für die Erstellung des Transkripts.

hinsichtlich der Ernährungsgewohnheiten sind explizit verbalisierte Identitätsentwürfe sowie Selbst- und Fremdpositionierungen zum genannten Themenbereich erwartbar.

Ab Zeile 29 erzählt Emma von ihrer Zeit als Vegetarierin und einem Vorfall, bei
dem ihr jemand Fleisch als vegetarisches Essen untergejubelt hat. Im Fokus der
anschließenden Analyse stehen die sprachlichen (hier verbalen und paraverbalen)
Mittel, mit denen einerseits Carolin ihre Identität als Vegetarierin und andererseits Tamara ihre Identität als „respektvolle Nicht-Vegetarierin" aufbauen.

```
023   CH:   JEder drückt dir seinen scheiß auf-> iss doch mal_n
024         schnitzel=is gut für dich- WArum bist du ww_WArum bist
            du
025         vegetarierin warum isst du FLEI:SCH [ich frAg dich    ]
026   ES:                                      [ja ich war ja AUCH]
027   CH:   das AUCH nicht; i dont giv_a SHIT; ((klatscht))
028   ES:   ich war ja AUCH lange vegetArierin: und (-) es gibt
            einfa(.)
029         mir hat=mir hat man einfach FLEISCH
            untergeju:belt [<<p>toll>]
030   MW:                  [hm ]
031         (.)
032   CH:   !ECHT!? [hat man]
033   MW:          [e_ECHT?]
034   CH:   dir einfach fleisch in deinen kra:m gemacht oder WAS.
035   ES:   ja ich war bei ner FREUNdin, irgendwie aufm Bauernhof-
            bei
036         ner TAnte von ihr- und die meinte ja das is ne geMÜse
037         frikadelle,
038   SL:   [((lacht)) ]
039   TF:   [    oah]
040   ES:   [   die] schmeckt <<h>GU:T? probIER doch
            <<lachend> mAl?>>
041   KH:   das is KÖRperverlEtzu:ng;
042   ES:   [und ich habs geGESSen- ich habs ge]GESSen;
043   TF:   [das ist ganz schön gemEI:N.        ]
044         ja aber trotz[dem is das reSPEKTlos deiner auffAssung
045         gegenüber-
((…))
058   CH:   das
059         ist ja E:CHT widerlich=ich glaub ich würd mir ECHT
            danach (.)
060         ohne Scheiß den Finger in den Hals stecken
((…))
064   KH:   mir wär !ECHT!: schlecht danACH, und_das find_ich
065         ECHT gemEIN (.) das is wie wenn du zu jemandem musLIM
            sagst
066         der aus äh: (.) irgendwie religiösen gründen kein
067         schwein isst <<nachahmend> HI:er schmeckt      doch
            GUT: [oder-              ]
068   TF:        [das_is einfach]
069   CH:   [das (.) tolle schnitzel ]
```

```
070    TF:    [    es ist einfach]
071           resPEKTlos [so das ist (.) jeder hat da seine
              EINstellung] und
072    CH:    [(und ich mein) ]
073    TF:    seine VORstellung und wie er LE:ben möchte °hh und
074           und wenn man das nicht respekTIERT (-) ich finde (.)
              das geht nicht
```

Anhand verschiedener verbaler Charakteristika konstruiert Carolin ihre Identität als strikte, vielleicht sogar vehemente Vegetarierin. Sie eröffnet die vorliegende Sequenz mit der Feststellung, „Jeder drückt dir seinen scheiß auf" (Z. 023). Damit aktiviert sie ihre Erfahrungen mit Nicht-VegetarierInnen, die ihr Fleisch anbieten. Mit dem Allquantor „jeder" formuliert sie ihre Erfahrungen als eine verallgemeinernde Feststellung. Zusammen mit dem stark negativ wertenden Substantiv „scheiß" (anstelle von „Fleisch" oder Begriffen, die semantisch eindeutig diesem Wortfeld zugehören) macht sie ihre negative Einstellung gegenüber Intoleranz von Fleischessern explizit und auf derbe Weise deutlich. Das derbe Register bzw. den derben Stil[2] realisiert die Sprecherin im Verlauf des gesamten Gesprächs. In Zeile 027 vollzieht sie einen Code-Switch und bemerkt „i don't give a shit" und später bewertet sie einen möglichen und unfreiwilligen Fleischkonsum mit der Bemerkung „ich würd mir ECHT danach (.) ohne Scheiß den Finger in den Hals stecken". Die wiederholte Verwendung der vulgären Ausdrucksweise mit „Scheiße" und die Metaphorik „Finger in den Hals stecken" vermitteln neben dem derben Eindruck auch eine hohe emotionale Beteiligung und starke Abwehrhaltung gegenüber dem Konsum von Fleisch. Dass es ihr sehr ernst mit dieser negativen Einstellung ist, verdeutlicht die Sprecherin zusätzlich mit der Partikel „echt", die sie in dieser Sequenz fünfmal äußert, um ihren Aussagen Nachdruck zu verleihen. In den meisten Fällen fungiert „echt" als Modalpartikel (Zn. 059, 064, 065), lediglich einmal hat es die Funktion der Nachfrage. So ist Carolin die erste Sprecherin, die den Turn ergreift, nachdem Emma erzählt, wie ihr die Tante einer Freundin Fleisch unterjubelte. Carolin drückt ihr Erstaunen und ihre Empörung mit einem „!ECHT!?" (Z. 032) aus. Der Fokusakzent sowie die extrastarke Betonung markieren ihre Emotionen. Interessanterweise wiederholt Mona, die ansonsten nur wenige Redeanteile im gesamten Gespräch hat, die Nachfrage wortwörtlich (Z. 033). Wegen der weniger starken Akzentsetzung und der insgesamt stärkeren Zurückhaltung von Mona erscheint deren Nachfrage im Vergleich mehr eine Bestätigung der starken emotionalen Beteiligung von Carolin zu sein. So vermag die ebenfalls vegetarische Freundin ihre „Rückenstärkung" und Solidarisierung mit Carolin zu signalisieren. Mit Fokusakzenten, Dehnungen und extrastarken Betonungen auf negativen Bewertungen und Modalpartikeln nutzt Carolin paraverbale Mittel, um ihre kritische

---

[2] Zu den Begriffen des Stils und des Registers und deren Abgrenzung voneinander vgl. Linke/Nussbaumer, Portmann 2004, S. 348.

Binnenperspektive auf den Fleischkonsum zu verdeutlichen („FLEI:SCH" in Z. 025, „!ECHT!" in Z. 032, „E:CHT" und „ECHT" in Zn. 059, „!ECHT" in Z. 064, „ECHT" in Z. 065). Die semantisch nicht zum Wortfeld des Fleischessens gehörenden Umschreibungen „Scheiß" (Z. 023) und „KÖRperverlEtzung" (Z. 041) markieren zusätzlich auf drastische und emotional aufgeladene Weise ihre Perspektive auf die unfreiwillige Essensaufnahme von Fleisch. Zusammenfassend lässt sich mit den genannten verbalen und paraverbalen Mitteln die Konstruktion der Identität von Carolin als „strikte Vegetarierin" erkennen. In Anschluss an Mead können die im Gespräch problematisierten „Tricks" von FleischesserInnen als Haltungen der Gesellschaft oder sozialen Umwelt verstanden werden. In der Auseinandersetzung mit dem impulsiven „I", welches im Fall von Carolin den Verzehr von Fleisch konsequent ablehnt, zeigt sich eine Reflexion, die ebenjene Tricks und Haltungen der Umwelt (oder Teile dieser) als „Körperverletzung" bewertet. Im Prozess der Reflexion weitet die Sprecherin Dimensionen des Fleischkonsums aus und bezieht die Perspektive *Verzicht auf Fleisch aus religiösen Gründen* in ihre Argumentation mit ein (Z. 065-066). Diese Überlegungen bestärken den Eindruck einer reflektierten und ernst gemeinten Identität als Vegetarierin. Speziell im Hinblick auf die offene Darstellung ihrer Emotionen und den derben Stil ist der Gesprächskontext zu berücksichtigen: Die vorliegende Sprecherkonstellation besteht aus fünf Kommilitoninnen, von denen drei vegetarisch und eine vegan leben, und die Unterhaltung findet in einer privaten Umgebung statt. Dass die Sprecherin derart unverhohlen ihre Sichtweise und – zumindest auf der sprachlichen Oberfläche – unverstellt ihre Binnenperspektive offenlegt, ist also unbedingt vor diesem Kontext zu sehen. Die narrative Gestalt der Aushandlung von Carolins Identität als Vegetarierin wird im Rahmen der vorliegenden Sprecherkonstellation offensichtlich. Die Gesprächspartnerinnen unterstützen Carolin bei deren Selbstdarstellung als strikte Vegetarierin und Kritikerin respektloser Fleischesser. Die Kommilitoninnen gewähren ihr viel Redezeit und verlangen weder mehr Redezeit für eigene Gesprächsbeiträge noch greifen sie Carolins Aussagen und Bewertungen inhaltlich an. Das Gegenteil ist der Fall: Die Interaktionspartnerinnen bestätigen Carolins Emotionen, so schließt sich beispielsweise Mona Carolins Kontextualisierungshinweis des Erstaunens bzw. der Empörung an („ECHT" in Z. 032 bzw. 033). Die Selbstpositionierung von Carolin ist demnach die einer strikten Vegetarierin. Dabei macht sie moralische Werthaltungen relevant, indem sie eine vegetarische Einstellung mit religiösen Motiven des Verzichts auf Schweinefleisch vergleicht.

Der Fokus richtet sich nun auf die Identitätsarbeit der einzigen „Nicht-Vegetarierin" im Gespräch. Dabei interessiert, wie diese im Gespräch mit zwei Vegetarierinnen und einer Veganerin ihre Identität als respektvolle Fleischesserin anzeigt. Im Vergleich zu Carolin hat Tamara deutlich weniger Redeanteile inne, im gesamten Gespräch gehört sie zu den moderat aktiven Sprechern. Das heißt, sie agiert weder stark zurückhaltend noch gehen von ihr Themeninitiierungen aus. Zumeist äußert sie Gesprächsbeiträge zu bereits etablierten Themen und kurze Hörerrückmeldungen, beispielsweise Partikeln oder Lachen. Ihre Zurückhaltung bei Themeninitiierungen einhergehend mit einer eher reagierenden als aktivierenden Rolle als Gesprächsteilnehmerin deuten womöglich darauf hin, dass sie das Thema „Veganismus" weniger stark emotional berührt als Carolin. Der erste Turn, der von Tamara in der vorliegenden Sequenz ausgeht, ist ihre Bewertung der Erzählung von Emma. Emma erzählt, wie die Tante einer Freundin ihr Fleisch als Gemüse unterjubelte und sie so unfreiwillig Fleisch verzehrte. Tamara bewertet die Aktion der Tante als „gemEI:N" und „reSPEKTlos" (Zn. 043-044) und damit offenkundig negativ. Die Fokusakzente sowie die die Dehnung bekräftigen ihre Kritik. Da Tamara feststellt, dass die Aktion der Tante „respektlos deiner auffassung gegenüber" (Zn. 044-045) sei, betont sie, dass es sie nicht persönlich berührt, sie die Situation jedoch aus Emmas Perspektive betrachten kann und entsprechend negativ einschätzt". Dergestalt präsentiert sich Tamara als empathische und respektvolle Nicht-Vegetarierin. Diesen Identitätsentwurf greift sie später auf und bestätigt ihn erneut. Sie wiederholt, dass sie entsprechende Handlungen und Tricks von Nicht-VegetarierInnen als „resPEKTlos" (Z. 071) einschätzt. Dergestalt unterstützt sie die kritische Fremdpositionierung gegenüber ‚übergriffigen' FleischesserInnen, die von Carolin eingeführt wurde. Sodann hebt sie ihre Argumentation auf eine allgemeinere Ebene, indem sie feststellt „jeder hat da seine EINstellungen und seine VORstellungen und wie er LE:ben möchte °hh und wenn man das nicht respekTIERt(-) ich finde (.) das geht nicht da beeinträchtigt man den echt in seiner hhh° ne?" (Zn. 071-075). Diese Aussage kann speziell auf Essgewohnheiten referieren, möglicherweise bezieht sich die Sprecherin aber auch auf andere Lebenseinstellungen (Religion, Familienkonzepte etc.). Mit dem Allquantor „jeder" legt die Sprecherin die Ausweitung ihrer Argumentation nahe. Möglicherweise implizieren der Allquantor und die allgemeine Beschreibung „wie er leben möchte", dass Tamara ganz grundsätzlich respektvoll mit alternativen Lebensentwürfen umgeht – egal, ob es sich um Fragen der Ernährung oder andere Themen handelt. Sie führt ihre Argumentation jedoch nicht weiter, sondern lässt die offene Lesart recht vage im Raum stehen. Wenngleich weniger drastisch, so hebt auch Tamara auf die moralische Ebene ab, indem sie etwaig mangelnden Respekt moniert (Zn. 044 und 071). Die vage Offenhaltung der thematischen Fokussierung ihrer Argumentation legt abermals die Vermutung nahe, dass sie das Thema „Veganismus" weniger tangiert als dies bei den anderen Sprecherinnen der Fall ist. Somit bestätigt sich der Eindruck der Selbstpositionierung einer respektvollen „Nicht-Vegetarierin", die zwar nicht emotional betroffen ist, aber Vegetarier bzw. Veganer ernst nimmt und – ganz grundsätzlich – die Lebenseinstellungen ihrer Mitmenschen nicht „beeinträchtigen" möchte. Der narrative Charakter dieser Identitätsaushandlung zeigt sich an gesprächsstrukturellen Details. So kann zunächst die Wiederholung der festgestellten Respektlosigkeit gegenüber VegetarierInnen als Zeichen verstanden werden, dass sie selbst VegetarierInnen sehr wohl mit Respekt gegenübersteht. Die Partikel „ne?" am Ende ihres zweiten Gesprächsbeitrags kann zum einen als bloße Rückfrage der inhaltlichen Bestätigung ihrer Argumentation interpretiert werden. Zum anderen kann diese Partikel aber auch als diskursive Suche nach Bestätigung ihrer Identitätskonstruktion als respektvolle Nicht-Vegetarierin verstanden werden. Letzteres erscheint gerade mit Blick auf die Sprecherkonstellation hochgradig relevant. Tamara interagiert mit vier Kommilitoninnen, die allesamt vegetarisch oder vegan leben. Würde sie in diesem Kreis anecken, könnte dies ihr Image bedrohen. Eine Rückversicherung, ob ihre Aussage von den Kommilitoninnen goutiert wird, erscheint in diesem Kontext daher umso dringlicher. Die weniger stark emotionale Beteiligung von Tamara offenbart sich vor allem im Vergleich mit dem expressiven Register von Carolin. Während Carolin das unfreiwillige Unterjubeln von Fleisch als „Körperverletzung" bezeichnet, beurteilt Tamara dieses weniger drastisch und emotional geladen als „gemein" und „respektlos". Zusammenfassend verweisen der wenig expressive Sprachgebrauch und die eher allgemeinere Argumentation Tamaras auf die Binnenperspektive einer weniger stark betroffenen Identität als Nicht-Vegetarierin. Gleichwohl ist sie sich der Außenperspektive der vier vegetarisch/veganen Kommilitoninnen bewusst, was sich an der wiederholten Relevanz von „Respekt gegenüber alternativen Lebenseinstellungen" zeigt. Respekt bzw. Respektlosigkeit nehmen in den Gesprächsbeiträgen von Tamara damit die Position eines Schlüsselbegriffs ein, und sollen für die Identitätskonstruktion daher als besonders relevant eingeschätzt werden. Mit paraverbalen Ressourcen (Fokusakzente auf Bewertungen) sowie der diskursiven Rückversicherung ihrer Argumentation („ne?") bestärkt sie ihre Identität als respektvolle Nicht-Vegetarierin. Mit Blick auf die verbalen Mittel zur beschriebenen Selbstpositionierung zeigen sich zwei unterschiedliche Bilder: Auf der einen Seite steht die in Wortwahl, emotionaler Betroffenheit und Akzentsetzung expressiv gestaltete Selbstpositionierung als strikte Vegetarierin von Carolin, auf der anderen Seite findet sich die weniger emotional geladene, aber empathische Selbstpositionierung von Tamara als solidarische Nicht-Vegetarierin.

4 Konklusion

Identitäten werden narrativ verhandelt, wobei sich die Identitätsaushandlung in eine Binnen- und eine Außenperspektive differenziert. Der Sprache kommt für die Konstitution, Aushandlung und Bestätigung von Identitäten eine besondere Funktion zu. Am Beispiel eines privaten Gesprächs zwischen fünf Studentinnen zum Thema „Veganismus" konnte gezeigt werden, dass verschiedene sprachliche Ressourcen der Identitätsarbeit dienen. Zu diesen Ressourcen gehören die Wortwahl, das Register, Schlüsselbegriffe, Alternativbegriffe, aber ebenso Fokusakzente, Dehnungen, Akzentuierungen oder gesprächsstrukturelle Mittel wie Partikeln. Die Sprache ist damit nicht nur ein zentrales Medium der Identitätskonstruktion, sondern sie hält ebenso vielfältige Möglichkeiten bereit. Im Gespräch zeigt sich einerseits der narrative Prozess der Identitätsaushandlung und andererseits nehmen SprecherInnen sprachlich Selbst- und Fremdpositionierungen vor. Dabei ist selbstverständlich zu berücksichtigen, dass es sich stets um Annäherungen und Annahmen aus linguistischer Perspektive handelt. Die Berücksichtigung von Erkenntnissen und methodischer Herangehensweisen weiterer Fachdisziplinen (beispielsweise Psychologie, Soziologie) verspricht einen breiteren Einblick in die Analyse der Identitätskonstitution und -zuschreibung. Der vorliegende Fokus auf die sprachliche Perspektive ist damit begründet, dass Identitäten narrativ ausgehandelt werden und die Außenperspektive sowie der Sprachgebrauch dafür wichtige Bezugsgrößen darstellen. Ein bewusster und reflektierter Fokus auf das sprachliche Handeln im Prozess der Identitätskonstruktion ist somit von zentraler Bedeutung.

Literatur

Bausch, C. (2001): Die Inszenierung des Sozialen. Erving Goffman und das Performative. In: Wulf, Ch./Göhlich, M./Zirfas, J. (Hrsg): Grundlagen des Performativen. Eine Einführung in die Zusammenhänge von Sprache, Macht und Handeln. Weinheim, S. 203-225.

Brinker, K./Sager, S. (2010): Linguistische Gesprächsanalyse. 5. neu bearbeitete Auflage. Berlin.

Bucholtz, M./Hall, K. (2005): Identity and interaction. A sociocultural linguistic approach. In: Discourse Studies 7 (4-5), S. 585-614.

Fuchs-Heinritz, W./Klimke, D./Lautmann, R./Rammstedt, O/Stäheli, U./Weischer, Ch./Wienold, H. (2011): Lexikon zur Soziologie. 5. überarbeitete Auflage. Wiesbaden.

Goffman, E. (1978): Interaktionsrituale. Über Verhalten in direkter Kommunikation. Frankfurt.

Gumperz, J. J. (1982): Discourse Strategies. Studies in interactional sociolinguistics 1. Cambridge.

Henne, H./Rehbock, H. (1995): Einführung in die Gesprächsanalyse. 3. Auflage. Berlin.

Hitzler, S. (2012): Aushandlung ohne Dissens? Praktische Dilemmata der Gesprächsführung im Hilfeplangespräch. Wiesbaden.

Jakobson, R. (1960). Linguistics and poetics. In: Sebeok, Th. A. (Hrsg.). Style in Language. Cambridge, S. 350-377.

Keupp, H. (2010): Vom Ringen um Identität in der spätmodernen Gesellschaft. Eröffnungsvortrag am 18. April im Rahmen der 60. Lindauer Psychotherapiewochen 2010. (www.Lptw.de).

Langfeldt, H.-P./Nothdurft, W. (2007): Psychologie. Grundlagen und Perspektiven für die Soziale Arbeit. München.

Linke, A./Nussbaumer, M./Portmann/P. R. (2004): Studienbuch Linguistik. 5. erweiterte Auflage. Tübingen.

Locher, M. A. (2008): Relational work, politeness, and identity construction. In: Antos, G./Ventola, E. (Hrsg.): Handbook of Interpersonal Communication. Berlin, S. 509-540.

Lucius-Hoene, G./Deppermann, A. (2002): Rekonstruktion narrative Identität. Ein Arbeitsbuch zur Analyse narrative Interviews. Opladen

Mead, G. H. (1934): Mind, Self and Society. Chicago.

Mendoza-Denton, N. (2002): Language and identity. In: Chambers, J. K./Trudgill, P./Schilling-Estes, N. (Hrsg.): Handbook of Language Variation and Change. Oxford, S. 475-499.

Merten, K. (1999): Grundlagen der Kommunikationswissenschaft. Münster.

ISABEL S. SCHILLER

Stimmstörungen bei Lehrkräften im Vorbereitungsdienst

Zusammenfassung

Lehrer weisen ein erhöhtes Risiko auf, Stimmstörungen zu entwickeln. Sogar Lehramtsstudierende sind bereits zu etwa 20% betroffen, obwohl die stimmlichen Anforderungen während des Studiums noch gering ausfallen (vgl. Ettehad 2004). Nur unzureichend wurde bislang die Stimme von Lehrkräften im Vorbereitungsdienst (LiV) untersucht. Gleichwohl ist der Vorbereitungsdienst ein kritischer Zeitraum. LiV unterrichten etwa 12 Stunden pro Woche und stehen unter hohem Leistungsdruck. Dies kann sich potentiell negativ auf die Stimme auswirken. Ziel der Studie war es demnach, die Prävalenz und Art von Stimmstörungen bei Lehrkräften im Vorbereitungsdienst zu bestimmen. Weiterhin sollten Zusammenhänge zwischen subjektiven und objektiven stimmbezogenen Daten untersucht werden. 73 LiV nahmen an der Studie teil, die sich aus einem selbstkonzipierten Fragebogen und der Erhebung objektiver Daten zusammensetzt. Probanden, die im Fragebogen angaben, während des Vorbereitungsdienstes bereits zwei oder mehr Symptome einer Stimmstörung wahrgenommen zu haben, wurden als stimmgestört klassifiziert. Anhand objektiver Messungen wurden zudem die Variablen maximale Tonhaltedauer (THD), Jitter und Shimmer erhoben und mit den subjektiven Daten in Beziehung gesetzt. Bei 37% der Probanden ergaben sich Hinweise auf das Vorliegen einer Stimmstörung. Besonders häufig wurden die Symptome Rauigkeit, Räusperzwang oder Lautstärkeprobleme genannt. Es bestand kein signifikanter Zusammenhang zwischen den subjektiven und den objektiven Daten. Die Ergebnisse deuten darauf hin, dass angehende Lehrkräfte im Zeitraum des Vorbereitungsdienstes vermehrt zu Stimmproblemen neigen. Dies unterstreicht die Notwendigkeit von interventiven Maßnahmen, die bereits im Studium zum Tragen kommen sollten.

1 Einleitung

Über eine funktionstüchtige Stimme zu verfügen ist für Lehrkräfte ungemein wichtig. Gleichwohl birgt der Schulalltag hohe stimmliche Anforderungen. Die durchschnittliche Sprechlautstärke einer Lehrkraft liegt im Unterricht bei etwa 75 dB, während der Umgebungslärm 80 dB oder mehr betragen kann (vgl. Tropper & Schlömicher-Thier 2011, S. 43). Als physiologisch gilt hingegen eine Sprechlautstärke von nur etwa 60 dB (Krause, Dorsemagen & Baeriswys 2013,

S. 67). Verstärkend können sich trockene Luft oder mangelhafte akustische Raumverhältnisse negativ auf die Stimme auswirken. Für Lehrkräfte ist das Risiko, an einer Stimmstörung zu erkranken, etwa vier Mal höher als für Angehörige anderer Berufsgruppen (vgl. Verdolini & Raming 2001). Die Folgen sind weitreichend und können neben der Lehrkraft selbst auch die Schüler deren Leistungen betreffen. In einer Studie mit 107 Kindern im Alter von 9-10 Jahren konnten Rogerson & Dodd (2005) nachweisen, dass Stimmstörungen aufseiten der Lehrkraft zu Sprachverarbeitungsproblemen bei Schülern führen können. Zudem sind stimmbedingte Krankheitsausfälle oder therapeutische Maßnahmen mit hohen Kosten verbunden, die allein im Land Baden-Württemberg mit 93 000 Lehrern auf 30 Millionen Euro jährlich geschätzt werden (Richter & Echternach 2010, S. 392).

Prävalenzstudien, die sich mit der Häufigkeit von Stimmstörungen bei Lehrkräften beschäftigen, gelangen zu unterschiedlichen Ergebnissen. Dies ist vor allem auf das Fehlen eines allgemeingültigen Kriteriums für die Definition einer Stimmstörung, aber auch auf methodische Unterschiede oder die Auswahl der Probanden zurückzuführen. Schätzungen zufolge kann jedoch davon ausgegangen werden, dass mindestens die Hälfte aller Lehrkräfte Stimmprobleme aufweist (Fernandez et al. 2004; Roy et al. 2004 sowie Russell, Oates & Greenwood 1998). Als gesichert gilt außerdem, dass Stimmstörungen bei Lehrkräften wesentlich häufiger auftreten als in der Normalbevölkerung (vgl. Roy et al. 2004). Tatsächlich manifestieren sich die Probleme oftmals schon während des Studiums. Zu diesem Ergebnis kamen Simberg et al. (2000) in einer Studie mit 226 Lehramtsstudierenden. 20% aller Befragten hatten während des laufenden Jahres bereits zwei oder mehr Symptome einer Stimmstörung bei sich wahrgenommen. Weiterhin konnten bei 19% akute organische Stimmstörungen festgestellt werden.

Zur Häufigkeit von Stimmproblemen bei Lehrkräften im Vorbereitungsdienst (LiV) liegen bislang keine Untersuchungen vor. Gerade während des Vorbereitungsdienstes sind angehende Lehrkräfte durch die anfallenden Unterrichtsstunden jedoch erstmals einer hohen stimmlichen Beanspruchung ausgesetzt. Von einem vermehrten Auftreten von Stimmproblemen in der Population der LiV ist deshalb auszugehen.

Primäres Ziel der vorliegenden Arbeit war es, anhand einer symptombasierten Betrachtung Aussagen zur Häufigkeit und Art von Stimmproblemen bei LiV zu treffen. Zudem sollten potentielle Zusammenhänge zwischen (1) der Anzahl der wahrgenommenen Symptome und der empfundenen stimmbedingten Beeinträchtigung, (2) den objektiven Parametern maximale Tonhaltedauer (THD), Jitter und Shimmer sowie (3) den subjektiven und den objektiven Daten untersucht werden. Vorgestellt wird eine Studie mit 73 LiV.

2 Material und Methoden

Die Studie wurde im April 2015 an hessischen Schulen und Studienseminaren durchgeführt. Sie beinhaltete die Beantwortung eines Fragebogens, die Erfassung der maximalen THD sowie eine Tonaufzeichnung der Stimme, die für die akustische Analyse verwendet wurde. Zunächst bearbeiteten die Teilnehmer stets den Fragebogen. Anschließend fanden sie sich zur Erhebung der objektiven Daten einzeln in einem separaten Raum ein. Durch die Verwendung eines Kodiersystems wurden subjektive und objektive Daten einander zugeordnet.

Stichprobe

Die Stichprobe umfasst 73 LiV (52 weiblich und 21 männlich) mit einem durchschnittlichen Alter von 28 Jahren (SD=4,7). Zum Zeitpunkt der Untersuchung absolvierten die Probanden seit durchschnittlich sechs Monaten (SD=4) ihren Vorbereitungsdienst an hessischen Schulen. Während von allen Probanden die Fragebogendaten erhoben wurden, liegen nur von 56 der 73 Probanden objektive Daten vor. Dies ist darauf zurückzuführen, dass alle Probanden mit akuter Erkältung von den objektiven Messungen ausgeschlossen werden mussten, um die Ergebnisse nicht zu verfälschen.

Fragebogen

Für die Untersuchung wurde ein Fragebogen entwickelt, der neben Fragen zur Person und deren Stimmsituation während des Studiums und Vorbereitungsdienstes auch eine gekürzte Version des Voice Handicap Index, den VHI-12, beinhaltet (Nawka, Gonnermann und Wiesmann 2003).

Der erste Abschnitt des Fragebogens erfasst allgemeine und berufsbezogene Informationen. Hier wird unter anderem nach der Schulform gefragt. Im zweiten Abschnitt werden Informationen hinsichtlich der Bereiche Stimmbelastung und Stimmhygiene erhoben. Der dritte Abschnitt bezieht sich auf das bisherige Auftreten von Stimmproblemen. Die Probanden wurden dazu aufgefordert, aus einer Liste von vorgegebenen Symptomen (Rauigkeit, Räusperzwang, Fremdkörpergefühl im Hals...) jene anzukreuzen, die sie während des Studiums und/oder des Vorbereitungsdienstes über mindestens zwei Wochen bei sich wahrgenommen hatten. Im Rahmen dieser Arbeit wurde das Auftreten von zwei oder mehr Symptomen während des Vorbereitungsdienstes als Stimmstörung gewertet. Der vierte Abschnitt beinhaltet den VHI-12 (Nawka, Gonnermann und Wiesmann 2003). Mit diesem Diagnostikinstrument lassen sich die stimmbezogenen Beeinträchtigungen der Lebensqualität ermitteln und eine zuverlässige Unterteilung in stimmgesunde und stimmgestörte Personen vornehmen (Günther et al. 2005). Der VHI-12 erfasst anhand von 12 Aussagen verschiedene Aspekte einer Stimmstörung, die sich den Bereichen *negative Stimmerfahrung, Selbstunsicherheit, mangelnde Tragfähigkeit der Stimme* und *negative Emotionalität* zuordnen lassen. Auf einer fünfstufigen Skala bewertet die Testperson, wie häufig sie eine der beschriebenen Situationen erlebt (0=nie; 4=immer).

Ermittlung der maximalen Tonhaltedauer (THD)

Die Erfassung der maximalen THD ist eine Atemfunktionsmessung. Die Dauer, mit der ein Ton gehalten werden kann, gilt als Maß der stimmlichen Leistungsfähigkeit (Nawka & Wirth 2008, S. 94). Für die Messung wurden Probanden gebeten, drei Mal hintereinander ein /a:/ bei komfortabler Tonhöhe und mittlerer Sprechlautstärke zu phonieren. Mit einer Stoppuhr wurde die maximale THD aller Versuche erfasst. Der Versuch mit der längsten THD ging in die Wertung ein.

Tonaufzeichnung

Um eine akustische Analyse durchführen zu können und somit Aufschluss über die Heiserkeitskorrelate Jitter und Shimmer zu erhalten, wurden Tonaufzeichnung der Probanden erstellt. Verwendet wurde ein Olympus Digital Voice Recorder des Modells DM-550. Vor einer Aufnahme wurde mithilfe eines Schallpegelmessers der Marke Mondpalast sichergestellt, dass der Störschall im Raum unter 40 dB lag. Dann wurden die Probanden instruiert, drei Mal hintereinander bei einem Mund-Mikrophon-Abstand von 30 cm für fünf Sekunden ein /a:/ bei komfortabler Tonhöhe und einer Lautstärke von 80 dB (vgl. hierzu Brockmann et al. 2008 sowie Ettehad 2004) zu phonieren. Die Lautstärke konnten anhand des Schallpegelmessers abgelesen und angepasst werden. Vor jeder Aufzeichnung fand stets eine kurze Übungsphase statt. Die Aufnahmen wurden bei einer Samplingrate von 44,1 kHz und einer Auflösung von 16 bits digitalisiert und als wav-Datei gespeichert. Mit Hilfe der Sprachverarbeitungssoftware Praat (Boersma & Weenink, 2016) wurden die Samples auf eine Länge von drei Sekunden gekürzt. Ein- und Ausschwingphasen wurden abgeschnitten.

Akustische Analyse

Die Analyse der Tonaufzeichnungen erfolgte mittels Praat. Dafür wurden für alle erstellten Samples „Voice Reports" angefordert, die neben anderen akustischen Werten auch die der Periodizitätsparameter Jitter und Shimmer ausgeben. Jitter ist ein Maß der Frequenzschwankungen eines Stimmsignals (Schneider-Stickler & Bigenzahn 2013, S. 241). Je höher dieser Wert, desto stärker die Grundfrequenzschwankungen (wahrgenommen als Tonhöhe) und folglich die empfundene Heiserkeit (vgl. Zwirner et al. 1997). Shimmer wiederum ist ein Maß für die Amplitudenschwankungen eines Stimmsignals (vgl. Schneider-Stickler & Bigenzahn 2013, S. 142). Je höher dieser Wert, desto stärker die Schwankungen der Amplitude (wahrgenommen als Lautstärke) und entsprechend auch die empfundene Heiserkeit (vgl. Zwirner et al 1997). Für die Software Praat liegen bislang keine Normdaten für die Parameter Jitter und Shimmer vor. Von allen Probanden wurden drei Samples erstellt, also drei Jitter- und Shimmerwerte ermittelt. Für die statistische Auswertung wurde nur das jeweils beste Sample herangezogen, also der Phonationsversuch mit den geringsten Lautstärke- und Tonhöheschwankungen. Dafür wurden die Jitter- und Shimmerwerte in SPSS z-transformiert und addiert. Gewertet wurde der Versuch mit dem niedrigsten z-Summenwert bzw. den geringsten Periodizitätsschwankungen.

Statistische Analyse

Die statistische Auswertung erfolgte mit PASW® Statistics 18 der Firma SPSS Inc., Chicago. In einem ersten Schritt wurden die Daten explorativ analysiert. Mit dem Kolmogorov-Smirnov-Test wurden die maximale THD, Jitter, Shimmer und VHI-12 Summenwerte zunächst auf Normalverteilung überprüft. Normalverteilt waren die Variablen Jitter, Shimmer und maximale THD, so dass zu ihrer Berechnung parametrische Verfahren angewendet werden konnten. Die VHI-12 Summenwerte folgten keiner Normalverteilung, weshalb nicht-parametrische Verfahren zur Berechnung genutzt wurden. Zentral für die Beantwortung der Forschungsfrage war außerdem die ordinalskalierte Variable Symptomanzahl, d.h. die Anzahl der subjektiv wahrgenommenen Beschwerden.

Es erfolgte eine deskriptive Auswertung der Symptomanzahl, des VHI-12 sowie der objektiven Daten. Um den Zusammenhang zwischen Symptomanzahl und VHI-12 Summenwerten zu berechnen, wurde die Spearman-Korrelation verwendet. Anhand der Pearson-Korrelation wurde der Zusammenhang der objektiven Daten berechnet. Für die Ermittlung des Zusammenhangs zwischen subjektiven und objektiven Daten wurden erneut Spearman-Korrelationen berechnet.

3 Ergebnisse

Von allen befragten LiV, gaben 27 Personen (37,0%) an, während des Vorbereitungsdienstes mindestens zwei Symptome einer Stimmstörung erlebt zu haben. Die konservative Schätzung liegt bei 20,5% (n=15), da der Fragebogen so konzipiert war, dass zunächst die Symptome angekreuzt werden sollten und dann für deren Summe der Auftretenszeitpunkt (Studium und/oder Vorbereitungsdienst) anzugeben war. Für die Personen, die bereits im Studi-

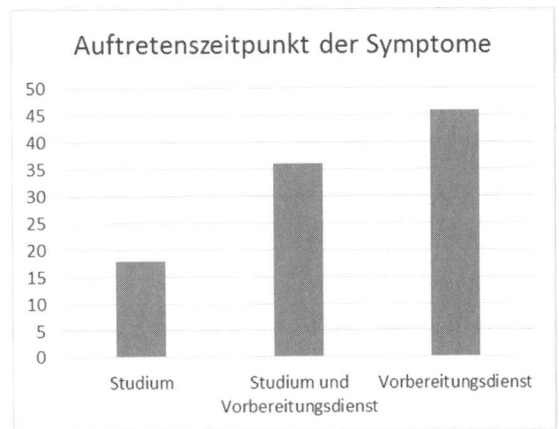

Abbildung 1: Auftretenszeitpunkt von Symptomen einer Stimmstörung bezogen auf die Probanden, die ≥ 2 Symptome erlebt hatten.

um Symptome wahrgenommen hatten, ließ sich folglich keine genaue Symptomanzahl bezogen auf den Vorbereitungsdienst bestimmen. Abb. 1 zeigt, dass während des Vorbereitungsdienstes deutlich mehr Personen Stimmprobleme aufwiesen als während des Studiums. Eine Betrachtung der Art der Beschwerden ergab, dass das Symptom Rauhigkeit am häufigsten angekreuzt wurde (n=16). Auch die Symptome Räusperzwang (n=12) und Halskratzen (n=11) wurden vermehrt wahrgenommen. Lautstärkeprobleme waren bereits von zehn, Ermüdungserscheinungen der Stimme und Verschleimung von je neun Probanden erlebt worden. Dahinter siedelten sich die Symptome Hustenreiz (n=8), Behauchtheit (n=4), Luftprobleme (n=4), Kloßgefühl (n=3) und Engegefühl (n=2) an. Zwei weitere Probanden hatten bereits erlebt, dass sich die Stimme beim Sprechen erst aufwärmen muss.

Die Ergebnisse des VHI-12 weisen bei 20,5% der LiV auf stimmbedingte Beeinträchtigungen hin. Eine geringgradige Beeinträchtigung ergab sich für 16,4%, eine mittelgradige Beeinträchtigung für 2,7% und eine hochgradige Beeinträchtigung für 1,4% der Befragten. Die höchsten Summenwerte wurden für die Subskala negative Stimmerfahrung ermittelt.

Neben den subjektiven Daten wurden für 56 Probanden auch objektive Daten erhoben (maximale THD, Jitter und Shimmer). Männer erreichten mit durchschnittlich 17,9 Sekunden eine signifikant längere maximale THD als Frauen mit 14,6 Sekunden. Verglichen mit den von Nawka und Wirth (2008, S. 74) ermittelten Normwerten von 26 Sekunden bei Männern und 21 Sekunden bei Frauen, ist die maximale THD für beide Geschlechter signifikant verkürzt. Der Mittelwert des akustischen Parameters Jitter lag bei 0,243% (SD=0,089). Statistisch ergab sich kein geschlechterspezifischer Unterschied. Bezüglich des Parameters Shimmer ergab sich für die Stichprobe ein Mittelwert von 3,715% (SD=1,286). Männer wiesen mit 4,36% jedoch einen signifikant höheren Shimmerwert auf als Frauen mit 3,44% (t(54)=2,59, p=0,012). Aufgrund fehlender Normwerte dienten diese Daten ausschließlich einem internen Vergleich.

Zwischen den beiden subjektiven Variablen Symptomanzahl und VHI-12 Summe besteht ein signifikant positiver Zusammenhang (rho(39)=0,408, p=0,005). Berücksichtigt wurden hier ausschließlich die Daten der Personen, die für den Zeitraum des Vorbereitungsdienstes subjektive Beschwerden angegeben hatten. Zudem wurde überprüft, ob die objektiven Daten maximale THD, Jitter und Shimmer miteinander korrelieren. Die Pearson-Korrelationen ergaben keine signifikanten Zusammenhänge zwischen maximaler THD und Jitter bzw. Shimmer. Allerdings besteht eine positive Korrelation (r(56)=0,57, p=0,00) zwischen Jitter und Shimmer. Je stärker die Schwankungen der Amplituden, desto stärker also auch die der Grundfrequenz. In einem weiteren Schritt wurden Zusammenhänge zwischen den subjektiven und den objektiven Daten untersucht. Die Symptomanzahl der Personen, die im Vorbereitungsdienst Beschwerden zeigten, korreliert weder mit der maximalen THD, noch mit Jitter oder Shimmer. Auch zwischen den VHI-12 Summenwerten und den objektiven Daten besteht kein signifikanter Zusammenhang.

4 Diskussion

Mit einer Prävalenz von 51% geben Lehrkräfte im Vergleich zu Angehörigen der Normalbevölkerung (27%) signifikant häufiger an, Stimmprobleme aufzuweisen (vgl. van Houtte et al. 2011). Die Ergebnisse der vorliegenden Studie liefern deutliche Hinweise darauf, dass sich beginnende Dysphonien bereits bei Lehrkräften im Vorbereitungsdienst abzeichnen. Im Rahmen der Symptomanalyse wurden 37% der Probanden als stimmgestört klassifiziert. Die konservative Schätzung lag bei 20,6%. Unter Betrachtung der Auftretenszeitpunkte – während des Studiums hatten deutlich weniger Probanden Symptome einer Stimmstörung bemerkt als während des Vorbereitungsdienstes – erscheint der höhere Wert repräsentativer. Offenbar nehmen stimmliche Beschwerden über den Verlauf der Ausbildung zu. Bemerkenswert ist dieses Ergebnis zudem, da das Studium einen Zeitraum von mehreren Jahren umfasst, während sich die Probanden der Stichprobe zum Zeitpunkt der Untersuchung erst durchschnittlich sechs Monate im Vorbereitungsdienst befanden. Ein Vergleich mit den Ergebnissen von Simberg et al. (2000) stützt die Interpretation, dass Stimmstörungen im Verlauf des Vorbereitungsdienstes ansteigen. Lediglich 20% der von den Autoren untersuchten Lehramtsstudierenden hatten zwei oder mehr Symptome einer Stimmstörung gezeigt. Die Prävalenz während des Vorbereitungsdienstes scheint deutlich höher zu sein. Die meistgenannten Symptome waren Rauigkeit als Aspekt der Heiserkeit und Räusperzwang, was sich mit den Ergebnissen der Studien von Sliwinska-Kowalska et al. (2000) und Ettehad (2004) deckt.

Es konnte ein positiver Zusammenhang zwischen der Symptomanzahl und der subjektiv empfundenen Beeinträchtigung (gemessen mit dem VHI-12) ermittelt werden. Je mehr Symptome eine Testperson angegeben hatte, desto stärker wurde auch die stimmbedingte Beeinträchtigung im Alltag empfunden. In einem positiven Zusammenhang standen auch die Periodizitätsparameter Jitter und Shimmer. Diese Korrelation war zu erwarten, da es sich bei diesen Parametern um akustische Heiserkeitskomponenten handelt. Überraschend ist hingegen, dass zwar eine positive Tendenz, jedoch kein signifikanter Zusammenhang zwischen der maximalen THD und den Parametern Jitter und Shimmer festgestellt wurde. Je höher der Grad der Heiserkeit, desto mehr ungenutzte Luft entweicht beim Sprechen, was sich negativ auf die maximale THD auswirken sollte. Dies zeigt sich in den Daten jedoch nur bedingt. Auch zwischen den subjektiven und den objektiven Daten bestanden keine signifikanten Korrelationen. Dies ist möglicherweise darauf zurückzuführen, dass bei keiner der Versuchspersonen eine ärztlich diagnostizierte Stimmstörung vorlag. Vermutlich schlägt sich ein Stimmproblem erst bei höherem Schweregrad in den objektiven Daten nieder, während sich gering- oder mittelgradige Störungen zuverlässiger im Rahmen einer subjektiven Bewertung nachweisen lassen.

Die Ergebnisse haben gezeigt, dass die Stimmsituation von Lehrkräften im Vorbereitungsdienst auch zukünftig weiterer Erforschung bedarf. Lehrkräfte befinden sich während des Vorbereitungsdienstes in einem kritischen Zeitabschnitt, in dem sie erstmals erhöhten stimmlichen Belastungen ausgesetzt sind, die zu Stimmstörungen führen können. Dennoch wird der Stimme angehender Lehrer bislang nur wenig Beachtung geschenkt. Seit vielen Jahren fordern Wissenschaftler mit steigendem Nachdruck, dass Universitäten oder Studienseminare das Angebot an stimmschulende Maßnahmen für angehende Lehrer ausweiten (vgl. Bistrizki & Frank 1981; Simberg et al. 2006; Stemple et al. 1994; Stier 2013 sowie Timmermanns et al. 2004). Auch die vorliegende Untersuchung unterstreicht die Notwendigkeit von frühzeitigen Präventionsmaßnahmen, die Lehrkräfte bei der Gesunderhaltung ihrer Stimme unterstützen.

Literatur

Bistrizki, Y./Frank, Y. (1981): Efficacy of voice and speech training of prospective elementary school teachers. The Israeli Journal of Language, Speech and Hearing Disorders, 10, 16-32.

Boersma, P./Weenink, D. (Februar 2016): Praat: A system for doing phonetics by computer. Von http://www.fon.hum.uva.nl/praat/ abgerufen.

Brockmann, M./Stock, C./Carding, P./Drinnan, M. (2008): Voice loudness and gender effects on jitter and shimmer in healty adults. Journal of Speech, Language, and Hearing Research, 51(5), 1152-1160.

Ettehad, S. (2004): Subjektive und objektive Stimmuntersuchungen zur Erfassung der Stimmbefunde bei Pädagogikstudenten. Dissertation, Marburg.

Fernandez, C. A./Preciado, J./Ogale, S. B. (2004): Prevalence of voice disorders among teaching personnel in la rioja, spain. Otolaryngology - Head and Neck Surgery.

Günther, S./Rasch, T./Klotz, M./Hoppe, U./Eysholdt, U./Rosanowski, F. (2005): Bestimmung der subjektiven Beeinträchtigung durch Dysphonien - ein Methodenvergleich. HNO, 56, 8995-904.

Krause, A./Dorsemagen, C./Baeriswys, S. (2013): Zur Arbeitssituation von Lehrerinnen und Lehrern. In M. Rothland (Hrsg.), Belastung und Beanspruchung im Lehrerberuf (S. 61-80). Wiesbaden: Springer.

Nawka, T./Wirth, G. (2008). Stimmstörungen: Lehrbuch für Ärzte, Logopäden, Sprachheilpädagogen und Sprecherzieher. Köln: Deutscher Ärzte-Verlag.

Nawka, T./Gonnermann, U./Wiesmann, U. (2003): Stimmstörungsindex. 20. wissenschaftliche Jahrestagung der Deutschen Gesellschaft für Phoniatrie und Pädaudiologie. German Medical Science.

Richter, B./Echternach, M. (2010): Stimmdiagnostik und -therapie bei Angehörigen stimmintensiver Berufe. (Springer, Hrsg.) HNO, 4, 389-398.

Rogerson, J., & Dodd, B. (2005). Is there an effect of dysphonic teachers' voices on children's processing of spoken language. Journal of voice, 19, 47-60.

Roy, N./Merrill, R. M./Thibeault, S./Parsa, R./Gray, S. D./Smith, E. M. (2004): Voice Disorders in Teachers and the General Population. Journal of Speech, Language, and Hearing Research, 47, 281-293.

Russell, A./Oates, J./Greenwood, K. M. (1998): Prevalence of Voice Problems in Teachers. Journal of Voice, 12(4), 467-479.

Schneider-Stickler, B./Bigenzahn, W. (2013): Stimmdiagnostik - Ein Leitfaden für die Praxis. Wien: Springer.

Simberg, S./Laine, A./Sala, E./Rönnemaa, A.-M. (2000): Prevalence of Voice Disorders Among Future Teachers. Journal of Voice, 14(2), 231-235.

Sliwinska-Kowalska, M./Fiszer, M./Niebudek-Bogusz, E./Kotylo, P./ Rzadzinska, A. (2000): Evaluation of voice quality in students from teaching colleges. Medical Press, 51(6), 573-580.

Stemple, J. C./Lee, L., B., D./Pickup, B. (1994): Efficacy of vocal function exercises as a method of improving voice production. Journal of Voice, 8(3), 271-278.

Stier, K.-H. (2013): Prävention von Stimmstörungen bei Lehramtsstudentinnen, Referendarinnen und Lehrerinnen nach Akzentmethode - Eine Evaluationsstudie. Dissertation, Blaubeuren.

Van Houtte, E./Claeys, S./Wuyts, F./Van Lierde, C. (2011): The impact of voice disorders among teachers: vocal complaints, treatment-seeking behavior, knowledge of vocal care and voice-related absenteeism. Journal of Voice, 25(5), 570-575.

Verdolini, K./Raming, L. O. (2001): Review: Occupational risks for voice problems. Log Phon Vocol, 37-46. Geißner, H. (1969): Rede in der Öffentlichkeit. Stuttgart.

Zwirner, P./Michaelis, M./Fröhlich, M./Kruse, E. (1997): Korrelation zwischen perzeptueller Beurteilung von Stimmen nach dem RBH-System und akustischen Parametern. Aktuelle phoniatrisch-pädaudiologische Aspekte, 5.

BEATE REDECKER

Sprechkunst in der Therapie mit Parkinsonpatienten – Die STOP-IT-Studie

1 Einleitung und Stand der Forschung

Der Morbus Parkinson gehört zu den häufigsten degenerativen Erkrankungen des Nervensystems. In Deutschland leiden ca. 200.000 Menschen daran. Neben den Kardinalsymptomen der Parkinson-Krankheit – Bradykinese, Rigor und Tremor – entwickeln nahezu alle Parkinsonpatienten im fortgeschrittenen Stadium auch eine Dysarthrie, die zu einer erheblichen Beeinträchtigung der Lebensqualität in Bezug auf die Kommunikationsfähigkeit und auf soziale Interaktionen im Alltag führt. Das betrifft neben Störungen der verbalen, paraverbalen und nonverbalen Kommunikation auch die Dissoziation von Ausdrucksverhalten und Erleben, was wiederum zunehmend zu Missverständnissen und Konflikten führt und den sozialen Rückzug aus dem Alltag verstärkt. Eine Untersuchung von Schrag et al. (2006) zeigt, dass sich die Lebensqualität von Angehörigen und Patienten – positiv wie negativ – wechselseitig beeinflusst. Trotz dieser massiven Einschränkungen befinden sich gegenwärtig nur wenige Patienten in logopädischer Behandlung (Nebel et al. 2008).

Die eingeschränkte Verständlichkeit der Patienten ist dabei zurückzuführen auf verschiedene Merkmale der Stimme und Sprechweise wie: eine monotone Stimmlage, nivellierte Akzentuierungen, invariante Lautstärke, unpräzise Konsonantenbildung, inadäquate Pausenlängen, kurze Accellerandi, raue und behauchte Stimmqualität, tiefe Stimmlage und wechselndes Sprechtempo (Darley et al. 1975), was durch eine verminderte Expressivität der Gesichtsmuskulatur (Hypomimie) zusätzlich verstärkt wird. Die effektive Therapie von Stimm-, Sprech- und Kommunikationsstörungen bei Morbus Parkinson sollte deswegen ein unerlässlicher Bestandteil im Therapieplan der Patienten sein. Gleichzeitig sollten aber auch zuverlässige und an den aktuellen wissenschaftlichen Studien ausgerichtete evidenzbasierte Behandlungsverfahren in den Therapien eingesetzt werden. Bisher liegen nur wenige empirisch gesicherte Studien zur erfolgreichen Therapie einer Dysarthrie bei Morbus Parkinson vor.

Das *Lee-Silverman-Voice-Treatment* [LSVT®] ist ein Verfahren, welches sich in den letzten Jahren als sehr wirksam und nachhaltig effektiv erwiesen hat (Ramig et al. 1995, Fox et al. 2006, Sapir et al. 2011). Dabei werden die Patienten über einen Zeitraum von vier Wochen mit 16 Therapieeinheiten an jeweils vier aufeinander folgenden Tagen zur Stimmkräftigung angeleitet. Der Lautstärke wird im LSVT eine Triggerfunktion zugeschrieben, die zu einer Erhöhung der Bewegungsamplitude im gesamten stimm- und sprechmotorischen Bereich führt und damit auch eine Vergrößerung des Atemvolumens, einen verbesserten Glottisschluss, eine stärkere Öffnung des Vokaltraktes und größere Artikulationsbewegungen nach sich zieht. Das Konzept baut auf fünf Grundprinzipien auf: Fokussierung (auf Stimme), Kalibrierung (Verbesserung der sensorischen Wahrnehmung von Lautstärke und Krafteinsatz), hoher Krafteinsatz (Lautstärkesteigerung und Überwinden der Hypokinese in der gesamten Sprechmuskulatur), intensives Training (16 Behandlungseinheiten à 60min. in vier Wochen) und Quantifizierung von Therapieeffekten (mit Hilfe von Stoppuhr, Schalldruckpegelmesser und Tonhöhenmesser). Die Therapie durchläuft dabei sechs verschiedene aufeinander aufbauende Phasen: Grundübung 1 (maximale Tonhaltedauer), Grundübung 2 (maximaler Tonhöhenumfang), Grundübung 3 (maximale funktionale Sprechlautstärke in Alltagsphrasen), Transfer (konkrete Transferaufgaben), Hausaufgaben (zur Festigung), Nachsorge (Kontrolltermine, ggf. Auffrischungsstunden). Im LSVT konnten Langzeiteffekte bis zu 12 Monaten oder vereinzelt auch 24 Monaten nachgewiesen werden.

Diagnostik dysarthrischer Störungen und Ableitungen für die Therapie

Es gibt verschiedene Möglichkeiten und Ansätze den Schweregrad und das Ausmaß einer Dysarthrie zu beschreiben. In diesem Zusammenhang lassen sich verschiedene Leitfragen stellen (Ziegler and Vogel 2010): (a) Wann ist eine Behandlung angezeigt?, (b) Welche Behandlungsziele sollen verfolgt werden? und (c) Welche spezifischen Behandlungsansätze bieten sich an? Die Frage nach Behandlungszielen und spezifischen Behandlungsansätzen suggeriert, dass eine Vielfalt an Behandlungsangeboten zur Verfügung steht, aus der Therapeuten situationsangemessen und patientenorientiert wählen können. Die Realität zeigt aber, dass neben dem LSVT kaum evidenzbasierte Alternativen zum Behandeln einer Dysarthrie bei Patienten mit Morbus Parkinson vorliegen.

Eine Möglichkeit, um Fragen nach dem Schweregrad oder nach den Behandlungszielen einer Dysarthrie zu beantworten, bietet das von der WHO entwickelte Modell der Internationalen Klassifikation der Funktionsfähigkeit, Behinderung und Gesundheit (ICF vgl. Abb.1). Speziell für den Bereich der Sprachtherapie wurde verschiedentlich angeregt, das ICF für klinische Entscheidungen zugrunde zu legen (Dykstra et al. 2007, Grötzbach und Iven 2009, Ziegler und Vogel 2010). Basis des ICF sind die drei Hauptkomponenten: (a) Körperfunktionen (z.B. Atmung, Stimmbildung, Artikulationsfunktionen, Sprechrhythmus), (b) Körperstrukturen (z.B. Strukturen des Nervensystems) und (c) Partizipation und Teilhabe (z.B. eine Unterhaltung beginnen oder in Vollzeitbeschäftigung arbeiten).

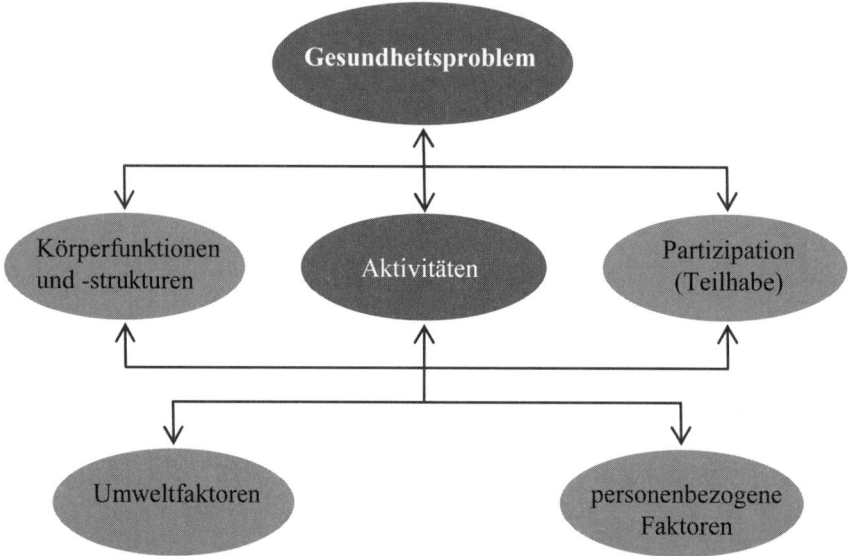

Abb. 1 Das ICF-Modell (DIMDI, WHO 2005)

Chancen für die Diagnostik ergäben sich aus diesem Modell vor allem hinsichtlich der Möglichkeit differenziert und zielfragengeleitet von der Funktion bis zur Teilhabe verschiedene Behandlungsansätze in die Therapie chronischer degenerativer Erkrankungen mit einzubeziehen.

Die Diagnostik dysarthrischer Störungen ist komplex und umfasst verschiedene Assessments wie (a) apparative Methoden (z.B. bildgebende Verfahren und transkranielle Stimulation, Elektromyografie, Artikulografie, Elektropalatografie, Laryngostroboskopie, Elektroglottografie, Pneumotachografie), (b) Akustische Analyseverfahren (z.B. Sprechtempo, Schallpegel, Grundfrequenz, Stimmqualität, Qualität der Artikulation), (c) Auditive Verfahren (z.B. Frenchay-Dysarthrie-Untersuchung, Bogenhauser Dysarthrieskalen), (d) Verständlichkeitsmessungen (z.B. Schätzskalen, Transkriptionsverfahren, Worterkennungsverfahren) und (e) Selbstbeurteilungen (z.B. durch den Voice Handicap Index [VHI] Jacobson et al. 1997, Nawka et al. 2003, durch Living with Dysarthria [LwD] Hartelius et al. 2008 oder durch den Communicative Effectiveness Survey [CES] Donovan et al. 2008).

Aus der oben genannten Vielzahl diagnostischer Möglichkeiten einer Dysarthrie ergeben sich zahlreiche Zielformulierungen für die therapeutische Arbeit. Als Konsens formulieren Ziegler und Vogel (2010, S.100):

„Therapie soll wirksam sein. Sie soll die sprechmotorischen Symptome reduzieren und Verständlichkeit, Natürlichkeit und Kommunikationsfähigkeit als Voraussetzung selbstbestimmter Teilhabe am gesellschaftlichen Leben soweit wie möglich wieder herstellen."

Angesichts der Komplexität und Vielgestaltigkeit dysartrischer Störungen scheint es nur schwer vorstellbar, ein passendes Konzept zu etablieren, was allen Störungen und auch allen Bedürfnissen der Patienten gerecht wird. Dies mag auch der Grund sein, warum neben einer Vielzahl an z.T. stark voneinander divergierenden Behandlungsansätzen, neben dem LSVT kaum evidenzbasierte Therapien Eingang in die Praxis gefunden haben.

Einordnen des eigenen Vorhabens in den Forschungskontext

Dopaminerge Therapiestrategien zur Verbesserung der motorischen Parkinson-Symptome greifen in Bezug auf die Muskulatur des Stimm- und Sprechapparates kaum. Der Sprechtherapie kommt also im therapeutischen Kontext der Behandlung einer Dysarthrie nach wie vor eine herausragende Stellung zu.

Verschiedene Funktionsbereiche wie im ICF verankert (z.B. Respiration, Phonation und Artikulation) werden gezielt und fokussiert trainiert, um damit die Verständlichkeit, aber auch die kommunikationsbezogene Lebensqualität zu verbessern.

Für die hier im Rahmen der STOP-IT-Studie geplanten Untersuchungen soll ein Konzept aus dem Bereich der ästhetischen Kommunikation, welches in der sprecherzieherischen Arbeit mit professionellen Sprechern sehr erfolgreich genutzt wird – das *Gestische Sprechen* – in die therapeutische Arbeit mit Parkinsonpatienten übertragen werden. Der Begriff des *Gestischen Sprechens* stammt aus der Schauspielpraxis Bertolt Brechts und entspringt der Idee

> „dass Schauspieler Texten gegenüberstehen, die sie auffordern, sprechend Beziehungen zwischen Menschen auszuhandeln. Das schauspielerische Interesse liegt also nicht vor allem in den Worten, sondern im Aushandeln von Beziehungen durch sie, einschließlich der in den Worten aufgehobenen Gedanken, Interessen, Emotionen und Sachverhalte." (Ritter 2004, S.191).

Die zentrale Idee dieses Trainings ist es also, Texte durch einen bestimmten Stimm- und Sprechausdruck hörbar und damit erfahrbar zu machen, damit sich der Sprecher selbst und wichtiger noch die Zuhörer bzw. die Kommunikationspartner angesprochen fühlen. Trainiert wird also eine ganzkörperliche Handlungsbereitschaft, wobei das Hauptaugenmerk auf Parametern wie (a) der inneren Einstellung eines Sprechers, (b) dem Hörerbezug und der Partnerorientierung, (c) einem Situationsbezug und (d) dem Vollzug der sprachlichen Äußerung liegen (Haase 2004, S. 203). Gerade diese Aspekte der Kommunikation sind bei Parkinsonpatienten mit hypophoner Dysarthrie in besonderer Weise gestört und stellen somit ideale Anknüpfungspunkte für eine Sprechtherapie dar. Es handelt sich beim Konzept des *Gestischen Sprechen* um einen multimodal angelegten

Ansatz, der neben (a) dem Training der Stimme und Sprechweise auch (b) kognitive Stimulation bietet, (c) den Patienten auch außerhalb der Therapie zu erfolgreicher Kommunikation verhelfen soll und (d) Rückzugstendenzen damit aktiv entgegenwirken will.

2 Die STOP-IT-Studie

Die Stop-It-Studie (Speech Therapy of Parkinson's Disease by Interpreting Texts) hat das Ziel herauszufinden, ob Bestandteile aus dem Konzept des *Gestischen Sprechens* in modifizierter Form positiv in den therapeutischen Kontext mit Parkinsonpatienten übertragen werden können, um damit den sozialen Rückzug der Patienten zu stoppen, bzw. die kommunikationsbezogene Lebensqualität der Patienten zu verbessern.

Die Untersuchung basiert dabei auf der Hypothese, dass die Sprachverständlichkeit durch das Trainingskonzept „Gestus" (im folgenden TKG) nachweislich verbessert wird (primärer Endpunkt der Untersuchung).

Darüber hinaus werden als sekundäre Endpunkte der Untersuchung (a) die kommunikationsbezogene Lebensqualität, (b) die Selbst- und Fremdwahrnehmung, sowie (c) Veränderungen akustischer Parameter (z.B. eine Vergrößerung des akustischen Vokalraumes) analysiert.

Letztlich soll mit diesen Untersuchungen das bislang sehr begrenzte Spektrum evidenzbasierter Methoden in der Stimm- und Sprechtherapie von Parkinsonpatienten erweitert werden.

Methode

In eine randomisierte, kontrollierte Studie werden Patienten mit Morbus Parkinson im fortgeschrittenen Stadium mit hypophoner Dysarthrie eingeschlossen und auf eine von drei Gruppen verteilt: (a) Kontrollgruppe, (b) Therapie nach Trainingskonzept „Funktionskreis" (TKF) und (c) Therapie nach Trainingskonzept „Gestus" (TKG). Die Stratifizierung in die einzelnen Gruppen erfolgt dabei nach Alter und Hoehn & Yahr-Stadium (Schweregrad der Erkrankung). Beide Trainingsgruppen verwenden als Grundlage ihrer Sprechtherapie jeweils fünf verschiedene literarische Texte, die für verschiedene Übungen mit unterschiedlichen Schwerpunkten genutzt werden.

Motorisches Lernen bedarf häufiger und regelmäßiger Repetition, damit propriozeptive Wahrnehmungen zu Veränderungen führen und zuverlässig abgerufen werden können. Therapeutische Metaanalysen belegen (Nebel et al. 2008, S.90), dass eine hohe Therapiefrequenz über einen begrenzten Zeitraum den Erfolg einer Therapie relevant beeinflusst. Von daher sind für die vorliegende Studie acht Therapieeinheiten an jeweils vier aufeinanderfolgenden Tagen über einen Zeitraum von zwei Wochen angesetzt.

Am Tag vor dem eigentlichen Therapiebeginn (Messpunkt 1) und am letzten Tag der Therapie (Messpunkt 2), sowie drei Monate nach Therapieende (Messpunkt 3) wird ein Sprachlaborbefund erhoben, der sich aus verschiedenen Aufnahmen (Audio und Video) zusammensetzt. Erhoben werden Daten auf Silben-, Wort-, Satz- und Textebene, sowie Lese- und Spontansprache. Die Daten der drei Messpunkte werden im Anschluss durch entsprechende statistische und akustischen Analyseverfahren unter verschiedenen Fragestellungen miteinander verglichen. Im Vordergrund stehen dabei Aussagen über Veränderungen der Verständlichkeit. Dies wird durch umfangreiche Perzeptionstests, verblindet mit der NTID-Skala (Samar und Metz 1988) erhoben und anschließend mit akustischen Analysen (z.B. Vokalraummessungen) korreliert. Darüber hinaus sollen Aussagen zu Veränderungen der kommunikationsbezogenen Lebensqualität, erhoben mit VHI (Jacobson et al. 1997, Nawka et al. 2003) und dem PDQ (Marinius et al. 2002), aus der Selbstwahrnehmung der Patienten und der Fremdwahrnehmung, z.B. durch einen engen Angehörigen miteinander in Beziehung gesetzt werden.

Studienpopulation

Es liegen unterschiedliche Einschluss- und Ausschlusskriterien vor, die für die Kohorte der Studienteilnehmer bindend sind.

In die Studie eingeschlossen werden Patienten mit einem idiopathischen Parkinson-Syndrom (Brain Bank Diagnosekriterien, Stadium Hoehn & Yahr 2 - 4) mit hypophoner Dysarthrie im Alter zwischen 40 und 85 Jahren.

Ausgeschlossen werden Patienten bei denen (a) eine fortgeschrittene Demenz bzw. ein atypisches Parkinson-Syndrom vorliegt, (b) die sich in laufender logopädischer Behandlung zum Zeitpunkt der Studie befinden oder (c) die an einer Leseschwäche (Legasthenie) leiden.

Zur Charakterisierung der Patientenpopulation werden in der Aufnahmeuntersuchung die folgenden Parameter bestimmt: Alter, Geschlecht, Dauer der Erkrankung, Hoehn & Yahr-Stadium, UPDRS I-IV, MMST, Vorhandensein motorischer Fluktuationen bzw. einer tiefen Hirnstimulation, die aktuelle Medikation sowie die entsprechende L-Dopa-Äquivalenzdosis.

In den bislang vorliegenden Voruntersuchungen zeigt sich, dass mit dem gewählten Randomisierungsverfahren für alle drei Gruppen vergleichbare Kohorten zugeordnet werden konnten. Darüber hinaus ergibt die Auswertung der bislang vorliegenden Daten, dass bislang zumeist Patienten in fortgeschrittenen Stadien der Erkrankung untersucht wurden (vgl. Tab. 1).

	Kontroll-gruppe (n=6)	TK „Funktionskreis" (n=8)	TK „Gestus" (n=9)
Alter (in Jahren)	69.7 ± 5.4	69.9 ± 8.6	68.4 ± 6.0
Männer – Anzahl (%)	4 (66.7)	7 (87.5)	4 (44.4)
Dauer der Erkrankung (Jahre)	12.7 ± 5.6	12.6 ± 7.2	11.3 ± 7.0
Hoehn & Yahr Stadium	3.2 ± 0.4	3.1 ± 0.4	3.3 ± 0.8
UPDRS Teil I	2.7 ± 1.2	2.3 ± 1.2	1.8 ± 1.6
UPDRS Teil II	9.2 ± 4.9	14.0 ± 5.2	14.8 ± 4.4
UPDRS Teil III	27.5 ± 13.2	36.6 ± 14.9	32.9 ± 5.9
UPDRS Teil IV	3.0 ± 1.8	5.1 ± 4.6	2.4 ± 1.5
MMST	29.0 ± 1.5	28.4 ± 1.6	27.9 ± 1.7
Motorische Fluktuationen Anzahl der Patienten (%)	5 (83.3)	6 (75)	7 (77.8)
Behandlung mit L-Dopa Anzahl der Patienten (%)	6 (100)	8 (100)	9 (100)
Tiefe Hirnstimulation – Anzahl der Patienten (%)	0 (0)	1 (12.5)	2 (22.2)
L-Dopa-Äquivalenzdosis (mg)	984 ± 193	989 ± 472	801 ± 527

Tabelle 1: Patientencharakteristik (n=23): Mittelwerte und STAW

Die in die Studie eingeschlossenen Patienten werden – stratifiziert nach Alter und Hoehn & Yahr-Stadium – auf zwei Trainingsgruppen bzw. eine Kontrollgruppe randomisiert verteilt. Die Randomisierung erfolgt über das Klinische Studienzentrum des Universitätsklinikums Jena.

Das Training in den Untersuchungsgruppen unterscheidet sich wie folgt:

- **Trainingskonzept „Gestus" (TKG):** Sprechtraining ausgerichtet auf einen variablen Stimm-und Sprechausdruck in wechselnden Kommunikationssituationen und mit starkem Hörerbezug.

- **Trainingskonzept „Funktionskreis" (TKF):** Stimm- und Sprechtraining ausgerichtet auf die Funktionskreise Respiration, Phonation und Artikulation, sowie Prosodie.

- **Kontrollgruppe:** erhält keine Therapie, die Patienten werden aus Gründen der Motivation auf einer Warteliste vermerkt. Zu einem späteren Zeitpunkt (frühestens nach 6 Monaten) werden die Patienten in eine der beiden Trainingsgruppen aufgenommen.

Beide Trainingsgruppen arbeiten mit fünf verschiedenen literarischen Texten. Die Textauswahl ist für beide Gruppen identisch. Es handelt sich oftmals um bekannte Texte, wobei das Kennen, bzw. Nicht-Kennen der Texte keine Auswirkung auf den Erfolg der Sprechtherapie hat. Sie umfassen zwei Gedichte (B. Brecht: Vergnügen; U. Timm: Erziehung), eine Fabel (J. de Lafontaine: Der Rabe und der Fuchs), einen Kurzprosatext (P. Watzlawick: Die Geschichte mit dem Hammer) und eine Ballade (J. W. Goethe: Erlkönig). Die beiden Gedichte sind für je eine Therapiesitzung konzipiert, alle anderen Texte sind für jeweils zwei aufeinanderfolgende Sitzungen angelegt. Die Texte wurden so ausgewählt, dass verschiedene stimmliche und sprecherische Aspekte wie z.B. Lautstärkemodulation, Melodisierung, Kieferöffnung und Lippenrundung, Prolongation der Ausatemphase, Ansprechhaltung, hörerorientiertes Sprechen, situatives Einfühlen und Sprechausdruck an ihnen erarbeitet werden können.

Für jede Sitzung gibt es ein festgelegtes Therapieprotokoll mit zu erarbeitenden Teilzielen. Außerdem bekommen die Patienten den erarbeiteten Text als Hausaufgabe mit konkreten Übungsanweisungen mit nach Hause. Zur Dokumentation der Therapieergebnisse werden alle Texte in einer spontanen Sprechfassung vor der Therapie und in einer erarbeiteten Sprechfassung nach der Therapie sowohl als Audio als auch als Video aufgezeichnet. Die einzelnen Sitzungen (jeweils à 45 Minuten) finden in einer hohen Therapiefrequenz in zwei Blöcken von jeweils vier aufeinanderfolgenden Tagen statt. Der Therapiezeitraum erstreckt sich über 10 Tage.

Befunderhebung und Messinstrumentarium

Um das oben beschriebene Ziel der Studie zu evaluieren, werden ein neurologischer Befund und ein Sprachlaborbefund an drei Messtagen im Studienablauf erhoben.

Die neurologische Untersuchung erfolgt durch einen Facharzt für Neurologie, der nicht in das Training der Patienten involviert ist und die Gruppenzuteilung der Patienten nicht kennt. Es wird zunächst die aktuelle Medikation erhoben, die sich im Lauf der Studie nicht ändern darf, und es werden die L-Dopa-Äquivalenzdosen errechnet. Zudem wird überprüft und dokumentiert, dass während der Studie keine parallelen logopädischen Übungsbehandlungen erfolgen. Dann werden strukturiert die folgenden Skalen erhoben: UPDRS, Non-Motor-Symptom-Scale (NMSS) und der Mini-Mental Status Test (MMST). Darüber hinaus erhält der Patient Fragebögen zur Beurteilung des eigenen Sprechdefizits (Voice Handicap Index [VHI]) und der kommunikationsbezogenen Lebensqualität (3 Subskalen des PDQ-39: Emotionales Wohlbefinden, Kognition, Kommunikation). Einem nahen Angehörigen (Partner oder Kind) werden Fremdbeurteilungsbögen ausgeteilt, die den VHI bzw. den PDQ-39 Skalen entsprechend umformuliert sind. Die Untersuchungen werden nach der Trainingsphase sowie 12 Wochen später in gleicher Weise wiederholt und dokumentiert.

Im Sprachlabor werden verschiedene Stimuli in Lesesprache und Spontansprache aufgenommen. Für einen oralen Diadochokinesetest werden Silbenreduplikationen von verschiedenen Plosiv-Vokal-Clustern (/ba-da-ga/) aufgezeichnet. Zudem lesen alle Patienten 20 Sätze aus dem *Kiel-Corpus* (Kohler et al. 1997). Diese Sätze sind der Spontansprache sehr nahe und weisen phonetisch eine große Variabilität auf. Auf Textebene lesen die Patienten „Nordwind und Sonne" und als Wortidentifikationstest arbeiten wir mit dem MVP-online (Münchner Verständlichkeitsprofil, Ziegler und Zierdt 2008). Die Vorteile dieses Tests liegen darin, dass er komplett verblindet und damit hochgradig objektiv ist. Zudem werden drei Perzeptionstests für die Beurteilung der Verständlichkeit durchgeführt: (a) ein Selbstevaluationstest für die Patienten (die Patienten bewerten ihre eigene Sprechweise), (b) ein Fremdevaluationstest der Angehörigen (Angehörige bewerten die Sprechweise ihres erkrankten Angehörigen) und (c) ein verblindeter Perzeptionstest (Laien bewerten die Sprechweise von Patienten). Für diese Hörtests wird die NTID-Skala (National Institute for the Deaf), eine fünfstufige Schätzskala verwendet, bei der die Probanden beurteilen, ob eine sprachliche Äußerung unverständlich (Stufe 1) oder verständlich (Stufe 5) ist (Samar und Metz 1988, dt. Übersetzung Siegert 2004).

Die Ergebnisse der Verständlichkeitsprüfungen sollen auch mit verschiedenen apparativen Analysen stimmlich-artikulatorischer und akustischer Merkmale (wie z.B. der Größe des Vokalraums) korreliert werden.

Um Veränderungen in Bezug auf die kommunikationsbezogene Lebensqualität zu beurteilen, werden standardisierte und evaluierte Fragebögen wie der Voice-Handicap-Index (VHI Jacobson 1997, dt. validierte Fassung Nawka et al. 2003) und der Parkinson's Disease Questionnaire (PDQ 39 Marinus et al. 2002) benutzt. Der VHI erfasst dabei explizit intrapsychische, kommunikative und die soziale Bedeutung von Störungen der Stimme. Obwohl der VHI ursprünglich ein Instrumentarium für die Beurteilung professioneller Stimmen ist, lässt er sich trotzdem gut auf die Patientengruppe übertragen, weil gerade durch die Dysarthrie funktionelle, physische und emotionale Probleme auftreten, die sich mit diesem Fragebogen gut erfassen lassen.

3 Ergebnisse

Im folgenden Abschnitt sollen ausgewählte Ergebnisse für die Verständlichkeitstestung und für die Selbstwahrnehmung der Patienten in Bezug auf die kommunikationsbezogene Lebensqualität vorgestellt werden. Da die Studie zum jetzigen Zeitpunkt noch nicht abgeschlossen ist, handelt es sich um vorläufige Ergebnisse mit z.T. unterschiedlichen Kohortengrößen.

Verständlichkeistestung (Fremdevaluation)

Die Verständlichkeit der Patienten wird im Rahmen von Perzeptionstests auf verschiedenen Ebenen untersucht (Lesesprache [Silbe, Wort, Satz, Text] und Spontansprache). Hier sollen erste Ergebnisse für Testung auf der Textebene vorgestellt werden. Als Grundlage diente ein repräsentativer Abschnitt des Textes „Norwind und Sonne", der erste und der letzte Satz wurden nicht mit in die Untersuchung aufgenommen. Die Textausschnitte der Pretestung (Messpunkt 1) und der Posttestung (Messpunkt 2) von 12 Patienten (Kontrollgruppe n=3, TK „Funktionskreis" n=5, TK „Gestus" n=4) wurden in 3 Randomisierungen 32 naiven Hörern (Studierende der FSU Jena ohne Fachbezug) verblindet vorgespielt. Die Hörer sollten im Anschluss an jede Aufnahme anhand der NTID-Skala beurteilen, wie verständlich sie die einzelnen Aufnahmen fanden.

In Abbildung 2 sind die Ergebnisse zusammengefasst. Für die Kontrollgruppe lassen sich keine Veränderungen zwischen Pre- und Posttestung nachweisen. Für die Gruppe TK „Funktionskreis" lässt sich eine deutliche Verbesserung der Verständlichkeit in der Posttestung nachweisen, die in vier von fünf Fällen signifikant ist. Für die Gruppe mit dem TK „Gestus" lassen sich ebenfalls Verbesserungen in der Verständlichkeit aufzeigen, die allerdings nicht so deutlich sind wie im TK „Funktionskreis".

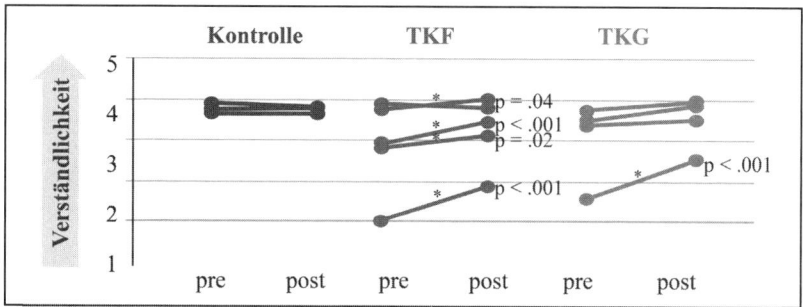

Abb. 2: Darstellung der beurteilten Verständlichkeit (Mittelwerte NTID-Skala) für die Pre- und die Postaufnahmen in den einzelnen Therapiegruppen durch naive Hörer (n=32), ermittelt mit dem Wilcoxon-signed-rank-test.

Testung der kommunikationsbezogenen Lebensqualität (Selbstevaluation)

Für die Patienten und deren Umgang mit ihrer Erkrankung ist es weniger wichtig, wie verständlich sie durch externe Hörer beurteilt werden. Entscheidend für sie ist die Frage danach, ob es eine Therapie schafft, ihnen wieder zu besserer Kommunikationsfähigkeit zu verhelfen und damit dem sozialen Rückzug vorzubeugen. Um diesem Aspekt beschreiben zu können, haben die Patienten vor Beginn der Thearpie, nach 2 Wochen Therapie und nach 3 Monaten therapiefreier Zeit den VHI ausgefüllt. Darin werden werden intrapsychische, kommunikative und soziale Defizite der Stimmstörung erfasst, die sich auf funktionelle, physische oder emotionale Aspekte beziehen können, z.B. in Aussagen wie „Man hört mich wegen meiner Stimme schlecht.", „Beim Sprechen geht mir die Luft aus." oder „Ich meide größere Gruppen wegen meiner Stimme.". Die Patienten (Kontrollgruppe n=6, TK „Funktionskreis" n=8, TK „Gestus" n=9) beurteilen auf einer 5-er Skala, wie sehr solche Aussagen auf ihre aktuelle Situation zutreffen. Abbildung 3 zeigt die Veränderung der Selbstwahrnehmung in den 3 Patientengruppen vor der Therapie und nach 2 wöchiger Therapie.

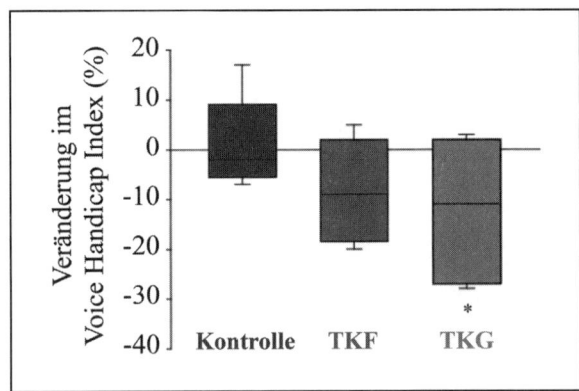

Abb. 3: Darstellung der Veränderung des von den Patienten beurteilten Voice Handicaps (VHI) für die Pre- und die Postaufnahmen nach 2 Wochen in den einzelnen Therapiegruppen in %. * markiert p ≤ 0.5.

Auffällig ist das deutliche Absinken des wahrgenommenen Handicaps für beide Therapiegruppen direkt nach der Therapie (Abb. 3), was für das TK „Gestus" zudem deutlich signifikant markiert ist.

Abbildung 4 zeigt die Veränderung der Selbstwahrnehmung vor der Therapie und nach 3 Monaten therapiefreier Zeit. Während sich für das TK „Funktionskreis" kein über die Therapie hinausgehender Langzeiteffekt nachweisen lässt, findet sich für das TK „Gestus" auch nach 3 Monaten therapiefreier Zeit noch ein signifikanter Effekt auf ein stak vermindertes Voice Handicap.

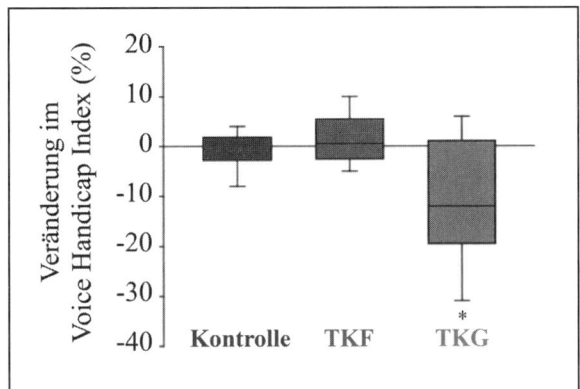

Abb. 4: Darstellung der Veränderung des von den Patienten beurteilten Voice Handicaps (VHI) für die Pre- und die Postaufnahmen nach 3 Monaten therapiefreier Zeit in den einzelnen Therapiegruppen in %. * markiert $p \leq 0.5$.

Dieses Ergebnis spricht dafür, dass vor allem das TK „Gestus" eine nachhaltige Wirkung für das stimmliche Wohlbefinden nach sich zieht, was für Patienten mit einer degenerative Erkrankung im fortgeschrittenen Stadium einen enormen Zugewinn an kommunikationsbezogener Lebensqualität bedeutet.

4 Schlussfolgerungen und Ausblick

Die Ergebnisse der Studie zeigen signifikante Veränderungen zwischen den Pre- und den Post-Aufnahmen in der Verständlichkeit für die Gruppe der Patienten mit dem TK „Funktionskreis". Im Gegensatz dazu finden sich in der Gruppe der Patienten mit dem TK „Gestus" signifikante Hinweise auf schwächer wahrgenommene Defizite beim Sprechen und eine deutliche Verbesserung der kommunikationsbezogenen Lebensqualität mit anhaltender Wirkung über die Therapiezeit hinaus.

Die Ergebnisse der Studie legen also nahe, dass sich literarische Texte für die Stimm- und Sprechtherapie von Patienten mit fortgeschrittenem IPS eignen. Die Art des Trainings (Trainingskonzept „Gestus" versus Trainingskonzept „Funktionskreis") scheint dabei Verständlichkeit, Selbstwahrnehmung und kommunikationsbezogene Lebensqualität differenziell zu beeinflussen. Weitere Analysen und größere Probandenzahlen sind allerdings nötig, um die bisherigen Ergebnisse zu evaluieren.

Literatur

Darley, FL./Aronson, AE./Brown, JR. (1975): Motor speech disorders. Philadelphia.

DIMDI (2005) Internationale Klassifikation der Funktionsfähigkeit, Behinderung und Gesundheit. Stand Oktober 2005. Genf.

Donovan, NJ./Kendall, DL./Young, ME./Rosenbek, JC. (2008): The communicative effectiveness survey: preliminary evidence of construct validity. American journal of speech-language pathology/American Speech-Language-Hearing Association 17, 335-347.

Dykstra, AD./Hakel, ME./Adams, SG. (2007): Application of the ICF in reduced speech intelligibility in dysarthria. Seminars in speech and language 28, 301-311.

Fox, CM./Ramig, LO./Ciucci, MR./Sapir, S./McFarland, DH./Farley, BG. (2006): The science and practice of LSVT/LOUD: neural plasticity-principled approach to treating individuals with Parkinson disease and other neurological disorders. Seminars in speech and language 27,283-299.

Grötzbach, H./Iven, C. (2009): ICF in der Sprachtherapie Umsetzung und Anwendung in der logopädischen Praxis. Idstein.

Haase, M. (2004): Beispiel für eine sprechkünstlerische Erarbeitung. In: Pabst-Weinschenk, M. (Hrsg.): Grundlagen der Sprechwissenschaft und Sprecherziehung. München, S. 202-208.

Hartelius, L./Elmberg, M./Holm, R./Lovberg, AS/Nikolaidis, S. (2008): Living with dysarthria: evaluation of a self-report questionnaire. Folia phoniatrica et logopaedica: official organ of the International Association of Logopedics and Phoniatrics 60, 11-19.

Jacobson BH./Johnson, A./Grywalski, C./Silbergleit, A./Jacobson, G./Benninger, MS/Newman, CW. (1997): The Voice Handicap Index (VHI) Development and Validation. American Journal of Speech-Language Pathology 6.

Marinus, J./Ramaker, C./van Hilten, JJ/Stiggelbout, AM. (2002): Health related quality of life in Parkinson's disease: a systematic review of disease specific instruments. Journal of neurology, neurosurgery, and psychiatry 72, 241-248.

Nawka, T./Wiesmann, U./Gonnermann, U. (2003): Validation of the German version of the Voice Handicap Index. Hno 51, 921-930.

Nebel, A./Deuschl, G./Ackermann, H. (2008): Dysarthrie und Dysphagie bei Morbus Parkinson. Stuttgart.

Kohler, KJ./Pätzold, M./Simpson, AP. (1997): Von der akustischen Datensammlung zu einer etikettierten Sprachdatenbasis für das gesprochene Standarddeutsch. Kiel.

Ramig, LO./Countryman, S./Thompson, LL./Horii, Y. (1995): Comparison of two forms of intensive speech treatment for Parkinson disease. Journal of speech and hearing research 38, 1232-1251.

Ritter, HM. (2004): Gestisches Sprechen. In: Pabst-Weinschenk, M. (Hrsg.): Grundlagen der Sprechwissenschaft und Sprecherziehung. München, S. 190-193.

Samar, VJ./Metz, DE. (1988): Criterion validity of speech intelligibility rating-scale procedures for the hearing-impaired population. Journal of speech and hearing research 31, 307-316.

Sapir, S/Ramig, LO./Fox, CM. (2011): Intensive voice treatment in Parkinson's disease: Lee Silverman Voice Treatment. Expert review of neurotherapeutics 11, 815-830.

Schrag, A./Hovris, A./Morley, D./Quinn, N./Jahanshahi, M. (2006): Caregiver-burden in parkinson's disease is closely associated with psychiatric symptoms, falls, and disability. Parkinsonism & related disorders 12, 35-41.

Ziegler, W./Vogel, M. (2010): Dysarthrie verstehen - untersuchen - behandeln In: Forum Logopädie Stuttgart.

Ziegler, W./Zierdt, A. (2008): Telediagnostic assessment of intelligibility in dysarthria: a pilot investigation of MVP-online. Journal of communication disorders 41, 553-577.

AUTORINNENVERZEICHNIS

BORBACH, CHRISTOPH

Christoph Borbach ist wissenschaftlicher Mitarbeiter am DFG-Graduiertenkolleg Locating Media an der Universitat Siegen. In seinem medienwissenschaftlichen Promotionsprojekt unter dem Titel „Zeitkanale|Kanalzeiten. Eine Medienge-schichte des Δt" untersucht er Operationalisierungen von Signallaufzeit in medi-enarchaologischer Perspektive. Er studierte zwischen 2009 und 2015 Musik-, Medien- und Geschichtswissenschaft an der Humboldt-Universitat zu Berlin, wo er mehrjährig als Hilfskraft am Lehrstuhl für Wissenschaftsgeschichte sowie am Lehrstuhl für Medientheorien tätig war. In seiner Bachelorarbeit beschäftigte er sich mit Radiotheorien zwischen Medienepistemologie und Kulturkritik, in sei-ner Masterarbeit untersuchte er technische Implementierungen des Echos. Forschungsschwerpunkte: Medientheorie der Stimme; Operationalisierung des Sonischen; Zeitkritische Ortungstechnologien und ihre Visualisierungsstrategien; das Okkulte der Medien – Medien des Okkulten.

FINKE, CLARA LUISE

Clara Luise Finke, MA Sprechwissenschaftlerin. 2006 bis 2012 Studium der Sprechwissenschaft und Phonetik an der Martin-Luther-Universität (MLU) Hal-le-Wittenberg. 2009 bis 2012 Redakteurin beim Mitteldeutschen Rundfunk. Seit 2010 freie Trainerin für diverse Bildungseinrichtungen und Unternehmen sowie Lehrbeauftragte an der MLU. Seit 2012 Promotion im Rahmen des Forschungs-projekts „Radio Ästhetik – Radio Identität" bei Prof. Dr. Ines Bose. 2013 bis 2016 Promotionsstipendiatin der Studienstiftung des deutschen Volkes. Zusam-men mit drei weiteren Doktorandinnen führt sie einen Blog zum Thema „Klang und Identität" (www.klangidentitaet.de).

HANSELMANN, MELANIE

Nach Ihrer Ausbildung zur Atem-, Sprech- und Stimmlehrerin sammelte Melanie Hanselmann mehrere Jahre Berufserfahrung in der Sprecherziehung sowie der Logopädie. Zur Spezialisierung ihrer sprecherzieherischen und medienrhetori-schen Fähigkeiten absolvierte sie sowohl das Bachelorstudium der Sprechkunst und Sprecherziehung (Profil Mediensprechen/Rhetorik) als auch den Master für Rhetorik an der Hochschule für Musik und Darstellende Kunst in Stuttgart. Ihre Abschlussarbeit schrieb sie in Kooperation mit dem ZDF über das Thema Audi-odeskription. Seit November 2015 ist Melanie Hanselmann im Bereich Change Management (Process & Stategy) in der Industrie tätig und unterrichtet parallel dazu Sprecherziehung/Phonetik an der Hochschule für Musik und Darstellende Kunst im Bereich Schauspiel.

HEILMANN, CHRISTA M.

Christa M. Heilmann, Prof. Dr. phil. habil., geb. 1946 in Leipzig. 1965-1970 Studium der Sprechwissenschaft und Germanistik an der Martin-Luther-Universität Halle. 1972 Promotion zur Dr. phil. 1972 - 1987 an den Universitäten Halle, Leipzig und Torun (Polen) als Wissenschaftliche Mitarbeiterin für Rhetorik und Phonetik tätig. Verheiratet, 3 Kinder. 1987 Übersiedelung in die BRD. 1987-1990 freiberufliche Rhetoriktrainerin im Öffentlichen Dienst und in der freien Wirtschaft. 1990 – 2012 Leiterin der Abteilung Sprechwissenschaft an der Philipps-Universität Marburg. 2001 Habilitation auf dem Gebiet sprechwissenschaftlicher Gesprächsanalyse.

Forschungsschwerpunkte: Sprechwissenschaftliche Gesprächsforschung, Gender-Studies in der Rhetorischen Kommunikation, Nonverbale Kommunikation/Körpersprache, Gesprächsanalyse, Kommunikation im Palliativkontext.

e-mail: Heilmann@staff.uni-marburg.de

HERBST, OLIVER

Oliver Herbst, Jahrgang 1976, 1996 bis 2001 Studium der Germanistik und der Politischen Wissenschaft an der Universität Würzburg (Magister Artium), 2001 bis 2004 wissenschaftlicher Mitarbeiter (nebenberufliche wissenschaftliche Hilfskraft) an der Universität Würzburg, 2005 Promotion an der Universität Würzburg in der Deutschen Sprachwissenschaft, seit 2003 (mit Unterbrechungen) Lehrauftrag an der Universität Würzburg in der Deutschen Sprachwissenschaft, seit 2005 Tageszeitungsvolontariat und Tätigkeit als Redakteur bei der Fränkischen Landeszeitung in Ansbach (seit 2015 stellvertretender Ressortleiter), seit 2012 Gastdozenturen an Universitäten im Ausland.

KIESLER, JULIA

Julia Kiesler studierte von 1997-2002 Diplom-Sprechwissenschaft an der Martin-Luther-Universität Halle-Wittenberg. Anschließend war sie als Sprecherzieherin in der Abteilung Schauspiel an der Hochschule für Musik und Theater „Felix Mendelssohn Bartholdy" Leipzig sowie als wissenschaftliche Mitarbeiterin am Seminar für Sprechwissenschaft und Phonetik der Martin-Luther-Universität Halle-Wittenberg tätig. Seit 2005 unterrichtet sie das Fach Sprechen im Studienbereich Theater der Hochschule der Künste Bern und ist seit 2012 Forschungsdozentin am Forschungsschwerpunkt Intermedialität der HKB. Dort leitet sie das vom Schweizerischen Nationalfond geförderte Forschungsprojekt „Methoden der sprechkünstlerischen Probenarbeit im zeitgenössischen deutschsprachigen Theater". Zudem arbeitet sie als Sprechcoach am Konzerttheater Bern innerhalb verschiedener Inszenierungen.

KUHNHENN, MARTHA

Martha Kuhnhenn, Dr. phil., ist wissenschaftliche Mitarbeiterin am Lehrstuhl Kommunikationswissenschaft mit dem Schwerpunkt Organisationskommunikation an der Universität Greifswald. 2014 promovierte sie in der Germanistischen Sprachwissenschaft mit einer Arbeit zur Glaubwürdigkeit in der politischen Kommunikation. Von 2010 bis 2016 war sie wissenschaftliche Mitarbeiterin in der Qualitätssicherung der Universität Greifswald, zudem ist sie Lehrbeauftragte im Bereich der Methoden an der Leuphana Universität Lüneburg. Lehr- und Forschungsschwerpunkte von Martha Kuhnhenn sind die Face-to-Face-Interaktion, Organisationskommunikation, Glaubwürdigkeit und Vertrauen sowie qualitative Methoden.

LÄMKE, ORTWIN

Dr. phil. Ortwin Lämke, Literaturwissenschaftler und Sprecherzieher (DGSS), Jahrgang 1959, lehrt Neuere deutsche Literatur am Germanistischen Institut der Westfälischen Wilhelms-Universität Münster. Er ist Leiter des Centrums für Rhetorik, Kommunikation und Theaterpraxis sowie der Studiobühne an der WWU. Vorherige Stationen: Wissenschaftlicher Mitarbeiter an der Universität Hamburg, DAAD-Lektor an der Université Paris 8 (Vincennes à Saint-Denis), Lehrbeauftragter am Institut d'Etudes Politiques Paris („SciencesPo"), Leiter der Volkshochschule Henstedt-Ulzburg.

MEYER-KALKUS, REINHART

Reinhart Meyer-Kalkus lehrt nach langjähriger Tätigkeit am Wissenschaftskolleg zu Berlin als Außerplanmäßiger Professor am Institut für deutsche Sprache und Literatur der Universität Potsdam. Er hat mehrere Bücher publiziert (u. a. Wollust und Grausamkeit. Affektenlehre und Affektdarstellung in Lohensteins Dramatik am Beispiel von 'Agrippina', Göttingen 1986; Der akademische Austausch zwischen Deutschland und Frankreich, Bonn 1994; Rede, damit ich Dich sehe! Physiognomik der Stimme und Sprechkünste im 20. Jahrhundert, Akademie-Verlag, Berlin 2000) sowie Studien zum deutsch-französischen Kulturtransfer, zur literarischen Vortragskunst seit dem 18. Jahrhundert und zum Verhältnis von Text und Musik.

MIOSGA, CHRISTIANE

Studium der Sprachheilpädagogik in Verbindung mit Germanistik und Lehramt Musik. Seit 1993 freie Tätigkeiten als Sprachtherapeutin, Trainerin, Referentin und Dozentin in den Bereichen Logopädie, Sprecherziehung und Kommunikationstraining. Seit 2002 tätig als Hochschuldozentin in der Abteilung Sprach-Pädagogik und -Therapie an der Leibniz Universität Hannover, 2016 Ernennung zur außerplanmäßigen Professorin, WiSe 2016/17 //Vertretungsprofessur am Seminar für Sprechwissenschaft und Phonetik der Martin-Luther-Universität Halle-Wittenberg. Die Schwerpunkte in Forschung und Lehre: vokale Kommunikation (Prosodie und Habitus, Stimmbildung, Theorie und Therapie bei Stimm- und Redeflusstörungen), Interaktionsanalyse im Bereich multimodaler Kommunikation sowie Didaktik der Stimme und des Sprechens, insbesondere professionelles Sprechen, Evaluation.

NEUMANN, JULIA

Julia Neumann ist promovierte Literaturwissenschaftlerin und Sprechwissenschaftlerin/Sprecherzieherin (DGSS). Grundlegende Praxiserfahrungen im Feld der mündlichen Kommunikation erwarb sie studienbegleitend durch Museumsführungen und Vorträge, öffentliche Lesungen, Rezitationen, Schulungen im Vorlesen (VHS u.a. Bildungsstätten), Coachings für Studiosprecher_Innen sowie durch die eigene Studioproduktion einiger Hörbücher und Hörversionen von Zeitungen für die Westdeutsche Blinden-Hörbücherei. Ihre von diesen Erfahrungen inspirierte DGSS-Abschlussarbeit (Münster 2011) handelte von „Sprecherziehung und Hörbuchsprechen. Zur Beurteilung sprecherischer Leistung bei der Hörbuchproduktion". Seit 2009 ist sie am Centrum für Rhetorik, Kommunikation und Theaterpraxis der Universität Münster angestellt... und begeistert sich nach wie vor besonders für Vorlesen und Hörbuchsprechen.

PÉREZ, JOSÉ FERNÁNDEZ

Von 1989 bis 1994 Studium der Germanistik an der Philologischen Fakultät der Universität von Santiago de Compostela (Spanien). Zwischen 1995 und 2010 Lehrbeauftragter am Institut für Germanistik und am ZIL an der Justus-Liebig-Universität Gießen. Von 2001 bis 2014 im Schuldienst als Deutsch- und Spanischlehrer im Öffentlichen Dienst des Landes Hessen tätig. Seit 2010 als Pädagogischer Mitarbeiter für besondere Aufgaben am Institut für Germanistik der Universität Gießen tätig. Seit 2014 als Studienrat im Hochschuldienst an der Justus Liebig Universität Gießen tätig. Zur Zeit Arbeit an der Promotion zum Thema „Zur literarischen Konfiguration der DDR in der Gegenwartsliteratur".

RASTETTER, CLAUDIA

Claudia Rastetter studierte von 1997-2002 Diplom-Sprechwissenschaft an der Martin-Luther-Universität Halle-Wittenberg. Nach ihrem Studium unterrichtete sie an den Hochschulen für Musik in Weimar und Dresden sowie der Universität der Künste Berlin als Dozentin für das Fach Sprecherziehung im Bereich Gesang/Musiktheater und in der Schauspielausbildung an der Theaterakademie Mannheim. Als Sprecherzieherin arbeitete sie mit dem Schauspielensemble des Theaterhauses Jena und betreute verschiedene Opernproduktionen am Nationaltheater Mannheim. Seit März 2014 ist sie wissenschaftliche Mitarbeiterin im Forschungsprojekt „Methoden der sprechkünstlerischen Probenarbeit im zeitgenössischen deutschsprachigen Theater" an der Hochschule der Künste Bern.

REDECKER, BEATE

ist wissenschaftliche Mitarbeiterin an der Professur für Sprechwissenschaft der Friedrich-Schiller-Universität in Jena und unterrichtet dort Studierende des B.A. Sprechwissenschaft & Phonetik in Modulen wie: Sprechbildung, Grundlagen und Anwendungsgebiete der rhetorischen Kommunikation, Sprechkunst und Methodik & Didaktik. 2006 wurde sie mit einer Arbeit zum Thema „ Persuasion und Prosodie. Untersuchung zur Perzeption emotionaler Sprechweisen am Beispiel einer Parfumwerbung." promoviert.

Ihr aktuelles Forschungsprojekt (STOP-IT-Study) untersucht in Kooperation mit der Klinik für Neurologie des Universitätsklinikums in Jena den Einfluss sprechkünstlerischer Ansätze in der Therapie mit Parkinsonpatienten bezogen auf die kommunikationsbezogene Lebensqualität und die Verständlichkeit. (http://www.sprechwissenschaft.uni-jena.de/Forschung/Aktuelle+Forschungsprojekte/The+STOP_IT_Study.html)

REY, ANTON

Anton Rey, geb. 1959, ist Theaterwissenschaftler und Dramaturg. Er lehrt als Professor an der Zürcher Hochschule der Künste und leitet dort seit 2007 das Forschungsinstitut IPF (zhdk.ch/ipf).
Publikationen (Auswahl):
- „Staging Space. The Architecture of Performance in the 21st Century" (Ed., with J. Huang and S. von Fischer), Park Books, 2017
- „Bühne" in: Badura, Jens, Selma Dubach, Anke Haarmann, Dieter Mersch, Anton Rey, Christoph Schenker, Germán Toro Pérez (ed.): Künstlerische Forschung. Ein Handbuch. diaphanes Verlag Berlin, Zürich 2015.
- „Forschung mit Film, Tanz und Theater"; Frankfurt in Takt, Frkft./M. 2015
- „Urheber und ihre Rechte": Neue Rundschau; Frkft./M 2015

ROST, KATHARINA

Katharina Rost ist wissenschaftliche Mitarbeiterin am Institut für Theaterwissenschaft der Freien Universität Berlin. Promoviert wurde sie 2015 zum Hören und zu Verwendungsweisen von Musik, Sound und Geräuschen im Gegenwartstheater. Weitere Forschungsinteressen sind auditive Aufmerksamkeit im Theater, Popmusik und -kultur, Sound Design sowie Gender und Queer Theory. Sie hat Theaterwissenschaft, Philosophie und Neuere deutsche Literatur an der FU Berlin studiert. Sie ist der internationalen Forschungsgruppe ‚Le Son du Théâtre' assoziiert sowie Teilnehmerin der Gender AG der Gesellschaft für Theaterwissenschaft.

RÜHR, SANDRA

Dr. Sandra Rühr ist seit 2015 Kooperationspartnerin des DFG-Graduiertenkollegs Literatur und Literaturvermittlung im Zeitalter der Digitalisierung der Georg-August-Universität Göttingen und seit 2014 Projektpartnerin des Projekts Bedeutungen literarischer Texte aushandeln der Alpen-Adria Universität Klagenfurt. Seit 2011 ist sie Akademische Rätin am Institut für Buchwissenschaft der Friedrich-Alexander-Universität Erlangen-Nürnberg. Davor war sie dort seit 2007 wissenschaftliche Mitarbeiterin. 2007 Promotion an der FAU Erlangen-Nürnberg im Fach Buchwissenschaft. 2006–2007 Lehrbeauftragte am Institut für Buchwissenschaft der FAU Erlangen-Nürnberg und am Fachbereich Buch und Museum der HTWK Leipzig. Studium der Buchwissenschaft, Theater- und Medienwissenschaft und Neueren Deutschen Literaturgeschichte in Erlangen. Forschungsschwerpunkte: Hörbuch, Medien- und Literaturgeschichte, Literaturvermittlung, Lese- und Leserforschung sowie Inszenierung und Eventisierung in Buchkultur und Buchhandel.

SCHILLER, ISABEL

Isabel Schiller absolvierte 2015 ihren Master „Klinische Linguistik" an der Philipps-Universität Marburg. Seither ist sie in einer logopädischen Praxis in Marburg als Sprachtherapeutin tätig. Auf ehrenamtlicher Basis arbeitet Isabel Schiller zudem als Forschungsmitarbeiterin in der Abteilung für Stimmtherapie der Universität Lüttich (Unité Logopédie de la Voix, Université de Liège). Aus der Zusammenarbeit mit Prof. Morsomme und Dr. Remacle gingen bereits zwei Publikationen zur stimmlichen Belastung von LehrerInnen hervor, die auf dem 30. Kongress der *International Association of Logopedics and Phoniatrics* (I.A.L.P.) präsentiert wurden.

SCHMEHL, CHRISTINA

Christina Schmehl ist als Sprech- und Stimmtrainerin sowie Therapeutin tätig. Sie studierte Speech Science (M.A.), akademische Sprachtherapie (B.A.) und ist ausgebildete Sprecherzieherin (DGSS). Ihre Abschlussarbeit zum Thema Hörbuchkritik verfasste sie 2015 in Marburg an der Lahn unter der Leitung von Prof. Dr. Kati Hannken-Illjes und mit Unterstützung von hr2. Nach der Arbeit als Sprecherzieherin an Schauspielschulen und als Redaktionsassistenz in der ARD-Aussprachedatenbank arbeitet sie seit Anfang 2015 bei SPC Sprechen Person Coaching in einem kleinem Team in München.

SCHULZ, VERENA

Verena Schulz studierte Allgemeine Rhetorik, Lateinische Philologie und Ältere deutsche Sprache und Literatur an den Universitäten Heidelberg und Tübingen (Magister Artium 2008) sowie Classics (Greek and Latin Language and Literature) an der University of Oxford (Master 2007). Promoviert wurde sie 2012 mit einer Arbeit über „Die Stimme in der antiken Rhetorik" in Lateinischer und Griechischer Philologie an der Ludwig-Maximilians-Universität München. Von 2012 bis 2015 leitete sie eine interdisziplinäre Doktorandengruppe zum Thema „Memory and Forgetting" an der Münchner Graduiertenschule „Distant Worlds", wo sie seit 2015 wissenschaftliche Koordinatorin ist. Ihr Habilitationsprojekt befasst sich mit exzentrischer Herrschaftsrepräsentation in der römischen Historiographie und Biographie.

WESSEL, ANNA

Anna Wessel (Sprechwissenschaftlerin, M.A.) hat von 2008 bis 2014 Sprechwissenschaft und Phonetik an der Martin-Luther-Universität Halle-Wittenberg (MLU) studiert. Seit 2013 ist sie dort Lehrbeauftragte, derzeit für Sprechbildung und Sprechkünstlerisches Gestalten, und unterrichtet außerdem sowohl an der Evangelischen Hochschule für Kirchenmusik Halle als auch an der Hochschule für Musik Carl Maria von Weber Dresden. Seit 2015 promoviert sie zu Interaktionen in Probenprozessen zeitgenössischer deutschsprachiger Inszenierungen bei Prof. Dr. Ines Bose an der MLU.

VON LAGUNA, KATRIN

Katrin von Laguna wurde 1977 in Kempen am Niederrhein geboren.
Sie studierte an der Philipps-Universität Marburg die Fächer Neuere Deutsche Literatur und Medienwissenschaft, Deutsch als Fremdsprache sowie Pädagogik. Zusätzlich absolvierte sie die Ausbildung zur Sprecherzieherin DGSS.
Sie arbeitet als wissenschaftliche Angestellte in der Lehre am Institut für Sprach- und Kommunikationswissenschaft der RWTH Aachen. Dort und als freie Trainerin arbeitet sie in den Bereichen Rhetorik, Sprechkunst, Atem- Sprech- und Stimmbildung.
Im April 2015 schloss sie ihre Promotion an der Philipps-Universität Marburg im Fachgebiet Sprechwissenschaft bei Frau Prof. Christa Heilmann ab.
Seit Anfang 2016 leitet Frau von Laguna die DGSS-Prüfstelle in Aachen.